| 学好用好民营经济促进法系列 |

中华人民共和国民营经济促进法条文释义与适用指引

单飞跃　主编

北京

图书在版编目（CIP）数据

中华人民共和国民营经济促进法条文释义与适用指引 / 单飞跃主编. -- 北京：法律出版社，2025. -- ISBN 978-7-5244-0424-8

I. D922.295

中国国家版本馆 CIP 数据核字第 2025EK0030 号

| 中华人民共和国民营经济促进法条文释义与适用指引 ZHONGHUA RENMIN GONGHEGUO MINYING JINGJI CUJINFA TIAOWEN SHIYI YU SHIYONG ZHIYIN | 单飞跃 主编 | 策划编辑 陈 妮 责任编辑 陈 妮 　　　　　李晶晶 装帧设计 李 瞻 |

出版发行 法律出版社	开本 A5
编辑统筹 法治与经济出版分社	印张 17.25　字数 436 千
责任校对 王晓萍	版本 2025 年 7 月第 1 版
责任印制 吕亚莉	印次 2025 年 7 月第 1 次印刷
经　销 新华书店	印刷 天津嘉恒印务有限公司

地址:北京市丰台区莲花池西里 7 号(100073)
网址:www.lawpress.com.cn　　　　　　销售电话:010-83938349
投稿邮箱:info@lawpress.com.cn　　　　　客服电话:010-83938350
举报盗版邮箱:jbwq@lawpress.com.cn　　　咨询电话:010-63939796
版权所有·侵权必究

书号:ISBN 978-7-5244-0424-8　　　　　　定价:78.00 元
凡购买本社图书,如有印装错误,我社负责退换。电话:010-83938349

本书编写组

主　编：单飞跃
撰稿人：单飞跃　何跃春　余德飞
　　　　罗　梅　邓　然　李心怡
　　　　李依然　祁子力　刘巾歌
　　　　岑佳燊

绪论 《民营经济促进法》立法的现实需求与基本面向

《中华人民共和国民营经济促进法》(以下简称《民营经济促进法》)作为我国第一部专门关于民营经济发展的基础性法律,于2025年5月20日正式开始施行。《民营经济促进法》的制定与实施,是社会主义市场经济与经济法治建设的标志性事件,在我国民营经济发展历程中具有里程碑意义。改革开放以来,我国民营经济从小到大、从弱到强,不断发展壮大,成为国民经济的重要组成部分,在推动发展、促进创新、增加就业、改善民生等方面发挥了重要作用。党的十八大以来,以习近平同志为核心的党中央高度重视民营经济发展,出台了一系列重大举措,推动民营经济在稳定经济增长、促进创新、扩大就业、改善民生以及开拓国际市场等方面发挥了日益重要的作用。为进一步推动民营经济持续、健康、高质量发展,党的二十届三中全会明确提出制定民营经济促进法。2025年4月30日,十四届全国人大常委会第十五次会议通过了《民营经济促进法》。

一、制定《民营经济促进法》是社会主义市场经济发展的时代要求

民营经济的发展史,同时也是我国市场经济繁荣史、科学技术进步史、人民生活富裕史的缩影。

2018年11月1日,习近平总书记在民营企业座谈会上的讲话中指出:"民营经济具有'五六七八九'的特征,即贡献了50%以上的税收,

60%以上的国内生产总值,70%以上的技术创新成果,80%以上的城镇劳动就业,90%以上的企业数量。"[1]我国民营经济取得的成就举世瞩目,但与此同时,一些民营企业也遇到了不少发展难题,这些难题可以形象地称为市场的冰山、融资的高山和转型的火山。一代人有一代人的长征,一代人有一代人的上甘岭,如何纾解制约民营经济发展的难题,优化民营经济发展环境,帮助民营经济走向更广阔的舞台,是民营经济迭代升级的发展要求,更是我国社会主义市场经济体制机制迈向高水平的时代要求。制定《民营经济促进法》正是回应这种要求的积极努力。

(一)制定《民营经济促进法》是民营经济发展规模化、高级化的升级要求

1980年,温州的章华妹领到了第一张个体工商户营业执照,从事小百货的生产经营。如今,在世界500强企业中,我国民营企业由2010年的1家增加到2024年的29家,其中不乏京东、阿里巴巴这样拥有数十万员工的规模型企业,更不乏华为、比亚迪这样的科技领域中的标杆企业。在过去的40多年里,我国的民营经济逐渐走向规模化、高级化,与民营经济相关的法律制度安排也从最初的1986年《中华人民共和国民法通则》(以下简称《民法通则》)小范围承认个体工商户走向《民营经济促进法》对民营经济发展的全面促进转型升级。

党的十一届三中全会以来,我国民营经济发展及其法律制度安排经历了以下几个阶段:

第一阶段是1982年《中华人民共和国宪法》(以下简称《宪法》)和1986年《民法通则》对个体经济与个体工商户的承认与保护阶段。1978年改革开放后,我国的工作重点逐渐转移到经济建设上,计划经济体制

---

[1] 习近平:《在民营企业座谈会上的讲话(2018年11月1日)》,载《人民日报》2018年11月2日,第2版。

绪论 《民营经济促进法》立法的现实需求与基本面向

开始有了松动的迹象,这为个体工商户的发展创造了空间。1982 年《宪法》第 11 条规定:"在法律规定范围内的城乡劳动者个体经济,是社会主义公有制经济的补充。国家保护个体经济的合法的权利和利益。国家通过行政管理,指导、帮助和监督个体经济。"虽然"补充"地位稍逊,但对"法律规定范围内的城乡劳动者个体经济"的合宪性确认却意义重大。1986 年《民法通则》第 26 条规定:"公民在法律允许的范围内,依法经核准登记,从事工商业经营的,为个体工商户。个体工商户可以起字号。"第 28 条规定:"个体工商户、农村承包经营户的合法权益,受法律保护。"1986 年《民法通则》既肯定了个体工商户的法律主体地位,也构建了个体经济的权益保护机制。个体经济合法的权利或者利益,均可经由 1986 年《民法通则》的实施得到保护。

个体经济以及个体工商户的兴起,对我国城市的商业繁荣、就业促进、商品流通、居民生活便利,以及在农村播撒商业种子,起到了巨大的积极促进作用。虽然这一阶段的发展仍是探索性的,如 1987 年《城乡个体工商户管理暂行条例》(已失效)第 4 条第 2 款规定,"个体工商户可以根据经营情况请一两个帮手;有技术的个体工商户可以带三五个学徒",但这种探索性影响深远。

第二阶段是 1988 年《中华人民共和国宪法修正案》(以下简称 1988 年《宪法修正案》)和《中华人民共和国私营企业暂行条例》(已失效,以下简称《私营企业暂行条例》)对私营经济与私营企业的拓展和保护阶段。1988 年《宪法修正案》在《宪法》第 11 条中增加规定,"国家允许私营经济在法律规定的范围内存在和发展。私营经济是社会主义公有制经济的补充。国家保护私营经济的合法的权利和利益,对私营经济实行引导、监督和管理"。这意味着除了个体经济,私营经济的合宪性也得到确认。《私营企业暂行条例》第 2 条规定:"本条例所称私营企业是指企业资产属于私人所有、雇工八人以上的营利性的经济组织。"相较个人工商户,私营企业不仅是规模的升级,更重要的是,因为曾有观点认为雇工8人以上就属于"剥削",此定义承认了雇工8人以上的营利性经济组织的合宪性、合法性,有助于破除私营企业剥削的"恶名"。另外,《私营企业暂行条例》第6条规定,私营企业包括独资企业、合伙企业和有限责任公司三种类型,民营经济的主体形式由此从个体工商户拓展到独资企业、合伙企业和有限责任公司,这标志着民营经济发展空间、非公有制经济形态的进一步扩容。

第三阶段是1993年《中华人民共和国宪法修正案》(以下简称1993年《宪法修正案》)对社会主义市场经济的承认和1993年《中华人民共和国公司法》(以下简称1993年《公司法》)对现代企业组织形式的探索阶段。1993年《宪法修正案》将《宪法》第15条第1款的"国家在社会主义公有制基础上实行计划经济"修改为"国家实行社会主义市场经济"。这意味着自此进入"社会主义市场经济"的宪制时代。宪制变迁不仅为民营经济的发展创造了更大的空间,也加速推进了国有企业的改革议程。1993年《公司法》第一次在法律层面使用"国有企业"概念,并在第二章第三节就国有独资公司作出了专门规定。1993年《公司法》第21条第2款规定:"国有企业改建为公司的实施步骤和具体办法,由国务院另行规定。"除了国有企业的公司制改造,个体经济、私营经济也可以采用公司的形式,民营经济的主体从个体工商户、独资企业、合伙企业、有限责任公司拓展到股份有限公司。这不仅意味着民营经济可以通过发行股份在资本市场上进行融资,也标志着民营经济发展空间的再度扩容。

第四阶段是1999年《中华人民共和国宪法修正案》(以下简称1999年《宪法修正案》)对基本经济制度的确认和对非公有制经济合宪性地

位的确认阶段。1999年《宪法修正案》在《宪法》第6条中增加规定,"国家在社会主义初级阶段,坚持公有制为主体、多种所有制经济共同发展的基本经济制度,坚持按劳分配为主体、多种分配方式并存的分配制度"。结合《宪法》序言第七段"我国将长期处于社会主义初级阶段"的判断,公有制以外的"多种所有制经济"即非公有制经济的合宪性得到确认。此外,除了劳动力这一生产要素,土地、资本、技术等生产要素也可以作为分配的根据,劳动力市场、土地市场、资本市场、技术市场等功能性市场相继建立,标志着社会主义市场经济体制进入跨越式发展阶段。1999年《宪法修正案》还对《宪法》第11条作了两处重要修改:一是将个体经济、私营经济进行了有机整合,重新表述为"法律规定范围内的个体经济、私营经济等非公有制经济","等"字意味着除了个体经济和私营经济,非公有制经济的形态仍有拓展的空间;二是将非公有制经济的地位从"补充"修改为"重要组成部分",这意味着非公有制经济从边缘地位逐渐走向社会主义市场经济的中心舞台。1999年《宪法修正案》标志着民营经济发展空间的又一次扩容,并为我国加入世界贸易组织以及民营经济从国内市场进入国际市场提供了根本性的制度准备,意义十分深远。

第五阶段是2004年《中华人民共和国宪法修正案》(以下简称2004年《宪法修正案》)确立鼓励、支持、引导非公有制经济发展的宪法方略以及2007年《中华人民共和国物权法》(已失效,以下简称《物权法》)保障一切市场主体平等法律地位和发展权利阶段。2004年《宪法修正案》将《宪法》第11条第2款"国家对个体经济、私营经济实行引导、监督和管理"修改为"国家鼓励、支持和引导非公有制经济的发展,并对非公有制经济依法实行监督和管理",在"引导"的基础上增加"鼓励、支持",这意味着非公有制经济作为社会主义市场经济的重要组成部分尚不足够,还要加以鼓励、支持,以期非公有制经济能够更快、更好地发展。同时,2004年《宪法修正案》还将《宪法》第13条第1款"国家保护公民的合法的收入、储蓄、房屋和其他合法财产的所有权"修改为"公民的合法的私有财产不受侵犯"。"私有财产"入宪意味着社会主义市场经济建设不再避讳谈论"私"的因素,这是民营经济发展史上的里程碑事件。《物权法》第3条第3款规定:"国家实行社会主义市场经济,保障一切市场主体的平等法律地位和发展权利。""市场主体"消解了公有制与非公有制的身份之别,无论是公有制经济还是非公有制经济,均享有平等的法律地位以及不可剥夺的发展权利。1986年《联合国发展权利宣言》第3条规定:"各国对创造有利于实现发展权利的国家和国际条件负有主要责任。"就此而言,《宪法》对民营经济发展已经从消极的承认、保护状态过渡到积极的发展、促进状态。如何兑现发展权利的承诺、如何为民营经济创造更好的发展环境,这些问题的出现本身就标志着民营经济发展空间的主动扩容。这一次扩容不是通过宪法、法律拆除既有壁垒,而是宪法、法律主动为民营经济的发展创造空间。

以上五个阶段清晰地揭示了我国民营经济的发展变迁轨迹:(1)民营经济宪制背景的转向。《宪法》规定"国家在社会主义公有制基础上实行计划经济",1993年《宪法修正案》转向"社会主义市场经济",2024年党的二十大报告进一步提出"构建高水平社会主义市场经济体制"。(2)民营经济组织形态的丰富。《宪法》仅确认了个体经济、个体工商户的合宪性,1988年《宪法修正案》拓展到私营经济和私营企业,1999年《宪法修正案》再次拓展到个体经济、私营经济等非公有制经济,民营经济的组织形态逐渐丰富。(3)民营经济地位的稳步提高。1982年《宪法》规定个体经济是"社会主义公有制经济的补充",1988年《宪法修正案》拓展到私营经济后,私营经济仍是"社会主义公有制经济的补充",

而1999年《宪法修正案》将个体经济、私营经济等非公有制经济的地位提升为"社会主义市场经济的重要组成部分"。(4)国家对民营经济的态度转化。《宪法》对个体经济的态度是保护、指导、帮助和监督,1988年《宪法修正案》对私营经济的态度是保护、引导、监督和管理,1999年《宪法修正案》对个体经济、私营经济的态度都是保护、引导、监督和管理,2004年《宪法修正案》则改成了鼓励、支持、引导在先,监督、管理在后。概括地说,以民营经济为代表的非公有制经济的组织形态逐渐丰富、地位逐渐提高,国家对待民营经济发展的法律主张也逐渐从消极的承认和保护,转向积极的发展和促进。

2024年,党的二十届三中全会提出"制定民营经济促进法",标志着我国民营经济的发展及其法律制度安排已经进入第六个阶段。《民营经济促进法》的出台是社会主义市场经济建设的标志性事件,在我国民营经济发展历程中具有里程碑意义。

(二)制定《民营经济促进法》是改革开放以来党和国家保护与促进民营经济发展各项政策法律化的提质要求

从1980年出现的第一张个体工商户营业执照算起,我国民营经济的发展已逾45年。在这45年里,政策始终伴随民营经济的发展与壮大。1982年《宪法》确认"法律规定范围内的城乡劳动者个体经济"的合宪性之前,政策的探索就已经走在了前面。1981年出台的《国务院关于城镇非农业个体经济若干政策性规定》(已失效)开宗明义地指出:"在我国社会主义条件下,遵守国家的政策和法律、为社会主义建设服务、不剥削他人劳动的个体经济,是国营经济和集体经济的必要补充。从事个体经营的公民,是自食其力的独立劳动者。我国生产力发展水平不高,商品经济不发达,在相当长的历史时期内,多种经济成分和多种经营方式同时并存,是必然的。经验证明,在国营经济和集体经济占绝对优势的前提下,恢复和发展城镇非农业个体经济,对于发展生产,活跃市场,满足人民生活的需要,扩大就业,都有着重要的意义。"在此意义上,政策首先代表着发展的"先声"。

政策是落实宪法安排、兑现宪法承诺的落地机制。2004年《宪法修正案》确立鼓励、支持、引导非公有制经济发展的方向后,2005年出台的《国务院关于鼓励支持和引导个体私营等非公有制经济发展的若干意见》提出了放宽非公有制经济市场准入、加大对非公有制经济的财税金融支持、完善对非公有制经济的社会服务、维护非公有制企业和职工的合法权益、引导非公有制企业提高自身素质、改进政府对非公有制企业的监管、加强对发展非公有制经济的指导和政策协调等七大方面、36条具体措施。政策方案既是对宪法含义的阐释,对鼓励、支持、引导等方向性概念的解读,也是兑现宪法承诺的落地机制,政策方案的有效实施同时意味着宪法承诺在一定程度上的兑现。但政策方案对鼓励、支持、引导等方向性概念的阐释并不是终局的,就此类概念而言,永远没有最好的阐释,只有更好的阐释。

政策也是纾解制约民营经济发展难题的"药方"。政策之于民营经济发展的难题,恰如"药"与"病"的关系,针对民营经济发展的痛点、堵点和难点,第一要务是"对症下药",确保"药到病除"。例如,为激发民营企业的活力和创造力,进一步为民营企业发展创造公平竞争环境,带动扩大就业,国家发展和改革委员会、科学技术部、工业和信息化部、财政部、人力资源和社会保障部、中国人民银行六部门于2020年联合出台《关于支持民营企业加快改革发展与转型升级的实施意见》,提出了切实降低企业生产经营成本、强化科技创新支撑、完善资源要素保障、着力解决融资难题、引导扩大转型升级投资、巩固提升产业链水平、深入挖掘市场需求潜力、鼓励引导民营企业改革创新、统筹推进政策落实九大方

绪论 《民营经济促进法》立法的现实需求与基本面向

面、38条具体措施,每一条措施都对应着民营经济发展遇到的相应难题。此外,相较法律而言,政策的制定与施行在及时性上更显优势。

近年来,我国出台了一系列促进民营经济发展的综合性政策措施,有效推动了民营经济的发展壮大。2019年出台的《中共中央、国务院关于营造更好发展环境支持民营企业改革发展的意见》(以下简称《民企改革发展意见》)强调推动民营经济组织改革创新、转型升级和健康发展。2023年7月出台的《中共中央、国务院关于促进民营经济发展壮大的意见》(以下简称《民营经济发展壮大意见》)肯定了民营经济在中国式现代化进程中的重要作用,认为民营经济是推进中国式现代化的生力军,并要求引导民营企业不断提升发展质量。这些政策措施的核心在于确保民营企业享有平等的权利和适用平等的竞争规则,从而激发民营企业的活力和创造力,使其在全面建设小康社会和社会主义现代化进程中发挥更大作用。

但政策的针对性、灵活性、及时性同时意味着稳定性的缺失。现实中,有的民营企业家担心政策快速改变,导致自身预期落空、投资落空。习近平总书记反复强调:"我们要牢记一个道理,政贵有恒。为官一方,为政一时,当然要大胆开展工作、锐意进取,同时也要保持工作的稳定性和连续性。"[①]梳理、总结改革开放以来特别是党的十八大以来党中央、国务院关于民营经济发展的方针政策和实践中的有效做法,特别是将其中指向机制性问题、长期问题、共性问题的方针政策和实践中的有效做法确立为法律制度,有助于巩固改革成果,回应各方关切,提振发展信心,更好发挥法治固根本、稳预期、利长远的保障作用,营造有利于包括民营经济在内的各种所有制经济共同发展的法治环境和社会氛围。

---

① 《发扬钉钉子的精神,一张好的蓝图一干到底》,载《习近平谈治国理政》(第一卷),外文出版社2018年版,第399页。

值得注意的是，《民营经济促进法》的制定并不意味着政策的退场。政策仍然是纾解制约民营经济发展难题的"药方"，但政策的出台也要在法治轨道上运行，这是依宪治国、依法治国的题中之义。《民营经济促进法》中有不少条款属于授权条款，如第17条第1款规定："国务院有关部门根据国家重大发展战略、发展规划、产业政策等，统筹研究制定促进民营经济投资政策措施，发布鼓励民营经济投资重大项目信息，引导民营经济投资重点领域。"一方面，授权条款授予相关主体出台政策的权力，将政策的出台塑造为法律的实施机制，建立"法律—政策"的协同治理机制，同时发挥法律的稳定性与政策的灵活性作用；另一方面，授权条款将政策的出台纳入法治轨道，未经授权，相关主体不得擅自出台政策，即使是根据授权出台政策，也不得超越授权的界限，同时严格执行出台政策的程序要求，如注重听取包括民营经济组织在内的各类经济组织的意见建议、接受公平竞争审查，确保政策能够作为"药方"，准确击中民营经济发展的痛点、堵点和难点，实现"药到病除"。

（三）制定《民营经济促进法》是改革开放以来我国国有企业改革、国有企业与民营企业关系不断调整、公有制经济与多种所有制经济协调发展的改革要求

计划经济时期，我国实行纯粹的国营经济和集体经济制度，民营经济的市场份额几乎为零。从计划经济到市场经济的改革过程，是市场的经济增量不断扩大和发展的过程，也是民营经济逐渐走向舞台中心的过程。1980年，在中国工业总产值中，国有经济所占比重为75.97%，集体经济所占比重为23.54%，城乡个体经济所占比重为0.02%，其他经济所占比重为0.47%。而在1997年，国有经济所占比重为25.52%，集体经济所占比重为38.11%，城乡个体经济所占比重为17.92%，其他经济所占比重为18.45%。尽管工业产值不能准确地反映民营经济的全貌，

绪论 《民营经济促进法》立法的现实需求与基本面向

但足以揭示出民营经济日渐发展、壮大的趋势。实际上,在农林牧渔业和服务业中,民营经济的比重已经远远超过国有经济和集体经济。尽管有比重上的相对变化,但从数量上来看,国有经济、集体经济、外资经济、民营经济(包括个体经济)等都呈现快速发展的趋势。市场经济的蛋糕不断做大,民营经济在其中的参与感越来越强。在民营经济的发达地区温州,民营经济特征跃升至"99999"的新版诠释:民营企业数量比重、民营经济对 GDP 贡献比重、从业人员比重、税收占比均在90%及以上。

与此同时,一些国有经济和集体经济长期控制、主要经营的市场领域,开始逐步向非公有制经济形态开放,民营经济分享的市场份额越来越多。党的二十届三中全会要求:"深化国资国企改革……推进国有经济布局优化和结构调整,推动国有资本和国有企业做强做优做大,增强核心功能,提升核心竞争力。进一步明晰不同类型国有企业功能定位,完善主责主业管理,明确国有资本重点投资领域和方向。推动国有资本向关系国家安全、国民经济命脉的重要行业和关键领域集中,向关系国计民生的公共服务、应急能力、公益性领域等集中,向前瞻性战略性新兴产业集中。健全国有企业推进原始创新制度安排。深化国有资本投资、运营公司改革。建立国有企业履行战略使命评价制度,完善国有企业分类考核评价体系,开展国有经济增加值核算。推进能源、铁路、电信、水利、公用事业等行业自然垄断环节独立运营和竞争性环节市场化改革,健全监管体制机制。""三个集中"的改革方向意味着国有企业与民营企业的关系不仅是所占比重的此消彼长,更是功能上的重新组合。民营企业能够做好的领域、民营企业比国有企业更有效率的领域,更多地向民营企业开放,为民营经济创造更大的发展空间。国有经济的战略使命在于牢牢守住关系国家安全、国民经济命脉和国计民生的领域,以及开拓前瞻性和战略性新兴产业。

外资经济分享的市场份额也越来越多。截至2023年年底,我国登记在册的外商投资企业(含分支机构)约67.9万户,较2022年增长1.5%,2023年全年实际使用外资1.13万亿元人民币,外商投资已成为推动我国经济社会发展的重要力量。近年来,我国对外开放的步伐越来越大。2024年11月1日,国家卫生健康委员会、商务部、国家中医药管理局、国家疾病预防控制局四部门联合印发了《独资医院领域扩大开放试点工作方案》,允许在北京、天津、上海、南京、苏州、福州、广州、深圳和海南全岛设立外商独资医院。

外资经济、民营经济等非公有制经济与公有制经济之间,并非规模或功能上的竞争关系,二者能够通过发挥各自优势,追求最高效率与效益,共同推动高水平社会主义市场经济体制机制不断完善。在构建高水平社会主义市场经济体制机制的过程中,公有制经济需牢牢守住经济安全底线,而民营经济、外资经济等非公有制经济则为市场注入活力。实现公有制经济与非公有制经济的互利共赢,促进一方发展同时带动另一方发展,是《民营经济促进法》第3条第3款规定的共同发展原则的应有之义。

(四)制定《民营经济促进法》是发挥民营企业在经济高质量发展中科技创新优势的机制要求

在我国科技创新、市场创新和经济高质量发展中,民营企业发挥着主力军、攻坚者、爆破手的主体功能,民营企业科技创新成果丰硕。华为作为全球领先的ICT[①]解决方案提供商,在5G技术领域,凭借其深厚的技术积累和创新能力,成为行业的领军者之一。宁德时代专注锂离子电池的研发、生产和销售,其技术创新能力使其成为新能源汽车产业的重要推动力量。比亚迪是一家集汽车、轨道交通、新能源及电子产品为一

---

① 信息与通信技术,Information and Communication Technology。

绪论 《民营经济促进法》立法的现实需求与基本面向

体的高新技术企业。大疆创新是民用无人机行业的领头羊,通过持续的技术创新,不仅提升了无人机的飞行性能和拍摄质量,还拓展了无人机在农业、安防、测绘等领域的应用范围。这些企业通过各自的努力,在不同领域展现了科技创新的力量,也促进了市场的创新和产业的高质量发展。它们的成功经验表明,民营企业在中国乃至全球的科技进步中扮演着越来越重要的角色。

党的二十届三中全会要求:"优化重大科技创新组织机制……强化企业科技创新主体地位,建立培育壮大科技领军企业机制,加强企业主导的产学研深度融合,建立企业研发准备金制度,支持企业主动牵头或参与国家科技攻关任务。构建促进专精特新中小企业发展壮大机制。鼓励科技型中小企业加大研发投入,提高研发费用加计扣除比例。鼓励和引导高校、科研院所按照先使用后付费方式把科技成果许可给中小微企业使用。"相较第一次工业革命时期个人、小团体主导的科技创新格局,当代科技创新已经走向"有组织的科研",一些实验仪器、科研设备价格昂贵,中小企业、小微企业未必有购买的能力,但这些企业不乏优质的创意。为形成政产学研用互利、共生、共赢的创新生态系统,《民营经济促进法》第28条要求"向民营经济组织开放国家重大科研基础设施,支持公共研究开发平台、共性技术平台开放共享,为民营经济组织技术创新平等提供服务",着力塑造最有利于民营经济科技创新的发展环境。

实践中,国有企业和民营企业在投入方向上各有侧重。国有企业在国家战略安全等领域承担着更多重大科技创新使命。例如,中国电科承担的国家科技重大专项,数量多,意义特殊,特别是在微波电真空器件等市场需求小但具有重大战略意义的技术产品上投入巨大。民营企业的科技研发投入更多的是基于市场需求导向,资源要素主要集中于创新链后端应用,产业化、商业化特征显著。国家高新技术企业中,民营企业从

2012年的2.8万家增长至目前的42万多家,占比由62.4%提升至92%以上,累计培育"小巨人"企业1.46万家,专精特新中小企业14万家。2023年,研发投入前1000家民营企业研发费用总额达1.39万亿元,占全国研发经费支出的41.88%,平均研发强度3.58%,研发人员总数达到192.65万人。近年来,民营企业新型研发机构布局超前,作为探索新型产业化组织方式的先行军,以之江实验室(阿里巴巴)、2012实验室(华为)为代表的新型研发机构不断涌现,在类脑智能、量子科学、网络安全等前沿交叉领域开展了一系列重大科学研究。

二、制定《民营经济促进法》是兑现宪法承诺、落实《立法法》要求的题中之义

《民营经济促进法》是我国第一部专门关于民营经济发展的基础性法律,上承《宪法》、《中华人民共和国立法法》(以下简称《立法法》)的要求,横向衔接《中华人民共和国民法典》(以下简称《民法典》)等面向市场的法律规范,下接公平竞争审查、财政奖补政策措施等具体机制。《全国人民代表大会常务委员会法制工作委员会关于印送〈立法技术规范(试行)(一)〉的函》规定:"法律一般不明示某部具体的法律为立法依据。但是,宪法或者其他法律对制定该法律有明确规定的,应当明示宪法或者该法律为立法依据。表述为:'……根据宪法,制定本法。'或者'……根据《中华人民共和国××法》的规定,制定本法。'"《民营经济促进法》第1条规定,"根据宪法,制定本法",这说明《宪法》是制定《民营经济促进法》的立法依据。《宪法》与《民营经济促进法》的关系可以从以下三个方面进行把握:

一是在法律中重申基本经济制度。《宪法》第6条第2款规定:"国家在社会主义初级阶段,坚持公有制为主体、多种所有制经济共同发展的基本经济制度,坚持按劳分配为主体、多种分配方式并存的分配制度。"第 11 条规定:"在法律规定范围内的个体经济、私营经济等非公有制经济,是社会主义市场经济的重要组成部分。国家保护个体经济、私营经济等非公有制经济的合法的权利和利益。国家鼓励、支持和引导非公有制经济的发展,并对非公有制经济依法实行监督和管理。"包含民营经济在内的非公有制经济作为社会主义市场经济的重要组成部分,已为现行宪法规定的国家基本经济制度所确认,其合法的权利和利益为国家所保护,国家鼓励、支持和引导包含民营经济在内的非公有制经济的发展。宪法作为国家根本大法,对民营经济的法律地位和权益保护作出了明确规定,为民营经济的发展提供了坚实的法律基础和制度保障,是促进民营经济发展的"定海神针"。《立法法》第 11 条规定:"下列事项只能制定法律……(九)基本经济制度以及财政、海关、金融和外贸的基本制度……"所以,基本经济制度只能由法律来规定,不能由行政法规乃至更低位阶的规范性文件替代。

二是兑现民营经济的发展权利。《宪法》第 33 条第 3 款规定:"国家尊重和保障人权。"《中国人权事业的进展》白皮书指出:"实践证明,将人民的生存权、发展权摆在首位,在改革、发展、稳定的条件下全面改进人权状况,是符合中国国情和全体人民的根本利益的,也是举世公认的。"由此可知,发展权利是人权的重要组成部分。《联合国发展权利宣言》第 2 条规定:"人是发展的主体,因此,人应成为发展权利的积极参与者和受益者。鉴于有必要充分尊重所有人的人权和基本自由以及他们对社会的义务,因此,所有的人单独地和集体地都对发展负有责任,这种责任本身就可确保人的愿望得到自由和充分的实现,他们因而还应增进和保护一个适当的政治、社会和经济秩序以利发展。国家有权利和义务制定适当的国家发展政策,其目的是在全体人民和所有个人积极、自由和有意义地参与发展及其带来的利益的公平分配的基础上,不断改善全体人民和所有个人的福利。"制定《民营经济促进法》有助于"优化民营经济发展环境",在更高水平、更高层次上兑现并积极促成民营经济发展权利的实现。

三是规范国家权力的行使。兑现民营经济的发展权利离不开国家权力的行使。一方面,国家权力的行使须遵循"法无授权不可为";另一方面,国家权力是纾解民营经济发展难题、优化民营经济发展环境的关键要素。基本经济制度的宪法表达在立法技术上有两个特点:首先是使用鼓励、支持、引导等方向性的概念,这些概念主要是为了框定国家权力的行使方向,但并未对权力的行使提供足够的约束。对于什么是妥当的鼓励方案、支持方案、引导方案,每个人、每个民营经济组织都有自己的答案,如果没有法律建构的鼓励方案、支持方案和引导方案,国家权力的行使就欠缺授权。所以,制定《民营经济促进法》不仅是重申基本经济制度的内容,也是构建基本经济制度的实施机制。坊间谈及法律人或法律职业共同体,第一印象往往是与法庭相关的法官、检察官和律师,法庭之外的法律人几乎不被注意,但实际上,除了司法,法律的实施机制已经走向多元化。其次是授权全国人大及其常委会阐释基本经济制度的内涵。例如,对于《宪法》第11条第1款规定的"在法律规定范围内的个体经济、私营经济等非公有制经济"应当如何理解,《宪法》无须提供精确的答案,第11条限定的"法律规定范围内"已经将阐释的权力授予全国人大及其常委会,全国人大及其常委会可以通过制定法律的形式阐释非公有制经济的内涵,及时回应民营经济的发展需求。

综上所述,《民营经济促进法》的制定既有《宪法》依据,也有《立法法》依据,同时也是落实法治原则、完善中国特色社会主义法律体系的立法要求。

三、《民营经济促进法》的基本面向与精神气质

《民营经济促进法》于2025年5月20日正式施行,恰逢其时。该法聚焦民营经济发展的显性问题及体制机制障碍,其基本面向与精神气质可从以下几方面把握。

(一)《民营经济促进法》的基本面向

《民营经济促进法》的基本面向可从以下四个方面来进行归纳。

第一,明确民营经济在基本经济制度中的法律地位。作为我国基本经济制度中非公有制经济的主要力量,民营经济在《民营经济促进法》中被赋予明确的法律地位。以基本经济制度为依托,保护和促进民营经济发展,能确保其核心地位稳固,避免社会质疑。基本经济制度体现出根本性、长期性和稳定性,保障民营经济法律地位的坚实性。通过立法彰显民营经济的制度地位,有助于彻底消除民营企业家的顾虑,增强发展信心,化解社会对民营经济的误解。基本经济制度是民营经济发展的"压舱石"、核心基础和主力支撑。

第二,加强对民营经济产权的制度保护与特别强调。《民营经济促进法》对民营经济组织的产权保护作出专门的制度设计,突出以下两个方面:一是对民营经济组织产权的平等保护。民营经济产权保护的核心是保障民营企业法人财产权,包括个体工商户及其他以企业或市场主体形式存在的民营经济实体的财产权。民营经济组织在产权方面应与国有企业等其他企业形态享有完全平等的法律保护,杜绝非法征收、征用,禁止以行政或刑事手段随意干预、变更或否定民营经济组织产权,确保其合法权益不受侵害。二是对民营企业家及投资者合法私有财产权的专门保护。民营企业家及投资者通过经营民营经济组织获得的合法财产收益,构成受法律保护的私有财产。需明确区分企业法人财产权与个人私有财产权,避免二者混淆。企业法人财产权应遵循企业法、公司法

的资本制度要求,支持民营企业依法自主经营;同时,个人私有财产权需要独立保护,确保企业家和投资者的合法收益得到保障。即使企业因市场风险主动或被动退出市场,民营企业家和投资者的合法私有财产权仍受法律专门保护。这不仅能激励民营企业家和投资者持续投身民营经济发展,也能为其在市场竞争中再次崛起提供物质基础。

第三,民营经济组织市场准入的制度安排。《民营经济促进法》通过优化市场准入制度,促进民营经济组织公平参与市场竞争。民营经济组织市场准入的制度安排,可以从存量结构市场准入、增量结构市场准入、新型举国体制三个角度来进行设计。(1)存量结构市场准入的优化。以最大化市场效率、促进充分竞争、保障经济安全和公共服务为原则,确保国有企业、集体企业、民营企业及外资企业在市场机会分配中享有公平、有效的准入机会。创新市场准入方式,鼓励环节性、融合性、合作性的制度安排。一方面,在电力、电信、铁路、石油、天然气等重点行业,放开竞争性业务,引入市场竞争机制,允许民营经济组织参与国有企业主导的产业链环节,协同推进固链、补链、强链、塑链,共同打造安全可控的产业链供应链,提升现代化水平。支持国有企业牵头组建任务型创新联合体,联合高校、科研院所及民营企业,攻关关键核心技术。另一方面,深化国有企业与民营企业的合作。例如,在军民融合领域,民营企业逐步进入军工市场,通过共建创新联合体、共享基础资源库(如开发工具集、知识库等),提升资源流通效率;推动制造业创新中心及中小企业公共服务平台建设,为民营企业提供技术服务和成果转化支持,增强知识产权协同运用能力,促进国企与民企责任共担、利益共享。(2)增量结构市场准入的开放。鼓励民营企业开拓新领域、新赛道,发挥"船小好调头"的创新优势,培育产业、市场及国际竞争力,特别是在数字化、智能化及新型工业化领域。搭建工业互联网平台,赋能民营企业数字化转型,

绪论 《民营经济促进法》立法的现实需求与基本面向

保障网络与数据安全,完善资金支持体系,通过财政专项资金与金融政策融合,构建多层次、宽领域的企业资金保障机制。加快数字技术创新与应用,培育新质生产力,支持产业链链主企业和数字化转型服务中心建设,提升公共服务平台能力。通过培养数字人才、优化人才流动渠道,集聚高技能人才,支撑民营企业数字化转型。深化改革,破除制约新质生产力发展的堵点,促进知识、技术、能力、人才的高效配置,形成创新协同合力,为民营企业数字化转型提供良好生态空间。面向未来产业,鼓励民营企业布局新产品、新服务、新模式,推动传统产业与新兴产业融合发展,抢占未来竞争制高点。(3)发挥新型举国体制集中力量办大事的优势。《中华人民共和国国民经济和社会发展第十四个五年规划和2035年远景目标纲要》(以下简称《"十四五"规划和2035远景目标纲要》)提出"健全社会主义市场经济条件下新型举国体制",中央经济工作会议多次提出"要发挥新型举国体制优势",习近平总书记反复强调"要完善关键核心技术攻关的新型举国体制"[1]。举国体制与民营经济的融合能够更贴近市场化的要求,培养国家竞争力,形成正相关的效益。举国体制主要通过国家战略、国家规划、党的政策和经济立法四个方面发挥引领作用。在党的领导下促进民营经济发展,一方面,要坚持和完善党领导经济社会发展的体制机制,加快构建市场经济条件下关键核心技术攻关新型举国体制,制定新的经济政策,充分调动民营经济组织的主动性和积极性,不断提高准确把握新发展阶段、深入贯彻新发展理念、加快构建新发展格局的能力和水平。另一方面,要树立"一体化"意识和"一盘棋"思想,在发挥市场资源配置决定性作用的同时,聚焦国家需求来建立战略性任务决策机制,鼓励、支持、引导民营经济的发展,发挥

---

[1] 《习近平:协同推进新冠肺炎疫情防控科研攻关 为打赢疫情防控阻击战提供科研支撑》,载《人民日报》2020年3月3日,第1版。

民营经济在就业和创新方面的独特性优势,保障公平的市场准入机制,形成最大限度整合社会资源、集中力量办大事的体制机制。实践证明,社会主义市场经济条件下的新型举国体制系统完备、科学规范、运行有效,能够为党和国家事业发展提供保障,具有显著的政治优势、协同优势、价值优势和战略优势,已经并将继续显现出强大的优越性和生命力,能为民营经济的发展谋划出崭新的蓝图。

第四,强化资源支持体系对民营经济的促进作用。《民营经济促进法》通过完善资源支持体系,确保民营经济在财政、金融和项目资源方面获得公平支持,激发其发展活力。一是财政资源公平配置。民营经济应与国有经济、集体经济同等享受国家财政资源支持,包括产业补贴、税收优惠和政府采购等,确保民营企业在财政政策中获得平等机会,营造公平的资源分配环境,增强其发展动力。二是金融资源多维度支持。在金融资源方面,须从以下三个角度优化支持:(1)优化金融机构的金融服务,调整国有商业银行信贷供给主要偏向国有企业的现状,打破国有商业银行只是国有企业"资金后备箱"的行为惯性,通过制度安排推动国有金融机构平等支持民营经济发展。(2)完善多层次资本市场体系,为民营企业提供开放、包容、多元化的金融资源渠道,满足其在不同发展阶段的融资需求,加强资本市场对民营经济的支持力度。(3)加大耐心资本投入,以政府为主导的耐心资本应增加对民营经济的投入,重点支持长期性、战略性项目,助力民营企业实现可持续发展。三是项目资源平等开放。《民营经济促进法》第12条规定:"国家保障民营经济组织依法平等使用资金、技术、人力资源、数据、土地及其他自然资源等各类生产要素和公共服务资源,依法平等适用国家支持发展的政策。"第13条进一步明确:"各级人民政府及其有关部门依照法定权限,在制定、实施政府资金安排、土地供应、排污指标、公共数据开放、资质许可、标准制

绪论　《民营经济促进法》立法的现实需求与基本面向

定、项目申报、职称评定、评优评先、人力资源等方面的政策措施时,平等对待民营经济组织。"这些法律保障措施,有助于确保民营经济组织在项目资源获取中享有公平机会,增强市场开放与资源配置的公正性。

(二)《民营经济促进法》的精神气质

《民营经济促进法》的精神气质,体现了这部法律独特的价值目标和立法导向。

第一,担当促进科技创新的使命。科技创新是推动经济社会发展的核心引擎。《民营经济促进法》专门设立第四章"科技创新",体现了以下几个方面的重点指向:(1)鼓励和支持民营经济组织在基础与前沿领域开展科技创新与产业创新。民营经济组织应立足国家战略,着眼未来发展,聚焦科技前沿与基础领域,推动原始创新,促进科技与产业深度融合,积极参与国际竞争和社会公益。在"新"字上做文章,在产业形态、商业模式、发展动能等方面不断孕育新动能、推动新发展、实现新突破、创造新成果、焕发新活力,避免低水平、低起点、重复性、短期化、缺乏实效的研发行为。(2)支持民营经济组织参与国家重大科技和技术攻关。民营经济组织不仅是科技创新的"国家队",也是技术突破的"爆破手"。作为"国家队",民营经济组织承担着基础性科研和关键科技任务,是科技创新的中坚力量,需要获得来自国家和社会在基础设施、公共平台、协同机制等方面的有力支持;作为"爆破手",民营经济组织肩负科技攻坚和关键技术突破的冲刺任务,需要建立集成化、体系化的科研协作机制、技术交流机制、成果转化机制以及产学研深度融合机制,确保创新链条高效运转。(3)支持民营经济组织参与标准化体系建设。标准是产品生产和服务的基本规格,是进入市场的通行证,也是企业竞争的制高点。无论是电子信息领域的CPU、通信领域的代际技术,还是人工智能领域的大模型,标准既代表技术水平,也体现核心竞争力。在标准化体系中,高标准始终发挥着主导作用与引领功能。高标准体现为高规格、高质量的技术规范,是在科技研发、生产实践和市场检验中沉淀下来的"硬核"成果,是无法绕过的技术门槛与市场壁垒。标准化能力越强,意味着技术原创能力越强,知识产权收益越大,对产业、行业和市场的统领与引领能力也越突出。

第二,体现民营经济发展的重大变革成果。我国民营经济的发展历程经历了深刻转变,主要体现在以下四个方面:(1)从被污名化到获得正名的历史性转变。早期的民营经济曾背负"剥削"之名。《民营经济促进法》首次将两个"毫不动摇"写入法律,即毫不动摇巩固和发展公有制经济,毫不动摇鼓励、支持、引导非公有制经济发展;首次明确民营经济的法律地位,指出其是社会主义市场经济的重要组成部分,是推进中国式现代化的生力军,是高质量发展的重要基础,是推动我国全面建成社会主义现代化强国、实现中华民族伟大复兴的重要力量;首次将"促进民营经济持续、健康、高质量发展"确立为国家长期坚持的重要方针政策;首次将"两个健康"写入法律,即"促进民营经济健康发展和民营经济人士健康成长",为民营经济的发展提供了法治保障与价值引领。(2)从补充地位到市场经济主体地位的转变。长期以来,民营经济被视为国有经济的有益补充。而《民营经济促进法》第3条第1款明确规定:"民营经济是社会主义市场经济的重要组成部分,是推进中国式现代化的生力军,是高质量发展的重要基础,是推动我国全面建成社会主义现代化强国、实现中华民族伟大复兴的重要力量。促进民营经济持续、健康、高质量发展,是国家长期坚持的重大方针政策。"这一规定标志着民营经济地位的主体化、制度化和法治化。(3)从依附国有经济到自主开拓市场的转变。过去,民营经济的发展多依赖国有资产经营方式和国有企业经营机制的"改道分流",通过承包、租赁、转让、破产等方式来获得市场机会。如今,民营经济逐步形成独立发展的能力和意愿,主动创造市场机会,主动开拓市场空间,希望获得更公平的市场竞争环境以及来自政府的公共支持与制度保障。(4)从"被管理的对象"到受全面支持、促进发展的主体的转变。《民营经济促进法》通过建立沟通、协调、保护、监督等一系列机制,全面加强法治建设,依法保障民营经济组织的合法权益,推动其从被管理的对象转变为受全面支持、促进发展的主体,营造稳定、透明、可预期的法治环境。

第三,回应民营经济发展的现实难题。《民营经济促进法》积极回应了民营经济发展过程中面临的一系列现实难题,体现出强烈的问题导向和鲜明的制度回应特征。(1)正面回应市场准入不公平问题。《民营经济促进法》明确规定:不设正面清单,实行"非禁即入"的市场准入制度;除负面清单所列领域外,民营经济组织可以依法平等进入各类市场;强化公平竞争审查制度,确保民营经济组织能够平等使用各类生产要素和公共服务资源;建立问责机制,切实保障政策落实的刚性和约束力。(2)正面回应执法乱象问题。针对实践中存在的一些乱收费、乱罚款、乱检查、乱查封,以及违规异地执法、趋利性执法等执法乱象,《民营经济促进法》作出制度性回应,提出建立健全行政执法违法行为投诉举报处理机制和涉企行政执法诉求沟通机制,强化对行政执法活动的全过程监督,切实维护民营经济组织的合法权益。(3)正面回应融资难、融资贵问题。《民营经济促进法》通过多项措施提升金融服务水平,包括:实施差异化监管政策;适度放宽普惠型小微企业贷款不良率容忍度;拓展融资担保手段,如权利质押贷款;健全政策性与商业性相结合的融资担保风险分担机制,为民营企业融资提供更有力的支持。(4)正面回应账款拖欠问题。《民营经济促进法》明确规定:国家机关、事业单位和国有企业应依法依约及时向民营经济组织支付账款；大型企业应严格履行约定义务，及时向中小民营企业支付采购账款；对一些合同中的"背靠背"付款条款，明确其不具有法律效力；政府应通过制度建设切实加强对账款支付的保障，遏制拖欠行为。(5)正面回应"入罪入刑"困扰问题。《民营经济促进法》明确禁止利用行政或刑事手段非法干预经济纠纷，防止将民事纠纷刑事化，同时禁止因谋取经济利益等目的滥用职权实施异地执法，防止对民营经济组织造成不当干扰和打击。

第四，探索《民营经济促进法》的适用机制。以往的促进型法律适用性较弱，往往偏重宣示性、政策性和原则性，缺乏可操作性的制度安排，难以在实践中作为明确的法律依据，更难在司法裁判中直接援引适用。《民营经济促进法》在保有促进型法律应有的宣示性、政策性、原则性、机制性和职责性特征的基础上，着力强化了其实用功能和适用效力。《民营经济促进法》中的大量法律条文直接设置明确的权利义务和法律责任，赋予民营经济主体具体的请求权，使其在现实中有法可依循、有权可主张。同时，《民营经济促进法》于国家机关进行具体适用也有较强的现实性和可操作性，法律通过明确职责法定、设立禁止性规范、强化问责机制、明确法律责任等方式，使相关主体的行为边界一目了然。对于民营经济主体提出的柔性诉求，以及国家机关之间可能出现的协调性矛盾，《民营经济促进法》也提供了相应的制度支撑和法律路径，制度层面的有效衔接和实务层面的顺畅运行能够得到相应保障。

目录

第一章 总则

第一条 【立法目的】 003

第二条 【促进民营经济发展的政治方向与制度基础】 006

第三条 【民营经济的法律地位与促进民营经济发展的法律原则】 013

第四条 【各级政府促进民营经济发展的职责】 033

第五条 【民营经济主体的政治责任与民营经济组织经营者队伍建设】 040

第六条 【民营经济主体守法守信、履行社会责任、维护公共利益、接受政府和社会监督义务】 044

第七条 【工商联的促进职责】 047

第八条 【媒体与社会的促进要求】 049

第九条 【民营经济统计制度】 052

第二章 公平竞争

第十条 【市场的平等进入】 059

第十一条 【公平竞争审查制度】 066

第十二条 【生产要素和公共服务资源的平等使用】 076

第十三条 【政策措施的平等对待】 083

001/

第十四条　【公共资源交易机会的平等获取】　090

第十五条　【通过竞争执法提供良好市场环境】　096

第三章　投资融资促进

第十六条　【投资机会安排】　105

第十七条　【投资政策支持】　111

第十八条　【资产效率提升及政府与社会资本合作】　121

第十九条　【投资服务】　128

第二十条　【提供差异化金融服务】　134

第二十一条　【扩充贷款担保方式】　145

第二十二条　【融资风险市场化分担机制】　151

第二十三条　【增强金融服务适配性】　158

第二十四条　【金融服务平等与非歧视】　165

第二十五条　【直接融资机会平等】　176

第二十六条　【信用信息共享与信用评级优化】　188

第四章　科技创新

第二十七条　【民营经济组织科技创新的导向引领】　201

第二十八条　【支持参与国家重大科技攻关与重大技术攻关】　205

第二十九条　【支持参与数智技术研发和数据市场建设】　210

第三十条　【支持参与标准化建设】　214

第三十一条　【支持新技术应用、科技成果推广和技术合作】　219

第三十二条　【知识型、技能型、创新型人才
　　　　　　　　　培养】　226
　　第三十三条　【创新成果的知识产权保护】　232
第五章　规范经营
　　第三十四条　【党的活动开展与党的作用发挥】　241
　　第三十五条　【民营经济组织的基本面向与主
　　　　　　　　　体功能】　245
　　第三十六条　【守法经营、合法经营义务】　249
　　第三十七条　【民营资本健康发展与民营经济
　　　　　　　　　组织风险防范管理】　256
　　第三十八条　【规范治理与民主管理】　259
　　第三十九条　【源头防范和治理腐败体制机制】　267
　　第四十条　　【财务、会计、财产管理制度】　274
　　第四十一条　【员工共享发展成果】　279
　　第四十二条　【履行社会责任】　284
　　第四十三条　【海外投资经营】　289
第六章　服务保障
　　第四十四条　【清廉服务】　295
　　第四十五条　【听取意见建议】　300
　　第四十六条　【优惠政策】　305
　　第四十七条　【创业服务】　309
　　第四十八条　【登记服务】　312
　　第四十九条　【教育培训服务、人力资源服
　　　　　　　　　务、人才服务】　316
　　第五十条　　【行政执法活动的要求】　321

第五十一条　【处罚同等与过罚相当原则】　326

第五十二条　【监管要求】　331

第五十三条　【行政执法违法行为投诉举报与行政执法监督】　336

第五十四条　【失信惩戒与信用修复】　341

第五十五条　【矛盾纠纷多元化化解机制与法律服务的提供】　346

第五十六条　【行业协会商会协调、自律与服务】　352

第五十七条　【海外服务、海外利益保障、海外合法权益保护】　359

第七章　权益保护

第五十八条　【人身权、财产权、经营自主权等合法权益保护】　365

第五十九条　【人格权益保护】　370

第六十条　【开展调查与实施强制措施的要求】　379

第六十一条　【依法征收征用与公平合理补偿，禁止摊派和乱收费乱罚款】　384

第六十二条　【严格依法区分和依法处置涉案财物与合法财产】　389

第六十三条　【严格区分经济纠纷与经济犯罪】　398

第六十四条　【规范和严格依法限制异地执法行为】　405

第六十五条　【反映情况、提出申诉、申请复议、提起诉讼权利】　412

第六十六条　【检察机关依法实施法律监督】　418

第六十七条　【国家机关、事业单位、国有企业应依法依约及时支付账款，接受审计监督】　423

　　第六十八条　【大型企业应依约定及时支付采购账款，人民法院提供司法保障】　433

　　第六十九条　【账款支付保障的政府职责】　440

　　第七十条　【依法履行政策承诺和合同约定】　446

第八章　法律责任

　　第七十一条　【违反公平竞争审查程序、公共资源交易歧视民营经济组织的法律责任】　455

　　第七十二条　【违法实施征收、征用、查封、扣押、冻结、异地执法等措施的法律责任】　462

　　第七十三条　【违法违约拖欠账款及不依法履行政策承诺的法律责任】　470

　　第七十四条　【侵犯民营经济组织及其经营者合法权益的法律责任】　474

　　第七十五条　【民营经济组织及其经营者违法生产经营的法律责任】　478

　　第七十六条　【采取不正当手段骗取表彰荣誉及优惠政策的法律责任】　487

第九章　附则

　　第七十七条　【民营经济组织的界定，民营经济组织涉及外商投资的法律适用】　495

第七十八条　【本法生效时间】　　501

附录　中华人民共和国民营经济促进法　　503

后　记　　520

第一章 总则

第一条 【立法目的】

具体条文

> 为优化民营经济发展环境,保证各类经济组织公平参与市场竞争,促进民营经济健康发展和民营经济人士健康成长,构建高水平社会主义市场经济体制,发挥民营经济在国民经济和社会发展中的重要作用,根据宪法,制定本法。

性质界定

本条是关于立法目的的规定。

内涵阐释

一、民营经济的概念与范围

民营经济是非公有制经济的组成部分,是指除了国有和国有控股企业、外商和港澳台商独资及其控股企业以外的多种所有制经济的统称。从经营主体的角度来看,民营经济主要是由民营经济组织及其经营者经营的经济实体,包括个体工商户、私营企业、民营科技企业、股份制企业中的民营股份等多种形式。从经济活动范围的角度来看,民营经济广泛分布于各个产业领域,在制造业、商贸流通、科技创新、社会服务等方面发挥着重要作用。

与非公有制经济相比较,民营经济的范围相对要窄一些,是指由民间资本主导、民营经济组织经营管理的经济形式。民营经济侧重经营主体和经营方式的民营特征,强调的是经济活动的民间性、自主性和灵活性,注重民营企业家在经济活动中的作用发挥。非公有制经济的范围要更广泛一些,包括个体经济、私营经济、外资经济等,既涵盖了民营经济,也包括外资经济等其他非公有制经济形式。非公有制经济侧重所有制性质,其突出的是与公有制经济相对应的非公有制特征。

二、《民营经济促进法》的立法目的

《民营经济促进法》是我国第一部专门规定民营经济发展的基础性法律。

优化民营经济发展环境,保证各类经济组织公平参与市场竞争,促进民营经济健康发展和民营经济人士健康成长,构建高水平社会主义市场经济体制,发挥民营经济在国民经济和社会发展中的重要作用,这五个方面的目标与宗旨共同构成本法的立法目的。

营造有利于民营经济发展的舆论与氛围,需要坚定发展民营经济的信心与决心。促进民营经济持续健康高质量发展,是国家长期坚持的重大方针政策。发展民营经济不是一时之需,而是国家的长久之计。做大做强做优民营经济,是民营经济立法的首要目标,使民营企业家能够安心放心地谋划企业的长期发展。市场经济是民营经济的基础土壤,市场主体、市场进入、市场机会、市场竞争、市场监管、市场退出,需要规则先行。市场经济的规则需要公开、需要平等、需要统一。在既往的民营经济实践中,在市场进入、发展机会、保护力度等方面存在问题,需要通过《民营经济促进法》等法律规则来克服,并营造平等、公平、公开、公正的市场环境。优化民营经济发展环境,既是对过往发展的肯定,也是对未来发展的更高要求。具体而言,就是要做到环境更友好、市场更宽松、竞争更公平、发展更健康、服务更平等、监管更包容,建设更高水平的市场经济体制,使民营经济在经济社会发展中的作用更突出。我国民营经济兴起时间较短,一些民营企业存在弱质性:短期行为动机较强、抗风险能力较弱、治理结构相对落后、守法经营意识较为淡薄。要使民营经济走上健康发展之路,就要将守法守信、诚实劳动、合法经营、防控风险、向现代企业转型作为基本行为准则。民营经济人士和民营企业家不仅是市场经济的重要主体,也是促进民营经济发展的人力资源保障。民营经济人士和民营企业家应当具有家国情怀、国家使命、公共精神、社会责任。我国作为以社会主义市场经济为发展目标的发展中国家,并未简单照搬传统市场经济国家"市场失灵—国家干预"的经济立法模式,而是立足国情,创造性地构建了具有中国特色的"促进—发展"型经济立法模式。《民营经济促进法》的制定与实施,就是"促进—发展"型经济立法模式在民营经济领域中的应用。促进民营经济发展,就是要从速度上加快民营经济的发展,从实力上加强民营经济的发展,在就业、实业、主业等方面做大做强做优民营经济。促进民营经济发展是构建高水平社会主义市场经济体制的应有之义。发展民营经济需要更好地发挥市场机制的作用,需要更公平和更有活力的市场环境,需要友好、廉洁、沟通有效的政府与市场关系,并最终使民营经济在国民经济和社会发展中发挥出更重要的作用。

三、制定《民营经济促进法》的宪法依据

民营经济是我国非公有制经济的主要力量。《宪法》第6条第2款规定"国家在社会主义初级阶段,坚持公有制为主体、多种所有制经济共同发展的基本经济制度"。第11条规定:"在法律规定范围内的个体经济、私营经济等非公有制经济,是社会主义市场经济的重要组成部分。国家保护个体经济、私营经济等非公有制经济的合法的权利和利益。国家鼓励、支持和引导非公有制经济的发展,并对非公有制经济依法实行监督和管理。"包含民营经济在内的非公有制经济作为社会主义市场经济的重要组成部分,已为现行宪法规定的国家基本经济制度所确认,其合法的权利和利益为国家所保护,国家鼓励、支持和引导包括民营经济在内的非公有制经济的发展。宪法作为国家根本大法,对民营经济法律地位和权益保护所作出的明确规定,为民营经济的发展提供了坚实的法律基础和制度保障,是促进民营经济发展的"定海神针"。制定《民营经济促进法》具有宪法根据。

第二条 【促进民营经济发展的政治方向与制度基础】

具体条文

> 促进民营经济发展工作坚持中国共产党的领导,坚持以人民为中心,坚持中国特色社会主义制度,确保民营经济发展的正确政治方向。
>
> 国家坚持和完善公有制为主体、多种所有制经济共同发展,按劳分配为主体、多种分配方式并存,社会主义市场经济体制等社会主义基本经济制度;毫不动摇巩固和发展公有制经济,毫不动摇鼓励、支持、引导非公有制经济发展;充分发挥市场在资源配置中的决定性作用,更好发挥政府作用。

性质界定

本条是关于民营经济发展的政治方向与制度基础的规定。

内涵阐释

一、民营经济发展的政治方向

(一)坚持中国共产党的领导

党的二十大报告指出:中国特色社会主义最本质的特征是中国共产

党领导,中国特色社会主义制度的最大优势是中国共产党领导,中国共产党是最高政治领导力量,坚持党中央集中统一领导是最高政治原则。习近平总书记在庆祝中国共产党成立100周年大会上的讲话中明确指出:"以史为鉴、开创未来,必须坚持中国共产党坚强领导",并强调,"中国共产党领导是中国特色社会主义最本质的特征,是中国特色社会主义制度的最大优势,是党和国家的根本所在、命脉所在,是全国各族人民的利益所系、命运所系"。[1] 新中国波澜壮阔的发展史证明,没有中国共产党就没有新中国,更不可能有中国式现代化和中华民族伟大复兴。中国共产党是中国特色社会主义事业的领导核心,坚持和加强党的全面领导,最主要的就是坚持和加强党对中国特色社会主义事业的全面领导。民营经济发展必须在中国共产党的领导下进行。党能够总揽全局、协调各方,从国家和民族的长远利益出发,制定符合国情的发展战略和方针政策,引领民营经济沿着正确的道路与方向发展,确保民营经济发展与国家战略相契合。中国共产党坚持以中国特色社会主义理论体系为指导,确保民营经济发展沿着中国特色社会主义道路前进,使其成为推动社会主义市场经济发展的重要力量,实现经济效益与社会效益的有机统一。

(二)坚持以人民为中心

坚持以人民为中心是习近平新时代中国特色社会主义思想的重要内容。习近平总书记指出:"人民是历史的创造者,群众是真正的英雄。人民群众是我们力量的源泉。"[2]人民群众是社会物质财富和精神财富的创造者,也是推动历史前进和社会变革的决定性力量。人民群众的需求和奋斗是社会进步的基础。民营经济的发展需要人民的力量,人民的

---

[1] 习近平:《在庆祝中国共产党成立100周年大会上的讲话(2021年7月1日)》,载《人民日报》2021年7月2日,第2版。
[2] 习近平:《必须坚持人民至上》,载《求是》2024年第7期。

力量和智慧是推动民营经济发展的动力。我国人力资源基数大,人才储备多,从传统制造业到现代服务业、从劳动密集型产业到技术密集型产业,民营经济发展所需要的人力人才基本都能得以满足。同时,人民群众也为民营经济的发展创造了广阔的需求市场。充分发挥我国超大规模市场优势,把满足国内需求作为发展的出发点和落脚点,加快构建完整的内需体系,是我国经济社会发展的重要方向。中国有14亿人口,中等收入群体超过4亿,是全球最具潜力的大市场。民营经济的发展要以满足人民日益增长的美好生活需要为出发点和落脚点,满足人民多样化需求。民营经济组织的生产经营要从日常生活用品到高端科技产品、从传统服务业到新兴服务型产业,精准对接不同层次、不同群体的消费需求,不断提升人民群众的生活品质,让人民有更多的消费选择和更好的消费体验。

以人民为中心的发展思想鼓励人民群众积极参与创新创业,发展民营经济为广大人民群众提供了创新创业的广阔舞台。民营经济能够营造宽松的创业环境,降低创业门槛,给予创业者更多的机会和更大的空间。民营经济的竞争机制也能激发企业和劳动者的创新活力,促使他们不断提高技术水平和管理能力,推动产业升级和经济结构优化,为经济社会发展注入源源不断的动力与活力。发展民营经济有助于推动实现共同富裕目标。民营企业通过自身发展创造财富,通过税收形式为国家作出贡献。国家可以利用这些财政收入进行再分配,调节收入差距,促进社会公平。民营经济组织通过参与公益事业、慈善事业,履行社会责任,能够推动社会公平正义的实现,助力共同富裕目标的达成。

(三) 坚持中国特色社会主义制度

中国特色社会主义制度,包括人民代表大会制度的根本政治制度,中国共产党领导的多党合作和政治协商制度、民族区域自治制度以及基层群众自治制度等基本政治制度,中国特色社会主义法律体系,公有制为主体、多种所有制经济共同发展,按劳分配为主体、多种分配方式并存,社会主义市场经济体制的基本经济制度,以及建立在这些制度基础上的经济体制、政治体制、文化体制、社会体制等各项具体制度。中国特色社会主义制度是党和人民在长期实践探索中形成的科学制度体系。作为当代中国发展进步的根本制度保障,中国特色社会主义制度为民营经济发展提供了坚实的制度框架和稳定的社会环境。在中国特色社会主义制度体系中,民营经济能够在法律和政策的规范与支持下,充分发挥自身优势,健康有序地向前发展。

二、社会主义基本经济制度的内涵及其与民营经济的关系

1997年,党的十五大报告提出,"公有制为主体、多种所有制经济共同发展,是我国社会主义初级阶段的一项基本经济制度","非公有制经济是我国社会主义市场经济的重要组成部分"。该报告首次将公有制为主体、多种所有制经济共同发展确立为我国社会主义初级阶段的一项基本经济制度,把非公有制经济的地位上升为社会主义市场经济的重要组成部分。2019年,党的十九届四中全会第一次把"公有制为主体、多种所有制经济共同发展,按劳分配为主体、多种分配方式并存,社会主义市场经济体制"共同明确为我国社会主义基本经济制度。基本经济制度的确立,既体现了社会主义制度的优越性,又能与我国社会主义初级阶段社会生产力发展水平相适应。

在所有制结构中,公有制经济在国民经济中占据主体地位,国有经济控制国民经济命脉,在关键领域和重要行业居于主导地位,对经济发展起主导作用,集体经济是公有制经济的重要组成部分。共同发展的多种所有制经济,包括个体经济、私营经济、外资经济等非公有制经济,是社会主义市场经济的重要组成部分。各种所有制主体依法平等使用资源要素、公开公平公正参与竞争、同等受到法律保护。这一制度既保证

了国家对关键领域和重要行业的掌控,又充分激发了各类市场主体的活力。公有制为主体、多种所有制经济共同发展的所有制结构,明确了民营经济作为非公有制经济的重要地位,从根本上为民营经济的发展提供了制度依据和保障,使其能够与公有制经济在市场中平等竞争、相互促进、共同发展。同时民营经济也丰富了社会主义基本经济制度的所有制结构。民营经济的发展壮大,增加了市场主体的数量和多样性,促进了市场竞争,提高了经济效率,为经济发展注入了新的活力和动力,推动了多种所有制经济共同发展格局的形成。

在分配关系结构中,我国坚持按劳分配为主体、多种分配方式并存的分配制度。在社会再生产的生产、流通、分配、消费四个环节中,分配是连接生产和消费的枢纽,分配合理,生产才有动力、消费才有能力。按劳分配强调的是在公有制经济中,按照劳动者提供的劳动数量和质量进行分配,多劳多得,少劳少得。劳动作为物质财富的重要源泉以及产品和服务的创造者,理所应当按照贡献决定报酬。多种分配方式并存则是指在非公有制经济和混合所有制经济中,允许资本、技术、管理、数据等生产要素按贡献参与分配。现代市场经济中,知识、技术、管理、数据等生产要素对经济增长发挥着越来越重要的作用,落实这几类生产要素按贡献参与分配并决定报酬,对促进创新、加快经济结构转型升级和高质量发展至关重要。在民营经济活动中,劳动者通过劳动获得报酬,经营者和投资者依据其资本、技术、管理等要素的贡献获得相应的收益,既激励了民营经济中的各类人员积极参与经济活动,又促进了民营经济的发展,进而为整个社会创造出更多的财富,为分配制度的实施提供了更丰富的物质基础。同时,资本、技术、管理、数据等生产要素被源源不断地投入民营经济组织之中,能不断激发民营经济活力和创造力,提高社会整体创新水平。

在经济体制方面,坚持社会主义市场经济体制,把社会主义制度和市场经济有机结合起来,既充分发挥市场在资源配置中的决定性作用,又更好发挥政府作用。通过市场机制的作用,实现资源的优化配置,激发市场活力;政府通过宏观调控、市场监管等手段,维护市场秩序,促进经济平稳健康发展。社会主义市场经济体制为民营经济营造了公平竞争的市场环境,民营经济能够依据市场信号,自主决策生产经营活动,在市场竞争中实现资源的有效配置和自身的发展壮大。同时民营经济作为市场经济的积极参与者,能对市场机制的完善和政府职能的转变起到推动作用。民营经济的发展需求促使市场体系不断健全,也促使政府不断优化营商环境,提高宏观调控和市场监管水平,更好地发挥政府作用,从而推动社会主义市场经济体制不断发展和完善。

三、"两个毫不动摇"的含义与意义

党的十八大以来,以习近平同志为核心的党中央多次重申坚持社会主义基本经济制度,坚持"两个毫不动摇"。党的十九大把"两个毫不动摇"写入新时代坚持和发展中国特色社会主义的基本方略,作为党和国家一项大政方针固定下来。党的二十大强调"坚持和完善社会主义基本经济制度,毫不动摇巩固和发展公有制经济,毫不动摇鼓励、支持、引导非公有制经济发展"。"两个毫不动摇"是坚持和完善社会主义基本经济制度的重要内容。一方面,"毫不动摇巩固和发展公有制经济"。坚持公有制主体地位不动摇、国有经济主导作用不动摇,是我国各族人民共享发展成果的制度性保证,也是巩固党的执政地位、坚持我国社会主义制度的重要保证。另一方面,明确并坚持非公有制经济在我国经济社会发展中的地位和作用没有变,"毫不动摇鼓励、支持、引导非公有制经济发展"的方针政策没有变,致力于为非公有制经济发展营造良好环境和提供更多机会的方针政策没有变,能更好适应我国生产力发展水平,充分激发各类经营主体的内生动力和创新活力。实践证明,只有坚持

"两个毫不动摇",才能充分调动公有制经济和非公有制经济两个方面的积极性,不断增强经济发展活力。

《中国共产党章程》明确规定了社会主义初级阶段的基本经济制度是公有制为主体、多种所有制经济共同发展。这为"两个毫不动摇"提供了党内根本大法的依据,确立了其在党的建设和经济工作中的重要地位,要求全体党员必须坚决贯彻执行,确保党在领导经济工作中始终坚持这一方针。我国将社会主义基本经济制度写入了《宪法》《中国共产党章程》,将"两个毫不动摇"写入了《中国共产党章程》。支持民营经济发展,是党中央的一贯方针,这一政治立场不会动摇。《宪法》规定"国家在社会主义初级阶段,坚持公有制为主体、多种所有制经济共同发展的基本经济制度",这从国家根本大法的高度确立了"两个毫不动摇"的法律地位,为其他相关法律法规的制定和实施提供了最高法律依据,保障了公有制经济和非公有制经济在国家经济社会发展中的合法地位和合法权益。随着党的政治主张和政治纲领转化为法律主张和法律制度,"两个毫不动摇"具有了法律与党章的双重保障地位。

四、社会主义市场经济建设中的政府与市场关系

充分"发挥市场在资源配置中的决定性作用,更好发挥政府作用",以往关于政府与市场关系的这一经典表述,只是在党和国家的决议与报告以及《中国共产党章程》"总纲"中出现。《民营经济促进法》第一次以法律形式,对政府与市场关系的核心内涵"充分发挥市场在资源配置中的决定性作用,更好发挥政府作用"进行了锁定,这是市场经济立法和市场经济法治建设的新发展与新标志,反映了中国共产党对社会主义市场经济规律认识的不断深化,以及在实践中对政府和市场关系的不断调整和优化。社会主义市场经济体制中,政府与市场是合作关系,"大市场、好政府"是市场经济建设的目标指向。

第三条 【民营经济的法律地位与促进民营经济发展的法律原则】

/ **具体条文**

> 民营经济是社会主义市场经济的重要组成部分,是推进中国式现代化的生力军,是高质量发展的重要基础,是推动我国全面建成社会主义现代化强国、实现中华民族伟大复兴的重要力量。促进民营经济持续、健康、高质量发展,是国家长期坚持的重大方针政策。
>
> 国家坚持依法鼓励、支持、引导民营经济发展,更好发挥法治固根本、稳预期、利长远的保障作用。
>
> 国家坚持平等对待、公平竞争、同等保护、共同发展的原则,促进民营经济发展壮大。民营经济组织与其他各类经济组织享有平等的法律地位、市场机会和发展权利。

/ **性质界定**

本条是关于民营经济的法律地位和促进民营经济发展的法律原则的规定。

/ **内涵阐释**

一、民营经济的法律地位

2018年11月1日,在民营企业座谈会上,习近平总书记指出:"民营经济具有'五六七八九'的特征,即贡献了50%以上的税收,60%以上的国内生产总值,70%以上的技术创新成果,80%以上的城镇劳动就业,90%以上的企业数量。""我国民营经济已经成为推动我国发展不可或缺的力量,成为创业就业的主要领域、技术创新的重要主体、国家税收的重要来源,为我国社会主义市场经济发展、政府职能转变、农村富余劳动力转移、国际市场开拓等发挥了重要作用。"[1]

民营经济作为社会主义市场经济的重要组成部分,市场主体数量庞大,截至2024年9月底,全国登记在册民营企业数量超过5500万户,民营企业在企业总量中的占比稳定在92.3%,为市场带来了充分的竞争和活力,促进了市场机制的有效运行。民营企业在市场中遵循价值规律,积极参与竞争,引导资源流向效率更高、效益更好的领域和企业,推动资源的优化配置,促进了产业结构的优化升级。民营经济的发展促使政府不断完善市场规则、加强市场监管、维护市场秩序,推动形成统一开放、竞争有序的现代市场体系,倒逼政府深化"放管服"改革,提高政务服务水平,进一步完善社会主义市场经济体制。

民营经济作为推进中国式现代化的生力军,是经济增长的重要引擎,对中国经济增长的贡献率不断提高。近年来,民营经济创造的增加值占国内生产总值的比重超过60%,成为推动经济持续增长的重要力量。在一些经济发达地区,民营经济更是撑起了经济发展的"半壁江山",为当地经济发展和中国式现代化建设提供了坚实的物质基础。民营企业在科技创新方面表现活跃,是推动产业升级和技术进步的重要力量,在促进就业方面也具有不可替代的作用,是吸纳就业的"蓄水池"和"稳定器"。我国的社会保障体系是以就业为基础构建的,就业不仅是民生之本,也是国家发展的重要支撑。习近平新时代中国特色社会主义思想强调以人民为中心的发展理念,将就业作为满足人民对美好生活需要的重要途径。习近平总书记指出:"就业是最基本的民生,事关人民群

---

[1] 习近平:《坚持和落实"两个毫不动摇"》,载《求是》2025年第6期。

众切身利益,事关经济社会健康发展,事关国家长治久安,我们党对此历来高度重视。"[1]民营经济为社会提供了大量的就业岗位,涵盖了从传统制造业到现代服务业的各个领域,也为大众创业、万众创新提供了广阔平台,激发了社会的创业创新活力,促进了人才的培养和成长,为中国式现代化建设提供了丰富的人力资源。

民营经济也是我国经济实现高质量发展的重要基础,民营经济在传统产业改造升级和新兴产业培育发展方面发挥着重要作用。民营企业通过技术改造、管理创新和品牌建设,提升了传统产业的附加值和竞争力,推动了传统产业向高端化、智能化、绿色化转型。同时,民营企业积极投身新兴产业发展,在数字经济、绿色低碳、生物医药等战略性新兴产业领域不断探索创新,培育了新的经济增长点,促进了产业结构的优化升级,为高质量发展奠定了产业基础。民营企业以市场为导向,注重提高生产效率和经济效益,不断追求技术创新和管理创新,在竞争中形成了灵活的经营机制和高效的决策机制,能够快速适应市场变化,优化资源配置,提高产品和服务质量,从而提升经济的发展质量和效益。民营经济在促进区域经济协调发展方面也发挥着重要作用。在东部地区,民营企业通过产业转移和技术输出,带动了中西部地区经济发展。同时,中西部地区的民营企业也依托当地资源优势和政策支持,不断发展壮大,形成了各具特色的产业集群,促进了区域间的产业协同和经济互补,推动了全国范围内的区域协调发展,为实现高质量发展的全面性和平衡性作出了贡献。

民营经济作为推动我国全面建成社会主义现代化强国、实现中华民族伟大复兴的重要力量,其持续健康发展有助于增强国家的经济实力和综合国力。随着民营企业在国际市场上的竞争力不断增强,它们通过全

---

[1] 习近平:《促进高质量充分就业》,载《求是》2024年第21期。

球化资源配置和拓展市场,不仅为国家创造了大量的外汇收入,更显著提升了中国经济在全球经济中的地位,同时还创造了大量就业机会,提高了居民收入水平。众多民营企业家自觉践行社会责任,在教育、医疗、扶贫等领域开展了大量公益活动,为改善民生、缩小贫富差距、促进社会公平正义发挥了积极作用,为全面建成社会主义现代化强国营造了良好的社会环境。民营经济的发展也培育了一大批具有创新精神、拼搏精神和社会责任感的企业家。他们勇于创新、敢于冒险、善于经营,成为推动经济社会发展的重要力量。企业家精神不仅激励着民营经济不断发展壮大,也为全社会树立了榜样,激发了广大人民群众的创业创新热情,形成了推动国家发展和民族复兴的强大精神动力。

基于民营经济重要的战略地位与法律地位,民营经济在我国经济社会发展中的地位不可替代,作用举足轻重,贡献有目共睹。国家将促进民营经济发展作为长期坚持的重大方针政策,是基于我国经济发展的客观规律和现实需求,对于推动经济高质量发展、实现全面建成社会主义现代化强国的目标具有深远而重要的意义。

二、鼓励、支持、引导民营经济发展的法治承诺

《民营经济促进法》规定"国家坚持依法鼓励、支持、引导民营经济发展",将宪法中关于非公有制经济的表述适用于民营经济,这一立法设计具有深刻的宪法实施意义,是我国法治进程中"顶层设计与实践探索相结合"的典范,既是对我国基本经济制度的立法贯彻,也是对民营经济法治地位的根本性提升。

(一)这一规定是对宪法精神的立法具象化,重申了基本经济制度的核心要义

我国《宪法》第 6 条第 2 款明确规定,"国家在社会主义初级阶段,坚持公有制为主体、多种所有制经济共同发展的基本经济制度",第 11 条第 2 款规定,"国家保护个体经济、私营经济等非公有制经济的合法的权利和利益。国家鼓励、支持和引导非公有制经济的发展,并对非公有制经济依法实行监督和管理"。民营经济是非公有制经济的重要组成部分。《民营经济促进法》将《宪法》中"鼓励、支持、引导非公有制经济发展"的表述直接用于民营经济,是对宪法条款的精准转译和场景化适用,体现了立法对宪法精神的忠实遵循,体现出连贯的立法逻辑。同时通过部门法形式重申宪法原则,以更具体的规范体系将抽象的宪法原则转化为可操作的权利义务,既彰显了我国坚持"两个毫不动摇"的制度自信,也向社会释放了民营经济发展于法有据的明确信号,为民营经济发展奠定了最高的法律效力基础。

(二)这一规定明确了民营经济的合法性地位,是法治实践的突破性创新

在以往的法律体系中,民营经济更多的是作为经济学概念或政策表述存在,缺乏法律层面的统一界定和直接规范。《民营经济促进法》首次以法律形式明确其地位,具有三重突破性意义。

1. 从政策模糊到法律明确

(1)概念法定化。法律首次明确民营经济的范畴,如个体经济、私营经济、外资经济中的民间资本部分等,结束了长期以来以非公有制经济间接指代民营经济的状态,使民营经济成为独立的法律归属概念。这一界定既契合我国经济实践,也为平等保护各类市场主体提供了前提。(2)地位平等化。《宪法》规定的对非公有制经济的"鼓励、支持、引导"原则,在民营经济领域转化为具体的法律权利,如平等进入市场、禁止歧视性待遇、保护财产权等,直接赋予民营经济与公有制经济同等的法律地位,破除了基于所有制所可能产生的隐性壁垒。

2. 从权利隐性到权利显性

宪法权利通常需要通过部门法细化才能落地。《民营经济促进法》将宪法原则转化为可主张、可救济的具体权利。在财产权保护方面，《民营经济促进法》明确禁止任何组织或个人侵犯民营经济组织财产权，对征收、征用设定严格法定程序和补偿标准，呼应《宪法》第13条第1款规定的"公民的合法的私有财产不受侵犯"。在经营自主权保障方面，《民营经济促进法》规定政府不得违法干预民营经济组织经营活动，不得随意变更、撤销合法行政许可，为民营经济组织对抗行政权力滥用提供了法律依据。这些条款使民营经济组织在遭遇不公对待时，可依据具体法律条文提起行政诉讼或寻求司法救济，将宪法权利转化为"看得见、用得上"的法治保障。

3. 从政策波动到法律稳定

政策具有灵活性，而法律具有稳定性。将宪法原则写入《民营经济促进法》，实质是通过立法程序将党和国家支持民营经济发展的方针政策上升为国家意志，形成长期稳定的制度预期。这一举措旨在实现以下目标：一是避免因短期经济形势变化或政策调整导致民营经济发展"遇冷"，以法律的刚性约束确保"鼓励、支持、引导"方针的连续性；二是通过明确政府监管边界和民营经济组织权利范围，从而营造"可预期"的法治环境。

（三）释放民营经济的增长活力是对经济发展的制度性护航

1. 夯实市场经济的微观基础。民营经济贡献了我国50%以上的税收，60%以上的国内生产总值，70%以上的技术创新成果，80%以上的城镇劳动就业，90%以上的企业数量。通过法律确认其地位，可进一步激发市场活力。

2. 完善社会主义市场经济法治体系。我国已建立以《民法典》为核心的民事法律体系,但针对民营经济的专门立法长期缺位。《民营经济促进法》的出台填补了这一空白。本法与《中华人民共和国公司法》(以下简称《公司法》)、《中华人民共和国合伙企业法》(以下简称《合伙企业法》)、《中华人民共和国中小企业促进法》(以下简称《中小企业促进法》)等形成协同,构建了覆盖民营经济组织设立、运营、创新、退出全生命周期的法律保障体系,形成了制度闭环。通过确立平等保护、透明监管、竞争中性等原则,我国市场经济法治更符合国际经贸规则,从而提升外资和民间资本对我国市场的信心。

3. 助力中国式现代化战略目标的实现。民营经济在科技创新、乡村振兴、共同富裕等领域具有独特优势。法律对其地位的确认,可引导民营经济更主动地服务国家战略。例如:在创新驱动方面,通过税收优惠、研发补贴等法律工具,鼓励民营企业攻克"卡脖子"技术,成为科技自立自强的生力军;在社会责任领域,明确民营企业在生态环保、劳工权益、公益慈善等方面的法律义务,推动其在高质量发展中实现社会效益与经济效益的统一。

三、更好发挥法治固根本、稳预期、利长远的保障作用

"更好发挥法治固根本、稳预期、利长远的保障作用",是新时代推进民营经济高质量发展的核心治理逻辑。

《民营经济促进法》强调要用法治手段将促进民营经济发展的战略与机制稳定下来,在法治道路上发展民营经济,用法治护航和保障民营经济,用法治持续支持民营经济发展。法治作为治国理政的基本方式,其价值在于通过制度化、规范化、程序化的规则体系,为民营经济发展确立根本遵循、稳定发展预期、筑牢长远根基。

(一)固根本,以法治确立民营经济发展的制度根基

法治的"固根本"作用,本质是通过宪法和法律的刚性约束,将民营

经济的地位、权利和发展方向上升为国家意志,形成不可动摇的制度根基。

1. 宪法原则的法治化落实

我国《宪法》明确规定"国家鼓励、支持和引导非公有制经济的发展",但这一原则需要通过具体法律转化为可操作性的制度。《民营经济促进法》首次以专门法律形式明确民营经济的法律定义,将《宪法》对非公有制经济的原则性规定精准投射到民营经济领域,实现了立法突破。保护民营经济的合法权益,着力保障民营经济相关主体的人身权、财产权、经营自主权;对民营经济经营者违法行为的处罚要与违法情节相当,禁止随意用行政或刑事手段违法干预经济纠纷;在涉及人身自由强制措施和财产处理时,须严格依照法定程序,区分合法与非法财物,不得超权限、范围、数额、时限查封、扣押、冻结财物。这些制度从根本上保障了民营企业及其经营者的合法权益。

2. 市场竞争的基础性制度构建

公平竞争是市场经济的核心,反垄断、反不正当竞争等法律制度能有效破除制约民营经济发展的体制性障碍。《民营经济促进法》将民营经济组织在市场准入、要素获取方面的平等权利确定下来,确立"非禁即入"原则,消除隐形歧视,破除市场壁垒,让民营经济组织与其他各类经济组织能平等参与市场竞争,保障其在市场中的根本地位。

(二)稳预期,以法治稳定民营经济发展的政策环境

法治的"稳预期"功能,体现在通过透明、稳定、可预期的规则体系,消除民营经济主体对政策波动、执法随意性的担忧,使其能够安心投资、专心经营。政策的灵活性要与法律的稳定性形成互补。一方面,通过立法固化长期方针,将"两个毫不动摇""促进民营经济发展"等党中央重大决策通过《民营经济促进法》等法律固定下来,明确"国家坚持依法鼓

励、支持、引导民营经济发展"为长期制度;另一方面,规范政策调整程序,法律可规定政府出台涉及民营经济的重大政策前,须通过听证会、论证会等程序广泛听取民营经济组织意见,并进行合法性、合理性评估。这为民营经济的发展创造了稳定的政策环境。

(三)利长远,以法治培育民营经济发展的持久动力

法治的"利长远"价值,在于通过构建激励创新、包容发展、多元共治的制度环境,为民营经济注入可持续发展的动能,激励高质量发展。作为促进型立法,《民营经济促进法》聚焦经济社会发展中民营经济需要扶持的领域,以授权性、鼓励性、容许性规范,采用政策、奖励、补贴等积极行为模式,激励民营经济高质量发展。同时,明确发展重点,聚焦科技创新、国家重大战略和重大工程参与、国家科技攻关项目参与、直接间接融资、高效便利的投资服务等重点问题,压实各级政府促进民营经济发展的法律职责,营造全社会关心、支持、促进民营经济发展的氛围。通过信用修复机制、行政干预负面清单等制度设计,遏制地方保护主义,为民营经济长远发展提供法治基石。通过立法使民营经济组织平等获得生产要素,平等进入相关市场,参与国家重大项目建设,牵头承担国家重大技术攻关任务,使用国家重大科研基础设施,为民营经济拓展长远发展空间,释放发展潜力。

法治不是民营经济发展的"紧箍咒",而是"导航仪"和"压舱石"。通过"固根本"确立制度底线,"稳预期"消除发展焦虑,"利长远"培育内生动力,法治为民营经济构建了"有恒产者有恒心、有规则者有预期、有创新者有空间"的发展新生态。这一治理逻辑既体现了中国特色社会主义法治的本质要求,也契合了市场经济发展的一般规律,必将推动民营经济在全面建设社会主义现代化国家进程中,成为更具活力、更可持续、更有担当的重要力量。

四、促进民营经济发展的四大法律原则

(一) 平等对待原则

平等保护民营经济,是党和国家一以贯之的重要政策要求。习近平总书记强调:"党和国家保证各种所有制经济依法平等使用生产要素、公平参与市场竞争、同等受到法律保护,促进各种所有制经济优势互补、共同发展,促进非公有制经济健康发展和非公有制经济人士健康成长。"[①]作为我国第一部专门关于民营经济发展的基础性法律,《民营经济促进法》贯彻落实党中央关于平等对待、平等保护民营经济的要求,与《宪法》规定的社会主义基本经济制度的规定相衔接。在整个法律条文中,"平等""公平""同等"的表述总共出现26处,将平等原则全面贯穿于促进民营经济发展工作的全过程各方面。

在市场准入方面,破除隐性壁垒,从"准入难"到"平等进"。国家实行全国统一的市场准入负面清单制度,清单以外的领域,民营经济组织与其他各类经济组织可依法平等进入,消除不合理的准入限制,破解"玻璃门""弹簧门"难题。在要素使用方面,国家保障民营经济组织依法平等使用资金、技术、人力资源、数据、土地及其他自然资源等各类生产要素和公共服务资源,依法平等适用国家支持发展的政策,解决民营经济在发展中面临的要素获取难题,使其能与其他经济组织在同一起跑线上获取发展所需资源。《民营经济促进法》第12条至第14条明确提出,民营经济组织依法平等使用资金、数据、土地等资源,并享受同等政策支持。从"要素歧视"到"普惠共享",促进资源平等。过去有的银行对民营经济组织贷款设置更高利率或担保要求,而《民营经济促进法》第20条要求金融机构"合理设置不良贷款容忍度",第24条强调"平等对待

---

① 习近平:《坚持和落实"两个毫不动摇"》,载《求是》2025年第6期。

民营经济组织"。这将缓解民营经济组织融资难、融资贵问题。此外,数据作为新型生产要素,《民营经济促进法》第29条支持民营经济组织依法参与数据要素市场建设,依法开发利用开放的公共数据资源。这将为数字经济领域的民营经济组织开辟新赛道。同时,各级人民政府及其有关部门在制定、实施政府资金安排、土地供应、排污指标、公共数据开放等方面的政策措施时,要平等对待民营经济组织,确保在政策上不歧视民营经济。

(二)公平竞争原则

公平竞争是市场经济的核心,公平竞争原则是民营经济发展的重要保障。《民营经济促进法》明确规定各级人民政府及其有关部门落实公平竞争审查制度,制定涉及市场主体的政策前必须经过公平竞争审查,并定期评估,及时清理、废除含有妨碍全国统一市场和公平竞争内容的政策措施,从源头上防止出现排除、限制民营经济公平竞争的政策规定。这一制度相当于为政策制定装上"过滤网",从源头杜绝地方保护主义和行政垄断。《民营经济促进法》第15条强调反垄断和反不正当竞争执法,这一条款直接针对某些领域长期存在的行政性垄断问题,明确要求预防和制止"滥用行政权力排除、限制竞争的行为"。公共资源交易活动应当公开透明、公平公正,依法平等对待包括民营经济组织在内的各类经济组织。除法律另有规定外,招标投标、政府采购等公共资源交易不得有限制或者排斥民营经济组织的行为。反垄断和反不正当竞争执法机构按照职责权限,预防和制止市场经济活动中的垄断、不正当竞争行为,对滥用行政权力排除、限制竞争的行为依法处理,为民营经济组织提供良好的市场环境,使其能在公平的市场环境中充分发挥自身优势,实现健康发展。与此同时,《民营经济促进法》虽未直接提及平台经济领域"二选一""大数据杀熟"等新型不正当竞争行为,但通过对"垄断行为"的界定已为后续执法预留空间。

（三）同等保护原则

同等保护民营经济组织及其经营者的合法权益，是激发民营经济活力和创造力的重要基础。民营经济组织及其经营者的人身权利、财产权利、经营自主权等合法权益受法律保护，任何单位和个人不得侵犯，这为民营经济组织安心发展提供了坚实的法律后盾。《民营经济促进法》对行政执法违法行为的投诉举报处理机制、涉企行政执法诉求沟通机制等作出明确规定。通过强化执法监督，及时纠正不当行政执法行为，防止在执法过程中对民营经济组织造成不当干扰或权益侵害，确保民营经济组织的合法权益在执法环节得到有效保护。同时，在司法保护方面，《民营经济促进法》强调对民营经济实行同等保护，公正司法，依法处理涉及民营经济的各类案件，维护民营经济的合法权益，让民营经济组织及其经营者在法律的保护下，放心投资、安心经营。

（四）共同发展原则

共同发展原则强调民营经济与其他所有制经济共同推动经济社会发展。《民营经济促进法》第16条规定，支持民营经济组织参与国家重大战略和重大工程。支持民营经济组织在战略性新兴产业、未来产业等领域投资和创业，鼓励开展传统产业技术改造和转型升级，参与现代化基础设施投资建设。该法为民营经济拓展了广阔的发展空间，使其能在国家发展的大局中发挥重要作用，实现自身发展与国家战略的有机结合。同时，通过多种政策措施，如投资融资促进、科技创新支持等，推动民营经济与其他经济形式相互协作、优势互补，形成协同发展的良好局面，共同为构建高水平社会主义市场经济体制、实现经济高质量发展贡献力量，在促进民营经济发展壮大的同时，也推动整个经济社会持续健康发展。

这四大法律原则相互联系、相辅相成,共同构成了《民营经济促进法》的核心原则体系,为民营经济的发展提供了全方位的法律保障,有助于激发民营经济的活力和创造力,促进民营经济在新时代实现高质量发展。

五、民营经济组织的平等地位与权利

本条规定"民营经济组织与其他各类经济组织享有平等的法律地位、市场机会和发展权利",是对《民法典》第206条第3款"国家实行社会主义市场经济,保障一切市场主体的平等法律地位和发展权利"的重申。该规定将"平等"原则具体落实到民营经济组织与其他各类经济组织的关系中,强调两者法律地位、市场机会、发展权利的平等性。

值得注意的是,本条相较《民法典》第206条的规定,增加了"市场机会"这一新内涵与新元素。"市场机会"是指市场主体在参与市场经济活动过程中,能够平等地获得进入各类市场领域、获取各种资源以及参与各种经济活动的可能性与现实性。具体体现为:(1)平等的市场准入。《民营经济促进法》规定市场准入负面清单以外的领域,民营经济组织与其他各类经济组织可依法平等进入。这意味着民营经济组织不会因所有制形式受到歧视或限制,在基础设施、公共服务、新兴产业等众多领域,都有机会凭借自身能力和优势参与竞争,拓展业务范围。(2)公平的资源获取。资源包括资金、技术、人力资源、数据、土地及其他自然资源等各类生产要素和公共服务资源。例如:在资金方面,金融机构要按照市场化、可持续发展原则为民营经济组织提供适合的金融产品和服务,增强信贷供给与民营经济组织融资需求的适配性,让民营经济组织有机会获得发展所需的资金支持;在人力资源方面,保障民营经济组织平等参与人才招聘、职称评定等活动,吸引优秀人才加入。(3)公正的竞争环境。政府部门落实公平竞争审查制度,清理废除妨碍全国统一市场和公平竞争的政策措施,预防和制止垄断、不正当竞争行为,防止其他市场主体利用优势地位或行政权力排除、限制民营经济组织参与竞争,确保民营经济组织在市场交易、招标投标、政府采购等活动中,依据自身实力和市场规则,公平地获得交易机会和项目合作机会。

增设"市场机会"的内容,明确民营经济组织平等的市场机会,能极大地激发民营企业家的创业热情和创新精神,加大投资、勇于开拓新市场、积极开展技术创新,推动民营经济组织不断发展壮大,创造更多的经济价值和社会财富。增设"市场机会"的内容,可以促进转型升级,给予民营经济组织平等参与新兴产业、未来产业投资和创业的机会,以及在传统产业技术改造和转型升级方面的支持,有助于民营经济摆脱传统的粗放式发展模式,向高端制造业、人工智能、大数据、生物医药等高新技术领域进军,实现产业结构的优化升级,提高民营经济的整体质量和竞争力。从市场经济整体发展的角度来看,增设"市场机会"的内容,能够优化资源配置。民营经济组织作为市场经济的重要主体,具有灵活、高效、创新等特点,保障其平等的市场机会,能使市场机制在资源配置中更好地发挥决定性作用,引导各类资源流向最有效率的民营经济组织和产业领域,提高资源的利用效率,促进经济的高效发展。增设"市场机会"的内容,还能够增强市场竞争活力。民营经济组织广泛参与市场竞争,能为市场带来更多的创新元素和竞争压力,促使其他各类经济组织不断提高自身效率和竞争力,形成各类市场主体相互促进、共同发展的良好局面,推动整个市场经济体系更富活力和韧性。同时,增设"市场机会"的内容,还能稳定就业与改善民生。民营经济是吸纳就业的主力军,保障民营经济组织的市场机会,有助于其持续健康发展,从而创造更多的就业岗位,缓解就业压力,提高居民收入水平,促进社会稳定和谐,为改善民生提供坚实的经济基础。从国家发展战略的角度来看,增设"市场机会"的内容,能够有效推动中国式现代化进程。民营经济是推进中国式现代化的生力军,在实现经济高质量发展、科技创新、乡村振兴、区域协调发展等国家战略中发挥着重要作用。保障民营经济组织的市场机会,有利于充分调动民营经济的积极性和创造性,使其更好地参与国家重大战略和重大工程中,为全面建成社会主义现代化强国、实现中华民族伟大复兴贡献力量。增设"市场机会"的内容,还能够提升国家综合实力,在全球经济竞争日益激烈的背景下,民营经济的发展壮大对于提升国家综合实力至关重要。给予民营经济组织平等的市场机会,支持其在国际市场上参与竞争,拓展海外市场,开展国际合作。这绝非一日之功,而是长远之利。通过持续努力,必将培育出一批具有国际竞争力的民营企业和民族品牌,提升我国在全球产业链和价值链中的地位,不断增强国家的经济实力和国际影响力。

• **适用要点** •

一、把握好促进民营经济发展的三大目标:持续、健康、高质量发展

(一)持续

促进民营经济发展是长久而非一蹴而就的任务,从国家层面来看,制定《民营经济促进法》彰显了国家对民营经济发展的长远规划。这要求各级政府和相关部门在执行过程中,不能仅着眼于短期的经济指标或政绩,而是要将促进民营经济发展作为一项长期的、持续的工作来推进。在产业引导政策上,不能因一时的市场波动而随意改变对民营经济在某些战略性新兴产业方向的扶持,应保持政策的连贯性与稳定性。

(二)健康

健康发展意味着民营经济在积极、稳定、安全的轨道上运行。

"积极"体现在民营经济组织要保持活力,不断创新商业模式、提升产品与服务质量,主动适应市场变化。"稳定"要求民营经济的经营环境稳定,政策预期稳定,避免政策大幅变动或市场无序竞争等导致经营大起大落。"安全"则强调民营经济要具备抗风险能力,无论是面对国内经济结构调整、行业竞争加剧,还是国际市场的贸易摩擦、汇率波动等风险,都能有效应对。《民营经济促进法》通过规范市场秩序、保障公平竞争、加强权益保护等条款,为民营经济健康发展筑牢根基。比如,在规范市场秩序方面,打击不正当竞争行为,防止某些企业通过恶意低价倾销、商业诋毁等手段破坏市场生态,让民营经济组织能够在公平有序的环境中开展经营活动,实现自身的稳健发展,维护国家经济体系的稳定运行。

(三)高质量发展

高质量发展的含义丰富,对于民营经济来说,是指民营经济在发展过程中从"规模扩张"转向"质量效益提升",从"要素驱动"转向"创新驱动",从"粗放增长"转向"可持续发展",实现更高效率、更优结构、更可持续、更为安全的发展模式。具体体现在以下多个维度:在创新方面,鼓励民营经济加大研发投入,掌握核心技术,提升产品附加值;在产业结构方面,引导民营经济从传统的劳动密集型、资源依赖型产业向高端制造业、现代服务业、战略性新兴产业等转型;在绿色发展方面,促使民营经济组织积极履行环保责任,采用绿色生产技术和工艺,降低能源消耗与污染物排放。作为我国经济的重要组成部分,民营经济的高质量发展能够推动整个国家经济结构优化升级,提高经济发展的质量和效益,增强我国在全球经济竞争中的实力。《民营经济促进法》通过一系列政策引导、资金支持等手段,为民营经济实现高质量发展提供有力支撑。

二、运用好促进民营经济发展的手段:鼓励、支持、引导

(一) 鼓励

鼓励强调的是用激励性机制促发民营经济组织的发展动能。鼓励可以从最低限度与更高目标两个方面来进行解读。

1. 最低限度。《民营经济促进法》明确对民营经济遵循不禁止、不限制(不设限)、不歧视、并提供平等保护原则。在市场准入方面,《民营经济促进法》确立实行全国统一的市场准入负面清单制度,清单以外的领域,民营经济组织均可依法平等进入,打破了过去一些领域对民营经济的隐性门槛。例如,在基础设施建设领域,以往对民营企业存在限制条件,但随着法律的实施,只要符合相关资质要求,民营企业就可以平等参与基础设施建设的投资与建设。在政策制定与执行方面,《民营经济促进法》杜绝任何形式的歧视性条款,保障民营经济组织在土地供应、税收优惠、项目申报等方面与其他各类经济组织享有同等机会。同时,《民营经济促进法》从法律层面保护民营经济组织的合法权益,包括财产权、经营权等,使民营经济组织能够安心经营,激发其内在发展动力。

2. 更高目标。为实现更高目标,《民营经济促进法》规定对民营经济组织采取奖励、优惠、倾斜等措施。在奖励方面,对于在科技创新、产品质量提升、社会责任履行等方面表现突出的民营经济组织,政府可以给予荣誉称号、奖金奖励等。例如,一些地方政府设立了"科技创新民营企业奖",对在关键技术研发上取得重大突破的民营企业给予高额奖金,激励更多企业加大创新投入。在优惠方面,税收、土地使用等多方面实行优惠政策,如给予符合产业政策的民营高

新技术企业企业所得税减免优惠;在土地出让时,给予从事战略性新兴产业的民营企业一定的地价优惠。倾斜措施主要表现在资金扶持、项目安排等方面,优先支持民营经济组织参与国家重大战略项目,如在共建"一带一路"中,鼓励有实力的民营企业"走出去",参与沿线国家的基础设施建设、贸易合作等项目,并在金融信贷、政策审批等方面给予便利。

(二)支持

支持强调的是用外力促动及扶持的方式,从外部条件出发为民营经济组织的生产经营活动提供帮助。支持的具体方式可以从解难、借力、助力三个方面来加以解读。

1.解难。针对民营经济发展中面临的诸多难题,如拖欠账款、融资难、融资贵、市场进入困难、动辄入罪入刑等问题,《民营经济促进法》积极寻求解决之道。在拖欠账款方面,《民营经济促进法》明确规定国家机关、事业单位、国有企业应当依法或者依合同约定及时向民营经济组织支付账款,不得以人员变更、履行内部付款流程等为由拒绝或者拖延支付,审计机关依法对支付情况进行审计监督。对于融资难、融资贵问题,《民营经济促进法》要求金融机构在依法合规前提下,按照市场化、可持续发展原则开发和提供符合民营经济特点的金融产品和服务,为资信良好的民营经济组织融资提供便利条件,提升金融服务可获得性和便利度。在市场进入方面,《民营经济促进法》规定全面落实公平竞争审查制度,清理、废除妨碍民营经济公平参与市场竞争的政策措施,打破市场垄断和地方保护,确保民营经济组织能够平等进入各类市场领域。在司法层面,《民营经济促进法》规定严格区分经济纠纷与经济犯罪,禁止利用行政或者刑事手段违法干预经济纠纷,保障民营经济组织合法经营权益。

2.借力。对民营经济组织诉求的满足体现在多个方面。在金融贷款方面,鼓励金融机构加大对民营经济组织的信贷投放力度,创新金融产品和服务模式,如开展知识产权质押贷款、供应链金融等业务,满足不同类型民营经济组织的融资需求。对于一些科技型初创民营企业,因其缺乏抵押物,传统金融机构贷款门槛较高,通过知识产权质押贷款,企业可以凭借自身拥有的专利等知识产权获得资金支持。在融资担保便利方面,完善融资担保体系,政府出资设立或参股的融资担保机构要加大对民营经济组织的担保支持力度,降低担保费率,简化担保手续。例如,一些地方政府成立的中小企业融资担保公司,专门为当地民营中小企业提供融资担保服务,帮助企业解决因抵押物不足而无法获得银行贷款的困境,助力企业获得发展所需资金。

3.助力。从多方面为民营经济主体提供积极性的政策支持。在科技政策上,鼓励民营经济组织参与国家科技计划项目,支持其建设研发中心、实验室等创新平台,对其研发投入给予税收加计扣除等优惠政策,促进民营企业提升科技创新能力。在财政政策上,设立专项财政资金,用于支持民营经济组织在产业升级、技术改造、市场开拓等方面的发展。例如,一些地方政府设立了民营经济发展专项资金,通过贴息、补助、奖励等方式,支持民营企业发展壮大。在税收政策上,除了前文提到的针对高新技术企业的所得税减免等优惠外,还可以对小微企业实施普惠性税收减免,降低企业负担。在金融政策上,引导金融机构优化信贷结构,增加对民营经济的信贷资源配置,鼓励发展直接融资,支持符合条件的民营企业通过发行股票、债券等方式在资本市场融资。在人才政策上,帮助民营企业引进和留住人才,提供人才公寓、子女教育等配套服务,对高端人才给予个人所得税优惠等,解决民营经济组织发展中的人才瓶颈问题。

(三)引导

民营经济组织大小不一、形态各异,能力千差万别。在产业发展方向、市场风险预测、经营风险防范、治理结构优化、合规管理监督等方面,需要国家的战略引领与宏观指导。在提示风险方面,政府及其相关部门通过发布行业动态、市场预警信息等方式,帮助民营经济组织了解宏观经济形势、行业发展趋势以及潜在的市场风险。例如,在国际贸易摩擦加剧的背景下,及时向从事外贸业务的民营经济组织通报各国贸易政策变化、关税调整等信息,提醒民营经济组织提前做好应对准备,调整出口策略,降低贸易风险。在防范风险方面,政府及其相关部门应当推动民营经济组织建立健全风险防控机制,加强对市场风险、信用风险、财务风险等的管理。鼓励民营经济组织购买信用保险,防范应收账款无法收回的风险;引导民营经济组织合理安排债务结构,避免过度负债导致财务风险。在完善自我方面,政府及其相关部门应引导民营经济组织加强自身建设,建立现代企业制度,完善公司治理结构,提升管理水平。推动民营经济组织从家族式管理向规范化、科学化治理转变,引入职业经理人制度,加强内部监督与制衡机制,提高民营经济组织决策的科学性与运营效率,实现民营经济组织的可持续发展。

第四条　【各级政府促进民营经济发展的职责】

具体条文

> 国务院和县级以上地方人民政府将促进民营经济发展工作纳入国民经济和社会发展规划，建立促进民营经济发展工作协调机制，制定完善政策措施，协调解决民营经济发展中的重大问题。
>
> 国务院发展改革部门负责统筹协调促进民营经济发展工作。国务院其他有关部门在各自职责范围内，负责促进民营经济发展相关工作。
>
> 县级以上地方人民政府有关部门依照法律法规和本级人民政府确定的职责分工，开展促进民营经济发展工作。

性质界定

本条是关于各级政府促进民营经济发展基本职责的规定。

内涵阐释

一、国务院和县级以上地方人民政府促进民营经济发展的工作职责

（一）规划职责

国务院要做好战略规划，将民营经济发展纳入国家整体发展战略与国民经济和社会发展总体规划，明确民营经济在国家经济发展中的定位和作用。根据不同时期的经济发展目标和任务，制定民营经济发展的中长期规划，确定发展目标、重点任务和发展方向，引导民营经济健康发展。同时做好产业政策引导，制定和完善产业政策，明确鼓励、限制和淘汰的产业目录，引导民营企业调整产业结构，推动民营经济向高端制造

业、战略性新兴产业、现代服务业等重点领域和关键环节发展,提高民营经济的产业竞争力。制定区域协调发展规划,统筹不同地区的资源禀赋、产业基础和发展水平,引导民营经济在区域间合理布局。制定民营经济创新发展规划,加大对民营经济组织科技创新的支持力度,鼓励民营经济组织勇攀科技创新高峰,提高自主创新能力。

县级以上地方人民政府要将促进民营经济发展纳入本地经济社会发展规划,结合本地实际情况,明确本地民营经济发展的目标、任务和重点。此外,民营经济发展规划应与本地城市规划、土地利用规划、产业发展规划等相衔接,与本地经济社会发展相协调。各地在明确产业发展重点,深入分析本地的资源优势、产业基础和市场需求基础上,要确定本地民营经济发展的特色产业和优势产业,引导民营经济组织向特色产业集聚,形成产业集群和产业链,提高民营经济的发展质量和效益。县级以上地方人民政府要合理规划民营经济发展的空间布局,根据本地的城市功能分区和产业发展要求,划定民营经济发展的重点区域,为民营经济组织提供集中发展的平台,促进民营经济的规模化、集约化发展。针对民营经济发展中的重点问题和薄弱环节,要通过制定专项规划,如民营经济科技创新规划、民营经济人才发展规划、民营经济融资服务规划等,明确具体的目标、任务和措施,有针对性地解决民营经济发展中的难题。

(二)协调职责

国务院要做好政策协同协调,统筹财政、税收、金融、产业等多领域政策,确保政策目标一致、相互配合;形成政策合力,解决民营经济组织发展难题;注意各部门间的协调,通过建立促进民营经济发展工作协调机制,明确各部门职责,推动发展改革、市场监管、商务、科技等部门在制定政策、执行监管等方面协同配合,避免政策冲突与工作推诿,共同促进民营经济发展;推动区域间民营经济协调发展,引导东部地区民营经济组织向中西部和东北地区进行产业转移,鼓励发达地区与欠发达地区开展产业合作,实现资源优化配置,缩小区域民营经济发展差距。

在国际贸易与投资中,国家有关部门代表国家与其他经济体进行谈判与合作,为民营企业争取有利的国际市场环境。同时,协调解决民营经济组织遭遇的国际贸易摩擦、知识产权纠纷等问题,组织相关部门和专业机构为企业提供应对指导与支持。

县级以上地方人民政府要将上级政府促进民营经济发展的政策与本地实际相结合,制定具体实施办法,并协调各部门确保政策在本地有效落实。做好要素保障协调工作,协调解决民营企业在用地、用水、用电、用气等方面的问题,保障民营经济组织正常生产经营。同时,组织开展银企对接活动,搭建沟通平台,帮助民营经济组织获得融资支持;协调人力资源部门为民营经济组织提供人才招聘、培训等服务。建立本地民营经济服务协调机制,及时处理民营经济组织在生产经营中遇到的困难和问题,如协助民营经济组织办理项目审批、市场准入等手续,提供政策咨询、法律援助等服务,优化本地营商环境。同时做好产业协同协调,立足本地资源优势和产业基础,引导民营经济组织参与产业集群建设,促进产业链上下游企业协作配套,提高产业整体竞争力。组织开展产业对接活动,推动企业间的技术交流、资源共享与合作发展。

(三)政策职责

国务院要根据国家经济社会发展战略和民营经济发展状况,制定促进民营经济发展的全局性、战略性政策。统筹协调各部门出台的涉民营经济政策,确保财政、税收、金融、产业、人才等政策相互衔接、形成合力,避免政策冲突或空白。制定产业政策,明确鼓励民营经济进入的重点领域和产业方向,引导民营经济组织参与国家重大战略和重大工程,如战略性新兴产业、现代化基础设施建设等。推动传统产业的技术改造和转型升级,提高民营经济的产业竞争力和创新能力,促进产业结构优化升级。优化市场环境,加强市场监管,规范市场秩序,打破各种市场壁垒,防止行业垄断和不正当竞争行为,保障民营经济组织公平参与市场竞争。完善社会信用体系,建立健全信用信息归集共享机制,对守信企业给予激励,对失信企业进行惩戒,营造诚信经营的市场环境。提供融资支持与服务,督促金融监管部门完善金融政策,引导金融机构开发适合民营经济特点的金融产品和服务,扩大民营经济组织融资渠道,提高融资可获得性,推动多层次资本市场建设。

县级以上地方人民政府要细化与落实上级政策,结合本地实际情况,将国家和上级政府的民营经济发展政策细化为实施细则和操作办法,确保政策在本地落地生根。同时制定本地特色政策,深入分析本地的资源优势、产业基础和发展需求,制定具有本地特色的民营经济发展政策。培育和服务本地企业,组织开展各类培训、咨询和对接活动,为民营经济组织提供管理咨询、技术指导、人才培训等服务,帮助民营经济组织提高经营管理水平和创新能力。

(四)问题处置职责

国务院要及时关注和研究民营经济发展中出现的新情况、新问题,制定相应的政策措施加以解决,加强对地方政府促进民营经济发展工作的监督和指导,确保各项政策措施落实到位,对落实不力的地方政府进行督促整改。推动建立民营经济发展的法治环境,加强法律法规的制定和完善,保护民营经济组织的合法权益,依法查处侵犯民营经济组织权益的行为。

县级以上地方人民政府应建立民营经济组织问题反馈机制,及时受理民营经济组织的投诉和举报,按照问题性质分类处置,明确责任部门和办理时限,并及时向民营经济组织反馈处理结果。依法查处本地侵犯民营经济组织合法权益的行为,如乱收费、乱罚款、乱摊派等,维护民营经济组织的正常生产经营秩序。对本地民营经济发展中出现的共性问题,如产业配套不完善、人才短缺等,组织相关部门进行研究,制定有针对性的解决方案,推动本地民营经济健康发展。

二、国务院发展改革部门统筹协调促进民营经济发展的工作职责

(一)政策统筹职责

国务院发展改革部门要跟踪了解和分析研判民营经济发展状况,综合考虑国家经济社会发展战略以及民营经济发展的实际需求,统筹协调并组织拟订促进民营经济发展的政策措施。这些政策措施涵盖财政、税收、金融、产业等多个领域,旨在形成政策合力,为民营经济发展提供全方位的支持。同时,还要负责拟订促进民间投资发展政策,引导民间资本投向国家鼓励的领域和项目,提高民间投资的积极性和有效性。

(二)工作协调职责

作为促进民营经济发展工作的统筹协调部门,国务院发展改革部门需要建立与其他相关部门的协同工作机制,加强部门之间的沟通与协作,形成工作合力。例如,与财政部门协调落实财政支持政策,与税务部门合作推进税收优惠政策的实施,与金融部门共同研究解决民营经济融资难题等。此外,还需要协调解决民营经济发展中的重大问题,对于一些涉及多个部门的复杂问题,组织相关部门进行研究讨论,提出综合性的解决方案。

(三)国际合作协调职责

国务院发展改革部门要协调支持民营经济提升国际竞争力,组织开展国际交流与合作活动,为民营经济组织搭建国际合作平台。帮助民营经济组织了解国际市场规则和动态,推动民营经济组织参与共建"一带一路"等国际合作项目,拓展海外市场,加强国际产能合作,提升民营经济在全球经济格局中的地位。

三、国务院有关部门促进民营经济发展的工作职责

(一) 规划引领职责

国务院有关部门要编制民营经济发展的中长期规划和年度计划,明确民营经济发展的目标、任务和重点方向。通过规划引导,为民营经济发展提供清晰的路径和指引,使民营经济组织能够更好地把握发展机遇,合理安排生产经营和投资活动。同时,加强对规划实施情况的监测和评估,及时调整和完善规划内容,确保规划目标的顺利实现。

(二) 监测分析职责

国务院有关部门要建立健全民营经济统计监测体系,收集、整理和分析民营经济发展的相关数据,定期发布民营经济发展形势报告。通过对民营经济发展的规模、结构、效益等方面的监测分析,及时掌握民营经济发展的动态和趋势,为政府决策提供科学依据。同时,为民营经济组织提供信息服务,帮助民营经济组织了解市场环境和行业发展态势,提高民营经济组织决策的科学性和准确性。

(三) 沟通服务职责

国务院有关部门要建立与民营经济组织的常态化沟通交流机制,通过多种渠道与民营经济组织保持密切联系,如召开座谈会、实地调研、设立热线电话或网络平台等,及时听取民营经济组织的意见和建议,了解民营经济组织的诉求和困难,为民营经济组织提供政策咨询和指导服务。对于民营经济组织反映的问题,及时进行梳理和分类,协调相关部门予以解决,切实为民营经济组织办实事、解难题。

市场监管部门要破除市场准入壁垒,简化审批流程,推动认证互认;加强公平竞争审查,清理歧视性政策,强化反垄断执法;推进企业信用风险分类管理,完善信用修复机制,提升市场整体信用水平。商务管理部

门要清理妨碍统一市场的政策,支持民营经济组织参加国内外展会;鼓励民营经济组织参与共建"一带一路"合作项目,建设境外经贸合作园区;推进供应链平台建设,助力企业融入全球产业链。其他行业管理部门应严格落实市场准入负面清单制度,优化行政许可流程;针对新兴产业,建立适应性准入机制,降低创新型民营经济组织准入门槛,加强部门协同,提升准入便利度。人力资源部门应积极出台人才引进优惠政策,为民营经济组织吸引高端人才;与民营经济组织合作定制培养方案,开展专项技能培训;搭建对接平台,拓宽企业人才招聘渠道。司法行政部门要加强执法监督,推动公正文明执法,防止选择性执法;开展涉企违规收费整治,畅通投诉渠道,实施联合惩戒,维护民营经济组织合法权益。

四、县级以上地方人民政府有关部门促进民营经济发展的工作职责

(一)法定职责

县级以上地方人民政府有关部门需要严格落实公平竞争审查制度,确保政策中无妨碍市场统一与公平竞争的内容,定期清理不合规政策,为民营经济营造公平竞争环境;保障民营经济组织平等使用各类生产要素及公共服务资源,使其平等享受国家支持政策;规范执法行为,避免过度执法、选择性执法,维护民营经济合法权益;同时,反垄断和反不正当竞争执法机构要积极履职,打击垄断及不正当竞争行为,防止行政权力滥用。

(二)本级人民政府确定的职责

县级以上地方人民政府有关部门需要因地制宜制定税收优惠、财政补贴、土地使用优惠等促进政策,精准支持民营经济发展;搭建服务平台,为民营经济组织提供创业辅导、技术支持、人才培训等全方位服务,助力解决发展难题;积极组织项目对接活动,推动民营经济组织参与各类重大项目,简化项目报建审批流程;建立民营经济运行和风险监测机制,运用大数据分析评估市场风险并及时预警并防范,通过多维度协同发力,为民营经济高质量发展保驾护航。

第五条 【民营经济主体的政治责任与民营经济组织经营者队伍建设】

具体条文

> 民营经济组织及其经营者应当拥护中国共产党的领导,坚持中国特色社会主义制度,积极投身社会主义现代化强国建设。
>
> 国家加强民营经济组织经营者队伍建设,加强思想政治引领,发挥其在经济社会发展中的重要作用;培育和弘扬企业家精神,引导民营经济组织经营者践行社会主义核心价值观,爱国敬业、守法经营、创业创新、回报社会,坚定做中国特色社会主义的建设者、中国式现代化的促进者。

性质界定

本条是关于民营经济组织及其经营者的政治责任与民营经济组织经营者队伍建设的规定。

内涵阐释

一、民营经济组织及其经营者坚守政治责任,是民营经济发展坚持正确政治方向的保障

从政策落实层面来看,民营经济组织及其经营者唯有坚守政治责任,才能精准领会党和国家方针政策的深刻意图,从而有助于民营经济

组织在复杂多变的政策环境中找准自身发展路径,将政策优势转化为民营经济组织发展的动力。例如,在"双碳"政策背景下,具有政治责任感的民营经济组织及其经营者能够迅速响应,积极调整产业布局,投身于新能源、节能环保等绿色产业领域,既顺应国家战略需求,又开拓了新的市场空间。

在市场秩序维护方面,坚守政治责任的民营经济组织及其经营者会自觉遵守法律法规,秉持守法诚信经营的理念,坚决杜绝不正当竞争行为,不参与商业贿赂、虚假宣传等破坏市场公平的活动,为市场营造风清气正、公平有序的竞争环境。同时,积极履行社会责任也是民营经济组织及其经营者的重要贡献。民营经济吸纳了大量劳动力,为缓解就业压力、保障民生与社会稳定发挥了关键作用。许多民营经济组织及其经营者还踊跃投身公益事业,在教育扶贫、救灾救援、乡村振兴等领域慷慨解囊,为促进社会公平、推进社会和谐贡献了力量。

从民营经济组织自身发展与国家战略契合的角度出发,坚守政治责任有利于民营经济组织及其经营者在复杂的市场环境中明晰发展定位,为国家战略实施贡献力量,与国家发展同频共振,筑牢民营经济正确发展的政治根基。在数字经济蓬勃发展的浪潮下,有政治担当的民营经济组织及其经营者能够敏锐捕捉到机遇,加大在数字化转型方面的投入,实现技术创新与产业升级,提升自身在全球产业链中的竞争力,同时也塑造了良好的民营经济组织形象。这些民营经济组织积极参与国家重大项目建设,涉及基础设施建设、高端制造业、战略性新兴产业等多个领域。

二、民营经济是整体中的个体,是大局中的小局

民营经济不是孤立的经济形态,而是我国经济社会发展大局的有机组成部分。民营经济组织不能仅着眼于自身利益的最大化,而应将自身发展融入国家和社会发展的整体目标之中。在国家经济面临转型升级挑战时,民营经济组织需要积极响应国家产业政策调整号召,淘汰落后产能,加大创新投入,推动产业结构优化。例如,在传统制造业向智能制造转型过程中,民营经济组织要主动承担起技术改造、设备更新的责任,为提升我国制造业整体水平贡献力量。

三、民营经济组织和民营企业家应弘扬企业家精神

企业家精神源自企业家持续的经营实践,它融合了前沿的文化价值理念与科学的企业管理思维,体现为独特的精神风貌、价值追求与行为规范。作为企业文化软实力的核心要素,企业家精神深刻塑造着企业的内在特质,是构筑企业综合竞争优势的核心驱动力,更是引领企业突破发展瓶颈、攀登行业高峰、迈向高质量发展的关键动能。习近平总书记在2020年7月21日召开的企业家座谈会上指出:"企业家要带领企业战胜当前的困难,走向更辉煌的未来,就要在爱国、创新、诚信、社会责任和国际视野等方面不断提升自己,努力成为新时代构建新发展格局、建设现代化经济体系、推动高质量发展的生力军。"[1]习近平总书记关于弘扬企业家精神的重要论述,不仅体现了对企业家精神的高度重视,更丰富了其时代内涵,为企业高质量发展提供了思想指引和行动指南。党的二十大报告强调,要大力"弘扬企业家精神,加快建设世界一流企业"。党的二十届三中全会再次强调要"弘扬企业家精神"。将弘扬企业家精神作为完善中国特色现代企业制度、构建高水平社会主义市场经济体制的重要内容,有助于我国各类企业以高质量发展为首要任务,因地制宜发展新质生产力并构建新型生产关系,努力提高资源要素利用效率和经营管理水平,切实履行社会责任,加快向世界一流企业迈进。企业家精

---

[1] 《习近平在企业家座谈会上的讲话(2020年7月21日)》,载《人民日报》2020年7月22日,第2版。

神内涵丰富,包含爱国情怀、诚信守法、创业创新、回报社会、国际视野等多个维度。

弘扬企业家精神,需要坚持爱国情怀。习近平总书记指出:"企业营销无国界,企业家有祖国。优秀企业家必须对国家、对民族怀有崇高使命感和强烈责任感,把企业发展同国家繁荣、民族兴盛、人民幸福紧密结合在一起。"[1]在我国社会主义制度下,爱国还意味着要拥护党的领导,积极主动与党的政策、主张同频共振。企业家应该正确处理国家利益、企业利益、员工利益和个人利益的关系,立足发展,着眼长远,把个人理想融入推进中国式现代化的伟大实践之中。企业家需要坚持诚信守法。社会主义市场经济是信用经济、法治经济,企业家只有诚实守信才能够在市场竞争中赢得口碑,为干事创业打下坚实基础。法治是中国式现代化的重要保障,企业家讲诚信需要切实以法律为根本,履行相关法律义务、担当法律责任和遵守法律程序。企业家需要坚持勇于创新。企业家要做创新发展的探索者、组织者、引领者,勇于推动生产组织创新、技术创新、市场创新,重视技术研发和人力资本投入,有效调动员工创造力,努力把企业打造成为强大的创新主体。企业家需要坚持回报社会。习近平总书记强调:"企业既有经济责任、法律责任,也有社会责任、道德责任。"[2]企业家应增强履行社会责任的荣誉感和使命感,以先富带动后富,创造更多经济效益和社会效益。企业家要有服务国家、服务人民的担当精神,回应社会对企业家的殷切期望,热心参与社会公益事业,努力稳定就业岗位。企业家需要坚持国际视野。企

---

[1] 《习近平在企业家座谈会上的讲话(2020年7月21日)》,载《人民日报》2020年7月22日,第2版。
[2] 《习近平在企业家座谈会上的讲话(2020年7月21日)》,载《人民日报》2020年7月22日,第2版。

业家应立足中华民族伟大复兴的战略全局,提高国际市场开拓能力,推动中国制造向中国创造转变、中国速度向中国质量转变、中国产品向中国品牌转变。企业家要对标世界一流企业,提升企业国际竞争力,提高防范国际市场风险能力,带动企业在更高水平的对外开放中实现更好发展。

企业家精神的本质,是在市场规律与社会责任的平衡中实现价值超越。正如习近平总书记在2018年民营企业座谈会上强调的"民营企业和民营企业家是我们自己人"[1]的定位,当代企业家既是中国特色社会主义事业的建设者,也是现代化进程的促进者。唯有将个人抱负、企业愿景融入国家发展大局,以爱国为魂、创新为剑、诚信为盾、责任为尺,方能引领企业在时代变革中行稳致远,为经济高质量发展注入持久动力。

第六条 【民营经济主体守法守信、履行社会责任、维护公共利益、接受政府和社会监督义务】

具体条文

> 民营经济组织及其经营者从事生产经营活动,应当遵守法律法规,遵守社会公德、商业道德,诚实守信、公平竞争,履行社会责任,保障劳动者合法权益,维护国家利益和社会公共利益,接受政府和社会监督。

---

[1] 习近平:《在民营企业座谈会上的讲话(2018年11月1日)》,载《人民日报》2018年11月2日,第2版。

第一章 总 则

性质界定

本条是关于民营经济组织及其经营者守法守信、履行社会责任、维护国家利益与社会公共利益义务的规定。

内涵阐释

促进民营经济发展,这就要求民营经济应当是积极的,而不是消极的;是健康的,而不是病态的;是有利于市场经济的,而不是不利于市场经济的;是守法的,而不是违法的;是市场秩序与社会公共利益的维护者,而不是破坏者。民营经济作为我国经济发展的重要力量,其发展质量与可持续性,直接关系市场经济的健康运行与社会稳定。唯有让民营经济组织成为积极、健康、合法且维护市场秩序的主体,才能真正实现"值得发展、值得促进"的目标。这就要求民营经济组织及其经营者要守法守信、履行社会责任、维护国家利益与社会公共利益。在守法守信层面,法律是市场经济运行的基本准则,诚信则是企业立足的根本。民营经济组织及其经营者应严格遵守法律法规,杜绝偷税漏税、商业欺诈、侵犯知识产权等违法行为,维护市场秩序的基础基石。守法守信的经营行为能够营造公平竞争的市场环境,增强市场主体之间的信任,降低交易成本,促进市场经济的良性循环。履行社会责任是民营经济健康发展的重要体现。民营经济组织及其经营者不仅是经济活动的参与者,更是社会发展的重要力量。在就业方面,大量民营经济组织吸纳了不同层次的劳动力,为解决社会就业问题发挥了关键作用。一些劳动密集型的民营经济组织通过扩大生产规模、优化岗位设置,为众多劳动者提供了稳定的收入来源。同时,民营经济组织在推动科技创新、参与公益慈善事业等方面也有着巨大潜力。民营经济组织积极履行社会责任,有助于提升其社会形象,增强社会认同感,实现企业发展与社会进步的双赢。维护国家利益与社会公共利益是民营经济主体(民营经济主体是民营经济组织及其经营者的简称下同。)的应尽义务,也是民营经济可持续发展的保障。国家利益涉及国家政治安全、经济安全、网络安全、信息安全等多个领域,社会公共利益涉及环境保护、消费者权益保护、公共安全等多个方面。在国家利益方面,民营经济组织及其经营者要做国家安全的坚定维护者。在生态环境保护方面,民营经济组织及其经营者应积极响应国家绿色发展号召,加大环保投入,采用清洁生产技术,减少污染物排放。在消费者权益保护方面,民营经济组织及其经营者应确保产品质量安全,提供真实准确的产品信息,杜绝虚假宣传和欺诈行为。只有切实维护国家利益与社会公共利益,民营经济才能获得国家与社会的广泛支持,为民营经济组织及其经营者自身发展创造良好的外部环境。民营经济要成为"值得发展、值得促进"的经济力量,就必须坚守守法守信的底线,积极履行社会责任,主动维护公共利益。只有这样,民营经济才能保持积极健康的发展态势,成为推动市场经济繁荣、社会和谐稳定的重要支撑,实现自身发展与国家、社会发展的同频共振。

民营经济的发展不能自由放任、信马由缰,而是要在法治轨道和监督监管体系中守法经营、合法经营。法律既是约束,更是保障,只有在法律框架内开展经营活动,民营经济组织才能规避风险,实现稳健发展。政府相关部门通过常态化的监督检查,及时纠正民营经济组织违规行为。社会公众与媒体的监督,也能促使民营经济主体规范自身行为。这种多元监督体系,确保民营经济能始终沿着正确方向发展,既维护市场秩序,也守护社会公共利益,实现企业发展与社会进步的良性互动。

第七条 【工商联的促进职责】

具体条文

> 工商业联合会发挥在促进民营经济健康发展和民营经济人士健康成长中的重要作用,加强民营经济组织经营者思想政治建设,引导民营经济组织依法经营,提高服务民营经济水平。

性质界定

本条是关于工商业联合会促进民营经济发展职责的规定。

内涵阐释

本条要求工商业联合会发挥在促进民营经济健康发展和民营经济人士健康成长中的重要作用,填补民营经济发展支持体系中的服务空白,构建有温度、有实效的服务保障机制。

中华全国工商业联合会(以下简称工商业联合会),又称中国民间商会,成立于1953年10月,是中国共产党领导的以民营企业和民营经济人士为主体,具有统战性、经济性、民间性有机统一基本特征的人民团体和商会组织。1990年2月,工商业联合会被明确为具有统一战线性质的人民团体和民间商会。

工商业联合会是党和政府联系民营经济人士的桥梁纽带,是政府管理和服务民营经济的助手,是中国人民政治协商会议的重要组成部分。工商业联合会工作是党的统一战线工作和经济工作的重要组成部分。工商业联合会事业是中国特色社会主义事业的重要组成部分。工商业联合会具有以下职能:(1)参与国家大政方针及政治、经济、社会生活重要问题的政治协商,发挥民主监督作用,积极参政议政;(2)加强和改进民营经济人士思想政治工作;(3)引导会员弘扬中华民族传统美德,积极承担社会责任;(4)代表并维护会员的合法权益;(5)为会员提供培训、融资、科技、法律、信息咨询等服务;(6)增强与我国香港特别行政区、澳门特别行政区和台湾地区工商界人士的联系,开展促进经贸合作和促进祖国统一的工作;(7)增进与国外工商社团的交往,为国家扩大对外开放、企业走向国际市场服务等。

工商业联合会作为党和政府联系民营经济人士的桥梁纽带、政府管理和服务民营经济的助手,其独特政治属性与民间性、经济性的有机结合,使其成为民营经济主体寻求帮助的首要依托。相较政府部门的监管职能,工商业联合会更侧重关怀与扶持,以情感认同和专业服务增强民营经济主体的归属感。

在职能履行上,工商业联合会发挥多重服务效能。在政策服务方面,通过建立政策解读、培训和反馈机制,帮助民营经济组织精准把握国家产业、财税、金融等政策,推动惠企政策落地。例如,通过组织专题研讨会、制作政策解读手册,将复杂的政策条文转化为企业可操作的执行指南。在诉求协调方面,工商业联合会搭建政企沟通平台,常态化收集民营经济组织在市场准入、融资难、产权保护等方面的诉求,及时向政府部门反映并推动问题解决。在权益维护方面,工商业联合会整合法律资源,为民营经济组织提供法律咨询、纠纷调解和法律援助服务,协调处理涉企侵权案件,成为民营经济组织合法权益的坚实后盾。

为深化服务质量,工商业联合会需要不断拓展服务领域。在市场服务领域,组织民营经济组织参与国内外经贸交流活动,举办产品展销会、对接会,助力经济组织开拓市场;在科技创新领域,搭建产学研合作平台,推动民营企业与高校、科研机构合作,促进科技成果转化;在人才培育领域,开展职业技能培训、企业家素质提升工程,为民营经济组织培养和输送高素质人才。通过履行多元职能、提供优质服务,工商业联合会应进一步强化自身地位,真正成为民营经济组织靠得住、信得过、离不开的伙伴,为民营经济高质量发展注入持久动力。

第八条 【媒体与社会的促进要求】

具体条文

> 加强对民营经济组织及其经营者创新创造等先进事迹的宣传报道,支持民营经济组织及其经营者参与评选表彰,引导形成尊重劳动、尊重创造、尊重企业家的社会环境,营造全社会关心、支持、促进民营经济发展的氛围。

性质界定

本条是关于媒体与社会促进民营经济发展要求的规定。

内涵阐释

本条规定旨在营造对民营经济发展积极有利的舆论环境与社会氛围,为民营经济的稳健前行提供坚实的外部支撑。

媒体作为信息传播的关键载体,在构建民营经济发展的舆论环境方面,发挥着无可替代的重要作用。主流媒体应当充分发挥舆论引领的"压舱石"作用。当前,民营经济规模持续扩张,民营经济在面临诸多风险挑战的同时,也迎来了前所未有的发展机遇。主流媒体应加大对民营经济领域的关注与报道力度,深入阐释社会主义基本经济制度中民营经济的重要地位与独特优势,大力宣传民营经济在推动经济增长、促进科技创新、稳定社会就业等方面取得的巨大成就,引导社会公众全面、客观、科学地认识民营经济的价值与贡献,增强发展民营经济的信心与决心。

在信息传播渠道多元化的当下,媒体需要严守信息发布的真实性与客观性原则,坚决抵制任何恶意诋毁、造谣抹黑民营经济组织和民营企业家的行为,对于不实信息与虚假报道,要及时予以澄清与纠正。针对网上发布的恶意造谣不实言论,导致民营经济组织股价波动、经营受阻等情况,权威媒体应迅速介入,通过调查核实,发布真实准确的信息,还原事实真相,维护民营经济组织的合法权益与良好声誉。同时,媒体要积极传播民营经济组织的正面形象与先进典型,挖掘并讲述民营企业的奋斗故事、弘扬企业家精神与家国情怀,激励更多民营经济组织奋勇前行。

支持民营经济组织及其经营者参与评选表彰,对民营经济发展具有正向激励作用。评选表彰能让优秀的民营经济组织及其经营者成为行业标杆,激励更多民营经济组织积极进取、勇于创新,推动民营经济整体向高质量发展迈进;有助于提高民营经济组织及其经营者在社会各界的认可度和美誉度,增强其荣誉感和归属感,使社会更加重视民营经济的作用和贡献;能引导社会形成尊重劳动、尊重创造、尊重企业家的良好风尚,为民营经济发展创造有利的社会环境,吸引更多资源投入民营经济领域;能让民营经济组织及其经营者感受到国家和社会的支持,坚定其发展信心,促使其加大在创新、投资、扩大生产等方面的投入,为经济增长和社会发展作出更大贡献。在具体的支持行动方面,政府、行业协会和社会公众都应积极参与进来。政府部门应当对民营经济组织及其经营者参与国家设立的各类表彰奖励的评选一视同仁,不得排挤和压制。

政府相关部门可以设立各类针对民营经济的奖项,如西安市委市政府就设立了西安市民营经济高质量发展突出贡献奖。同时,政府要发挥好监督职责,确保民营经济组织及其经营者参与评选表彰的公平公正,通过制度刚性约束(标准化规则)、流程透明运行(全链条公开)、技术赋能监督(数字化工具)、多元主体协同(政府、市场、社会共同参与),构建公正与激励相容的奖励生态体系与文化。行业协会可以根据行业特点和发展需求,举办专业性的评选活动,发掘每个具体行业领域的"领头羊"、"排头兵",如在科技创新领域,相关行业协会可评选出在技术研发、产品创新等方面表现突出的民营科技企业及其经营者。同时,采取媒体宣传、公众投票等方式,吸引社会各界参与到评选表彰过程中,提高评选的透明度和公信力,扩大评选表彰活动的影响力。

从社会层面来看,营造尊重民营经济、关爱民营企业家的良好氛围至关重要。社会各界应充分认识到民营经济是推动中国式现代化建设的重要力量。在日常社会生活中,应当对民营经济组织的产品与服务给予公正评价,摒弃偏见与歧视;鼓励社会组织、行业协会等积极为民营经济组织搭建交流合作平台,促进资源共享与协同发展;支持民营经济组织参与社会公益事业,对其在慈善捐赠、扶贫助困、环境保护等方面的积极行动给予肯定与表彰,提升民营企业家的社会认同感与责任感。

结合《民营经济促进法》第59条第2款关于网络侵权责任的规定,社会各方尤其是网络服务提供者,要切实履行主体责任,加强对网络信息内容的管理,建立健全高效、便捷的投诉、举报机制。网络服务提供者一旦发现利用互联网以侮辱、诽谤等方式恶意侵害民营经济组织及其经营者人格权益的违法信息,应当立即采取删除、屏蔽、断开链接等必要措施及时处置,并向有关主管部门报告。例如,各网络社交平台应设置专门的投诉举报入口,安排专业人员负责审核处理,对恶意攻击民营经济组织的账号依规予以封禁,从源头上遏制不良信息的传播,净化网络舆论空间,为民营经济发展保驾护航。通过媒体与社会的协同努力,弘扬正能量,传递积极信号,激励民营经济在高质量发展的道路上不断开拓进取,为我国经济社会发展注入强劲动力。

第九条 【民营经济统计制度】

具体条文

> 国家建立健全民营经济统计制度,对民营经济发展情况进行统计分析,定期发布有关信息。

性质界定

本条是关于民营经济统计制度的规定。

内涵阐释

一、统计制度的意义

统计制度是经济发展的"晴雨表"与"指南针"。从宏观经济层面来看,统计能够为政府制定经济政策、规划产业布局提供关键的数据支撑。详实且准确的统计数据,能让决策部门清晰洞察经济发展态势,预测经济走向,进而及时调整宏观经济政策,保障经济平稳运行。从微观视角来看,统计数据助力企业明晰市场供需,合理规划生产、投资与经营策略,降低市场风险。

二、民营经济统计制度的特殊意义

民营经济统计制度对民营经济发展具有独特价值。民营经济作为我国经济体系的重要构成部分,在吸纳就业、推动创新、促进经济增长等方面贡献卓越,但因其主体多元、经营领域广泛,传统统计体系难以全面、精准地反映其发展全貌。专门的民营经济统计制度,能精准捕捉民营经济的规模、增速、结构、效益等核心指标,直观展现民营经济发展的活力与潜力。

(一)精准监测与分析,把握发展态势

借助民营经济统计制度,对民营经济的规模、增速、结构、效益等核心指标进行全面监测。通过趋势分析掌握民营经济在不同时期的发展轨迹,判断其发展趋势。利用结构分析,深入了解民营经济在三次产业、不同区域、不同规模企业间的分布情况,找出产业结构不合理、区域发展不平衡等问题。通过关联分析探究宏观经济环境、政策变动、科技创新等因素对民营经济的影响,为政策制定和企业决策提供科学依据。

(二)支撑政策制定,优化资源配置

政府部门依据统计数据,能够清晰知晓民营经济发展中的薄弱环节和关键领域,从而制定更具针对性的扶持政策。对于统计数据显示创新能力不足的民营科技企业,可加大研发补贴、税收优惠等政策支持力度;针对在特定行业占比较低、发展潜力大的民营经济,出台产业引导政策,引导资源合理流入。此外,通过统计数据了解不同区域民营经济发展水平差异,在基础设施建设、人才培养引进等方面进行差异化资源配置,促进区域协调发展。

(三)助力企业决策,提升市场竞争力

民营企业家可依据统计信息,及时了解行业发展趋势、市场需求变化、竞争对手动态等,从而调整企业发展战略。若统计数据显示某类新兴产品市场需求呈上升趋势,企业可提前布局研发和生产,抢占市场先机。同时,参考统计数据中同行业企业的经营指标,如成本控制、生产效率等,找出自身差距,优化企业管理和运营模式,提升自身在市场中的竞争力。

(四)加强信息公开,营造良好氛围

统计部门及时、准确地公开民营经济统计信息,有助于社会大众增强对民营经济发展的了解,提升对经济形势的认知,消除误解和偏见,营造全社会关心支持民营经济发展的良好氛围。公开统计数据还能吸引更多社会资本关注和投入民营经济领域,为民营经济发展注入新动力。此外,透明的统计信息也便于社会各界对民营经济发展进行监督,促使企业规范经营、健康发展。

(五)强化反馈机制,推动政策优化

建立健全统计数据反馈机制,将统计过程中发现的问题以及企业、社会各界对政策实施效果的反馈及时传递给政策制定部门。政策制定部门根据反馈信息,对现有政策进行评估和调整,提高政策的精准性和有效性。例如,某项扶持政策实施后,统计数据显示受益企业数量未达预期,则可分析原因并调整政策覆盖范围或申请条件,确保政策真正惠及民营经济主体,推动民营经济持续健康发展。

三、统计分析

统计分析是挖掘统计数据价值的关键环节,对民营经济统计数据进行深入剖析,能揭示其内在发展规律与潜在问题。一方面,通过趋势分析,可明晰民营经济在较长时期内的发展轨迹,如根据其营业收入、利润、就业人数等指标的增减趋势,判断其发展态势是稳健上升、平稳运行还是面临下行压力。另一方面,通过结构分析能洞察民营经济内部各产业、各区域、不同规模企业之间的构成关系。例如:分析民营经济在三次产业中的分布结构,判断产业结构是否合理;对比不同区域民营经济发展状况,找出区域间的差距与优势,为区域协调发展提供参考。此外,通过关联分析可探究民营经济与宏观经济环境、政策变动、科技创新等因素之间的关系,评估外部因素对民营经济的影响程度,为政策制定与企业决策提供有力支撑。

四、统计信息分布

统计信息的有效分布至关重要。统计部门应确保民营经济统计信息能够准确、及时地传递给社会六众、民营企业家及相关参与主体。公开透明的统计信息有助于增强社会大众对民营经济发展的了解,提升其对经济形势的认知,营造全社会关心支持民营经济发展的良好氛围。民营企业家可依据统计信息及时调整企业发展战略,把握市场机遇。例如,了解行业发展趋势、市场需求变化等信息后,企业可提前布局新产品研发、拓展新市场。相关参与主体,如金融机构、科研院校等,能借助统计信息优化资源配置。金融机构可根据民营经济发展状况及企业信用统计数据,合理安排信贷资金,降低金融风险;科研院校可结合民营经济产业需求,调整科研方向,促进科技成果转化。同时,统计信息的呈现形式应简洁明了、通俗易懂,让各方看得懂、用得上,真正发挥其对民营经济发展的建设性作用。

民营经济统计制度作为民营经济发展的重要支撑,通过准确的统计数据、深入的统计分析与广泛的信息分布,为促进者(政府部门、政策制定者等)提供决策依据,为建设者(民营企业家、民营经济从业者等)指明发展方向,激励全社会共同推动民营经济持续健康发展,在国民经济与社会发展中发挥更重要的作用。

第二章 公平竞争

第十条 【市场的平等进入】

具体条文

> 国家实行全国统一的市场准入负面清单制度。市场准入负面清单以外的领域,包括民营经济组织在内的各类经济组织可以依法平等进入。

性质界定

本条是关于民营经济组织依法平等进入市场的规定。

内涵阐释

保障民营经济组织平等地分享市场机会,平等地进入市场领域,是《民营经济促进法》的"平等"宗旨与"平等"追求。本条属于保障民营经济组织平等进入市场的总括性条款,属于市场主体权利确认与行政机关职权限定的混合型规范。本条既对民营经济组织平等进入市场进行了权利确认,也对行政机关只能通过负面清单影响市场准入设定了职权边界。依据本条规定,市场领域除负面清单外,没有准入死角,不存在市场特权。

一、全国统一的市场体系与准入制度

全国统一大市场作为我国社会主义市场经济建设的重要战略目标,不仅关系市场主体的准入平等,也承载着国家构建高水平社会主义市场经济体制的制度要求。必须在全国统一大市场中,保障所有市场主体平等参与竞争,打破地方保护与行政壁垒,实现要素与资源的自由流动。

习近平总书记指出,"加快构建全国统一大市场,着力整治一些领域

的'内卷式'竞争。"[①]2022年中共中央、国务院发布的《关于加快建设全国统一大市场的意见》,系统地提出了建设全国统一大市场的目标与路径,强调要打破地方保护和市场分割,促进商品要素资源在更大范围内畅通流动。该意见将全国统一大市场作为以国内大循环为主体的新发展格局的关键支撑,明确其不仅是经济议题,更是法治议题。2024年12月,国家发展和改革委员会印发《全国统一大市场建设指引(试行)》,对各地区、各部门加快融入和主动服务全国统一大市场建设工作提出了明确和具体的要求。《民营经济促进法》中明确提出"实行全国统一的市场准入负面清单制度",更是国家推进高水平社会主义市场经济体制建设的重要法治举措。

全国统一大市场,是指国家在全国范围内形成统一的市场制度体系,各类市场主体可以在全国任何一个区域依法平等进入市场,不受地区限制、不存在隐性壁垒。《民营经济促进法》将"全国统一的市场准入负面清单制度"写入法律,进一步强调了两个方面的要求:一是对政府行为的约束。各地方政府不得通过地方性政策设立新的市场进入门槛、限制企业的要素流动或为本地企业提供地方保护,任何破坏统一市场的政策政令都应当依法纠正。《中华人民共和国行政许可法》(以下简称《行政许可法》)第4条明确:"设定和实施行政许可,应当依照法定的权限、范围、条件和程序。"本条通过法律形式的制度性规定,要求政府不得以各种名义搞"变相审批",对负面清单以外的市场准入事项不得设立新的行政许可。二是对民营经济组织的保障。过往实践中,有的地方政府、行业协会等往往通过隐性门槛限制外地民营经济组织参与本地项目,如要求企业必须有本地纳税记录、缴纳保证金、具备指定合作背景

[①] 习近平:《会见国际工商界代表时的讲话(2025年3月28日,北京)》,载《人民日报》2025年3月29日,第2版。

等。这类做法严重影响了市场准入的公平性。统一负面清单之外不得另设准入限制,能够切实保障民营经济组织依法平等参与市场竞争的权利,民营经济组织无论在何地注册,原则上在全国范围内享有同等的市场准入机会。这不仅意味着民营经济组织可以自由地"走出去",更意味着市场的资源配置机制更加公平透明。民营经济主体如果遇到有关部门在市场准入负面清单之外设置附加条件或作出变相限制的情形,可以依照《民营经济促进法》的规定来维护自身的平等权利。

本条规定与《中华人民共和国反垄断法》(以下简称《反垄断法》)、《优化营商环境条例》等法律形成制度协同。《反垄断法》明确禁止行政机关滥用行政权力排除、限制竞争,《优化营商环境条例》要求市场准入机会公平,这些制度共同构建了一个清晰的法治逻辑链条:统一的市场秩序,是实现公平竞争、促进民营经济发展的法律保障。

市场准入是指市场主体在从事某一行业、经营某一业务前,是否有资格进入这一市场,以及进入所需满足的条件。市场准入所指的并不仅包含市场主体能不能进入市场,还包含市场主体进入市场所面对的制度条件、行政门槛、法律界限、程序保障等一整套规则安排。在现实生活中,市场准入往往涉及两个层面的要求:一是法定的资格或资质要求,包括经营范围、人员条件、资金实力、技术能力等;二是程序性要求,包括审批流程、备案手续、登记制度等。市场准入主要有以下三种不同的情形:(1)禁止准入。例如,《市场准入负面清单(2025年版)》列明了禁止投资设立的领域,如禁止违规开展互联网相关经营活动、禁止违规开展新闻传媒相关业务。(2)许可准入。部分特殊行业或关系国计民生的行业,需要经政府许可后方可进入,如邮政、电信业务、金融等。(3)自由准入(负面清单以外领域)。未列入负面清单的其他行业、领域、业务,所有市场主体可以依法自由进入。

二、负面清单的意义

负面清单制度意味着除了清单明确列出禁止或需要许可的事项外，市场主体在市场领域中可以依法自主自由进入，无须层层审批。这种清单式管理方式是我国在推动"放管服"改革、优化营商环境过程中形成的重要制度成果。

正面清单采用"法无规定不可为"原则，明确列出允许进入的领域，未列明的禁止市场主体进入。负面清单则相反，适用"法无禁止即可为"原则，仅列出禁止或限制的领域，未列明的一律开放。两者的本质区别在于：正面清单是"允许清单"，负面清单是"禁止清单"。负面清单制度通过明确禁区，实现"非禁即入"，以实现法定事项外的自由准入。

我国负面清单制度最早可以追溯到自由贸易区的制度探索。2013年，上海自由贸易区首次试点推出市场准入负面清单，将本应"多批多管"的项目，改为"一表列清，清单之外放开"。我国自2018年起全面实施市场准入负面清单制度，清单明确列出禁止和经政府许可方可投资的行业、领域及业务。在清单之外的领域，所有经营主体，无论国有企业还是民营经济组织、无论大企业还是中小企业，都享有同等待遇，可依法平等进入，从而实现"非禁即入"。我国在负面清单制度实施过程中坚持"分类管理"的思路：对于存在充分竞争或具备市场化条件的行业，依法大幅减少不必要的准入限制，体现"宽进"的政策导向；对于关系国家安全、掌握国民经济命脉、涉及重大公共利益或战略性资源配置的关键行业，依照法定程序设置相应的进入门槛，体现"严管"的政策导向。这种"宽进严管"的制度设计，一方面保障了市场活力的释放，另一方面也确保了国家利益与社会公共安全不被侵蚀，实现了依法治理与科学调控的有机统一。为不断提升制度透明度和市场活力，全国版的市场准入负面清单于2019年、2020年、2022年、2025年进行了四次修改，事项数量由

2018年版的151个缩减至2025年版的106个,总体上不断放宽准入门槛,进一步降低市场准入环节的交易成本。这一过程大幅降低了企业进入市场的制度成本,也显著增强了民营经济组织的市场信心和投资预期。我国《市场准入负面清单(2025年版)》将市场准入事项分为禁止准入事项和许可准入事项两类:对于禁止准入事项,经营主体不得进入,政府依法不予审批、核准,不予办理相关手续;对于许可准入事项,地方各级政府要公开法律法规依据、技术标准、许可要求、办理流程、办理时限,制定市场准入服务规程,由经营主体按照规定的条件和方式合规进入。对于市场准入负面清单以外的行业、领域、业务等,各类经营主体皆可依法平等进入。对于未实施市场禁入或许可准入但按照备案管理的事项,不得以备案名义变相设立许可。

三、依法平等进入的要求

依法平等进入不仅承接了全国统一的市场准入负面清单制度的制度基础,也体现了民营经济组织与其他所有市场主体在市场进入环节享有平等的基本法律权利。依法平等进入是指各类市场主体,包括民营经济组织、国有企业、外资企业等,在符合法律法规和负面清单规定的前提下,享有同等的市场准入权利和市场准入机会。只要不属于负面清单禁止或限制的领域,任何符合条件的市场主体均可依法进入,不得因所有制形式、规模大小或地域差异而设置歧视性门槛。市场准入审批流程公开透明,实行一视同仁的办理标准。当市场主体认为其准入权利受到侵害时,可依法申请行政复议或提起行政诉讼。

"依法"体现的是双向约束,即政府不能违法设限,企业不能越权经营,法治是市场准入的共同底线。一方面,政府行使准入管理权力必须有法定依据,不能随意扩权设限。根据《行政许可法》第4条至第6条的规定,行政许可应当依法设定、公开透明、便捷高效,行政机关不得设立法律、法规未授权的许可事项。也就是说,政府无权"口头规定"某些市场禁止准入事项,也不能以政策通知、红头文件、会议纪要等形式设置额外审批障碍。另一方面,民营经济组织自身开展经营必须遵循法律规定,不得突破清单明确禁止的领域。如进入铁路运输设备生产、维修、进口等特殊行业领域,须依法取得特别许可。

"平等进入"意味着对于没有列入负面清单的行业、领域、业务,所有市场主体都拥有同等准入机会。换言之,任何行业、领域、业务只要不在禁止进入的清单范围之内,民营经济组织就依法拥有与国有企业、外资企业等同等的准入权,无须提供额外证明或背书。政府部门在制定政策或实施准入程序时,不得设立双轨制门槛。无论是地方性法规、规范性文件还是政府部门审批规则,都不得以非法律依据设限,更不能以行政惯例歧视民营经济组织。各级政府和市场监管机构应当积极作为,营造平等竞争环境,不仅不得歧视民营经济组织,还要在资源配置、政策扶持、市场管理等方面主动保障民营经济组织进得来、站得住、发展得好。

· 适用要点 ·

一、对于负面清单以外的市场领域,民营经济组织依法平等进入

任何行业、领域、业务只要不在禁止或限制范围内,民营经济组织就可以依法进入相关市场开展经营活动,地方政府及相关部门不得人为设置隐性障碍或额外要求。例如,在教育培训、健康养老、文旅服务等新兴产业中,民营经济组织具备积极参与和灵活创新的优势,若负面清单未作限制,即应享受其与国有企业同等的准入待遇和程序保障。对于行政机关来说,在国家发布的市场准入负面清单以外,其不得擅自设置限制性措施。这直接约束了地方政府及相关部门在负面清单之外的领域中,不得以任何形式对民营经济组织设置额外门槛或者限制条件,如要求民营经济组织提供额外材料、附加行业条件、通过地方备案后才能准入等。同时,行政机关要依法及时审批,公开办理流程,在平等标准下提供准入指导与政策咨询服务。

对于民营经济组织来说,其在清单未限制的领域具有法定进入权。这种法定进入权不仅具有明确的法律效力,而且为民营经济组织提供了可预期的营商环境。在实际操作中,民营经济组织应主动了解并对照最新发布的市场准入负面清单,明确自身有意向进入的领域是否属于清单限制范围。若该领域不在清单中,民营经济组织即可依法开展设立登记、项目申请和市场经营,行政机关不得以任何理由加以阻拦或附加条件。若民营经济组织在实践中因身份关系而被要求额外审查、备案及提供材料,或受到地方保护主义排斥等情况,就应当充分行使法律赋予的权利,通过依法投诉、行政复议、行政诉讼等方式维护自身合法准入权利。

二、不设正面清单,"非禁即入"

所谓正面清单制度,意味着政府必须在法定目录中明确列出允许进入的领域,只有列入清单的行业才可开放市场准入,清单之外则默认为禁止。而负面清单制度则正好相反,只有明确列入负面清单的事项才会被限制或禁止进入,清单之外则一律向各类经营主体开放准入。我国选择的是"非禁即入"而非"以许可为前提"的负面清单模式。"非禁即入"具有较强的法律稳定性与企业预期保障功能。"非禁即入"意味着民营经济组织在法律未禁止的领域,只要符合一般性的法律规定(如登记注册、行业规范),就可直接进入市场,无须额外审批或评估。这不仅大幅简化了行政流程,降低了制度性交易成本,也为民营经济组织发展新业态和新模式提供了制度空间。例如,在数据服务、数字医疗、智能制造等新兴行业中,很多实践尚处于探索阶段,但正是"非禁即入"原则保障了民营经济组织先行先试、快速布局的可能性。

值得注意的是,法律并未采用"非准即禁"或"例外核准"的许可方式,而是通过市场准入负面清单设定明确的准入边界。这就要求行政机关在依法履职过程中,不得擅自制定正面清单式的目录文件,不得以未列入鼓励产业目录、产业政策导向不明确等理由限制民营经济组织进入负面清单以外的市场领域。

第十一条 【公平竞争审查制度】

具体条文

各级人民政府及其有关部门落实公平竞争审查制度,制定涉及经营主体生产经营活动的政策措施应当经过公平竞争审查,并定期评估,及时清理、废除含有妨碍全国统一市场和公平竞争内容的政策措施,保障民营经济组织公平参与市场竞争。

市场监督管理部门负责受理对违反公平竞争审查制度政策措施的举报,并依法处理。

第二章 公平竞争

性质界定

本条是关于公平竞争审查制度的规定。

内涵阐释

本条规定的目的在于为民营经济组织营造公平竞争的市场环境。

一、公平竞争审查制度的意义

公平竞争审查是一项由政府主导的市场制度,旨在要求行政机关及依法授权组织在制定、执行涉及市场主体生产经营活动的规范性文件和其他政策措施时,应当保障不同类型的经营主体获得平等对待,防止和避免排除、限制市场竞争的行为,有效维护公平的市场竞争秩序,并须为此接受市场监督管理部门对这些规范性文件与政策措施所作的审查。

我国公平竞争审查制度的设立,最早可追溯至2015年10月《中共中央、国务院关于推进价格机制改革的若干意见》,该意见明确提出要实施公平竞争审查制度。随后,国务院于2016年6月印发了《关于在市场体系建设中建立公平竞争审查制度的意见》,标志着我国公平竞争审查制度进入实质性实施阶段,为构建统一开放、竞争有序的市场环境提供了制度支撑与操作框架。2017年10月,经国务院同意,国家发展和改革委员会等五部门印发《公平竞争审查制度实施细则(暂行)》(已失效),推动公平竞争审查制度从制度框架向实操层面延伸。此后,制度配套持续完善:2019年2月,国家市场监督管理总局出台《公平竞争审查第三方评估实施指南》(已失效),为审查工作的专业化和客观化提供了技术路径;2020年5月,国家市场监督管理总局等四部门联合发布《关于进一步推进公平竞争审查工作的通知》,再次明确审查工作的重点方向与责任主体。2021年6月,经系统修订的《公平竞争审查制度实施细则》由国家市场监督管理总局等五部门联合印发,形成更成熟稳定的操作规则体系。随着制度的不断完善,2022 年修正的《反垄断法》将"国家建立健全公平竞争审查制度"写入法律之中,标志着公平竞争审查从行政政策上升为具有法律约束力的制度安排,实现了从倡导性规则到法定性机制的重要跃升。2024 年施行的《公平竞争审查条例》以行政法规的形式对公平竞争审查的主体、范围、标准、监督程序等核心内容进行了系统化和规范化的规定,标志着公平竞争审查制度由政策推进阶段迈入规范实施阶段。此外,有关部门出台了《公平竞争审查第三方评估实施指南》《招标投标领域公平竞争审查规则》《公平竞争审查举报处理工作规则》等一系列配套制度规则,进一步增强了公平竞争审查制度的可操作性与规范性。

公平竞争审查制度在功能上衔接了《反垄断法》中"不得滥用行政权力,排除、限制竞争"的法律规定,与《反垄断法》中的执法机制形成预防与纠正相结合的立体治理体系。一方面,公平竞争审查制度起到"前置预防"的作用,即在政策制定阶段就审查是否存在潜在的限制竞争内容,避免政策性障碍一旦落地实施,进入反垄断执法阶段后便难以将其撤销或纠正的问题。公平竞争审查制度针对的是尚未发生的限制竞争政策行为,其审查对象包括但不限于行政许可设定、行业准入门槛、财政补贴政策、政府采购、招商引资等政策行为。另一方面,公平竞争审查制度在运行中可以与反垄断执法机制实现"行政内部自查"与"外部监管追责"的有机衔接。《民营经济促进法》第 11 条第 2 款明确规定,"市场监督管理部门负责受理对违反公平竞争审查制度政策措施的举报,并依法处理"。这一规定将竞争执法机构嵌入制度实施之中,增强了制度刚性,体现出法律与行政机制的深度整合。

二、公平竞争审查制度的保护目标

公平竞争审查制度作为维护市场竞争秩序的重要工具,其目标具有多层次、复合性的特点,既包括对竞争自由的保护,也包括对市场秩序、经营主体权利以及社会整体经济效率的保障。公平竞争审查制度的设立,是市场经济法治化进程中的一项基础性制度安排,其核心目标在于维护市场公平竞争秩序,保障各类经营主体特别是民营经济组织的平等市场参与权,促进全国统一大市场的构建,并防止行政权力对市场机制的扭曲和干扰。

公平竞争审查制度旨在防范行政性垄断的发生,即通过审查行政机关及其下属单位在政策制定中的内容,排查是否存在通过行政手段设置市场壁垒、地方保护、歧视性待遇等行为,从而保障自由竞争、平等竞争和充分竞争得以实现。实践中,民营经济组织在市场准入、公共资源获取、资质认定等方面容易遭遇隐性壁垒,如有的行政机关采取出台文件、指导意见、扶持政策等手段,通过行政权力进行市场排斥或歧视性引导。这些对公平竞争的限制性行政行为往往不是明示的限制,而是通过政府政策中"不显著但实质排斥"的方式出现。因此,公平竞争审查的制度价值,在于构建起制度性的保护屏障,让各类经营主体站在同一条起跑线上。

公平竞争审查制度所保护的利益,具体来说可以划分为以下三类:(1)在公共利益层面,该利益包括全国统一市场的形成、市场机制的正常运行、区域经济一体化的发展。公平竞争审查制度能够防止地方政府出台具有地方保护主义性质的政策,有助于统一商品、服务、要素等市场。(2)在经营主体层面,该利益主要体现在保障经营主体,特别是民营经济组织在准入、竞争、交易等环节中享有不受排斥、不受歧视的平等机会权。这种权利带有程序法益与实质法益的双重特征,既要求在制度程序中能够受到公平竞争审查制度的保护,也要求实体政策在效果上不能产生排他性后果。(3)在制度信赖与法治秩序层面,公平竞争审查制度为市场行为划定合理的行政边界,对一些涉及国家安全、公共利益、生态保护等的重要领域,审查制度也承认合理的市场准入控制措施。但即便如此,也要确保政策在制定过程中具有明确的法律依据、公平的标准和可接受的过渡机制,以防政策本身被滥用。

•适用要点•

一、负有需要进行公平竞争审查义务的主体

本条第 1 款明确提出,"各级人民政府及其有关部门落实公平竞争审查制度"。这表明,对于所有有政策制定权和行政管理权的国家机关和有关机构,只要其职能涉及市场经营活动的规范、调控或引导,就应当在制定相关政策前履行公平竞争审查义务。具体来说,负有公平竞争审查义务的主体有:(1)各级人民政府,包括国务院以及省、市、县、乡等各级地方人民政府。只要各级人民政府出台涉及市场准入、要素配置、资金扶持、税费安排等对经营主体具有实际影响的政策,就应启动公平竞争审查程序。(2)有关部门,既包括政府组成部门(如发展和改革部门、财政部门、交通运输管理部门等),也包括直属机构(如市场监督管理部门、税务部门等)。例如,财政部门出台的财政补贴政策、国家发展和改革部门制定的产业规划、商务管理部门对特定流通领域的市场准入安排,均可能对市场竞争造成影响,进而触发公平竞争审查的义务。(3)根据《公平竞争审查条例》第 2 条关于"行政机关和法律、法规授权的具有管理公共事务职能的组织(以下统称起草单位)应当依照本条例规定开展公平竞争审查"的规定,凡是具备政策制定或执行职能的非行政机关实体,均需要履行公平竞争审查义务。

二、谁来进行公平竞争审查

在公平竞争审查制度的具体执行过程中,除了明确谁应当承担审查义务之外,还要明确应当由谁来实施具体审查工作。这不仅涉

及行政权力的行使边界和程序分工,也关系公平竞争审查的独立性、科学性与实效性。

首先,政策制定者承担初步审查责任。《公平竞争审查条例》第2条明确规定,起草单位应当依照该条例规定开展公平竞争审查。可见,在制度设计中,起草单位本身即为审查工作的第一责任主体,其必须在政策措施成文之前,对是否存在排除、限制竞争的内容进行自查与初步审查。

其次,实际工作中,一项政策往往可能由多个政府部门联合起草。例如,一项地方产业发展政策的制定可能由发展和改革部门牵头、财政部门配合、科学技术管理部门参与。此种情形按照《公平竞争审查条例》第13条的规定,"拟由多个部门联合出台的政策措施,由牵头起草单位在起草阶段开展公平竞争审查"。这种安排保障了政策协调的统一性,也明确了谁应当承担组织责任,避免出现多头不管、互相推诿等问题。

再次,虽然政策起草单位承担公平竞争审查责任,但考虑到一些地方或部门缺乏竞争审查的专业能力、数据支持或评估方法,公平竞争审查制度也鼓励引入第三方评估机构参与评估,提升审查的科学性与中立性。国家市场监督管理总局发布《公平竞争审查第三方评估实施指南》,为审查实践引入了外部专业力量。受托的第三方评估机构应当依照《公平竞争审查第三方评估实施指南》中设定的标准与流程,运用科学、系统、规范的评估方法,对本地区或者本部门公平竞争审查制度实施情况、有关政策措施以及公平竞争审查其他有关工作进行评估,形成评估报告供委托单位或者其他有关政府部门作为决策参考依据。

最后,市场监督管理部门为组织和监督机关。《公平竞争审查条例》第 6 条规定:国务院市场监督管理部门负责指导实施公平竞争审查制度,督促有关部门和地方开展公平竞争审查工作;县级以上地方人民政府市场监督管理部门负责在本行政区域组织实施公平竞争审查制度。例如,在浙江省市场监督管理局纠正嘉兴市南湖区人民政府滥用行政权力排除、限制竞争行为中,浙江省市场监督管理局认为,当事人的上述行为排除、限制了外地建筑业企业平等参与相关市场竞争并予以调查。当事人积极整改,及时废止原文件并在政府网站公布,向浙江省市场监督管理局提交整改报告,全面开展自查自纠,要求区司法局牵头制定《嘉兴市南湖区建筑产业合规指引》,举一反三落实公平竞争审查制度,防止排除、限制竞争的政策措施出台。

三、公平竞争审查并非一劳永逸,有定期评估和及时清理、废止的要求

在我国现行公平竞争审查制度中,核心作用不仅在于事前预防,更在于持续性、动态性地对政策执行效果进行事中评估与事后清理,防止因政策环境变化或政策制定瑕疵而长期对市场公平竞争造成扭曲和妨碍。

《公平竞争审查制度实施细则》第 12 条规定:"对经公平竞争审查后出台的政策措施,政策制定机关应当对其影响统一市场和公平竞争的情况进行定期评估。评估报告应当向社会公开征求意见,评估结果应当向社会公开。经评估认为妨碍统一市场和公平竞争的,应当及时废止或者修改完善。定期评估可以每三年进行一次,或者在定期清理规章、规范性文件时一并评估。"这一规定清晰地确立了定期评估作为政府行政活动的一项刚性法律义务,特别是在政策措施与市场竞争关系密切的领域,如产业补贴、政府采购、市场准入等环节,更要求政策制定机关对其发布的措施保持持续性的关注与评估,防止形成新的市场壁垒。

四、举报及受理

根据《公平竞争审查条例》《公平竞争审查条例实施办法》《公平竞争审查制度实施细则》《公平竞争审查举报处理工作规则》的有关规定,举报应针对:(1)违反排除、限制竞争内容的政策措施;(2)未履行公平竞争审查程序的政策措施;(3)履行公平竞争审查程序不规范的政策措施。常见的举报事项包括但不限于:未按规定进行公平竞争审查程序即出台政策;审查过程未公示或未备案;政策中存在地方保护、所有制歧视、强制交易、限定交易等违法条款;公共资源配置政策中设置民营经济组织难以达到的差别性门槛;利用行政权力给予特定企业排他性补贴或市场待遇。

根据《公平竞争审查条例实施办法》《公平竞争审查举报处理工作规则》的有关规定,举报处理程序应包括以下几个步骤:(1)举报提交。举报人通过书面、电话或网络形式向属地市场监督管理部门提出举报意见。市场监督管理部门收到举报材料后应当做好登记,准确记录举报材料反映的主要事项、举报人、签收日期等信息。(2)受理审查。在接到举报后,市场监督管理部门应迅速组织对举报中所涉及的政策措施进行核实,以判断其是否存在违反《公平竞争审查条例》规定的情形。各级市场监督管理部门负责处理对本级人民政府相关单位及下一级人民政府政策措施的举报;上级市场监督管理部门认为有必要的,可以直接处理属于下级市场监督管理部门职责范围的举报。若举报所指政策依据的是法律、行政法规或地方性法规,而其内容可能影响市场的公平竞争秩序,则市场监督管理部门应依照相关法律规定,将该问题线索移送至具备处理权限的有关机关办理。举报反映的政策尚处于起草阶段、尚未正式发布实施的,市场监督管理部门可将举报材料转送给负责起草该政策的单位。(3)时限。举报材料不完整、不明确的,市场监督管理部门可以要求举报人在7个工作日内补正。举报人逾期未补正或者补正后仍然无法判断举报材料指向的,市场监督管理部门不予核查。市场监督管理部门应当自收到完备的举报材料之日起60日内结束核查;举报事项情况复杂的,经市场监督管理部门负责人批准,可以适当延长。(4)核查与督促整改。核查过程中,市场监督管理部门可以听取有关部门、经营者、行业协会商会对有关政策措施公平竞争影响的意见。经核查发现有关单位违反《公平竞争审查条例》规定的,市场监督管理部门可以制发提醒敦促函,督促有关单位整改。有关单位违反《公平竞争审查条例》规定,经市场监督管理部门督促,逾期仍未提供核查材料或者整改的,上一级市场监督管理部门可以对其负责人进行约谈。

五、对违反本条规定的行为,如何依据本条规定及《民营经济促进法》第71条的规定加以纠正及问责

公平竞争审查制度作为约束行政机关在市场体系构建中行为边界的重要工具,其功能在于通过审查政府政策措施是否具有排除、限制竞争的内容,以实现全国统一大市场建设和民营经济组织的平等参与。《民营经济促进法》第71条作为保障第11条有效实施的配套责任条款,不仅具有追责功能,更是该制度刚性化、强制化的关键环节。

依据《民营经济促进法》第 71 条的规定,违反公平竞争审查制度的行为主要是指:(1)"未经审查"型违法行为,指政策起草单位在出台涉及市场主体经营活动的政策措施时,完全未履行公平竞争审查义务。(2)"未通过仍出台"型违法行为,指虽然形式上履行了审查程序,但未获得通过公平竞争审查的结论,或被明确指出存在排除及限制竞争因素,仍然出台或执行。这两类行为都构成对《民营经济促进法》第 11 条的实质性违反,可依第 71 条启动行为纠正与问责程序。

针对上述违法行为,《民营经济促进法》第 71 条赋予"有权机关"责令改正的权限。该条虽未细化"有权机关"的具体范围,但可以结合《公平竞争审查制度实施细则》第 27 条的规定,即政策制定机关的上级机关经核实认定政策制定机关未进行公平竞争审查或者违反审查标准出台政策措施的,应当责令其改正。本级及以上市场监管部门可以向政策制定机关或者其上级机关提出整改建议;整改情况要及时向有关方面反馈。违反《反垄断法》的,反垄断执法机构可以向有关上级机关提出依法处理的建议。

《民营经济促进法》第 71 条明确,在造成"不良后果或者影响"的情形中,对负有责任的领导人员和直接责任人员依法给予处分。结合《公平竞争审查制度实施细则》第 27 条的规定,处分的规定可参见《中华人民共和国公务员法》(以下简称《公务员法》)、《中华人民共和国公职人员政务处分法》(以下简称《公职人员政务处分法》)、《行政机关公务员处分条例》等法律法规的相关规定。

第十二条 【生产要素和公共服务资源的平等使用】

具体条文

> 国家保障民营经济组织依法平等使用资金、技术、人力资源、数据、土地及其他自然资源等各类生产要素和公共服务资源，依法平等适用国家支持发展的政策。

性质界定

本条是关于保障民营经济组织平等发展权利的规定。

内涵阐释

一、民营经济组织遇到的生产要素与公共资源获取难题

在既往实践中，民营经济组织在获取生产要素与公共服务资源方面遇到的问题主要有：

1. 资金获取难度大。一方面，民营经济组织申请银行贷款时，抵押担保条件往往较高，特别是小微型民营经济组织很难找到银行认可的抵押物，资金紧张问题难以缓解。另一方面，民营经济组织在融资成本方面普遍高于国有企业。据统计，2022年，民营经济组织的信用利差达266个基点，较国有企业高出150个基点。

2. 技术资源获取受限。民营经济组织从政府设立的技术创新专项资金中可以获得的资助较少。在技术人才引进和培养方面，民营经济组织也面临困难，难以吸引高端技术人才，导致技术创新能力不足。一些民营经济组织无力提供有竞争力的薪酬待遇与研发环境，无法满足企业技术创新的人才需求，致使创新进程严重滞后，产品更新迭代缓慢，逐渐在市场竞争中失去优势地位。

3.人力资源竞争劣势明显。民营经济组织在吸引高端人才、专业技术人才和管理人才时面临较大困难,导致企业人才结构不合理,影响企业的发展和创新能力。民营经济组织的人才培训机会较少,员工的职业技能提升受到限制,进一步拉大了民营经济组织与其他类型企业在人力资源方面的差距。

4.数据要素获取困难。民营经济组织难以获取政务数据、行业数据等关键数据,导致在数字化转型和创新发展过程中面临数据匮乏等难题。例如,民营经济组织在金融领域长期存在信用信息采集不全面、信息共享不高效等问题,金融机构投放民营小微企业贷款存在风险识别难、尽职免责难、首次贷款难、信用贷款难等"新四难"问题,这在一定程度上是由数据要素获取困难导致的信息不对称所引起的。

5.土地供应不足,自然资源开发限制多。在土地资源分配上,民营经济组织面临土地供应紧张的问题。政府在安排土地指标时,往往优先保障国有企业、大型项目和基础设施建设的用地需求,民营经济组织难以获得足够的土地用于生产经营和扩大规模。在自然资源开发领域,民营经济组织面临较高的准入门槛和严格的审批程序。一些资源性行业,如矿产资源开发、能源领域,民营经济组织难以充分利用自然资源发展壮大。

二、保障民营经济组织平等发展权利的意义

本条规定的出台,深植于中国民营经济发展长期面临的现实障碍与制度不均衡。尽管民营经济在国民经济中的贡献巨大,但在资源要素获取、政策待遇、发展机会等方面,仍面临制度性、结构性困境。因此,本条首次以立法形式将依法平等使用各类生产要素和公共服务资源作为赋予民营经济组织的平等发展权利,具有里程碑意义。

将生产要素配置公平性提升为国家层面的制度规范,将民营经济组织平等使用资金、技术、人力资源、数据、土地等核心要素纳入法律保护体系,为民营经济组织主张发展权利提供了明确的法律依据。在推进形成全国统一大市场建设的背景下,国家要求各级政府在资源配置过程中,不得设置基于企业所有制性质的差别待遇,打破以身份为标准的传统政策思维,推动从"所有制视角"向"功能导向"的转变。

值得关注的是,本条中关于依法平等使用公共服务资源的规定,标志着国家对民营经济发展的保障范围已从传统的土地、资金、技术等有形要素,拓展至包括政策信息、公共数据、人才服务、科研平台、金融支持在内的无形资源体系。这一立法表述体现出制度视野的扩展和资源公平配置理念的更新。数字经济时代的到来,使数据成为继土地、劳动力、资金、技术之后的重要生产要素,以往的法律制度对数据这一新型要素的管理和配置尚未形成系统规范,尤其是民营经济组织在数据采集、获取、使用等环节面临多重障碍。本条首次将数据作为与资金、技术、土地并列的重要生产要素写入法律,具有标志性意义。这不仅赋予了民营经济组织在数据要素市场中的平等地位,也为建立和完善数据要素产权制度、使用机制、交易平台等提供了法律依据,为我国数据资源市场化配置探索了规范路径。

三、依法平等使用各类生产要素的内涵

所谓生产要素,是指企业进行生产经营活动时必须投入的资源,包括土地、劳动力、资金、技术、数据等。本条对生产要素的范围进行了法定列举,突出了其作为企业赖以生存与发展的基本构成条件。在我国特定的发展阶段,受限于行政审批、资源垄断、地方保护等因素,民营经济组织在生产要素获取上处于相对劣势地位。将依法平等使用各类生产要素写入《民营经济促进法》,是对民营经济组织市场主体地位的积极

回应,是推动市场资源配置机制法治化、制度化的重要表现。

平等使用,并非单指形式意义上的平等,还包含实质性的制度平等。首先,民营经济组织应与国有企业等市场主体在获取生产要素过程中享受平等的法律依据、政策通道和审批程序,不得因身份差异受到歧视性待遇。其次,在一些要素供给存在稀缺性(如土地资源、金融信贷等)的情况下,应通过公开、公平、公正的规则实现机会均等,而非让行政权力、体制内身份等因素主导资源流向。最后,民营经济组织在申请资金扶持、科技项目、土地供给等政策性资源时,其申请渠道、审查标准、复议投诉机制等均应设置在平等、公允的制度框架下。

四、依法平等使用公共服务资源的内涵

公共服务资源与传统意义上的生产要素有所不同。所谓公共服务资源,是指由中央或地方政府主导提供,用于满足社会基本需求和维系经济社会运行的资源性配置,包括但不限于基础设施资源、教育培训资源、信息平台资源、政策咨询与技术支持资源、人才服务与认证平台,以及政府主导的公共采购和服务渠道等。

本条不仅赋予民营经济组织在使用公共服务资源上的平等法律地位,也对政府部门提出明确要求:不得因企业所有制不同而在政策扶持、服务供给中设置差别化待遇。同时,其还可与《优化营商环境条例》、《中华人民共和国政府信息公开条例》(以下简称《政府信息公开条例》)相衔接,构成一整套制度保障机制。例如,政务数据资源的开放应遵循统一标准,不得只对部分主体开放;又如,公共采购平台在服务时应做到注册开放、信息对称、机会均等。这些规定要求各级政府不仅要在形式上开放公共服务资源,更要在实质上保障民营企业能够真正平等地、稳定地享有各类公共服务资源。

五、依法平等适用国家支持发展的政策的内涵

政策适用,是指满足特定法定条件或通过合规程序的市场主体,有权依法申请并享受中央及地方中央政府制定的有关产业扶持、财政补贴、税收优惠、金融支持、创新激励、环保鼓励、技术改造、人才引进、出口退税等公共政策。平等适用,是指国家在出台与企业发展密切相关的支持性政策(如税收优惠、融资扶持、产业补贴、科技创新激励、进出口便利、绿色转型等政策工具)时,不应因企业性质、所有制背景的不同而对市场主体区别对待。民营经济组织与其他所有制形式企业在政策的获取、适用条件、审批程序和监督执行中处于同等地位,享有与其他所有制形式企业形式上平等、程序上公平、结果上对等的待遇。民营经济组织作为政策实施效果的利害关系人,有权通过行业组织、商会、人大、政协通道等,参与意见征求、政策评估和反馈机制。在政策制定层面,政策文本、申报条件、受益名单、评审标准、监督流程等信息应平等公开,不得针对特定所有制企业设定专属"绿色通道";在执行层面,政府部门不得将企业性质、历史背景或政府关系作为政策评估或支持优先级的依据。

• 适用要点 •

一、民营经济组织依法平等使用各类生产要素,也包括依法平等使用公共服务资源

在实践中,依法界定生产要素与公共服务资源的边界非常重要。生产要素是指直接参与企业生产经营活动的经济资源,包括土地、劳动力、资金、技术、数据等,其供给方式较市场化,具有交易性与营利性。生产要素多通过市场化渠道供给,主要受金融、自然资源、科学技术、人力资源和社会保障等部门监管。公共服务资源是指由政府及其授权单位提供的面向社会、带有普惠性与基础性的服务资源,如政务服务平台、税务服务、技术支持平台等,其供给具有公益性,由财政资金或法定职能保障,主要由财政、税务、市场监督管理等国家机关负责提供。

以往在实践中,公共服务资源的平等使用往往容易被忽视。在涉及民营经济组织权利受到限制的案例中,相较生产要素(如融资歧视、土地难拿等)引发的显性不平等,公共服务资源分配中的隐性不平等更严重,也更易被忽视。例如,在参与行业标准制定、科研平台入驻、人才评定、政府培训项目时,民营经济组织容易被边缘化;在政务服务平台办理相关手续时,民营经济组织容易受到隐性门槛的限制;在企业信用修复、涉企信息公开等流程中,国有企业和民营经济组织得到的"政策照顾"程度存在差异。适用本条时,监管机关与行政行为主体应该将公共服务资源供给视为民营经济组织依法享有的权利,其与生产要素具有同等法律地位与监督管理要求。

在适用本条时,应与《民营经济促进法》第13条和第14条建立内在联系。本条强调生产要素的平等使用,第13条强调政策措施的平等对待,而第14条强调公共资源交易机会的平等获取,三者分别聚焦"基础供给—政策分配—市场机会"三个维度,形成了完整的资源公平使用体系。实际操作中,应将这三条规定视为整体性法律规范进行系统适用。

二、把握平等的内涵

本条规定的平等不仅是形式意义上的不歧视,更是一种具有实质内容和可操作要求的制度安排,强调各类经营主体,特别是民营经济组织在资源获取、政策享受中的权利均等与机会平等。

首先,法律意义上的平等不仅是表面上的待遇一致,而是强调在起点机会、规则设置和政策适用上的一致性与非歧视性。这意味着民营经济组织在使用生产要素如土地、资金、数据、技术、人力资源等方面,不得因所有制身份而被区别对待。民营经济组织理应像国有企业一样享有申请国家产业扶持政策的权利,在申请用地、融资贷款、引进技术、招聘人才时,其应当与国有企业享有同等的权利和适用同等标准。实践中,在银行信贷评审、项目用地审批、人才职称评定、数据接口开放等方面,政府部门不得因企业所有制不同而对民营经济组织设置差别化门槛或附加条件。

其次,现实生活中民营经济组织面临的最大不平等,往往不是来自法律明文的禁止性规定,而是来自隐藏于行政程序与政策执行之中的"隐形壁垒"与"潜规则"。因此,本条规定的平等必须被延伸为过程性平等与实质性平等的结合,在政策公开、申请程序、审批依据、分配标准上做到公开透明、清晰合理。

最后,落实平等还应注重法律在适用中的可诉性和可操作性。本条的规范意义不应仅停留在政策执行层面,更应为司法机关、执法部门提供评判标准和执法依据。司法实践中,若民营经济组织能够证明其在融资、数据使用、人才引进等方面基于身份原因被区别对待,可依法主张其在本条中的合法权利。

总之,本条要求的平等,实质上是一种面向市场运行全链条的制度设计,其涵盖资源获取的机会平等、政策适用的待遇平等、制度执行的规则一致等多个层面。在落实过程中,行政机关应加强对政策执行效果的评估,强化民营经济组织对不平等待遇的申诉与救济渠道,将平等从写在纸上的原则,真正转化为市场主体可以切实感受到的公平保障。

第十三条 【政策措施的平等对待】

具体条文

> 各级人民政府及其有关部门依照法定权限,在制定、实施政府资金安排、土地供应、排污指标、公共数据开放、资质许可、标准制定、项目申报、职称评定、评优评先、人力资源等方面的政策措施时,平等对待民营经济组织。

性质界定

本条是关于政策措施的制定与实施中平等对待民营经济组织的规定。

内涵阐释

一、既往政策措施制定与实施中存在的问题

民营经济在我国经济社会中地位重要、作用突出,但在政府资金安排、土地供应、排污指标、公共数据开放、资质许可、标准制定、项目申报、职称评定、评优评先、人力资源等方面的政策措施的制定与实施过程中,却存在不能被平等对待的问题,这正是本条出台的重要背景。

第一,政策制定阶段存在身份导向的惯性思维。以往实践中,一些地方政府和相关职能部门在出台与企业有关的政府资金安排、土地供应等政策时,往往倾向优先考虑国有企业,甚至直接设置限定性条件,将所有制作为政策适用的门槛。这种不平等不仅表现在申请资格的设置上,还表现为对政策适用对象的描述中的模糊而具有倾向性的用语,如"国家重点企业""领军企业"等,这些用语在具体操作中往往被一些地方行

政机关解释为仅指国有或国有控股企业,从而排斥了大量优秀的民营企业。

第二,政策实施过程中存在隐形壁垒。即使在一些表面上所有企业均可申报的政策中,相应的实施细则也往往会通过评审机制、信用评级、经验要求等设置隐形壁垒,导致民营经济组织在实际竞争中处于劣势。如看似公开透明的招投标机制中,资质门槛、业绩要求、专业标准等硬性指标,成为了民营经济组织难以突破的隐形壁垒。

第三,政策信息公开存在不对称情形。尽管政府发布的很多政策没有对适用主体作明确的所有制区分,但一些政策信息往往会更加顺畅地流向国有企业,而民营经济组织因缺乏信息渠道或者响应机制滞后,无法及时把握申报机会或理解执行标准,客观上造成适用效果的不平等。一些地方的民营经济组织曾反映因有的政府扶持政策复杂且缺乏统一汇集渠道,企业难以全面获取信息,很多企业主要通过网络查询或找中介机构咨询,但仍会遗漏掉许多重要政策。

第四,一些地区的政策措施存在地方保护主义,限制外地民营经济组织参与。一些地方在进行土地招拍挂、排污指标分配、项目入驻审批等环节时,通过制定地区特色政策,间接排斥外地民营经济组织进入本地市场。如某市人民政府曾印发《天然气管理办法》,明确要求实行天然气经营企业准入制度,进驻该市范围内开展天然气经营的企业,其公司注册地必须在该市,这一行为就排除、限制了具有相应资质的外地企业参与相关市场竞争。

二、本条规定出台的意义

在推动民营经济高质量发展的进程中,政策的制定与实施存在"同一政策,不同待遇""看得见的门槛、看不见的门槛"等反映较集中的问题。在政府资金安排、资质许可、项目申报等关键环节,民营经济组织遭遇"准入难""参与难""中标难",虽然政策文本没有明确的排斥性表述,但在实际执行中存在隐形壁垒。本条规定从制度层面对政府及有关部门提出明确要求:在制定与实施涉及政府资金安排、土地供应、职称评定等政策时,必须平等对待民营企业,不得区别对待、变相设限。"不能搞身份歧视""不能另眼相待"成为政府施政的法定责任。

　　本条规定的意义是多维度且影响深远的。从市场公平竞争角度出发,平等对待民营经济组织,能够营造一个更公平、公正、透明的市场竞争环境。无论规模大小、成立时间长短,民营经济组织都能在各个关键领域与其他所有制企业依据相同规则展开竞争。政府资金安排、项目申报等方面的平等,使民营经济组织能够获得充足的资金,支持创新研发、扩大生产规模,提升产品质量与服务水平,进而增强市场竞争力。从资源合理配置层面出发,让民营经济组织平等获取土地、排污指标、公共数据等重要资源,能够激发其创新活力与创造力。民营企业在获得与自身发展需求相匹配的资源后,能够将资源高效投入新兴产业、科技创新等领域,推动产业结构优化升级,提升整体经济的运行效率,实现资源的优化配置。从增强企业信心和稳定预期出发,本条规定给予民营经济组织明确的政策信号,让民营经济组织及其经营者感受到政府对民营经济发展的坚定支持,从而增强发展信心,稳定发展预期。在职称评定、评优评先等方面的平等对待,有助于民营经济组织吸引和留住优秀人才,激发员工的积极性与创造力,为民营经济组织的长远发展奠定坚实基础。

三、本条是针对政策制定者与实施者提出的要求

　　本条的立法设计与前述第 12 条有所不同。第 12 条强调的是民营经济组织的平等发展权利,侧重的是权利的赋予与保障;而本条的立法着力点,转向了"权利如何实现"的上游制度基础,明确将政府作为责任主体，要求其在政策的制定与实施过程中，必须让民营经济组织与其他市场主体享受同等待遇，体现了从权利宣示到制度供给的立法逻辑。

根据本条文义以及《立法法》等相关法律规定，政策制定者是指中央和地方各级政府机关（包括国务院各部委、地方各级人民政府及其组成部门）。本条规定以法律形式设定了"平等对待民营经济组织"的实体性审查标准，明确要求政府在制定政策时不得产生所有制歧视，不得设置歧视性门槛或附加义务。这意味着政策制定机关在制定政策的过程中不仅要符合法定程序，更应对政策内容本身进行判断，保障民营经济组织享有平等参与、平等受益、平等评价的权利。

值得注意的是，本条将"制定"和"实施"并列，也意味着不仅政策出台环节要公平，执行环节中的歧视性、差别化操作同样不被允许。在实际执行中，若某项政策文件表述公平，但在审批、评审、受理、反馈等环节中存在部门随意设置附加条件、选择性适用条款等情形，则仍会导致民营经济组织遭遇实质性的不公平待遇。因此，本条不仅强调政策内容平等，更强调政策执行一致、程序公开、标准统一。

四、"政策措施"包括的领域

本条规定中的"政策措施"是指在行政资源配置、公共权利授予、制度安排塑造中直接影响民营经济组织合法权利和发展空间的规范性措施。本条规定采用列举方式对政策措施的范围进行了明确界定，具有较强的可操作性。

首先，这些政策措施涉及民营经济发展所需的核心资源配置与发展机会。政府资金安排、土地供应、排污指标等与民营经济组织生存与扩张的基本生产要素相关。资金、土地及其他自然资源等这些生产要素长期被认为是由政府配置的稀缺性资源，而在现实中往往存在

"权力配置大于市场配置"的倾向,导致一些地区存在银行贷款歧视、民企难拿地、环保审批优先国企等现象。值得注意的是,公共数据开放是一个具有鲜明时代特征的新兴领域。随着数字经济的快速发展,数据已成为关键性生产要素,而政府掌握的大量政务数据具有高度公共性和价值性。过去,民营经济组织在获取公共数据方面临"不透明、难获取、门槛高"的状况,导致其在算法优化、业务布局、服务创新等方面明显处于劣势。将公共数据开放纳入法定平等待遇范围,意味着民营经济组织有权依法公平获取政府掌握的相关数据资源,避免数据要素成为新的壁垒,为民营经济组织参与数字治理和数字产业链建设提供坚实的制度保障。

其次,这些政策措施涉及制度性发展机会的配置。例如,资质许可、标准制定、项目申报、评优评先等,属于公共政策引导下的制度性支持机会。这些机会不属于物理性资源,却直接影响企业在市场中的地位与竞争力。以标准制定为例,一些行业协会由国有企业主导,民营经济组织即便具有技术优势,也因没有话语权而无法参与标准制定。再以项目申报为例,一些地方性政策规定优先支持属地国有企业,将民营经济组织排除在科技创新资金分配、高端制造项目支持等核心政策之外。这些制度性排斥,实质上为民营经济发展设置了隐形壁垒。

最后,政策措施还涉及人力资源与评价机制。职称评定、评优评先、人力资源等方面的政策措施直接影响民营经济组织对人才的吸引力和员工的发展预期。例如,一些地方职称评审中存在单位性质门槛,导致在同等资历下,不同所有制形式企业的职称评定待遇差异巨大。又如,在评优评先中,民营经济组织也会遇到因不具有官方背景被排除在外的情形。

• 适用要点 •

一、哪些政策措施在制定和实施时,要特别强调对民营经济组织予以平等对待?

本条的适用关键,在于对政策措施的落实范围进行精准界定,并指导各级政府在制定政策措施时,规避由程序、内容、适用对象等因素引发的对民营经济组织的变相排斥。本条规定应优先适用于以下几类政策领域:

其一,在财政性资源分配政策方面,地方政府在财政补贴、专项资金、税收优惠、贴息扶持等制度设计方面,不得基于企业所有制性质区别对待,尤其不得出现"只针对国企开放"或"设定差异化申请条件"情形。政策起草单位应在政策草案中专门设置"所有制中立性"条款,防止民营经济组织被程序性排除。

其二,在市场准入政策方面,对于产业引导目录、投资审批、许可设定、特许经营权授予等领域,应明确禁止设置仅限国有企业或附带国资背景条件的条款。民营经济组织应在法律许可范围内与国有企业享有同等的申请、审批、运营机会。

其三,在人才与人力资源政策方面,应避免单位性质歧视。在职称评定、人才引进、公租房申请、职业培训等方面,应确保民营经济组织员工可以平等适用相关制度;各类人才专项计划应公开条件、统一标准,不得因组织形式将民营经济组织排除在外。

其四,在数据、标准、荣誉等政策方面,对于公共数据开放政策、行业标准参与机制、各类评优评先、示范项目认定等领域,政策制定者应在程序上做到公开、透明,在资格设置上不得设限,在文件中明确民营经济组织的合法参与权。

二、如何实现对民营经济组织的平等对待？

第一,要实现对民营经济组织的平等对待,应先从政策制定程序的规范性入手。制定涉及资源配置、资质许可等事项的政策文件时,起草机关应主动进行公平竞争审查,并明确在同等条件下,不因企业的所有制形式是民营还是国有而区别对待。这一机制的前提是政府要以中立身份介入市场,杜绝带有行政偏好的政策导向。

第二,在政策实施阶段,要确保所有政策在执行过程中对民营经济组织一视同仁。在财政资金项目申报、政府采购、人才政策申报等程序中,应统一受理标准、统一审查依据、统一评定流程,不得设置隐形门槛,如要求企业有国资背景、与国有企业有合作经历等,这类条件虽不在明面设限,但构成事实上的排斥。

第三,在监督执行与纠偏机制上,应建立针对政策歧视行为的快速反馈通道和监督纠错机制。民营经济组织如果在政策执行中发现受到不平等对待,可向市场监督管理、纪检监察、政务服务监督等多个渠道投诉,确保问题能被依法受理和纠正。同时,应定期对涉及民营经济的政策执行情况开展专项评估,发现和纠正执行过程中的偏差。

第四,政府部门应主动加强信息公开和政策宣传。在政策发布时,应在政府网站、政务服务平台等渠道同时公布政策内容、申报流程、受益对象,避免信息不对称造成的"知情壁垒"。尤其是基层民营经济组织,对政策的知晓率、获取能力、申报能力有限,政府应适当提供政策辅导、咨询服务,消除信息或能力差异带来的事实不平等。

第五,从法律责任层面看,若在政策制定或实施过程中存在因歧视性设计或选择性适用而损害民营经济组织权益的行为,应依据本法第八章的规定追究相关法律责任,通过"有责必问"的制度约束,增强各级政府部门落实平等对待的自觉性。

第十四条 【公共资源交易机会的平等获取】

具体条文

> 公共资源交易活动应当公开透明、公平公正,依法平等对待包括民营经济组织在内的各类经济组织。
>
> 除法律另有规定外,招标投标、政府采购等公共资源交易不得有限制或者排斥民营经济组织的行为。

性质界定

本条是关于民营经济组织平等获取公共资源交易机会的规定。

内涵阐释

一、既往实践中存在的问题及表现

在我国既往的公共资源交易实践中,民营经济组织在招标投标、政府采购等领域面临一定程度的隐形壁垒和制度歧视。这些表现违背了市场公平竞争的基本原则,也在客观上削弱了民营经济组织参与公共资源配置的能力和积极性。

在一些招标投标与政府采购中,关于不平等对待民营经济组织行为的主要表现有:(1)在资格条件方面设置过高门槛。一些地方在招标文件中人为设置过高的门槛,如要求参与投标的企业必须具有国有背景、特定的历史业绩、注册资本额、职工人数、固定资产规模等条件,客观上将大部分中小型民营经济组织排除在外。这种做法表面上依法合规,但实际上通过技术性要求变相限制民营经济组织的参与,违反了《中华人民共和国政府采购法》(以下简称《政府采购法》)第 22 条第 2 款关于

"不得以不合理的条件对供应商实行差别待遇或者歧视待遇"的规定。(2)评标过程存在主观倾向性。有的评审团体在打分过程中对民营经济组织打低分。这导致即便民营经济组织在技术方案、报价结构等方面更具优势,也难以在综合评分中胜出。这种"明公平、暗倾斜"的评分机制严重损害了招标投标的公正性,削弱了民营经济组织参与公共项目的积极性。(3)信息披露不对称与机会垄断。一些地方存在所谓的内定项目或只发标不公开的情况,项目事先已为特定企业"量身定制",招标流程流于形式。这使未能获取项目信息的民营经济组织根本无从参与。(4)履约环节中的差别待遇与合同执行上的"双标"。招标投标活动中,虽然民营经济组织中标率逐步上升,但在合同签署、合同执行、变更处理、工程结算、资金拨付等方面,中标的民营经济组织遭受不平等对待的现象仍然存在。例如,在一些基础设施项目中,民营经济组织往往需要额外提供担保、等待更长周期,甚至面对主观苛刻的验收标准。长期积累的这种"制度性疲软",严重挤压了民营经济组织的生存空间,挫伤了其参与公共资源交易的积极性。更严重的是,即使民营经济组织发现了交易文件中的歧视性条款,也常因维权路径不畅、举报机制缺位、行政干预壁垒而无法获得有效救济。有的地方监管机构对歧视性条款睁一只眼闭一只眼,即使受理也怠于启动实质性调查程序。

民营经济组织之所以会在公共资源交易领域遇到现实困境,并不是因为法律规范的缺失,而是因为制度执行中的偏差与权力配置的不对称。尽管法律文件普遍强调"依法平等对待",但在具体的招标投标、政府采购实践中,歧视性壁垒仍大量存在,并以更隐蔽的方式影响着民营经济组织的平等参与权。在一些地方政府眼中,扶持地方国有企业、保持本地经济稳定的"行政目标"往往优先于公平竞争原则。

二、出台本条规定的意义

虽然我国已出台《政府采购法》、《中华人民共和国招标投标法》(以下简称《招标投标法》)、《优化营商环境条例》等多部调整公共资源交易关系的法律法规,但仍然缺乏系统、明确的禁止歧视性交易行为的专门法律规定,特别是对民营经济组织的制度性保障有待提升。将保障民营经济组织在公共资源交易中的平等待遇写入《民营经济促进法》,回应了民营经济组织作为市场主体的现实诉求。本条规定力图在现实问题与制度诉求之间架设一道法治桥梁,剔除民营经济在公共资源领域"无法参与、难以公平竞争"的深层障碍,进一步将"不得有限制或者排斥民营经济组织"明确为法律责任。在这一制度安排下,"公平参与"从理念走向规则,从行政倡导上升为法定义务。

本条作为《民营经济促进法》中极具现实针对性与法律约束力的条款,具有以下多方面意义:(1)不同于以往的政策性表述,本条规定以具有可操作性的法律规则,明确了不得限制或排斥民营经济组织参与公共资源交易的底线,为民营经济组织参与公共资源交易提供了制度保障。(2)有助于推进资源配置的公平化与市场化。民营经济组织与其他市场主体相比,在资金、技术和管理等方面往往更具活力,若能平等参与公共资源交易,不仅能降低交易成本、提高供给质量,也有利于提高财政资金的使用效率和公共服务水平。(3)强化对地方政府权力的法律约束,防止地方保护主义和寻租行为的发生。在实践中,一些地区通过设置不合理门槛、指定供应商、评分机制倾斜等方式人为设限,严重损害了公平竞争环境。本条为监管机关提供了执法依据,对地方政府的违法干预行为具有明确的法律约束力。(4)从整体法律结构来看,本条与第10条(依法平等进入市场)、第11条(公平竞争审查制度)、第15条(执法保障)等法律条文共同形成制度闭环,展现出国家推进统一市场和优化营商环境的系统设计。它不仅赋予了民营经济组织制度性信心,也为法律实施效果提供了更具刚性的支撑。

三、"公开透明"的内涵

本条第1款规定的"公开透明",不仅是程序要求,更是法治化市场运行的基本保障,体现了政府在资源配置中必须接受社会监督、遵守法定程序、确保信息对称的制度理念。

第一,"公开透明"意味着政府在组织招标投标、政府采购等公共资源交易过程中,应确保信息完整披露、渠道畅通、程序规范。交易信息的发布、评标标准、资格审查办法、成交结果等应通过政府采购平台、电子招标系统或其他官方渠道向社会及时公布。政府必须通过公开来保障交易的可预期性与公平性,为各类市场主体,特别是民营经济组织提供平等的知情权和参与权。

第二,"公开透明"要求相关政策、交易规则不能以内部文件、临时会议纪要等非正式形式创设。本条规定明确要求"公开透明",从实质上将公共资源配置的权力纳入法治轨道,使权力运行更阳光化、制度化、规范化。

第三,"公开透明"是纠正历史上公共资源交易中关系导向、指定中标等乱象的制度性抓手。在民营经济组织参与率较低的领域,如交通设施采购、公共医疗采购、教育装备采购等,在一些招标中存在"明招暗定"的情况。而将"公开透明"写入法律条文,能够以法律刚性方式促使有的政府放弃选择性透明,接受来自民营经济组织和社会的实质性监督。

第四,"公开透明"也意味着监督机制的同步建立与权责机制的闭环设计。比如,交易结果公布后,参与主体可提出异议、申请复审,或者通过行政复议和行政诉讼寻求救济,从而形成"信息公开—交易参与—结果监督—责任追究"的完整链条。

四、"公平公正"的内涵

本条第1款规定的"公平公正",是实现法治化市场环境的核心要求。其不仅关乎形式上的平等待遇,更强调在整个交易制度设计与执行过程中,防范不合理、不对称的制度性歧视,保障各类经营主体,特别是民营经济组织,享有实质性的平等竞争机会与权利。

第一,"公平"强调机会平等与制度无差别。无论企业的性质是国有、集体、民营还是混合所有制,只要其满足法律规定的参与条件,就应当享有不被区别对待的入场资格与评审标准。这不仅是对"不得以所有制形式设限"的体现,更是对市场准入权利的正当保护。实践中,有的地方政府或部门通过设置不合理的企业年限、注册资本、业绩证明等技术性壁垒,排斥民营经济组织竞争。这些行为虽形式合规,但实质上构成差别待遇,违反了"公平"的制度精神。

第二,"公正"强调程序正当与评审客观。在公共资源交易过程中,政府及其代理机构应遵循事前公开、事中规范、事后监督的法定流程,确保评审标准明确一致、操作行为合规可查。举例来说,有的公共工程招标存在虚设评分细则、人为操控打分等问题,导致民营经济组织在中标过程中处于不利地位。这些程序性不公,不仅削弱了市场竞争的公正性,也损害了市场主体对法治化营商环境的信心。

第三,"公平公正"从整体上体现出对结果正义的保障。除了机会平等、程序正当外,政府还应设立有效的投诉、异议、救济机制,确保中标结果受到法律监督。如发现民营经济组织基于身份原因被排除,政府应依法撤销交易决定,追究相关责任,并及时予以补救。这种机制性安排有助于确保权利受损方通过制度渠道寻求纠正,而不是被动接受既成事实。

•适用要点•

公共资源交易活动中,如果发生了歧视民营经济组织的行为,如何依据本条规定及本法第71条的规定加以纠正及问责,是适用本条的关键点。

针对公共资源交易活动中出现的歧视民营经济组织的行为,本条与第71条构成了紧密衔接的权利保障与责任追究机制。本条明确禁止在招标投标、政府采购等公共资源交易中限制或者排斥民营经济组织,第71条则规定了对违反该义务的机关及相关责任人的法律后果,为问题的纠正与追责提供了清晰路径。实践中,可以从以下几个方面具体加以适用:

第一,在参与公共资源交易过程中,民营经济组织发现在资格设置、评审规则、信息发布、合同执行等环节中存在限制或排斥行为,可依据本条提出异议,向有关监督部门(如财政部门、发展改革部门、市场监督管理部门、纪检监察机关)进行反映或举报。依据《招标投标法》《政府采购法》以及相应实施条例,受理机关应对相关招标投标、政府采购行为是否合法、程序是否公平、对待是否平等进行审查。

第二,在查实相关单位存在未依法平等对待民营经济组织的行为,特别是在资格预审中附加非必要条件、设定不合理限制或有倾向性评标倾向时,应依据第71条第1款第2项"在招标投标、政府采购等公共资源交易中限制或者排斥民营经济组织"之规定,依法责令改正,并视其造成的后果或者影响,对相关单位或责任人作出问责处理。

第三,如经查证确认政策制定机关或交易组织单位存在制度性、系统性歧视民营经济组织的行为,则应适用第71条中"造成不良后果或者影响"的从重处理标准,对负有责任的领导人员和直接责任人员依法予以纪律处分、政务处分。

第四,若民营经济组织所遭遇的歧视行为源自地方性规章、部门规章或红头文件中的条款,在调查中发现上述文件未经公平竞争审查或未通过公平竞争审查即出台的,可同时适用《民营经济促进法》第11条与第71条的规定,对未履行公平竞争审查程序的政策措施责令改正,对负有责任的领导人员和直接责任人员依法给予处分。

第十五条 【通过竞争执法提供良好市场环境】

具体条文

> 反垄断和反不正当竞争执法机构按照职责权限,预防和制止市场经济活动中的垄断、不正当竞争行为,对滥用行政权力排除、限制竞争的行为依法处理,为民营经济组织提供良好的市场环境。

性质界定

本条是关于通过竞争执法为民营经济组织提供良好市场环境的规定。

内涵阐释

反垄断和反不正当竞争执法机构(如市场监督管理部门)的职能职责权限,是保障民营经济组织公平参与市场竞争的重要制度支柱。这些职能职责权限可分为两个方面:一是预防和制止垄断、不正当竞争行为的职能职责权限;二是依法处理行政机关滥用权力实施的排除、限制竞争行为的职能职责权限。

第一个方面是针对经营者市场行为的竞争执法。依据《反垄断法》《中华人民共和国反不正当竞争法》(以下简称《反不正当竞争法》)等现行法律的规定,竞争执法机构可以依法对经营者实施的横向垄断协议、纵向限制交易、滥用市场支配地位、不正当竞争(如商业诋毁、虚假宣传、强制搭售等)等行为实施监管。横向垄断协议主要涉及同行业经营者之间达成的价格协同、产能控制、市场划分等行为;纵向限制交易是指供应链体系中的中上游企业通过设定不合理的交易条件,限制下游销售渠道的选择自由,包括强制搭售、排他性交易等行为;滥用市场支配地位表现为大企业基于自身优势地位,通过对竞争对手或消费者实施差别定价、拒绝交易、附加不合理交易条件等方式,削弱市场竞争活力的行为。以2021年某电商平台"二选一"垄断案为例,国家市场监督管理总局发现自2015年以来,该平台长期借助平台规则、数据工具和技术手段对商家提出"二选一"要求,即要求商家不得在其他竞争平台开设店铺,否则将面临搜索降权、流量限制等惩罚性措施。这一行为严重排除、限制了相关市场的有效竞争,侵害了平台内中小商家的自主经营权和消费者的选择权,最终国家市场监督管理总局依法对其处以其2019年中国境内销售额4557.12亿元4%的罚款,计182.28亿元,并责令其全面整改。竞争执法机构在行使监管职责时,不仅可以依法立案调查、责令停止违法行为、作出行政处罚,还可以发布行政指导意见、启动反垄断审查程序、提出规范建议,必要时可以与其他职能机关协作进行综合治理。值得注意的是,为增强执法效果与制度透明度,近年来国家不断完善配套制度建设,如《国务院反垄断委员会关于平台经济领域的反垄断指南》《互联网广告管理办法》等均从制度层面对平台型民营企业提出了更高合规要求,这些规定为竞争执法机构精准识别复杂、不对称、不透明的竞争行为提供了制度基础。

第二个方面则是针对行政机关及其行为的规制权限,即通过法律手段对行政机关出台的不当政策实施有效监督,防止其采取发布通知、设定规章、制定发展规划等方式,变相设置市场壁垒,侵害民营经济组织的平等市场机会。竞争执法机构该项权限的规制对象不仅包括行政机关本身,还包括其以权力影响市场的各类行为表现,如通过文件、通告、通知等形式作出的设定地方保护、指定采购、限定经营等政策性安排。行政机关此类行为以政策引导或优化营商环境的名义,实质上违反了竞争中立原则,属于《反垄断法》第 10 条所禁止的行政性垄断行为。为防范上述现象的出现,我国已初步建立起以反垄断法、公平竞争审查制度和行政问责机制为支撑的制度体系。反垄断法为行政规制提供实体法依据,明令禁止行政机关滥用权力排除、限制竞争,是规制地方保护主义行为的根本法律武器;公平竞争审查制度聚焦政策制定环节这一入口,在其中嵌入政府规章、规范性文件、重大决策前的合法性审查程序,通过事前评估和事中抽查,预防政策性垄断和制度性歧视的发生;行政问责机制为事后责任追究提供制度出口,通过《民营经济促进法》《公务员法》《公职人员政务处分法》等相互配合,强化对责任主体的个人追责和组织纠偏。在实践中,已有多个典型案例表明此举的实际成效。例如,2023 年,上海市市场监督管理局对金山区亭林镇人民政府立案调查。该镇政府于 2019 年印发的文件要求设立小型建设工程项目承包单位库,且每年选择注册在本镇的施工单位入库,影响其他合格资质承包施工单位公平参与竞争。调查期间,该镇政府积极整改,重新修订相关文件,清理相关内容,并健全公平竞争审查机制。

第二章　公平竞争

• 适用要点 •

一、平台经济条件下，竞争执法与市场监管如何适应民营经济发展的需求与诉求？

在平台经济迅猛发展的背景下，民营经济组织成为平台企业中最重要的主体。平台经济一方面推动了经济高效发展，另一方面也引发了新的市场结构失衡、竞争失序等问题，这促使国家加快完善竞争执法体系。本条明确规定要通过反垄断和反不正当竞争执法，为民营经济组织营造良好的市场环境，正是在关于加强平台经济规范发展的政策背景下，对民营经济发展作出的法律层面的回应。

从监管政策演进来看，全球数字经济领域监管格局发生深刻变革。美国与欧盟相继出台一系列针对大型数字平台的反垄断举措，从立法、调查到执法全链条发力，展现出监管常态化与执法严厉化的全球趋势。2020年以来，我国对平台经济监管态度发生重要转变，从"包容审慎"走向"规范有序"。2020年11月，《国家市场监督管理总局关于平台经济领域的反垄断指南（征求意见稿）》发布。2021年，国家市场监督管理总局对一些平台的垄断行为作出行政处罚，一些平台企业相继进行合规整改。

平台经济的技术优势和网络效应容易形成超大规模的市场支配力，若缺乏对其的有效监管，民营中小企业在数据获取、算法公平、市场流量等关键环节将面临强势平台的排挤，甚至遭遇"零和博弈"式的不正当竞争。例如，部分平台通过设置不合理佣金、强制搭售、流量倾斜等手段压缩中小企业的利润空间，严重破坏公平竞争秩序。

本条将"提供良好市场环境"写入《民营经济促进法》,体现出国家以法治方式回应平台经济发展新问题的努力。本条不仅明确了反垄断和反不正当竞争执法机构的职责,还强调要依法制止滥用行政权力限制民营经济发展的行为,是对以往平台经济监管碎片化、滞后性的系统纠偏。只有竞争中立、公正执法,才能真正保障民营经济组织在平台经济生态中的生存和发展空间。

二、公共数据治理新场景中,竞争执法如何平衡行政管理与民营经济组织市场准入权利?

在数字经济迅速发展的背景下,数据作为新型生产要素,其获取、传输、加工和应用已成为企业核心竞争力的重要组成部分。政府在推进数字政府建设过程中掌握了大量高价值公共数据,涉及交通出行、信用评级、社保医疗、政务处理等,而这些数据既是公共服务的基础,也是数据要素市场的重要资源。问题在于,有的地方政府或行政机关滥用对数据的控制权,以技术标准、接入条件、地方平台绑定等方式,变相限制民营经济组织对数据的公平获取与使用,形成事实上的市场准入壁垒和行政性数据垄断。例如,在智慧交通、城市大脑、医疗健康等领域,有的地方政府指定本地国资平台作为唯一数据汇聚接口,拒绝将数据授权开放给其他市场主体;有的地方政府以安全、稳定为由,排斥民营经济组织接入政务信息系统或参与数据加工环节;有的地方政府通过制定技术规则,排斥异地平台与数据中介机构参与项目实施。上述行为不仅阻碍了数据要素市场的竞争机制形成,也剥夺了民营经济组织作为数据使用者或交易参与者的平等机会,已构成《反垄断法》第10条所禁止的"滥用行政权力,排除、限制竞争"行为。依据本条的规定,反垄断与反不正当竞争执法机构有权对上述行政行为开展调查与纠正,防止其对民营数据服务企业、中小平台型科技企业形成不当排除。本条为将数据壁垒纳入竞争执法范围提供了法律依据,标志着我国反行政性垄断的规制范围正在从传统商品和服务市场,延伸至要素市场尤其是新兴的数据要素领域。从制度功能上来看,本条既可适用于事后处理,即对已形成的不合理数据控制或平台排斥行为启动执法程序,也可推动事前公平数据配置规则的建立,如地方政府在设立数据交易平台、数据开放接口、行业数据池等方面,应依法保障民营经济组织的平等参与、平等接入和合理使用权。此外,本条还可为企业权利救济提供路径支撑。一旦民营经济组织因行政部门控制数据接口、排斥外部平台、强制技术路线绑定而被排除于市场之外,就可依据本条的规定提出举报或申请调查,促使竞争执法机构启动反行政性限制程序。

三、规范体系的协同适用是保障本条实施效果的必要前提

本条不在于设定具体义务或程序规则,而在于明确执法机构在市场秩序保障、促进民营经济发展中的角色定位和制度介入路径。正因如此,其法律效果的实现高度依赖于与现行法治体系的协同配合。

第一,从行为识别的角度,本条所规制的"垄断"和"不正当竞争"行为,尤其是"滥用行政权力"的情形,必须依赖《反垄断法》《反不正当竞争法》等实体法条提供的界定标准,明确行为类型、违法要件及适用范围。

第二,从程序启动与执法权限配置的角度,该条所称的"依法处理"并未设定具体路径,实际执法中则需根据《中华人民共和国行政处罚法》(以下简称《行政处罚法》)、《中华人民共和国行政强制法》(以下简称《行政强制法》)等程序性法律判断是否具有管辖权、是否符合法定程序、如何执行调查、作出决定并保障当事人权利。

第三,在涉及政府部门或公务人员责任追究时,还需援引《公务员法》《公职人员政务处分法》提供处理依据,确保责任落实具有合法性与规范性。

值得注意的是,本条的适用对象涵盖政府、市场主体及其互动过程,处于多部门交叉、多规制手段叠加的实践场景之中。要保障这一条得到有效实施,需要以实体规范明确边界,以程序规范保障秩序,以审查制度防止前置风险,以责任机制加强执行刚性。

第三章

投资融资促进

第十六条 【投资机会安排】

具体条文

> 支持民营经济组织参与国家重大战略和重大工程。支持民营经济组织在战略性新兴产业、未来产业等领域投资和创业,鼓励开展传统产业技术改造和转型升级,参与现代化基础设施投资建设。

性质界定

本条是关于民营经济组织投资促进的方向性规定。

内涵阐释

一、国家重大战略和重大工程的参与

国家支持民营经济组织参与国家重大战略和重大工程,是新型举国体制与民营经济有机融合的具体体现,是机会开放与平等进入的具体实践。这既是对民营经济组织参与国家重大建设能力的认可,也是对传统投资体制的新突破,为国家层面的战略与工程增加了新的活力与新的动能。

国家重大战略,是指国家为实现长期发展目标、应对重大挑战或把握历史机遇,在全局层面制定的系统性规划和行动纲领,具有全局性、长期性和统筹性特征。国家重大战略涵盖区域协调发展、科技创新、绿色发展、乡村振兴等多个维度。从正在实施的国家重大战略来看,区域协调发展战略主要有京津冀协同发展、长江经济带发展、长三角一体化发展、粤港澳大湾区建设、西部大开发、东北全面振兴等发展战略;科技创新战略主要围绕人工智能、量子信息、集成电路、生命健康、脑科学、生物育种、空天科技、深地深海等基础核心领域来展开;绿色发展战略主要指向构建绿色低碳高质量发展空间格局、加快产业结构绿色低碳转型、推进能源绿色低碳转型、推进交通运输绿色转型、推进城乡建设发展绿色转型等五大领域;乡村振兴战略主要包括高标准农田建设、冷链物流设施、数字乡村平台等项目建设。民营经济组织以积极融入、主动创新、获得特许经营权限、民营资本先建后补和以工代赈等多种方式,参与这些国家重大战略的建设进程。

国家重大工程,是指对国家经济社会发展具有重大影响的基础设施、科技创新或公共服务项目,通常具有投资规模大、周期长、技术复杂等特点,如高铁、核电、数据中心、新型城镇化工程等。在国家重大工程领域,已开始实施准入负面清单制度。国家发展和改革委员会《市场准入负面清单(2025年版)》明确"非禁即入",取消了铁路、民航、油气勘探开发等领域对民营经济组织的不合理限制。在核电站建设方面,至2025年2月,在浙江苍南三澳核电站二期工程中,民间资本比例达10%。铁路建设领域,自2022年我国首条民营控股高铁——杭台高铁——正式开通运营以来,杭台高铁累计客流量突破5000万人次,有效带动了沿线地区的经济发展。国家重大工程建设引入民营资本,能够有效缓解政府财政压力,同时发挥民营经济组织灵活高效的市场运作优势,形成政府引导与市场机制协同的投资模式,提升项目建设效率与工程质量。

二、战略性新兴产业、未来产业领域的投资与创业

战略性新兴产业与未来产业是国家对前沿科技产业化进行前瞻性布局的重点。民营经济组织在这些领域的投资创业,是实现产业结构优化升级的关键动能。战略性新兴产业是以重大技术突破和市场需求为基础,对经济社会全局和长远发展具有引领作用的产业,如新一代信息技术、生物技术、新能源、新材料等。未来产业,是指由前沿技术驱动,当前处于孕育萌发阶段或产业化初期,具有显著的战略性、引领性、颠覆性和不确定性的前瞻性新兴产业,重点指向未来制造、未来信息、未来材料、未来能源、未来空间和未来健康等六大方向性产业领域。国家通过"政策工具箱"支持民营经济组织在九大战略性新兴产业全链条投资。在新一代信息技术领域,深圳、合肥等地的集成电路产业集群中,中芯国际集成电路制造有限公司(中芯国际)、江苏长电科技股份有限公司(长电科技)等民营企业主导的晶圆制造项目获得国家集成电路产业投资基金股权注资,同时享受进口设备关税减免政策。在高端装备制造领域,沈阳机床股份有限公司(沈阳机床)、大连华锐重工集团股份有限公司(大连重工)等民营企业承担国家"04专项"(高档数控机床)部分课题,其研发的五轴联动铣车复合加工中心被纳入《首台(套)重大技术装备推广应用指导目录(2024年版)》,享受保费补贴和风险补偿。在新能源产业领域,宁德时代新能源科技股份有限公司(宁德时代)、比亚迪电子(国际)有限公司(比亚迪)等民营企业在动力电池领域的投资占比超过70%,国家对年产达标的锂电池项目给予土地优先供应和电价优惠。针对未来产业,科学技术部设立未来产业创新专项,允许民营企业牵头组建创新联合体,如360集团牵头建设"安全大脑"国家新一代人工智能开放创新平台及"大数据协同安全技术国家工程研究中心",得到科学技术部的大力支持;国家在京津冀、长三角布局6个未来产业先导区,民营企业在先导区内的成果转化项目可享受税收扶持,北京中关村未来产业园区已入驻200余家AI芯片、基因编辑领域的初创企业。

此外,《中小企业促进法》明确鼓励中小企业技术创新,《民营经济促进法》与之相互呼应,通过政策引导与资源倾斜,推动民营企业在新一代信息技术、高端装备制造等战略性新兴产业,以及量子信息、人工智能等未来产业的技术研发与成果转化,同时也符合《中华人民共和国科学技术进步法》(以下简称《科学技术进步法》)中推动科技创新与产业发展深度融合的要求。

三、传统产业技术改造和转型升级的开展

传统产业的技术改造和转型升级是培育新质生产力、推动经济高质量发展的关键突破口。作为国民经济的重要支柱,传统产业覆盖了制造业、能源、纺织、冶金等基础领域,截至 2024 年,其产值占国内生产总值比重超过 80%,但也长期面临高耗能、低附加值、同质化竞争等结构性矛盾。在全球产业链重构、绿色低碳转型加速的背景下,传统产业若固守原有模式,不仅难以应对欧盟碳关税、美国"近岸外包"等外部挑战,更可能因技术迭代滞后被市场淘汰。以钢铁行业为例,我国吨钢碳排放量较高,2025 年欧盟碳边境调节机制全面实施后,出口成本将增加 20%~35%,这些因素倒逼企业必须通过技术改造实现低碳化、智能化升级。这一转型过程本质上是通过技术跃迁与要素重组催生新质生产力,将传统要素驱动模式转变为以数据、绿色技术、智能装备为核心的新型生产力体系。

民营经济组织在传统产业转型中起着不可替代的作用,是新质生产力的重要培育主体。据统计,我国民营经济组织贡献了传统产业领域 70% 以上的就业和 65% 的税收。民营企业机制灵活、市场嗅觉敏锐的特质使其成为技术改造的主力军。例如:山东信通铝业有限公司通过引入纳米涂层技术,将铝箔厚度从 0.01 毫米压缩至 0.007 毫米,产品进入苹果、特斯拉供应链,单吨附加值提升 3 倍;安徽艾丽格斯服饰股份有限公司投资 5000 万元引入智能电脑横机,实现从"千人工厂"到"黑灯车间"的跨越,年产能从 300 万件跃升至 500 万件,单位能耗下降 40%。这些案例表明,民营企业不仅能通过技术改造突破发展"瓶颈",更能通过产业链协同创新与生产要素再配置,形成新质生产力的内生增长机制。

四、现代化基础设施投资建设的参与

现代化基础设施是不同于传统基建的新型体系,其核心在于以数字技术、绿色能源、智能融合为特征,服务于国家战略与民生升级需求,涵盖信息基础设施(如5G网络、数据中心)、融合基础设施(如智慧交通、智能电网)、创新基础设施(如大科学装置)等领域。与传统基础设施侧重物理空间连通、政府主导投资、单一功能服务不同,现代化基础设施更强调技术赋能(如通过物联网实现设施智能化)、多元共治(鼓励社会资本参与)和复合功能(兼具公共服务与产业支撑作用),其建设目标从解决有无转向提升效能,从规模扩张转向质量与效率并重,从行政化管理转向市场化运营,体现了统筹发展和安全、优化布局结构的改革导向。

民营经济组织参与现代化基础设施建设,既是破解传统基建投资单一化、提升市场效率的必然选择,也是激活民间资本活力、促进技术创新的现实路径。从必要性来看,现代化基础设施投资规模大、技术迭代快,单纯依靠政府财政难以满足需求,而民营经济组织的灵活机制与创新能力,能够有效弥补政府投资的局限性。例如,通过政府和社会资本合作(Public-Private Partnership,PPP)模式参与智慧城市建设,民营经济组织可在投资、建设、运营等环节深度介入智慧交通、智能政务等系统开发,凭借其技术灵活性与市场敏感度,在数据采集分析、平台维护升级等领域提供高效解决方案,形成政府统筹规划与企业专业运营的高效协同,既缓解政府财政压力,又通过市场竞争提升公共服务质量。从现实性来看,《基础设施和公用事业特许经营管理办法》等明确鼓励社会资本进入现代化基础设施建设。此外,在技术应用场景方面,工业互联网平台为民营经济组织提供了参与空间,企业能够开发适配自身特点的数字化解决方案,推动制造业设备接入云端、生产流程智能化改造,助力传统产业数字化转型。在运营模式创新方面,不动产投资信托基金(Real Estate Investment Trusts,REITs)资产证券化机制允许民营经济组织将高速公路、数据中心等存量资产打包发行证券,实现投资回收与资金循环利用,这种制度设计为民间资本提供了明确的参与路径,激活了民间资本的投资潜力。

• 适用要点 •

通过系统性制度设计,构建起民营经济组织平等参与国家战略的市场准入机制,核心在于打破所有制壁垒、消除隐性门槛,确保民营经济组织在投资机会获取、政策支持和权益保护方面与其他市场主体享有同等权利。

在市场准入规则层面,国家以市场准入负面清单为核心制度工具,实施"非禁即入"管理,动态调整限制领域,明确清单以外领域对民营经济组织全面开放。例如,《市场准入负面清单(2024年版)》取消铁路干线路网建设、油气勘探开发等传统垄断领域的民营企业准入限制,允许民间资本在核电项目中持股,并在特许经营领域推行竞争性招标机制;如长江经济带10公里化工园区整治项目通过公开招投标引入民营环保企业,以合同约定明确服务标准与收益机制,避免行政指定带来的不公平竞争。同时,在区域协调发展战略中建立跨区域资质互认、税收分成等协同机制,如粤港澳大湾区试点"跨境理财通"资质互认,深圳民营金融科技企业获内地牌照后可直接服务港澳居民,大大降低制度性成本。

在政策支持层面,国家通过产业政策的无差别化供给,确保民营经济组织在战略性新兴产业和未来产业中获得平等资源倾斜。税收优惠和财政补贴方面以产业属性为导向,不考虑所有制差异,如新能源汽车充电设施建设补贴、节能环保项目"三免三减半"政策普遍适用于符合条件的企业。在金融服务领域,知识产权质押贷款、供应链金融等创新业务对民营企业与国有企业执行相同风控标准。

在权益保障层面,国家通过执行《反垄断法》及公平竞争审查机制,查处地方政府在招投标中设置注册资本、业绩要求等歧视性条款的行为,保障民营经济组织在高铁、数据中心等重大工程中的平等竞标权。在司法层面,最高人民法院明确了民营经济组织参与PPP项目的合同效力和救济途径,对民营经济组织因政府违约提起的诉讼,已有法院依据《民法典》的规定判决政府履行付款义务。在行业监管领域,民营经济组织与国有企业执行统一的环保、安全标准,避免差异化执法导致的不公平竞争。

第十七条 【投资政策支持】

具体条文

国务院有关部门根据国家重大发展战略、发展规划、产业政策等,统筹研究制定促进民营经济投资政策措施,发布鼓励民营经济投资重大项目信息,引导民营经济投资重点领域。

民营经济组织投资建设符合国家战略方向的固定资产投资项目,依法享受国家支持政策。

性质界定

本条是关于国家促进民营经济投资政策措施的规定。

内涵阐释

一、国务院有关部门是促进民营经济投资政策措施的制定及实施主体

制定和实施促进民营经济投资政策措施属于中央事权,具体由国务院有关部门负责执行。从法律依据来看,《宪法》第89条赋予国务院"根据宪法和法律,规定行政措施,制定行政法规,发布决定和命令"以及"规定各部和各委员会的任务和职责,统一领导各部和各委员会的工作,并且领导不属于各部和各委员会的全国性的行政工作"等职权,这为国务院有关部门从统筹规划和统一规则角度,制定和实施促进民营经济投资政策措施提供了法律依据。由国务院相关部门统筹研究制定促进民营经济投资政策措施、发布鼓励民营经济投资重大项目信息,能够从国家整体利益和宏观经济发展的高度,保障政策措施的全局性、统一性和协调性。相较地方各自为政的情形,由国务院有关部门制定政策和发布信息,能有效避免地方利益差异导致的市场分割以及不公平竞争现象,保障民营经济组织在全国范围内享受到平等且统一的投资政策环境,这有利于维护全国统一市场的建设和发展。

二、民营经济投资促进政策措施的制定依据

(一)国家重大发展战略

国家重大发展战略以新发展理念为统领,通过统筹区域协调发展、科技创新、绿色发展、乡村振兴等多维战略布局,为民营经济投资促进政策措施提供宏观价值导向与路径指引。其中,区域协调发展战略从空间维度打破行政壁垒,通过优化资源跨区域配置机制(如产业协作平台、要素流动政策),引导民营经济在京津冀、长三角等区域聚焦交通一体化、产业协同项目,缓解区域发展不平衡;科技创新战略从产业升级维度强化核心技术攻关导向,通过"揭榜挂帅"、首台套政策等制度设计,推动民营经济向半导体、人工智能等"卡脖子"领域集聚,提升产业链自主可控能力;绿色发展战略从生态价值维度重构投资逻辑,通过碳市场机制、产能置换规则等政策工具,倒逼民营经济退出高耗能领域,转向光伏、储能等低碳产业,实现投资结构与"双碳"目标的协同;乡村振兴战略从城乡融合维度拓展投资场景,通过土地制度改革(如集体经营性建设用地入市)、农村产业融合政策(如"光伏+农业"复合模式),引导民营经济参与农业现代化、县域基建和乡村产业升级,激活县域经济潜力。这些战略为我国经济的高质量发展明确了方向,对全国经济发展格局产生着深远影响,也为民营经济投资促进政策措施的制定提供了宏观指引。

(二)国家发展规划

国家发展规划是建设社会主义现代化国家奋斗目标在一定规划期内的战略部署和具体安排,其通过对公共资源配置方向的规划,引导市场主体的行为,保持国家战略的连续性和稳定性,确保一张蓝图绘到底。国家发展规划由国务院组织编制,经全国人大审查批准后向社会公布实施,是我国经济社会发展的重要行动指南。它主要阐明我国中长期经济社会发展的战略意图、战略目标以及重大任务。编制和实施国家发展规划,是中国共产党治国理政的重要方略。以"十四五"规划为例,其中对科技创新、绿色发展、数字经济等方面的重点部署,为民营经济投资提供了清晰的方向指引。民营经济可依据规划中确定的产业发展方向,如加大在人工智能、新能源、5G通信等新兴产业领域的投资,推动企业自身的技术升级和业务拓展,同时也为国家产业结构优化贡献力量。

(三)国家产业政策

国家产业政策是国家制定的,引导国家产业发展方向、引导推动产业结构升级、协调国家产业结构、使国民经济健康可持续发展的政策。其核心是国家依据国民经济发展的内在需求,为调整产业结构和产业组织形式而制定的政策措施,其目的在于提高供给总量的增长速度,并使供给结构能够精准适应需求结构的要求。产业政策主要通过制定国民经济计划(包括指令性计划和指导性计划)、产业结构调整计划、产业扶持计划、财政投融资、货币手段、项目审批来实现。通过明确对不同产业的鼓励、限制或淘汰导向,产业政策引导资源在产业间和产业内实现合理配置,促进产业结构优化升级,提升产业整体竞争力,推动经济高质量发展。例如,对于战略性新兴产业,国家出台了一系列扶持政策,包括提供资金支持、实施税收优惠、鼓励技术研发等。民营经济依据这些政策,投资新能源、新材料、生物医药等新兴产业项目,不仅能够享受政策红利,降低企业运营成本,提升自身竞争力,还能为国家培育新的经济增长点,推动产业结构向高端化、智能化、绿色化方向发展。

三、民营经济投资促进的实施机制

(一)制定促进民营经济投资政策措施

国务院有关部门制定的政策措施涵盖财政、税收、金融、土地等多个关键领域,形成全方位支持体系。在财政方面,设立专项扶持资金,针对符合国家战略方向的民营经济投资项目给予直接的资金补助,以减轻企业投资初期的资金压力;在税收方面,实施税收减免政策,如对特定投资项目减免企业所得税、增值税等,有效降低企业投资成本,提高投资回报率;在金融方面,积极引导金融机构加大对民营经济投资项目的信贷支持力度,鼓励金融机构创新金融产品和服务,如开展知识产权质押贷款、供应链金融等业务,拓宽民营经济的融资渠道;在土地方面,在符合土地利用总体规划和城乡规划的前提下,优先保障民营经济投资项目的土地供应,并在土地出让价格等方面给予一定程度的优惠,为项目落地提供坚实保障。同时,国务院同步破除市场准入隐性壁垒,严格执行全国统一负面清单,清理招标文件不合理限制条款,优化公平竞争审查机制,并建立融资风险分担体系,如2020年深圳市通过财政出资13亿元成立融资担保基金,为合作机构的相关担保、保证保险业务提供再担保服务,分险比例最高可达60%(1000万元以下贷款);云南省通过风险补偿金为专精特新企业增信;各地协同PPP新机制引导民营企业参与核电、高铁等重大工程,实现政策效能叠加释放。

(二)发布鼓励民营经济投资重大项目信息

国务院有关部门通过多层次、立体化的信息发布渠道,系统性公开国家重大项目和产业投资信息,构建民营资本与政策导向的精准对接体系。在发布渠道上,依托国家发展和改革委员会"全国向民间资本推介项目平台",实现项目信息一网通查和动态更新,同时地方层面建立区域特色项目库,如浙江省通过"一库三清单"机制整合项目需求与资源,山东省通过重点项目融资路演会推动银企对接,形成中央与地方联动的信息发布网络。

发布内容聚焦三大方向:一是国家重大工程和补短板项目,如交通领域的高速铁路与高速公路建设、能源领域的清洁能源开发与核电工程、新基建领域的人工智能算力中心与"东数西算"枢纽节点等;二是重点产业链供应链项目,涵盖新一代信息技术、生物技术等九大战略性新兴产业,以及未来制造、未来信息等六大方向未来产业;三是特许经营项目,如完全使用者付费的公共服务设施、生态环保工程等市场化运作项目。

发布鼓励民营经济投资重大项目信息有利于通过透明化信息供给减少民营企业投资决策的盲目性,降低市场信息不对称风险;有利于引导资源优化配置,将民间资本导入国家战略亟须领域,推动产业结构升级与新兴动能培育;有利于激发市场活力,通过项目推介与融资对接,形成政策牵引、资本跟进与项目落地的良性循环,助力经济高质量发展。例如,全国向民间资本推介项目平台2025年发布的3万亿元优质项目清单,以及地方动态推送的交通、能源项目信息,均为民营经济组织提供了明确的投资靶向,促进民间投资增速回升至8.5%。

(三)引导民营经济投资重点领域

依据国家战略和产业发展的实际需求,明确界定重点投资领域,并通过政策引导、设立示范项目等多种方式,引导民营资本深度融入国家战略全局与产业升级进程。在国家重大战略领域,以优化资源配置为核心,通过《宪法》和《反垄断法》确立民营经济的平等参与权,破除行政性垄断壁垒,推动其在区域协调发展(京津冀协同、长江经济带建设)、科技创新(5G通信、人工智能)、绿色发展(生态治理工程)、乡村振兴(高标准农田、数字乡村)等战略中发挥主体作用,并通过市场准入负面清单制度全面开放铁路、核电等重大工程投资,形成政府引导与市场机制协同的高效模式。在产业升级核心赛道,聚焦战略性新兴产业与未来产业的双轮驱动,以技术突破和产业化应用为导向,依托国家集成电路产业投资基金、专项税收优惠等政策工具,支持民营资本主导新一代信息技术、新能源、高端装备等产业链关键环节,并通过创新联合体机制推动未来产业技术研发,加速前沿领域成果转化,构建全球竞争力。在民生补短板领域,围绕公共服务均等化目标,鼓励民营资本参与城市更新、智慧养老、普惠医疗等社会需求迫切的项目,强化财政与金融工具协同,通过专项债券、风险补偿等机制降低参与门槛,激活民生领域投资潜力。在国际产能合作领域,以"一带一路"倡议为纽带,完善跨境金融支持与政策协同体系,推动民营资本主导优势产业(如新能源汽车、光伏制造等)集群式出海,通过境外经贸合作区与第三方市场合作机制,实现技术标准、市场渠道与产业链的全球化布局,助力构建国内国际双循环发展格局。引导民营经济投资这些重点领域,既能满足国家经济社会发展在产业升级和民生改善等方面的迫切需求,又能为民营经济开辟新的发展空间,实现民营经济发展与国家战略的有机融合。

四、依法享受符合国家战略方向固定资产投资的支持政策

(一)税收优惠政策

对于投资符合国家战略方向固定资产投资项目的民营经济组织,国家给予一系列税收优惠政策。例如:在企业所得税方面,投资节能环保项目的企业,可享受企业所得税"三免三减半"政策,即自项目取得第一笔生产经营收入所属纳税年度起,第1年至第3年免征企业所得税,第4年至第6年减半征收企业所得税;对购置用于环境保护、节能节水、安全生产等专用设备的投资额,可按一定比例实行税额抵免,减轻企业税收负担。在增值税方面,对符合条件的企业给予增值税即征即退、免征等优惠政策,降低企业运营成本,提高企业投资积极性。

(二)财政补贴政策

政府设立专项财政资金,对符合条件的民营经济投资项目给予补贴支持。在新能源产业中,为鼓励企业投资建设新能源汽车充电设施,政府会根据项目建设规模和标准给予相应的建设补贴,推动新能源汽车配套基础设施的完善;对于投资农业科技创新项目的企业,政府给予研发补贴,助力企业开展农业新技术、新品种的研发和推广,提高农业生产效率和质量,促进农业现代化发展。这些财政补贴政策能够有效降低企业投资成本,提高企业投资收益预期,激发民营经济的投资活力。

(三)金融支持政策

金融机构积极响应国家政策,加大对符合国家战略方向固定资产投资项目的信贷支持力度。通过提供优惠贷款利率,降低企业融资成本;

通过延长贷款期限,缓解企业还款压力,为企业投资项目提供长期稳定的资金支持。同时,鼓励金融机构开展金融创新业务,如知识产权质押贷款,允许企业将自身拥有的知识产权作为质押物获取贷款,解决科技型民营企业轻资产、融资难的问题;供应链金融则围绕核心企业,为上下游中小企业提供融资服务,增强产业链整体竞争力。此外,国家通过政策性金融机构,如国家开发银行等,为重大项目提供长期、低成本的资金支持,保障项目顺利实施。

(四)土地政策

在符合土地利用总体规划和城乡规划的基础上,政府优先保障民营经济投资项目的土地供应。对于投资国家鼓励发展产业项目的企业,可通过出让、租赁等多种方式获得土地使用权。在土地出让价格方面,根据项目的产业类型、投资规模、经济效益等因素,给予一定程度的优惠,降低企业土地取得成本,为项目落地提供土地资源保障,促进企业投资项目的顺利推进。

(五)国际合作支持

国家通过战略协同与机制创新构建全方位国际合作支持网络,以"一带一路"倡议为核心纽带,推动与东盟、非洲等区域发展规划深度衔接,强化基础设施互联互通与产业政策跨国协同。依托118个境外经贸合作区形成东南亚智能装备制造基地、非洲光伏产业带等产业集群,实现产能、技术与市场的深度绑定。同步搭建国际科技合作信息枢纽平台,整合全球研发需求、专利数据与投资政策,运用准确率极高的智能算法实现项目精准匹配,降低企业信息搜寻成本。聚焦绿色科技与数字经济领域,联合欧盟建立碳捕集技术联合实验室,推动绿色技术跨境商业化应用,并与东盟试点跨境数据分级分类管理规则,破解数据本地化存储壁垒。在资金保障方面,截至2023年9月,"一带一路"共建项目专项贷款已累计实现合同签约5333亿元等值人民币,国家开发银行已经累计发放专项贷款4915亿元人民币,同时配套中信保海外投资险覆盖汇率波动与政治风险,商务部海外维权中心为200家出海企业提供反倾销诉讼支持。在此基础上实施国际科创精英计划,每年遴选500名技术骨干参与欧盟"欧洲地平线"(Horizon Europe)等研发项目,培育复合型跨国人才,实现从单一项目合作向规则、技术、人才立体化协同的转型升级。

• 适用要点 •

本条规定是以中央与地方协同、政策工具集成、动态评估调整为核心,构建投资政策措施落地的全链条保障体系,确保民营经济组织依法享受国家战略方向的固定资产投资促进政策措施。

在政策措施制定与实施层面,国务院各部门发挥中央事权的统筹规划作用,依据国家重大发展战略、发展规划和产业政策,制定财政、税收、金融、土地等领域的综合性促进政策措施。例如,财政方面设立专项扶持资金(如民营科技企业担保基金),税收方面实施企业所得税"三免三减半"、增值税即征即退等优惠,金融方面引导机构开展知识产权质押、供应链金融等创新业务,土地方面优先保障重大项目用地并给予价格优惠。同时,通过"全国向民间资本推介项目平台"等官方渠道,及时发布交通、能源、新基建等领域的重大项目信息,如2025年发布的3万亿元优质项目清单中,1.2万亿元项目明确标注"民企可控股",并附收益测算模板,减少民营企业投资决策的盲目性。

地方政府在中央政策框架下因地制宜细化操作细则,形成"中央统筹—地方创新"的协同格局。例如:浙江省对参与未来产业的民营企业给予"税收三免三减半+研发费用175%加计扣除"的叠加支持;北京中关村未来产业园区对入驻企业提供成果转化税收扶持;云南省通过风险补偿金承担30%代偿风险,降低民营企业参与边境贸易区建设的融资门槛。跨部门协同机制则体现在项目要素保障上,如宁德时代动力电池项目被纳入国家重大工程后,自然资源部门优先安排土地指标,金融机构提供专项低息贷款,人力资源和社会保障部门协助开展产业工人培训,形成"项目—要素—服务"的闭环支持。

政策效果的动态优化机制确保促进措施持续适配市场需求。国家建立民营经济投资监测指标体系,按月跟踪民间投资增速、重点领域占比等数据,当某领域投资增速连续低于预期时启动政策调整程序。第三方评估机构对政策落地效果进行独立评审,如2024年评估发现民营企业参与核电项目比例仅3%,推动国务院调整准入政策,允许民营企业在核电配套设备制造领域控股,2025年该领域民间投资占比提升至15%。此外,"政策试点—效果评估—全国推广"的路径确保创新措施高效转化,如浙江省"产业链协同投资基金"试点带动民间投资增长20%后,财政部推广设立2000亿元国家级基金,引导民营企业参与补链强链。

第十八条 【资产效率提升及政府与社会资本合作】

具体条文

> 支持民营经济组织通过多种方式盘活存量资产,提高再投资能力,提升资产质量和效益。
> 各级人民政府及其有关部门支持民营经济组织参与政府和社会资本合作项目。政府和社会资本合作项目应当合理设置双方权利义务,明确投资收益获得方式、风险分担机制、纠纷解决方式等事项。

性质界定

本条是关于支持民营经济组织提升资产效率及参与政府和社会资本合作项目的规定。

内涵阐释

一、做好民营经济组织"资产"这篇文章

(一)存量资产的盘活

存量资产是与增量资产相对应的概念,指企业或个人在某一特定时点所拥有的全部资产,既包括厂房、设备、土地等长期使用且价值相对稳定的固定资产,也包括现金、存货、应收账款等具有较强流动性、可在短期内变现的流动资产,还包括专利、商标、版权等不具备实物形态但能带来经济利益的无形资产。存量资产直观反映民营经济组织在特定时点的资产规模与实力,是评估经济基础和发展潜力的重要依据。

依据《国务院办公厅关于进一步盘活存量资产扩大有效投资的意

见》的规定,民营经济组织可从多方面推进存量资产盘活。在重点领域方面,聚焦交通、水利、清洁能源、保障性租赁住房、新型基础设施等当前收益较好或增长潜力较大的基础设施项目,以及老旧厂房、闲置土地等长期闲置但具有较大开发利用价值的项目资产,结合自身业务特点选择盘活对象。在盘活方式方面,可参与基础设施REITs发行,通过规范流程将符合条件的存量资产证券化,也可采用PPP模式参与具备长期稳定经营性收益的存量项目,通过创新运营模式、引入先进技术提升效率并争取地方政府奖励,还可借助产权交易所等平台开展产权交易,或通过兼并重组、产权转让等方式整合优化资产,同时探索盘活存量与改扩建有机结合的模式,如参与城市老旧小区改造、开发地铁上盖物业等提升资产效益。在加大政策支持方面,落实项目盘活条件,提高项目收益,完善规划和用地用海政策,落实财税金融政策,助力存量资产盘活。同时用好回收资金,引导回收资金用于项目建设,精准支持新项目,加强配套资金支持。在风险防控方面,须依法依规稳妥有序推进存量资产盘活,提升专业机构合规履职能力,保障基础设施稳健运营。在强化组织保障方面,实行台账式管理,建立健全协调机制,加强督促激励引导,积极开展试点探索,推动存量资产盘活工作有效落实。

(二)再投资能力的提高

民营经济组织的再投资能力,是指其将自身积累的资金、资产或通过外部融资获取的资源,重新投入生产经营、技术升级、市场拓展、产业扩张等领域以实现自身发展的能力,具体体现为对资金的筹集、调配、使用效率以及对投资项目的选择、评估和风险把控能力。再投资能力不仅关系企业自身的规模扩张和竞争力提升,也对区域经济增长、就业创造和产业升级具有重要影响。

1. 优化内部管理与积累机制。完善财务管理制度,提升成本控制能力和盈利能力,增加自有资金积累。同时,建立科学的决策机制,避免盲目投资,提高资金使用效率,为再投资奠定坚实的内部资金基础。

2. 拓宽融资渠道与改善融资环境。加强与金融机构的对接合作,积极利用银行贷款、股权融资、债券融资等多元化融资方式,缓解资金压力。政府可通过完善信用担保体系、降低融资门槛、落实普惠金融政策等,帮助民营经济组织特别是中小微民营经济组织解决融资难、融资贵问题,增强其外部资金获取能力。

3. 加强技术创新与人才培育。加大在研发领域的投入,引进先进技术和设备,提升自主创新能力,以技术升级带动产品附加值提升和市场竞争力增强,创造更多投资回报预期。同时,重视人才培养和引进,建立完善的人才激励机制,为企业再投资提供智力支持和创新动力。

4. 聚焦市场需求与优化投资方向。密切关注市场动态和行业趋势,深入调研消费者需求和产业发展方向,避免扎堆进入产能过剩领域,选择具有发展潜力的新兴产业、高新技术领域或产业链薄弱环节进行投资,提高投资项目的市场适应性和回报率。

5. 政策支持与营商环境优化。政府通过出台税收优惠、财政补贴、用地保障等扶持政策,降低企业投资成本和风险;进一步优化行政审批流程、加强知识产权保护、维护公平竞争的市场秩序,为民营企业营造稳定、透明、可预期的营商环境,增强其投资信心和意愿。

6. 推动产业链协同与合作发展。鼓励民营经济组织加强与上下游企业、高校、科研机构的合作,通过产业链协同创新、资源共享和优势互补,实现集群式发展;借助产业联盟、行业协会等平台,整合资源、降低投资风险,共同拓展市场空间,提升整体再投资能力和抗风险能力。

(三)资产质量和资产效益的提升

民营经济组织的资产质量是指其拥有或控制的固定资产、流动资产、无形资产等各类资产在运营过程中所呈现的优劣程度,体现在资产的结构合理性、流动性、盈利性与安全性等方面。结构合理的资产能高效协同运转,良好的流动性确保资产可灵活变现应对资金需求,盈利性强的资产持续创造价值,而安全的资产配置则能有效抵御市场波动与债务风险。资产效益聚焦资产利用所产生的经济收益与投入成本的对比,衡量单位资产创造营业收入、净利润的能力,以及资产周转率、投资回报率等关键指标的表现,反映资产投入产出的效率水平。

可以从多个角度出发来提升民营经济组织的资产质量和资产效益。在内部管理方面,优化资产配置,处置低效闲置资产,将资源向核心业务与高附加值领域倾斜,同时加强流动性管理,缩短应收账款周期、降低库存积压。在运营方面,通过智能化改造、共享模式提高固定资产利用率,借助知识产权运营与品牌建设激活无形资产价值。在风险管理方面,合理控制负债,建立风险准备金与数字化风控体系。此外,还要善于利用政策红利推进技术改造,依托数字化转型实现资产全流程智能管理,构建科学的资产价值评估体系,加强人才队伍建设,全方位提升资产质量与资产效益,增强企业竞争力与可持续发展能力。

二、政府和社会资本合作

(一)支持民营经济组织参与政府和社会资本合作

在政府和社会资本合作(Public-Private Partnership,PPP)新机制背景下,政府支持民营经济组织参与具有鲜明的时代特征与实践导向。为落实中央"鼓励民间资本参与重大项目建设"的要求,政府可通过三方面举措增强民营经济参与度。其一,破除准入壁垒。新机制明确将园区基础设施、物流枢纽等市场化程度高的领域优先开放给民营经济组织独资或控股,并通过列举三类项目、九大领域、三十个细分行业,为民营经济组织提供清晰的投资地图,打破政府与央国企长期形成的行业垄断格局。其二，强化要素保障。新机制鼓励金融机构创新预期收益抵押等融资产品，结合中央预算内资金支持PPP项目建设的政策，构建"政策资金+市场化融资"的多元资金供给体系，同时要求地方政府合理调整出资责任、明确公益性项目补贴办法，降低民营经济组织对支付风险的顾虑。其三，优化服务配套。政府通过搭建PPP项目信息共享平台，提供专业培训指导，帮助民营经济组织提升项目评估与运营能力，借助推广资产证券化等工具，为民营经济组织提供投融退全周期的制度保障，充分释放民营经济在新基建、城市更新等领域的投资活力。

(二)合理设置合作双方的权利义务

1. 法定与约定相结合

在PPP项目中，双方的权利义务既要遵循相关法律法规的规定，如《民法典》《基础设施和公用事业特许经营管理办法》等对PPP项目中各方权利义务的一般性规定，又要通过合同约定细化项目技术标准、服务质量、绩效考核等个性化条款。例如，在法定层面，明确特许经营期限上限、信息公开要求等底线规则；在约定层面，针对智慧城市、文旅公共服务等项目特点，设计阶梯式收费调整机制、服务质量奖惩条款，实现刚性约束与灵活创新的有机统一。

2. 法定事项的明确

(1)投资收益获得方式。常见的投资收益获得方式包括：使用者付费，即由项目的使用者直接支付费用，像高速公路的收费、供水供电的收费等；政府付费，由政府按照合同约定，向项目公司支付费用，一般适用于不具备向使用者收费条件的项目，如纯公益性的城市道路建设项目；可行性缺口补助，当使用者付费不足以满足项目公司的投资回报时，由政府给予一定的补贴，以保障项目的顺利实施，如一些城市轨道交通项目。

(2)风险分担机制。风险分担应遵循公平合理、风险与收益对等的原则。建设风险,如工程延期、质量问题等,通常由项目公司承担,因为项目公司在工程建设方面具有专业能力和控制权;市场风险,如原材料价格波动、市场需求变化等,可由双方根据项目实际情况合理分担;政策风险(如税收政策调整、规划变更)、不可抗力风险则由政府与民营经济组织共同承担,通过设立风险调节基金、延长特许经营期等方式降低民营企业损失,确保项目财务可持续性。

(3)纠纷解决方式。构建"协商—调解—仲裁/诉讼"的多元化纠纷解决机制。鼓励双方通过项目协调委员会、行业协会调解等方式化解争议;若协商、调解无果,可依据合同约定选择专业仲裁机构或向有管辖权的法院提起诉讼。针对PPP项目专业性强、周期长的特点,探索建立专门的PPP纠纷审判庭或仲裁庭,通过培养专业审判团队、制定类案裁判指引,提升纠纷解决效率与公信力,保障民营经济组织合法权益。

• 适用要点 •

推动民营经济组织积极参与PPP,核心在于破除民营经济组织参与壁垒,构建可信赖的合作环境。从激发民营经济组织参与的热情来看,需要解决其对项目收益、风险及长期回报的担忧。当前,民营经济组织参与PPP项目常面临融资难、准入门槛高、收益不稳定等问题。政府应通过强化要素保障,如联合金融机构开发适配民营经济组织的融资产品,建立风险补偿基金降低其融资成本;同时,打破隐性壁垒,细化行业准入标准,确保民营经济组织在项目招标中享有公平竞争机会。此外,还需要增强项目收益可预期性,通过明确使用者付费定价机制、规范政府补贴流程,让民营经济组织清晰预见投资回报,从而提升参与积极性。

第三章　投资融资促进

在落实双方权利义务关系方面,关键在于增强规则的确定性与执行的可操作性。法定与约定条款之间的模糊地带易引发合作争议,须进一步明确二者边界,如细化项目技术标准、服务质量等方面的法定强制要求,同时规范合同约定条款的制定原则与审查机制。在投资收益、风险分担和纠纷解决等核心环节,要建立清晰的量化标准和流程。在投资收益分配方面,须结合项目类型制定科学的计算模型;在风险分担方面,应明确各类风险的评估方法和分担比例确定程序;在纠纷解决方面,则须加强调解机构的权威性,提升仲裁、司法程序的专业性和效率。通过构建透明、公平、高效的权利义务体系,让民营经济组织在参与 PPP 项目时无后顾之忧,保障本条在实践中真正落地见效,实现政府与民营经济组织的合作共赢。

针对旧机制中多部门分散管理导致的政策冲突与权责模糊问题,新机制确立发展和改革委员会统筹管理的地位,实现项目全流程统一标准、统一监管,解决审批流程冗长与规则碎片化难题,同步将准入范围、收益分配等核心支持政策纳入法治化轨道。依托《基础设施和公用事业特许经营管理办法》等配套法规,增强政策稳定性与可预期性,消除民营经济组织对政策多变的顾虑。此外,新机制着力破除旧有市场壁垒,构建统一营商环境。通过全国统一的市场准入负面清单,打破地域保护与所有制歧视,明确开放的项目、领域及细分行业;统一规范招投标、资质审查等全流程标准,并搭建全国项目信息共享平台,确保民营企业平等获取资源;建立政策动态评估与监督问责机制,设置适应期保障企业权益;明确风险分担边界,构建专业化纠纷解决机制,解决旧机制中风险分配不公、纠纷处理效率低的痛点问题,切实提升民营经济组织参与 PPP 项目的积极性与安全感。

第十九条 【投资服务】

具体条文

> 各级人民政府及其有关部门在项目推介对接、前期工作和报建审批事项办理、要素获取和政府投资支持等方面,为民营经济组织投资提供规范高效便利的服务。

性质界定

本条是关于政府及其有关部门为民营经济组织投资,提供规范、高效、便利服务的规定。

内涵阐释

一、服务主体

服务主体明确为各级人民政府及其有关部门。这里的"各级人民政府"涵盖了从中央到地方的各级行政机关,"有关部门"则指发展改革、工业和信息化、自然资源、生态环境、住房和城乡建设、市场监督管理等与投资建设、企业运营密切相关的政府职能部门。这些主体在各自职责范围内,共同承担起为民营经济组织投资提供服务的责任,形成协同服务的合力。

二、服务范围

(一)项目推介对接

政府作为项目信息的整合者与传递者,须打破信息壁垒,搭建公开透明、全面精准的项目信息平台。一方面,对基础设施建设、产业升级等领域的投资项目进行系统梳理,详细披露项目规划、投资规模、预期收益、合作模式等关键信息,确保民营企业能够及时、准确获取项目资源;另一方面,通过举办专场推介会、开展线上对接活动、组织行业交流沙龙等多样化形式,为民营经济组织与项目方搭建直接沟通桥梁,精准匹配企业投资需求与项目特点,促进投资合作高效达成。同时,针对专业性较强的项目,政府应提供专业解读与指导,帮助民营经济组织深入理解项目内涵与潜在价值,降低信息不对称带来的投资风险。

(二)前期工作和报建审批事项办理

在项目前期筹备与报建审批环节,政府须简化优化办事流程,压缩办理时限,切实解决民营经济组织面临的"审批难、审批慢"问题。建立综合服务窗口,推行"一站式"服务,将涉及多部门的审批事项进行整合,实现"一窗受理、内部流转、限时办结、统一反馈"。积极运用数字化手段,推进线上审批平台建设,实现项目报建审批事项"一网通办",让企业办事"少跑腿"甚至"不跑腿"。制定标准化的审批指南和办事流程,明确各环节的办理条件、申报材料、办理时限和责任主体,避免因要求不明确导致企业反复修改、重复提交材料的情况发生。加强部门间的协同联动,建立并联审批机制,对涉及多个部门的审批事项同步办理,提高审批效率,确保项目前期工作和报建审批快速推进。

(三)要素获取和政府投资支持

在要素获取方面,政府须统筹协调土地、资金、人才、技术等关键资源,为民营经济组织投资提供坚实保障。在土地方面,优先保障民营企业重点投资项目的用地需求,通过合理安排土地指标、优化土地出让方式,降低企业用地成本。在资金方面,引导金融机构加大对民营经济组织投资项目的信贷投放,创新金融产品和服务模式,缓解企业融资难题;同时,鼓励设立专项产业投资基金、创业投资基金,对符合条件的民营经济组织项目给予直接投资支持。在人才方面,完善人才引进、培养和激励政策,协助企业解除高端人才的落户、住房、子女教育等后顾之忧,为企业发展提供智力支撑。在技术方面,搭建产学研合作平台,促进企业与高校、科研机构的技术交流与成果转化,提升企业核心竞争力。此外,政府还应通过财政补贴、税收优惠、政府采购等多种方式,对民营经济组织投资项目给予政策倾斜和支持,增强企业投资信心,推动项目顺利实施。

三、服务要求

(一) 规范

"规范",即要求政府部门在服务民营经济组织投资过程中,严格遵循法律法规和政策规定,确保服务行为于法有据、程序正当、标准统一。在项目推介对接方面,保证项目信息发布的真实性、准确性与完整性,避免虚假宣传或出现误导性信息。在前期工作和报建审批事项办理方面,严格按照法定条件、程序和标准进行审批,杜绝违规审批、随意增设审批条件等行为,做到公平公正对待每一家民营企业。在要素获取和政府投资支持方面,制定明确、透明的资源分配与政策扶持标准,规范操作流程,防止出现权力寻租、优亲厚友等不正当现象,通过建立健全监督制约机制,加强对服务过程的全程监管,确保政府服务在法治轨道上运行,为民营企业营造稳定、可预期的投资环境。

(二) 高效

"高效",即要求政府部门以企业需求为导向,持续优化服务流程、提升服务效能,最大限度减少企业投资项目落地的时间成本、破除行政阻碍。在项目推介对接方面,及时更新项目信息,快速响应企业咨询,提高对接活动的组织效率。在前期工作和报建审批事项办理方面,运用数字化技术实现审批流程再造,减少不必要的审批环节与材料提交,对符合条件的项目实行"即来即办""限时办结"。在要素获取和政府投资支持方面,简化资源申请与政策扶持的办理手续,加快资金拨付、土地审批等工作进度,确保企业能够及时获取所需资源、享受政策红利;建立投资项目跟踪服务机制,及时协调解决项目推进过程中遇到的各类问题,推动项目早开工、早建设、早投产,以高效的服务提升民营经济组织投资的积极性与满意度。

(三)便利

"便利",即要求政府部门从民营经济组织实际需求出发,创新服务方式、优化服务体验,最大限度降低企业办事难度与成本。在服务渠道方面,打造线上线下融合的一体化服务体系,除了优化实体政务服务大厅功能布局,还需要完善线上政务服务平台功能,实现投资项目相关业务"指尖办""掌上办",让企业办事更便捷。在服务内容方面,提供全流程、一站式服务,涵盖项目策划、申报、审批、建设、运营等各个环节,为企业提供政策咨询、手续代办、融资对接等全方位服务。在服务细节方面,充分考虑民营经济组织的实际困难与特殊需求,提供个性化、定制化服务,如为中小微企业开设绿色通道、为重点项目配备专属服务专员等。同时,加强对服务效果的评估与反馈,及时了解企业诉求,不断改进服务方式方法,切实为民营经济组织投资提供方便、有利的服务保障,增强企业投资的获得感与归属感。

• **适用要点** •

长效机制构建是实现民营经济服务可持续性的核心路径,需通过标准化、协同化、动态化的制度设计,将服务的稳定性与发展的延续性有机结合。要建立覆盖项目全生命周期的标准化服务体系,需要注重以下几方面:在项目推介环节,设立专业部门并制定信息采集、评估、发布的标准化规范,明确信息更新周期与项目评估要求。在审批服务环节,统一全国流程标准并线上线下一体化办理。在要素保障环节,建立用地储备制度与融资促进基金并配套标准化指引;强化跨部门协同机制,成立由多部门组成的民营经济投资服务专班,针对复杂项目开展联合踏勘与集中会商,建立协同工作流程与责任清单。在监督问责环节,构建政府自查、第三方评估、企业评价等多维体系,委托专业机构量化评估并与绩效考核挂钩,设立投诉平台并及时响应处理,通过季度座谈会与年度满意度调查收集意见动态优化服务。此外,应当强化服务的连续性与延展性,对已投资项目组建后续服务团队全程跟进,协调解决用工、供应链等问题,并依托产业升级平台提供技术创新、数字化转型长期指导,形成"需求收集—精准服务—监督反馈—优化提升"闭环,切实增强民营经济组织投资信心与获得感,推动民营经济高质量发展。

在营造统一的市场环境方面,要以制度协同与规则统一为核心,全面破除民营经济发展的隐性障碍。为严格落实全国统一的市场准入负面清单制度,各地政府应彻底清理与清单内容相悖的地方性法规、政策文件,严禁以备案、注册登记、特殊资质要求等形式设置隐形准入门槛,尤其要在能源、交通、公用事业等传统垄断性领域,确保民营经济组织与国有企业、外资企业享有平等进入权。在项目推介对接方面,建立国家级项目信息统一发布平台,整合基础设施建设、产业升级等项目资源,以标准化模板公示项目投资规模、收益预期、风险评估等核心数据,避免民营企业因信息不对称而错失投资机会。在前期工作和报建审批事项办理方面,统一规范项目审批、招投标等流程标准,制定全国通用的审批事项清单、招投标管理办法及技术标准,明确各环节办理时限、材料要求与裁量基准,通过互联网与政务服务的结合实现审批流程全国联网、数据共享,推动京津冀、长三角等重点区域率先实现跨省市审批结果互认、资质互信,从根本上消除地域或所有制差异导致的规则碎片化,构建"一处准入、全国通行"的公平市场秩序。在要素获取和政府投资支持方面,推动土地、资金、人才等关键资源的市场化配置改革,如建立全国统一的土地指标跨区域交易机制,完善民营经济组织信贷征信体系,破除金融机构对民营经济组织的所有制歧视,实现资源分配的"竞争中性"。

在服务有法可依方面,要以《优化营商环境条例》为纲领,将政府为民营经济组织提供的服务全面纳入法治化轨道。首先,应通过法律法规明确各级政府在项目推介对接、前期工作和报建审批事项办理、要素获取和政府投资支持等环节的法定职责,制定详细的权力清单与责任清单,杜绝不作为与过度干预现象。例如,在报建审批领域,严格执行"告知承诺制"与"容缺受理"标准化流程,明确告知企业审批条件、承诺事项及违反后果,减少审批环节的人为干预。其次,应建立健全涵盖服务标准、操作规范、监督问责的全链条法治体系,对项目信息发布规范、审批服务流程、要素保障程序等进行统一规定,确保服务事项有章可循、有规可依。在政策制定层面,建立民营经济组织全程参与机制,要求涉及民营经济的产业政策、补贴政策等出台前,必须通过听证会、问卷调查等形式征求企业意见,避免"一刀切"政策对企业经营造成冲击。在监督问责方面,将政府自查、第三方评估、企业评价相结合,委托独立第三方机构每年对服务效能进行量化评估,对违规增设门槛、拖延服务等行为依法追究相关人员责任,通过刚性的法治约束保障服务的规范性和透明度,切实以法治手段提升服务效能,增强民营经济组织投资信心与发展预期。

第二十条 【提供差异化金融服务】

具体条文

> 国务院有关部门依据职责发挥货币政策工具和宏观信贷政策的激励约束作用,按照市场化、法治化原则,对金融机构向小型微型民营经济组织提供金融服务实施差异化政策,督促引导金融机构合理设置不良贷款容忍度、建立健全尽职免责机制、提升专业服务能力,提高为民营经济组织提供金融服务的水平。

性质界定

本条是关于对小型微型民营经济组织提供差异化金融服务的规定。

内涵阐释

本条规定从宏观政策驱动、实施原则导向、主体责任要求、差异化服务机制等方面,明确了金融机构对小型微型民营经济组织提供差异化金融服务的整体政策支持体系,构建对民营经济系统性支持的金融服务生态,为从根本上解决小型微型民营经济组织"融资难、融资贵"瓶颈问题提供法律方案。本条通过制度创新有效平衡金融机构市场化经营与政策引导之间的关系,并实现了三重突破:首次在法律层面确立小微金融差异化监管框架,构建激励约束相容的政策传导机制;将临时性纾困措施上升为长效制度安排;通过明确不同主体责任强化政策执行刚性。

一、宏观政策驱动：发挥货币政策工具和宏观信贷政策的激励约束作用

激励约束相容的宏观政策既是国家驱动金融机构提供差异化金融服务的基础，也是金融机构实施差异化金融服务的依据。小微民营经济组织信用资质较弱、融资可得性低，而金融机构作为自负盈亏的市场主体，基于商业利益可持续的考量，缺乏为小微民营经济组织提供差异化金融服务的动力。因此，需要政府加强顶层设计，提供有针对性的金融政策支持，充分调动金融机构的积极性，疏通小微民营经济组织的融资梗阻。

驱动金融机构提供差异化金融服务，需要充分发挥货币政策工具的激励约束作用。通过"一揽子"的货币政策工具，加强结构性的组合，可以有效激励商业银行加大对民营经济的支持。货币政策工具主要有四大类：一是存款准备金制度。这是指金融机构必须按照中央银行设定的比例，将部分存款以准备金的形式存放在中央银行，以应对客户的提款需求。通过调整存款准备金率，中央银行可以直接影响金融机构可贷资金规模。降低准备金率能释放更多资金用于贷款，从而支持民营经济的发展；反之，提高准备金率会减少可贷资金，可能抑制对民营经济组织的信贷投放。二是再贷款政策。这是指中央银行向商业银行提供贷款的政策，通常用于向特定行业或领域提供资金支持，以促进经济发展或应对经济危机。通过再贷款政策，中央银行可以向金融机构提供低利率的资金，鼓励银行向民营企业发放贷款。这种政策能够降低融资成本，增加民营经济组织的资金供给，进而促进其发展和创新。三是利率政策。这是中央银行通过调整基准利率(如再贴现率或存贷款利率)来影响市场利率及经济活动的一种政策工具。低基准利率可以降低金融机构的融资成本，从而鼓励银行向民营经济组织提供更多贷款；反之，高基准利率会增加借款成本,抑制民营经济组织的投资和扩张。因此,利率政策在一定程度上直接影响民营经济组织的融资环境。四是公开市场业务。这是中央银行通过买卖政府债券等金融工具来调节市场流动性的一种操作。中央银行购买政府债券,可以向市场注入流动性,降低市场利率水平,从而促使金融机构增加对民营企业的信贷投放;反之,出售债券则会吸收市场流动性,提高市场利率,抑制信贷需求。公开市场业务是影响金融机构资金供给和利率的重要工具。

驱动金融机构提供差异化金融服务,离不开宏观信贷政策的激励约束引导作用。一是宏观信贷政策可以优化信贷结构。例如,宏观信贷政策可以引导金融机构将信贷资金投向国家重点支持的领域和行业,同时通过限制信贷规模、提高信贷门槛等,也可以约束部分行业的信贷供给,推动其加快结构调整和转型升级等。二是支持特定群体和区域发展。宏观信贷政策可以针对特定群体、特定区域实施差异化的信贷政策,以促进社会公平和区域协调发展。三是防范金融风险。宏观信贷政策通过设定监管指标和完善风险防控措施,对金融机构的信贷行为进行约束,防止过度放贷和信贷风险的积累,维护金融体系的稳定等。具体到民营经济,可以在机构业务准入、存贷比增速和比例、风险容忍度、不良资产处置等方面实施差异化监管政策,以正向激励为导向,发挥不同金融机构的优势,促使更多信贷资金投入民营经济组织中。例如,在机构业务准入方面,在民营经济组织聚集的产业园区支持金融机构设立更多网点等。在存贷比增速和比例方面,可以要求国有银行承担起"国家队"的主力军作用,在支持民营经济的信贷资金投放方面保证一定的规模和增速。在风险容忍度方面,结合民营企业的特点,金融监管机构可以适当提高对民营企业的风险容忍度,允许金融机构在评估民营经济组织信用时采取更灵活的标准。还可通过设立风险补偿基金,对支持民营经济组织的贷款给予一定的风险补偿,降低金融机构的风险负担。在不良资产处置方面,对金融机构因支持民营经济形成的不良资产,应审慎认定责任,并在处罚时保持合理适度。

二、实施原则导向:应坚持市场化与法治化并重原则

整体而言,差异化金融服务政策不是"救济式"的,不是"一边倒式"的,其强调的是政策的激励和约束并重。差异化金融服务政策既要符合市场经济的要求,又要在法律框架内进行,从而在市场化经营与政策引导之间实现平衡。要防范金融政策被滥用,避免政策的"厚此薄彼"。过度的激励不仅会损害民营经济的自我发展能力,还会对其他经济组织造成政策公平性损害。

具体而言,市场化原则体现的是,差异化金融服务要通过金融机构市场主体间的协作来进行,而非通过行政干预来实现;应允许金融机构根据民营经济组织的特点,结合自身的优势特色,提供适配性的金融服务和金融产品;应鼓励金融机构通过充分的市场竞争提升服务质量,推动金融机构主动优化服务流程、降低融资成本,最终惠及小型微型民营经济组织。法治化原则体现的是,差异化金融服务政策的制定与实施必须符合法律规范要求,符合法律程序,如差异化监管指标的设定须符合《中华人民共和国商业银行法》(以下简称《商业银行法》)等上位法的要求。法治化原则强调应通过法律规范明确行为责任边界,明确各方权利义务,为金融服务中的争议解决提供有效的法律救济途径,增强政策的可预期性和保障性。最终的目标是市场各参与方通过市场化与法治化的协同,实现政策效能的最大化。

三、实施主体的有效协同:分工负责,层层传导,责任闭环

只有明确的责任主体,明确的职责分工,才能形成科学的金融支持政策,才能使政策有效。本条对差异化金融服务体系的实施主体和职责

作了明确的指向:宏观政策制定及实施督导的主体是国务院有关部门;差异化金融服务的提供主体和机制的建立健全主体是金融机构,支持服务对象是小型微型民营经济组织。

根据本条规定,国务院有关部门作为政策制定与实施督导的核心主体,承担着统筹全局的职责。其需要依据宏观经济形势变化与民营经济发展需求,制定和提供货币政策工具、宏观信贷政策等差异化金融服务政策,同时建立督导机制,定期检查金融机构对政策的落实情况,确保政策不走样和不打折扣。金融机构是差异化金融服务的承上启下者,是服务提供主体和机制建立健全主体。一方面,要严格按照国务院有关部门制定的政策要求,为小型微型民营经济组织提供具体的金融服务,包括开发适配的信贷产品、简化贷款审批流程等;另一方面,要建立健全内部服务机制,提升专业服务能力,通过培训、引进专业人才等方式,精准评估企业风险,提高金融服务的质量和效率。小型微型民营经济组织作为差异化金融服务的对象,是政策的直接受益者。国务院有关部门制定的政策、金融机构提供的服务,最终都是为了解决小型微型民营经济组织的融资难、融资贵问题,助力其稳健经营、创新发展,充分发挥小型微型民营经济组织在促进就业、推动创新、活跃市场等方面的作用,进而促进民营经济的整体繁荣。

值得一提的是,本条所指的"国务院有关部门",在实施中主要是指中国人民银行、国家金融监督管理总局、中国证券监督管理委员会。它们分别承担国家金融政策制定和金融机构监管职责,对民营经济组织的金融支持发挥着举足轻重的作用。

中国人民银行作为中央银行,是发行的银行、银行的银行和政府的银行,依据《中华人民共和国中国人民银行法》(以下简称《中国人民银行法》)的规定,中国人民银行承担以下职责:(1)拟订金融业改革、开放和发展规划,承担综合研究并协调解决金融运行中的重大问题、促进金融业协调健康发展的责任;(2)拟订金融业重大法律法规和其他有关法律法规草案,制定审慎监管基本制度;(3)制定和执行货币政策、信贷政策,完善货币政策调控体系;(4)负责制定和实施人民币汇率政策;(5)牵头负责系统性金融风险防范和应急处置;(6)承担最后贷款人责任等。

国家金融监督管理总局在中国银行保险监督管理委员会基础上组建,履行以下主要职责:(1)依法对除证券业之外的金融业实行统一监督管理,维护金融业合法、稳健运行;(2)制定银行业机构、保险业机构、金融控股公司等有关监管制度;(3)依法对银行业机构、保险业机构、金融控股公司等实行准入管理;(4)依法对银行业机构、保险业机构、金融控股公司等实行现场检查与非现场监管,开展风险与合规评估,查处违法违规行为;(5)统筹金融消费者权益保护工作等。

2023年,中国证券监督管理委员会由国务院直属事业单位调整为国务院直属机构,为理顺债券管理体制,将国家发展和改革委员会的企业债券发行审核职责划入中国证券监督管理委员会,由中国证券监督管理委员会统一负责公司(企业)债券发行审核工作。根据《中华人民共和国证券法》(以下简称《证券法》)的有关规定,中国证券监督管理委员会履行以下职责:(1)依法对证券业实行统一监督管理,强化资本市场监管职责;(2)监管证券期货交易所;(3)监管上市公司、非上市公众公司、债券发行人的证券市场行为;(4)监管境内企业到境外发行股票、存托凭证、可转换债券等证券及上市活动,监管在境外上市的公司到境外发行可转换债券和境内证券期货基金经营机构到境外设立分支机构等。

四、差异化金融服务的核心机制：不良贷款容忍度、尽职免责机制、专业能力提升

(一)设置差异化的不良贷款容忍度

不良贷款容忍度是金融机构在风险管控中设定的核心监管指标，是指允许不良贷款占总贷款余额的最高比例阈值。该指标通过量化风险承载边界平衡信贷风险防控与金融服务供给的关系。差异化的不良贷款容忍度是指针对不同的企业主体设置不同的不良贷款容忍度阈值。有研究成果表明，民营经济组织平均收入波动幅度是国有企业的2~3倍，小型微型民营经济组织经营稳定性相对较弱，在市场波动中更易出现还款困难，适当提高其不良贷款容忍度，能使金融机构在风险可控范围内更积极地为其提供信贷支持。有关研究数据显示，不良贷款容忍度每提升1个百分点，民营企业首贷获得率能提高18%，信贷审批周期能缩短40%。这印证了差异化容忍度政策在修复融资市场失灵、提升金融资源配置效率中的关键作用。值得注意的是，提高不良贷款容忍度不是降低风险控制标准，而是基于小型微型民营经济组织的实际经营情况，对风险评估进行优化调整，解决传统信贷风险评估的"一刀切"标准问题。

(二)建立健全尽职免责机制

尽职免责机制是指金融机构在提供差异化信贷服务中建立的责任豁免制度，核心是只要员工在贷款调查、审批、发放等全流程中严格遵循规章制度和操作流程，即便贷款最终形成不良，也可免除自身相应责任。尽职免责机制是有效实现差异化金融服务政策的"最后一公里"，也是基层信贷人员的"护身符"。尽职免责机制能让金融机构员工放下包袱，更主动地深入了解小型微型民营经济组织的经营状况和融资需求，切实提升金融服务的精准性与可获得性，最终实现差异化金融服务政策

对小型微型民营经济组织的有效扶持。有效的尽职免责机制由三个方面构成：一是责任豁免范围。当贷款出现不良时，通过流程认定信贷人员在贷前调查、审批、贷后管理等环节已尽职履责，可免除其内部考核扣分、行政处罚等责任。二是适用对象涵盖信贷全流程参与者，包括客户经理、审批人员及分管负责人等。三是判断标准要以业务办理时的法律法规、内部管理制度为基准，强调履职实质而非单纯程序合规，判断标准不能随意扩大，不能主观判断。建立尽职免责机制对于金融机构提供差异化金融服务具有关键性意义，其能解决基层信贷人员因惧怕追责产生的"惧贷""惜贷"心理，破解民营经济组织信贷萎缩困局。有关调研数据显示，实施该机制后，民营经济组织首贷获得率可以提升27%，普惠贷款发放量可以增长12%~15%。

根据本条规定，金融机构在建立健全尽职免责机制方面，要重点把握以下环节：(1)明确尽职认定标准。首先，要细化履职要求。金融机构应制定详细的业务操作流程和规范，明确信贷人员在贷前调查、贷中审查、贷后管理等各个环节的具体职责和工作标准。其次，要区分主客观因素。对于不良贷款的形成，要准确区分是客观市场环境变化、不可抗力等因素所致，还是信贷人员主观疏忽、违规操作所造成。如果是客观因素所致，且信贷人员在履职过程中严格按照规定执行，则应予以免责。(2)完善内部管理流程。一是要建立独立的免责认定机构。成立专门的尽职免责认定小组或委员会，成员包括风险管理、法律合规、内部审计等部门的专业人员，确保认定过程的独立性和专业性。该机构负责对信贷人员的尽职情况进行审查和认定，不受其他业务部门的干扰。二是要规范认定程序。制定清晰的尽职免责认定程序，从信贷人员提出免责申请，到相关部门提供证据材料、进行调查核实，再到认定机构进行审议决策，每个环节都要有明确的时间节点和工作要求，保证认定工作的高效、公正。三是要加强信息透明度。金融机构应将尽职免责管理规定和实施细则在机构内部进行系统公示,让所有员工了解免责的事项、分类标准和办理流程等信息,消除信息不对称,增强员工对制度的信任和理解。同时,在不涉及商业秘密的前提下,适当向社会披露金融机构的尽职免责制度和执行情况,接受监管部门、行业协会和社会公众的监督,提高制度的公信力和透明度。(3)强化培训与教育。一是要定期组织信贷人员参加业务培训,提高他们的专业知识和技能水平,使其能够更好地履行职责,准确识别和评估风险。二是做好案例教育工作,通过分析实际发生的尽职免责案例,让信贷人员了解在不同情况下如何正确履职以及可能面临的风险和责任,增强他们的风险意识和合规意识。三是畅通申诉渠道,搭建专门的尽职免责申诉平台,如设立申诉邮箱、热线电话或在线申诉系统等,方便信贷人员在对免责认定结果有异议时能够及时提出申诉。同时,应明确申诉处理的流程和时间限制,对申诉进行认真调查和复核,确保申诉得到公正、及时的处理。如果发现原认定结果存在错误或不合理之处,应及时予以纠正。

(三)提升专业服务能力

一是在专业化机构设置方面,可以要求商业银行设立普惠金融事业部,配备专职客户经理团队,做好民营经济组织的信贷服务。二是在绩效考核机制方面,可以设置"正向激励+反向约束"指标,将对小微民营经济组织的服务成效纳入考核体系,将客户数量、贷款投放规模及增速等指标纳入考核范围,并与机构和人员的绩效直接挂钩。三是建立差异化培训体系,提升客户经理对小微民营经济组织资产评估、现金流分析等专业能力。

• 适用要点 •

一、小型微型民营经济组织的认定

本条差异化金融服务政策的适用对象仅为小型微型民营经济组织。对小型微型民营经济组织的认定有其法定约束,《民营经济促进法》第77条规定:"本法所称民营经济组织,是指在中华人民共和国境内依法设立的由中国公民控股或者实际控制的营利法人、非法人组织和个体工商户,以及前述组织控股或者实际控制的营利法人、非法人组织。民营经济组织涉及外商投资的,同时适用外商投资法律法规的相关规定。"2011年6月,工业和信息化部、国家统计局、国家发展和改革委员会、财政部制定了《中小企业划型标准规定》。之后,国家统计局根据2011年《中小企业划型标准规定》出台了《统计上大中小微型企业划分办法》。2017年12月,国家统计局根据国家标准《国民经济行业分类》(GB/T 4754—2017),在延续2011年《统计上大中小微企业划分办法》的分类原则、方法、结构框架和适用范围的前提下,修订出台了《统计上大中小微型企业划分办法(2017)》。根据上述规定,不同行业对于小型微型企业的划分标准差异显著。例如:工业企业中,微型企业为从业人员20人以下或营业收入300万元以下的企业,小型企业为从业人员20~300人且营业收入300万~2000万元的企业。而软件和信息技术服务业中,微型企业为从业人员10人以下或营业收入50万元以下的企业,小型企业为从业人员10~100人且营业收入50万~1000万元的企业。

二、差异化不良贷款容忍度的设定

不良贷款容忍度的高低,直接反映了差异化金融服务政策的实施力度。设定差异化的不良贷款容忍度,可从以下方面入手:一是国家有明确规定的,要全面落实。例如,原中国银行保险监督管理委员会(现国家金融监督管理总局)于 2019 年 3 月印发了《关于 2019 年进一步提升小微企业金融服务质效的通知》,规定普惠型小微企业贷款不良率控制在不高于各项贷款不良率 3 个百分点以内。二是根据不同分层维度,建立科学有效的容忍度体系。例如:按照行业、企业性质分类,传统制造业和批发零售业可以设定不同的不良贷款容忍度,对于战略性新兴产业小微企业、科创型企业,可设定高于行业平均水平的不良贷款容忍度(如提升 3~5 个百分点)等;按照营收规模设置梯度标准,如微型企业(<500 万元)可设为 4%,小型企业(500 万~2000 万元)为 3%,中型企业为 2.5% 等;根据信用修复情况、不同区域风险水平情况来进行容忍度的差异化设定。

三、尽职免责的认定标准

尽职免责的宽严标准事关差异化金融服务政策全面落实的广度。信贷尽职免责的认定标准应围绕履职合规性与风险成因展开,具体包括以下三类情形:

一是应免责情形。具体包括以下情形:(1)不可抗力因素。自然灾害、突发公共事件等不可抗力直接导致贷款形成不良,且信贷人员已及时揭示风险并采取应对措施。(2)本金全额偿还情形。贷款本金已偿还,仅少量欠息导致不良,且信贷人员无违规行为并积极追索。(3)合规履职证明情形。无确凿证据证明信贷人员违反法律法规、监管规定或内部管理制度,履职过程符合操作规范。

二是可减轻责任情形。具体包括以下情形:(1)轻微程序瑕疵情形。存在非主观故意的操作疏漏(如归档材料缺失),但未实质影响风险判断且未造成重大损失。(2)动态风险处置情形。信贷人员在贷后管理中主动发现风险并采取有效缓释措施(如追加抵押物),但因市场突变仍形成不良。

三是不得免责情形。具体包括以下情形:(1)主观恶意行为。存在舞弊欺诈、故意隐瞒风险或收受利益输送等违规行为。(2)重大管理失职行为。未核实关键信息(如虚构财务报表)、未落实强制性监管要求(如抵押登记手续)导致风险放大。

第二十一条 【扩充贷款担保方式】

具体条文

银行业金融机构等依据法律法规,接受符合贷款业务需要的担保方式,并为民营经济组织提供应收账款、仓单、股权、知识产权等权利质押贷款。

各级人民政府及其有关部门应当为动产和权利质押登记、估值、交易流通、信息共享等提供支持和便利。

性质界定

本条是关于扩充民营经济组织贷款担保方式的规定。

内涵阐释

本条确认了民营经济组织权利质押贷款的合法性,并要求政府及其有关部门为动产和权利质押提供支持和便利。

一、民营经济组织存在融资难、融资贵、融资不便利难题

民营经济的发展壮大离不开金融的支持,金融是民营经济可持续发展的源头活水。民营经济组织在发展中经常会面临短期资金需求、各种市场不确定性经营风险、经营成本控制等问题,需要金融机构通过信贷支持手段,帮助民营经济组织解决资金问题,保障民营经济组织生产经营正常进行。

民营经济发展中融资难、融资贵、融资不便利的问题普遍存在,小微型民营经济组织的金融服务供给问题更突出。究其原因,除了民营经济组织规模小、经营波动大、抗风险能力弱等因素,以及部分民营经济组织产权不清晰、财务制度不规范,难以满足金融机构贷款审查要求外,还与传统银行体系过度依赖抵押担保的授信模式、与民营经济组织需求不匹配、创新型金融产品供给不足密切相关。特别是在轻资产运营模式下,抵押物不足导致在传统信贷模式中民营经济组织往往难以获得足额贷款。

《民营经济促进法》要求金融机构创新融资模式与融资工具,推广供应链金融、知识产权质押贷款等新型融资方式,适应轻资产小微民营经济组织的融资需求,对于解决民营经济组织融资难、融资贵和融资不便利等问题具有重要意义。本法规定体现了市场赋权型的立法导向。通过创新融资担保方式,拓宽民营经济组织融资渠道;通过扩充法定担保方式,最大限度地实现融资机会公平,推动银行机构优化权利融资业务,提升服务实体经济质效,破解传统信贷"重资产、重担保"的融资困境。

二、扩充民营经济组织贷款担保方式

(一)银行业金融机构应依法接受民营经济组织提供的、符合贷款业务需要的担保方式

1. 现行法律规定的担保方式。(1)保证,即由债务人以外的第三方(自然人、法人或专业担保机构)向债权人承诺,当债务人未履行债务

时,由保证人代为履行或承担责任的方式。(2)抵押,即债务人或第三人(抵押人)将特定财产(不动产或动产)作为债权担保,且不转移财产的占有,当债务人不履行到期债务或发生约定情形时,债权人(抵押权人)有权依法将该财产折价、拍卖或变卖,并优先受偿所得价款的担保方式。(3)质押,即将动产或财产权利(如股权、知识产权)作为担保物,并移交债权人占有或登记控制的担保方式。(4)留置,即债权人基于特定合同(如保管合同、运输合同)合法占有债务人动产,若债务人未履行债务,债权人可依法留置该财产并优先受偿的担保方式。主要见于加工承揽、运输等行业。(5)定金,即在合同订立或履行前,一方当事人向另一方支付一定金额作为履约保证,违约时适用定金罚则的担保方式。其中定金数额不得超过主合同标的额的20%。

2. 创新与贷款业务需要相匹配的担保方式。金融机构加强创新,加强信贷的精细化管理,根据贷款的额度、期限,结合担保物的价值稳定性特点等进行担保方式的匹配,实现银行信贷风险的平衡,并促进融资效率的提高。一是支持联合保证方式,即多个借款人可以组成联保体,互为连带责任担保。二是支持组合担保模式。如"抵押+保证"方式,当借款人未取得抵押物产权时,支持引入第三方连带保证人进行担保;如供应链金融担保,依托核心企业信用,以应收账款或仓单质押为中小企业提供融资支持;等等。

(二)可以用于为民营经济组织贷款提供质押担保的权利形式

1. 应收账款质押。民营经济组织作为贷款人申请贷款时,可以将销售商品或提供服务产生的未到期债权作为担保财产,当借款人出现违约时,金融机构作为贷款人(债权人)可优先受偿该应收账款对应的资金。

2. 仓单质押。以仓储方签发的仓单(代表货物所有权或提取权)为标的,债权人通过控制仓单间接占有货物,并在违约时就处置货物的价款优先受偿。

3. 股权质押。以股东持有的公司股份或出资份额为担保,质押期间股东保留分红权和表决权,但股权处分权受限。股权价值评估通常依据股权市场价值或每股净资产,并结合公司盈利能力、行业地位等因素综合定价;上市公司股权估值通常以二级市场价格为参考。若质押期间股价大幅下跌导致担保不足,债权人可要求补充质押物或提前清偿。

4. 知识产权质押。以专利权、商标权、著作权中的财产权为质押标的,须评估其市场价值和技术前景,质押后权利人可继续使用但不可擅自转让。知识产权的价值通常采用收益法(预期收益折现)或市场法(同类交易对比)确定。

三、政府及其有关部门应为动产和权利质押提供支持和便利

政府通过统一登记、动态估值、流通创新及信息共享四大抓手,持续完善"登记—评估—交易—处置"全链条服务体系,可以系统性降低动产融资门槛与风险,助力民营经济组织盘活存量资产,促进融资便利。

(一)加强统一登记便利

此前我国动产和权利担保登记由国家市场监督管理总局、中国人民银行等多个部门分头管理,导致登记规则不统一、查询效率低下,增加了企业融资成本。为落实国务院《关于实施动产和权利担保统一登记的决定》的相关要求,规范动产和权利担保统一登记服务,中国人民银行《动产和权利担保统一登记办法》已于2022年2月1日正式施行。该办法对我国动产和权利质押的登记进行了统一规范,实现"一网通办",登记人可通过中国人民银行征信中心动产融资统一登记公示系统完成线上质押登记。

（二）提供科学估值支持

一是建立标准化估值体系。政府鼓励引入市场化评估机构,对存货、应收账款、知识产权等动产和权利进行专业估值,并通过风险补偿资金分担评估成本,降低企业融资负担。二是制定统一评估指引。针对不同类型的动产(如生产设备、存货)和权利(如应收账款、知识产权),联合行业协会制定估值操作指引,明确评估方法、参数选取及风险权重,提升估值透明度和可参考性。三是开发智能估值工具。通过政务数据共享(如税务、供应链交易数据)及人工智能技术,搭建动产估值模型库,支持金融机构在线快速测算质押物价值,提升审批效率。四是加强评估机构监管。建立评估机构准入及信用评价机制,对违规操作或虚假估值的机构实施行业禁入,维护估值市场秩序。

（三）保障交易流通

一是制定交易流通规则。政府可以联合行业协会发布动产分类评估标准及流通指引,明确质押物交易流程、定价机制及争议解决规则,降低市场摩擦成本。二是推动区域性交易中心建设。支持地方设立特色动产交易中心(如生物活体、碳排放权交易平台),提供质押物挂牌、撮合、交割及融资对接服务。例如,广西创新推出林业碳汇收益权质押模式,通过平台实现了碳资产流通与价值转化。三是优化司法保障。明确质押物权属争议的快速处置规则,支持通过仲裁、调解等非诉讼方式解决纠纷,缩短资产处置周期。

（四）支持信息共享

一是推动跨部门数据共享。打通市场监管、税务、海关等部门数据接口,为动产交易提供企业信用、交易历史等背景信息核验服务,降低尽职调查成本。二是优化数字化服务工具。推广区块链技术存证质押物权属信息,确保交易记录不可篡改且可追溯;支持电子仓单、碳排放权凭证等数字化质押物形式,提升流通效率。三是规范数据使用。建立信息共享安全标准,严格管理涉密数据访问权限;对虚报质押信息或违规操作主体实施联合惩戒,维护市场信用环境。

• 适用要点 •

一、对权利质押融资的选择

针对重资产的民营经济组织,建议优先采用不动产抵押或设备质押;对于轻资产的民营经济组织,可探索知识产权质押、供应链金融或引入政策性担保机构增信;针对小微民营经济组织,宜灵活运用联保、信用保证保险等模式缓解抵押物不足问题。结合民营经济组织财产性权利资产的特点匹配贷款额度、期限,并进行有效担保,可平衡风险、提升融资效率。

二、权利瑕疵导致质押无效情形

根据《民法典》第612条的规定,出卖人就交付的标的物,负有保证第三人对该标的物不享有任何权利的义务,但是法律另有规定的除外。出卖人(同时为出质人)负有权利瑕疵担保义务,确保质押物完整权利归属。出质人明知质押物存在权属争议或第三方权利(如重复质押、所有权保留等)仍设立质押,导致质权未生效的,出质人须承担违约责任或损害赔偿责任。如果质权人明知权利存在瑕疵仍接受质押,则出质人可主张免责或减轻责任。质权人未核实质押物权属证明等瑕疵时,可能被认定为"与有过错",须自行承担部分损失。若监管人存在未核实质物权属、放任出质人违规操作等过错,则须在债务人财产不足以清偿时,按过错承担赔偿责任。值得注意的是,质押合同如因权利瑕疵被确认无效,债务人、出质人、质权人须按各自过错分担责任,但不影响主债权债务合同效力。

三、数据资产等新型资产是否应被纳入担保体系

数据资产被纳入担保体系具有显著经济价值与技术可行性。数据资产作为企业核心生产要素,可通过权属确认(如数据权、使用权)转化为可评估、可交易的金融资源,具备质押融资的底层逻辑,我国《动产和权利担保统一登记办法》已明确七大类担保类型,并通过统一登记系统实现标准化登记,为担保范围扩展至数据资产提供了法律制度基础。同时,区块链存证、动态估值模型等技术可确保数据资产权属的可追溯性与价值稳定性,为数据资产质押提供了技术支撑条件。未来可通过分步扩展登记范围、完善配套规则及政策激励,逐步构建适配新型权利的担保生态,释放民营经济组织数据要素潜能。实践中,深圳数据交易所通过"技术赋能+制度创新"双轮驱动,已形成覆盖数据确权、估值、质押全周期的服务体系,累计落地融资金额超5000万元,其市场法估值、动态监管等实践为全国数据要素资本化提供了重要参考。

第二十二条 【融资风险市场化分担机制】

具体条文

国家推动构建完善民营经济组织融资风险的市场化分担机制,支持银行业金融机构与融资担保机构有序扩大业务合作,共同服务民营经济组织。

性质界定

本条是关于民营经济组织融资风险市场化分担机制的规定。

内涵阐释

本条对《民法典》保证合同规则进行了政策性扩展,兼具市场调节与行政引导属性,旨在通过市场化手段分散民营经济组织的融资风险,推动银行业金融机构与融资担保机构建立更紧密的合作关系,形成"政府引导、市场运作、风险共担"的商业合作模式。其中,融资担保机构作为第三方增信主体,通过提供信用担保降低银行信贷风险,银行业金融机构则结合担保机构的增信能力,扩大对民营经济的信贷投放规模。

一、风险作为市场要素进行利用与管理的可行性与现实性

长期以来,民营经济组织融资难主要是因为市场认为给民营经济组织融资风险高且不可控,导致金融机构不敢贷、不愿贷。推动各类市场主体积极参与民营经济组织融资风险市场化分担机制,离不开对风险本身作为市场要素可被利用和管理的科学认识。

风险可识别、计量、监测和控制。风险是不确定性对目标的影响,是指事件结果偏离预期的可能性,既包含损失发生的概率,也包含收益波动的可能。例如,金融市场中资产价格波动既可能带来亏损也可能产生超额收益。风险具有客观存在性、可测性及可变性等特点,其为市场化利用提供了基础。通过概率统计和风险管理工具识别风险,并通过定价、分散或转移转化等方式控制风险,风险则由不确定要素变为可控要素。

风险管理能够创造价值。风险管理能力强的金融机构通过有效的风险管理政策、风险对冲工具将风险转化为可交易、可管理的要素,不仅取得实际收益,而且通过降低风险成本,推动社会资源的高效配置。实践中,以保险和期货机制最典型。保险机制以小额保费换取风险转移,期货机制则通过套期保值锁定未来价格波动,两者均以制度设计将风险转化为可交易的"商品"。

二、融资风险市场化分担机制的内涵与意义

融资风险市场化分担机制是指通过市场化工具和契约安排,按照一定规则和比例将民营经济组织的融资风险分散至金融机构、担保机构、再担保平台等多方主体,形成风险共担的协作体系。融资风险市场化分担机制的核心在于通过政策引导与市场活力的融合,以商业规则替代行政干预,降低单一主体的风险负担,增强金融市场对民营经济组织融资的支持能力,最终实现风险可控前提下的融资环境优化与经济效率提升。

融资风险市场化分担机制主要有以下模式:一是银行与担保机构合作模式。这是融资风险市场化分担机制的基础模式。担保机构为民营经济组织提供信用担保,降低银行放贷风险敞口,同时银行通过风险分担协议与担保机构按比例承担潜在损失。二是多层次风险缓释模式。在银行与担保机构合作模式上,引入再担保机构或保险机构作为第二层风险承担者,形成"银行—担保—再担保"分层风险传导链条,进一步分散融资风险。三是金融工具风险分担模式。通过创设资产证券化、供应链金融等工具将风险转化为可交易资产,吸引更多市场主体参与风险分担。

构建、完善民营经济组织融资风险市场化分担机制具有重要意义。通过制度设计将融资风险转化为可量化、可交易的要素,既体现了"市场在资源配置中起决定性作用"的治理逻辑,又契合民营经济高质量发展的现实需求。在微观上,通过风险分散机制有效降低金融机构对抵押物的依赖,可以解决轻资产民营经济组织融资难问题,同时,市场化的风险分担机制倒逼金融机构精细化风险评估能力,引导资金流向经营稳健、

创新活跃的优质企业,避免"一刀切"式的信贷紧缩问题,促进信贷资源的有效配置。在宏观上,通过风险共担降低单一主体风险集中度,避免系统性金融风险的积累;同时市场风险分担机制为民营资本深度参与国家战略提供了支持和保障,实现经济增长与风险防控的平衡,增强我国经济抗风险的韧性。

三、把握有序扩大融资担保业务的关键

(一)有序扩大融资担保业务的法律依据

融资担保,是指担保人为被担保人借款、发行债券等债务融资提供担保的行为。当前我国形成了"1+4"的法律支持框架,即围绕《融资担保公司监督管理条例》相应配套了四项制度,即《融资担保业务经营许可证管理办法》《融资担保责任余额计量办法》《融资担保公司资产比例管理办法》《银行业金融机构与融资担保公司业务合作指引》。"1+4"的融资担保法律制度体系,为有序扩大融资担保业务提供了坚实的保障。通过分级资产管理和责任余额计量规定,约束机构盲目扩张,实现风险防控精准化;通过差异化权重设计引导资源向小微、"三农"领域倾斜,实现普惠目标可量化;在实现银行业金融机构与融资担保机构合作规范化方面,明确了风险分担底线,遏制隐性捆绑条款等问题。

(二)融资担保公司的准入与设立条件

融资担保公司,是指依法设立、经营融资担保业务的有限责任公司或者股份有限公司。设立融资担保公司,应当符合《公司法》的规定,并具备下列条件:(1)股东信誉良好,最近3年无重大违法违规记录;(2)注册资本不低于人民币2000万元,且为实缴货币资本;(3)拟任董事、监事、高级管理人员熟悉与融资担保业务相关的法律法规,具有履行职责所需的从业经验和管理能力;(4)有健全的业务规范和风险控制等内部管理制度。设立融资担保公司,应当经省级政府确定的监督管理部门批准,未经监督管理部门批准,任何单位和个人不得经营融资担保业务,任何单位不得在名称中使用融资担保字样。

(三)融资担保业务范围与禁止行为

除经营借款担保、发行债券担保等融资担保业务外,经营稳健、财务状况良好的融资担保公司还可以经营投标担保、工程履约担保、诉讼保全担保等非融资担保业务以及与担保业务有关的咨询等服务业务。融资担保公司不得从事吸收存款或者变相吸收存款、自营贷款或者受托贷款、受托投资等活动。融资担保公司不得为其控股股东、实际控制人提供融资担保,为其他关联方提供融资担保的条件不得优于为非关联方提供同类担保的条件;未经批准擅自经营融资担保业务的,由监管部门没收违法所得并处以罚款;构成犯罪的依法追究刑事责任。

(四)融资担保业务的风险控制要求

融资担保公司的担保责任余额不得超过其净资产的 10 倍。融资担保公司对同一被担保人的担保责任余额与融资担保公司净资产的比例不得超过 10%,对同一被担保人及其关联方的担保责任余额与融资担保公司净资产的比例不得超过 15%。

• 适用要点 •

一、银行业金融机构与融资担保机构合作的主要实践模式

促进民营经济组织的融资便利,需要推进银行业金融机构与融资担保公司的业务合作。银行业金融机构与融资担保机构合作是民营企业融资风险市场化分担机制的主力军,主要有三种模式:(1)政府引导型风险分担模式。该模式需要首先进行风险分层设计:由政府出资设立风险补偿金(如占比 45%),合作银行及担保/保险机构共同承担一定比例（如45%），评估处置机构分担一定比例（如10%）。在运营中，该模式委托专业机构管理补偿金，通过市场化筛选项目、动态调整风险分担比例，提升资金使用效率。若企业因经营问题无法偿还贷款，各方按约定比例分担损失，其中政府补偿金优先用于覆盖银行部分坏账。（2）金融机构协同型风险分担模式。该模式通过"银行—担保—再担保"分层分担链条，实现融资风险的分散共担。首先是银行与担保机构的合作。银行为民营经济组织放贷时，要求担保机构提供80%的信用担保；若经济组织违约，由担保机构先行代偿80%本金，银行承担剩余20%损失。其次是引入再担保机构。由担保机构通过向省级再担保平台分保，将自身承担的80%风险中的50%转移至再担保平台，降低自身风险敞口。担保机构通过收取保费覆盖代偿成本，再担保机构则基于区域风险池分散系统性风险，以实现风险有效对冲。（3）金融工具创新型风险分担模式。例如，供应链金融中的反向保理的主要运作机制是：核心企业为其上游供应商的应收账款提供信用背书，金融机构基于核心企业信用向供应商放贷；若供应商无法还款，核心企业须履行回购义务，金融机构风险转移至核心企业。该模式中，核心企业以自身信用替代中小供应商信用，降低金融机构的信用评估难度；核心企业通过应收账款资产证券化，将风险分散至资本市场投资者。

二、进一步发挥政府性融资担保业务的普惠性作用，弥补市场失灵，与融资市场化风险分担机制形成有效补位

有关数据显示，2023年政府性融资担保机构平均放大倍数仅3.8倍，远低于法定的10倍上限，政府融资性担保机制作用有待提升。依据《政府性融资担保发展管理办法》的规定，政府性融资担保机构应坚持普惠定位,在可持续经营前提下保本微利运行,不以营利为目的,积极发挥为小微企业、"三农"等普惠领域经营主体融资增信的政策功能作用。在服务领域和服务对象方面,应重点为单户担保金额1000万元及以下的小微企业和"三农"主体等提供融资担保服务。支小支农担保金额占全部担保金额的比例原则上不得低于80%,其中单户担保金额500万元及以下的占比原则上不得低于50%。根据财政部《关于充分发挥政府性融资担保作用,为小微企业和"三农"主体融资增信的通知》(财金〔2020〕19号)等文件的精神,政府性融资担保机构应聚焦小微企业、"三农"主体,将小微企业综合融资担保费率降至1%以下。在考核导向方面,落实《政府性融资担保、再担保机构绩效评价指引》(财金〔2020〕31号),弱化盈利考核,强化服务效能(小微企业和"三农"业务占比不低于80%)。对代偿率容忍度提升至5%,鼓励机构"敢担、愿担"。

三、完善融资风险市场化分担机制的创新建议

加强模式创新,如发挥保险公司的作用,构建"政银担险""四位一体"风险共担模式;推动建立担保机构分级管理制度,风险等级低的担保机构可获得更高的担保倍数。发挥财政资金作用,政府可出资设立风险补偿基金,对担保机构代偿损失进行比例补偿,激励担保机构积极作为;针对代表新质生产力方向的民营科技型企业,可推出专项担保政策;对小微型民营经济组织,可设立中小企业发展专项资金,采用奖补结合的方式对扩大小微企业融资担保业务规模、降低小微企业融资担保费率等。

第二十三条 【增强金融服务适配性】

具体条文

> 金融机构在依法合规前提下,按照市场化、可持续发展原则开发和提供适合民营经济特点的金融产品和服务,为资信良好的民营经济组织融资提供便利条件,增强信贷供给、贷款周期与民营经济组织融资需求、资金使用周期的适配性,提升金融服务可获得性和便利度。

性质界定

本条是关于金融机构为民营经济组织提供金融产品和服务需要增强适配性的规定。

内涵阐释

《民营经济促进法》第3条首次将民营经济定位为"推进中国式现代化的生力军",为民营经济组织享受融资便利提供了规范依据。本条规定旨在通过法律制度安排,推动金融机构充分结合民营经济组织的经营特点、经营周期,设计开发适配民营经济组织的金融产品和服务,从根本上解决民营经济组织融资中存在的期限错配、用途不适合、成本叠加等问题,满足民营经济组织多样化的融资需求,助力民营经济高质量发展。

一、为民营经济组织提供适配性金融产品和服务的意义

(一)为我国经济结构优化提供核心支撑

有关研究报告显示,民营经济组织对就业、GDP、税收、科技创新的

贡献巨大,但融资规模仅占企业贷款总额的35%,科创型民营企业平均融资成本比国有企业高1.8个百分点,跨境融资成本比跨国企业高40%,资源配置失衡制约了民营经济组织发展潜力的发挥。以法律形式明确金融机构服务民营经济组织的融资便利与适配性要求,精准满足民营经济组织的融资需求,能够促进民营经济组织扩大生产、驱动创新,形成增长引擎,实现"企业受益—金融发展—经济繁荣"的良性循环。

(二)为民营经济组织提升市场竞争力提供能力保障

当前民营经济组织存在不良贷款率与利率溢价双高现象,民营企业平均贷款期限仅为1.8年,但技术改造周期为3~5年,从而导致52%的制造业民营企业存在"短贷长投"风险,反映出金融机构传统风险管理体系与民营经济组织金融需求之间的不适配,信贷政策、产品定价、审批流程等制约民营经济组织的融资需求和融资便利。针对民营经济组织降低信贷门槛、优化审批流程等便利化措施,以及开发信用贷、供应链金融等适配性产品,能够有效解决其"融资难、融资贵"问题,满足民营经济组织在不同发展阶段的多样化需求,提升民营经济组织的产业竞争力和抗风险能力。

(三)为我国金融机构转型发展提供契机

据统计,当前民营经济组织贷款满足率仅为68%,较国有企业低19个百分点,民营经济的金融服务存有广阔空间。金融机构通过加强对服务民营经济组织的适应性改革,既能提升信贷资源配置效率,也能推动风险定价模型、产品创新机制等关键领域的突破,形成与高质量发展相匹配的现代金融能力,为金融机构加大对实体经济的支持力度,促进"市场化+法治化+包容性"的现代金融体系建设带来新的契机。

二、适配性金融产品和服务的提供

(一)提供主体:金融机构

负有向民营经济组织提供适配性金融产品和服务的金融机构,不只是商业银行,在我国境内依法设立、由金融监督管理部门批准并监管,从事金融业务的各类银行机构(如商业银行、政策性银行)、非银行金融机构(如信托公司、财务公司、金融租赁公司)、保险公司、证券公司以及经批准参与信贷市场的其他持牌金融组织,都属于《民营经济促进法》规定的金融机构范畴。

(二)提供前提:依法合规

依法合规,是指金融机构在开发和提供金融产品和服务过程中,必须严格遵守国家现行法律法规、金融监管规定及行业自律准则,确保业务全流程符合法律要求和监管标准。具体而言,依法合规要求:遵守《商业银行法》《中华人民共和国银行业监督管理法》(以下简称《银行业监督管理法》)等基础性法律,以及反洗钱、消费者权益保护、数据安全等相关法规;落实金融监管部门(如中国人民银行、国家金融监督管理总局)关于信贷政策、风险控制、产品备案等具体要求,禁止违规放贷、资金挪用等行为;在合同签订、利率设定、信息披露等环节保障程序合法,避免侵害民营经济组织合法权益;在市场化操作中坚守风险底线,防止因过度追求适配性而放松合规管理等。

(三)提供原则:市场化原则、可持续发展原则

市场化原则,是指金融机构在服务民营经济时,应当遵循市场规律和商业逻辑,以市场需求为导向,通过公平竞争、风险定价和供需匹配机制来配置金融资源。该原则强调金融机构应摒弃非市场化的行政指令或过度保护,通过市场机制提升金融产品和服务的精准性和有效性,同时维护健康的金融生态。可持续发展原则要求金融机构在开发和提供金融产品和服务时,不仅要关注短期的经济效益,更要关注长期的稳定发展和风险控制,避免因过度让利或放松风控而产生系统性风险,同时优先支持绿色产业、科技创新等领域,实现经济、社会与环境效益的平

衡。该原则强调金融机构须超越短期逐利,通过科学的风险定价和周期管理,构建与民营经济共生共荣的长效机制。

(四)提供要求:开发和提供适合民营经济特点的金融产品和服务

民营经济组织主要呈现以下特点:一是经营机制灵活但抗风险能力较弱,普遍存在轻资产运营特征,缺乏足值抵押物;二是资金需求具有"短、小、频、急"的特点,融资周期与经营周转高度匹配;三是发展阶段性特征明显,从初创期到成熟期各阶段融资需求差异显著;四是产业分布集中于市场化程度高的竞争性领域,对市场变化的敏感性强;五是企业治理结构多样,财务规范性参差不齐。这些特点决定了传统标准化金融服务难以有效满足其需求。

金融机构开发和提供的金融产品和服务必须适合民营经济特点。具体而言,金融机构应当针对民营经济组织的经营特点,在风险可控前提下,创新突破传统信贷模式,开发更具针对性、灵活性和包容性的金融产品和服务,实现资金供给与企业实际经营周期的动态适配,如推出知识产权质押、信用保险等新型融资工具,提供随借随还、分期还款等灵活信贷方案,推出供应链金融、订单融资等场景化服务,建立与民营经济组织生命周期相匹配的阶梯式融资服务体系等。

(五)享受金融产品和服务的主体:资信良好的民营经济组织

资信良好的民营经济组织具有经营的稳健性和还款的可靠性,能够有效降低金融机构的信贷风险,从而更容易获得与其经营周期和资金需求相匹配的融资支持,实现银企双赢的可持续发展。"资信良好"主要体现在以下方面:一是经营规范、财务透明,具备完整的会计制度和真实的经营数据,能够清晰反映企业偿债能力;二是主业突出、盈利稳定,具有可持续的商业模式和健康的现金流;三是信用记录良好,无重大违法违规或失信行为;四是融资需求合理,资金用途明确,与自身经营规模和行业特点相匹配;五是具备风险对冲能力,或能提供适格担保措施。

· 适用要点 ·

如何把握好金融产品和服务的适配性,是本条适用的关键。

一、把握好信贷供给与融资需求的适配性

民营经济组织的融资需求,是民营经济组织源于在经营发展过程中因为资金周转、业务拓展、设备购置、技术研发等各类经营活动产生的资金缺口及其特定要求,在特定时期内对资金规模、使用期限等方面的综合需求。金融机构面向民营经济组织提供的信贷支持包含各类资金产品服务,如贷款、票据贴现、信用证等。

增强信贷供给与融资需求的适配性,需要金融机构主动作为,从产品设计、服务模式和风控机制三个维度进行系统性创新。(1)在产品设计适配方面,应针对民营经济组织"短、小、频、急"的融资特征,开发差异化信贷工具,如基于订单和应收账款的供应链金融、随借随还的循环贷产品服务等,并灵活设置差异化贷款期限。(2)在服务模式适配方面,应通过建立绿色审批通道、运用大数据风控等技术手段,提升审批时效,并根据民营经济组织实际现金流状况调整还款计划。(3)在风控机制适配方面,应构建动态评估体系,定期分析行业周期与民营经济组织经营变化,及时调整授信策略,确保信贷供给始终与民营经济组织经营波动、产业转型等实际需求保持动态匹配,最终实现"需求精准识别—产品灵活供给—风险有效管控"的良性循环。

二、把握好贷款周期与资金使用周期的适配性

民营经济组织的资金使用周期,是从获取资金到将资金投入生产经营活动并最终实现资金价值回流的完整运行过程。这个周期中的民营经济组织资金周转速度和周转效率,基于业务模式、市场环境、产品生产周期等因素而有所不同,呈现出如下特点:(1)行业差异性。例如,制造业通常涵盖原材料采购、生产加工、销售回款等环节,资金使用周期较长(6~36个月),而商贸企业资金使用周转较短(1~3个月)。(2)阶段复合性。民营经济组织的资金使用周期通常包含了研发投入期、产能建设期、市场拓展期等不同阶段,各阶段资金需求强度、风险属性和周转速度存在显著差异。(3)动态波动性。民营经济组织的资金使用周期会受内外部因素影响而发生非线性变化,易受市场需求、政策调控、供应链传导、突发事件冲击等因素影响而呈现时间弹性和规模起伏的双重特征。

围绕民营经济组织资金使用周期的特点,金融机构须构建"行业定制+阶段嵌套+动态调节"的立体化信贷服务体系。针对行业差异性,金融机构可按行业分类设计基础贷款期限模板。例如,向制造业企业提供中长期设备贷,以匹配产能建设周期;向批发零售业企业提供短期流动贷,以满足高频周转需求;向农业企业推出季节性贷款,还款期限与农作物销售季同步,实现资金供给与行业运行规律的深度适配。针对阶段复合性,金融机构可通过组合式融资方案(如研发贷+项目贷+流动贷)实现全周期覆盖,避免简单采用单一期限的信贷产品,确保信贷支持与企业实际资金消耗节奏精准契合。针对动态波动性,金融机构可建立基于大数据监测的弹性信贷机制,开发弹性额度贷(授信额度随淡旺季自动调整)、设置周期重议条款(贷款周期根据市场指数触发调整),动态匹配企业实际资金回流节奏,最终形成既能贴合行业共性规律,又能响应个体经营波动的智能适配体系。

三、政银企数智化协同：增强民营经济组织金融产品和服务适配性的建议

为增强民营经济组织的融资便利性、金融产品和服务适配性，建议构建"政银企数智化协同"的创新生态，通过"数据共享筑基—产品创新适配—政策保障托底"的三维联动，实现金融产品和服务与民营经济组织"短、小、频、急"需求的精准匹配。

政府可牵头搭建民营经济大数据平台，归集整合民营经济组织税务、社保、供应链、能耗等多维度实时经营数据，构建动态民营经济组织画像。金融机构可通过安全接口实时获取相关数据，替代传统财报审批，缩短传统尽职调查周期，奠定服务适配的数据基础。金融机构可聚焦以下几方面：开发智能化信贷工具，如基于数据中台的"智能周期信贷引擎"，基于 AI 算法自动识别行业特征，提供弹性期限贷款；充分运用行业指数、材料价格指数、ESG[①] 表现等 100 + 参数设计"风险定价机器人"，实时动态调整利率；试点"数字资产质押"模式，将数据资产、知识产权等无形资产纳入担保范畴，破解轻资产民营经济组织抵押难题。此外，政府可设立专项风险补偿资金池，为金融机构创新产品承担部分风险；创新推出"监管沙盒"机制，允许试点创新型、突破性金融服务；同步完善基础设施，建设区域性动产融资统一登记平台，提升金融服务便利性。

---

① ESG 是指环境、社会和公司治理，全称为 Environment，Social and Governance。

第二十四条 【金融服务平等与非歧视】

具体条文

> 金融机构在授信、信贷管理、风控管理、服务收费等方面应当平等对待民营经济组织。
>
> 金融机构违反与民营经济组织借款人的约定，单方面增加发放贷款条件、中止发放贷款或者提前收回贷款的，依法承担违约责任。

性质界定

本条是关于金融机构应平等对待民营经济组织及违反贷款约定应承担违约责任的规定。

内涵阐释

本条立足于我国多种所有制经济共同发展的基本经济制度，同时贯彻了《民法典》第4条中"民事主体在民事活动中的法律地位一律平等"原则，并落实了《中国人民银行金融消费者权益保护实施办法》关于公平对待金融消费者的监管要求。本条具有三重规范属性：一是义务性规范。明确金融机构对民营经济组织的平等对待义务，要求其从制度设计到操作执行全流程贯彻"非歧视原则"。二是禁止性规范。禁止金融机构基于所有制属性实施差别化信贷政策，包括增设不合理贷款条件、滥用单方变更权等行为。三是责任性规范。进一步强化金融机构违约行为的法律责任。

本条旨在通过立法保障民营经济组织享有平等的融资权利，将宪法平等原则转化为具体的融资权利。构建穿透式规制框架,破除信贷隐形壁垒,防止金融机构以所有制属性为依据对民营经济组织实施差别化待遇。通过特别规制金融机构单方变更合同的行为,纠正金融市场中缔约地位不平等的现实问题,进一步促进形成公平竞争的金融市场环境。

一、金融领域平等对待民营经济组织的重要意义

平等原则是经济法治的核心原则。平等对待民营经济组织原则内涵丰富,主要体现在以下五重维度:一是主体资格平等。首先是法律人格平等,民营经济组织与国有企业、外资企业等市场主体具有相同的民事权利能力与行为能力,可自主缔结合同、持有财产、参与诉讼。其次是产权保护同质化,公有制与非公有制经济的财产权受同等强度保护,禁止以所有制差异实施区别性财产征收或征用政策。二是市场进入机会均等。除特定限制领域外,民营资本可平等进入交通、能源等传统垄断行业;在公共资源公平配置方面,政府采购、特许经营等领域实行竞争中性原则,招标评标标准全面剔除企业所有制属性评价指标,国有企业享有的财政补贴、税收优惠等政策同步向民营经济组织开放。三是要素获取平权保障。如金融资源的均衡供给,金融机构不得设置所有制歧视性授信条件;如创新要素共享,国家重点实验室、技术转化平台等创新资源向民营经济组织开放接入端口等。四是具有监管矫正机制。建立差别待遇审查制度,政策制定机关履行公平竞争审查义务,对可能产生所有制歧视的规范性文件建立定期清理机制;设立侵权救济专门通道,司法机关设立民营经济组织维权快速响应机制,对违法限制经营自由、违规查封扣押等行为实施24小时司法介入。五是发展促进动态平衡。建立弱势补偿机制,在中小企业融资、数字化转型等领域实行阶段性政策倾斜;在参与治理制度化方面,支持民营经济代表进入各级人大财政经济委员会,重大经济决策前必须开展民营经济组织听证程序;等等。衡量是否实

质平等,一般应满足"三重检验标准",即动机中性、过程透明、结果可比。

金融领域平等对待民营经济组织具有重要意义。一是回应民营经济组织平等融资权缺失保障的现实问题。民营经济作为社会主义市场经济的重要组成部分,在吸收社会就业、推动创业创新等方面起到了重要作用,但现实中民营经济组织平等融资权利存在保障不足的情况。例如,2023年工商业联合会有关调研结果显示,民营企业综合融资成本较国有企业高1.8个百分点。又如,某股份制银行要求民营房地产企业额外购买理财产品作为贷款附加条件等。民营经济组织的综合融资成本较国有企业高、附加贷款条件现象存在。二是促进公平竞争金融秩序的构建。《民营经济促进法》明确禁止金融机构设置所有制门槛,以法律手段纠正金融资源向国有企业过度倾斜的结构性问题,消除系统性歧视和制度性障碍,打破隐形壁垒,使民营经济组织能够与国有企业等在相同条件下参与金融资源的分配,重构市场主体的公平竞争环境。当民营经济组织能够获得与国有企业同等的金融支持时,将稳定市场主体预期,激发民营经济组织的活力和创造力,积极推动技术创新、产品升级和业务拓展,进而增强市场竞争力,促进经济的健康发展。三是进一步完善金融法治体系。将金融机构单方变更贷款条件需担责写入法律,首次确立民营经济组织融资违约救济的专门条款,体现了我国金融法治从形式平等向实质公平的跃升。四是推动中国金融体系从"所有制导向"向"价值创造导向"的深度转型。在防范系统性风险方面,通过平等准入降低民营资本违规开展影子银行业务的动机,通过统一国有企业与民营经济组织的信贷审核标准,压缩监管套利空间,降低金融体系因所有制歧视产生的结构性风险。在深化金融供给侧方面,倒逼金融机构开发适配民营经济组织生命周期特征的金融产品,推动服务模式创新。

二、金融服务平等的具体表现

本条规定,金融机构在服务民营经济组织时,需要在授信、信贷管理、风控管理及服务收费等环节贯彻平等原则,消除所有制歧视,保障公平竞争。

(一)授信平等

金融机构应建立科学合理的授信评估体系,基于企业信用评级、财务状况、行业前景等可量化指标制定授信标准,避免因所有制差异设置隐性门槛,不得因民营经济组织的所有制性质,而对其设置比其他经济组织更高的授信门槛或更低的授信额度。授信平等包括以下内容:(1)准入公平。不得对民营经济组织增设额外准入条件,如不合理地普遍要求实际控制人提供无限连带责任担保。(2)流程公平。对民营经济组织的授信审批流程不得增设额外环节,如额外提交非必要证明材料等。(3)数据公平。风险评级模型不得包含所有制属性差异化评审参数,确保同风险等级客户获得相同授信条件。

(二)信贷管理平等

金融机构需要对民营经济组织的贷款按照统一的标准和流程进行监督和管理,不能对民营经济组织采取歧视性的信贷管理措施,确保民营经济组织在贷款发放、使用、偿还等环节,与国有企业等享有同等的便利和权利。禁止以下三类不平等行为:一是频次歧视。如对民营经济组织实施更频繁的贷后检查、随意缩短贷款期限或增加还款频率等。二是分类歧视。因行业政策调整对民营经济组织贷款进行选择性风险分类升级,并无故要求提前还款等。三是续贷歧视。对民营经济组织的续贷申请设置更高的审批标准,如在企业评级未下降、信贷风险未增加的情况下要求追加抵押物等。

(三)风控管理平等

金融机构在对民营经济组织进行风险评估和控制时,应遵循公平、公正、科学的原则,依据合理的风险评估模型和指标体系,客观地评估民营经济组织的风险状况,不能仅因民营经济组织的所有制性质而评定过高风险等级。同时,针对不同风险等级的民营经济组织,采取合理的风险控制措施,避免"一刀切"的做法。风险管理平等主要包括以下两方面:一是拨备平等,不得对民营经济组织设置更高的风险拨备计提比例;二是缓释平等,禁止在风险缓释措施中强制要求民营经济组织提供超额抵质押物,如国有企业同类贷款抵质押率上限为50%,民营经济组织不得要求70%等。

(四)服务收费平等

金融机构应严格按照国家规定的收费标准,向民营经济组织收取服务费用,不得收取高于其他经济组织的不合理费用或设置不合理的收费项目,避免通过各种隐性收费方式增加民营经济组织的融资成本。禁止以下四类行为:一是定价虚高,即在同等授信条件下无合理理由对民营企业的信贷产品定价明显高于国有企业;二是附加费用,即对民营企业收取账户管理费、财务顾问费等附加费用;三是捆绑搭售,即在贷款过程中,强制要求民营经济组织购买不必要的保险、理财等产品;四是隐性成本,即以风险溢价为理由对民营经济组织贷款额外收取浮动费用等。

三、金融机构不平等对待民营经济组织应承担的违约责任

(一)规定金融机构不平等对待民营经济组织违约责任的意义

金融机构违约责任的落实,既是维护民营经济组织合法权益的"最后防线",也是倒逼金融体系改革的"破局之刃",这是从个案正义到制度变革的司法体制进步。规定金融机构不平等对待民营经济组织应承担的违约责任,是重塑金融市场秩序、破解民营经济组织融资困境的核心制度设计。

从司法层面上来看,规定金融机构不平等对待民营经济组织应承担的违约责任,构建了"靶向性"责任体系,弥补了一般合同法的局限性。

在普通合同纠纷中,原告须承担全面举证责任,但民营经济组织往往难以获取金融机构内部审批数据。《民营经济促进法》引入"初步证据+举证责任倒置"规则,要求金融机构自证决策合理性,降低民营经济组织维权门槛。

从市场层面上看,规定金融机构不平等对待民营经济组织应承担的违约责任,能够矫正市场失灵与资源错配,打破"融资歧视—经营困难—信用恶化"恶性循环,促使金融机构主动避免违约行为,增强金融供给侧结构性改革的内驱动力,推动金融服务创新,促进民营经济组织可持续发展。

(二)金融机构违约行为的表现形式

违约行为,是指金融机构违反合同约定或诚实信用原则,损害民营经济组织融资权益的行为。违约行为具有以下构成要件:一是行为违法性,即违反《民法典》"当事人应当按照约定全面履行自己的义务"的规定;二是损害结果性,即导致民营企业融资成本增加、资金链断裂等实际损失。

金融机构的违约行为具体有以下几种表现形式:

1.单方面增加发放贷款条件。金融机构在与民营经济组织签订借款合同后,在发放贷款时无正当理由提出比合同约定更高的条件。这种行为违反了合同约定,破坏了双方原本平等协商达成的合意。具体体现为:(1)要求追加合同未约定的抵押物、质押物(如突然要求股东房产抵押);(2)强制捆绑销售理财、保险等金融产品;(3)增设资金监管账户并收取超额管理费。

2.中止发放贷款。金融机构在合同履行过程中,无合法依据停止发放贷款,从而对民营经济组织的资金链造成严重冲击。主要的表现为:(1)无正当理由暂停已审批贷款的发放,且未按《民法典》要求履行通知义务。如可能民营经济组织只是在经营过程中出现了一些正常的业务调整,金融机构就以此为由,片面认定其经营状况恶化,从而中止发放后续贷款;(2)以"额度紧张""政策调整"等非合同约定事由拖延放款等。

3. 提前收回贷款。在借款合同约定的贷款期限尚未届满,且没有出现合同约定或法律规定的提前收回贷款的触发条件情形下,金融机构要求民营经济组织提前偿还贷款。例如,金融机构因地方政府债务调控政策,对正常履约的民营经济组织基建项目强行抽贷、断贷等。实践中,提前收回贷款的触发条件不能是金融机构的随意主观性的条件,必须符合合同约定的加速到期条款(如资产负债率超限、环境保护处罚、企业财务状况急剧恶化等),且需满足以下两个条件:(1)触发事由与违约行为具有直接因果关系;(2)已履行商业银行预设规则的风险预警程序。

4. 差别化风险措施。例如,对同信用等级的民营企业与国有企业适用不同的风险预警阈值,民营企业负债率超60%即预警,国有企业超70%才预警。又如,对民营企业贷款合同约定利率为5%,但在放款前要求额外上浮1%作为"风险溢价"。

值得注意的是,在现代金融纠纷中,违约行为常呈现复合性特征,需要进行专业性的判定。一是规则滥用,如利用格式条款中的"最终解释权"等模糊表述实施差别待遇;二是技术隐蔽,如通过风险模型参数调整实现隐性歧视(如将企业注册地设置为风险加权因子);三是跨市场传导,如在债券承销、供应链金融等跨市场业务中实施协同性违约。

(三)金融机构违约的法律责任类型

1. 承担民事责任。《民法典》规定的违约责任承担方式主要有以下几种:一是继续履行。如果民营经济组织要求金融机构继续履行合同义务,金融机构应当按照合同约定继续发放贷款,不得再设置不合理的障碍。这有助于民营经济组织维持正常的资金周转和生产经营活动。二是赔偿损失。金融机构的违约行为往往会给民营经济组织造成经济损失,如资金链断裂导致的生产停滞、订单违约赔偿、商业信誉受损等。金融机构应当赔偿民营经济组织的实际损失,包括直接损失和间接损失。赔偿损失的金额可以通过双方协商确定,也可以由法院根据过错程度、损失大小等确定。三是支付违约金。如果借款合同中约定了违约金条款,金融机构应当按照合同约定支付违约金。违约金具有补偿性和惩罚性双重性质,既可以对民营经济组织所遭受的损失进行一定程度的补偿,也可以对金融机构的违约行为进行惩罚,以增强金融机构的合同意识和诚信意识。四是惩罚性赔偿(特殊情形)。若金融机构存在恶意违约(如为配合关联方收购而故意抽贷)或系统性歧视,民营经济组织可依据《中华人民共和国消费者权益保护法》第55条的规定主张惩罚性赔偿,但须证明金融机构存在主观故意。

2. 承担行政责任。金融监管机构可依据《银行业监督管理法》对违规金融机构处以罚款;对直接责任人给予警告、记过直至取消任职资格的处分。

3. 接受信用约束。金融机构违约行为被纳入金融信用信息基础数据库,将影响其监管评级和市场声誉。

• 适用要点 •

一、金融机构落实平等对待民营经济组织原则的实践指引

(一) 加强风险模型自查

定期对信贷审批系统进行"参数清洗",删除风险评价模型中与所有制相关的影响银行内部风控系统评级的字段(如"股东性质""企业类型")。金融机构须向监管部门提交模型参数清单,确保仅保留企业财务报表、征信记录、财务数据、行业分类等客观指标。

（二）加强政策公示自律

金融机构按监管部门要求在营业场所和官方网站的醒目位置公示授信流程、收费标准、担保要求等核心规则，并提供通用版本的纸质版信贷服务说明文件。公示内容须使用通俗易懂的语言，避免专业术语的堆砌。特别是在收费标准方面，金融机构要加强透明度建设，遵循"三不得"原则：不得强制收费，除合同明确约定的利息和手续费外，禁止以"财务顾问费""额度管理费"等名义收取附加费用；不得捆绑收费，不得将购买保险、基金等金融产品作为贷款发放前提；不得模糊收费，所有费用须在借款合同附件《费用清单》中以表格形式单独列示，禁止使用"相关费用""可能产生的成本"等笼统表述。

（三）加强差异阈值管控

设定民营经济组织与国有企业贷款利率差、抵押率差、审批时效差的上限（如利率差不超过银行同期贷款市场报价利率的15%）。每季度抽取一定比例的已审批贷款案例，对比同行业、同规模民营经济组织和国有企业的授信审批条件差异，如差异率超过一定比例，则重新评估其合理性。

二、民营经济组织保障自身平等信贷权的实践路径

（一）做好贷前识别

1.充分利用知情权。例如：民营经济组织有权要求金融机构书面说明拒贷理由，对"风险过高""政策限制"等模糊解释可要求金融机构提供具体依据；当民营企业认为遭遇违规收费，或发现利率、费用明显过高时，可依据《商业银行服务价格管理办法》和银行在网站和营业场所公示的定价标准要求重新定价。

2.民营经济组织在签约前须对金融机构提供的业务合同和批复进行审查。重点关注以下条款:一是单方变更权条款,即金融机构单方面调整利率、担保条件的,必须明确约定触发情形(如中国人民银行基准利率调整),且须提前在合理期限内书面通知;二是交叉违约条款,即不得将企业股东个人债务、关联企业纠纷等无关事项列为违约情形;三是提前收贷条款,金融机构提前收贷须列明借款企业具体的违约情形(如连续3个月未付息、资产负债率超过85%等),并约定合理期限的补救期。

3.承诺获取。要求金融机构明确确认"三不附加承诺":不附加担保,除合同约定外不要求新增抵质押;不强制购买理财、保险等金融产品;不将存款规模作为贷款发放条件等。

4.证据留存。对金融机构提出的口头要求,应当场要求出具加盖公章的书面说明;保存贷款审批过程中的所有文件,包括但不限于信贷员沟通记录、系统审批截图、补充材料清单;定期登录银行官网截屏保存公示的授信政策,作为后续维权的比对依据。

(二)加强贷中防控

1.提出异议。民营经济组织收到金融机构不合理要求时,可立即向金融机构发送书面异议,明确列举违反的法律条款,可同步向当地金融监督管理局提交金融消费者投诉书,附相关证据复印件,要求监管部门介入调查。

2.快速投诉。民营经济组织可拨打"12378"热线或"12363"热线对违规收费及其他违反本条平等性规范的行为向金融监督管理机构进行投诉。"12378"热线是原中国银行保险监督管理委员会按照《银行业保险业消费投诉处理管理办法》设立的统一维权服务专线,主要接受银行、保险消费者的维权投诉,对消费者的投诉事项快速接收、快速转办、快速处理。"12363"热线是工业和信息化部批复同意中国人民银行使用的全国性金融消费咨询投诉公益性服务专用号码,是受理和处理金融消费者咨询和投诉的公益电话。

(三)做好贷后纠纷救济

我国一直高度重视金融纠纷多元化解机制建设,打造了具有中国特色的金融纠纷多元化解机制,联动调解中心与法院系统提前介入纠纷,建立了"调解优先、诉讼断后"的"线上+线下"分层过滤机制。

1. 调解优先。经过近10年的发展,我国金融调解网络已基本覆盖全国,金融调解中心作为一种非诉讼纠纷解决机制,具有程序简便、成本低廉、专业性强等优势。我国已建立覆盖全国的金融调解体系,形成"国家级平台+地方组织+行业机构"的三级架构。国家级平台如中国金融消费纠纷调解中心,可处理银行、证券、保险等全领域纠纷,其调解协议经司法确认后具有强制执行力;地方性调解组织(如各省市金融消费权益保护协会)贴近基层,可快速处理区域性小额纠纷;行业性机构(如银行业协会调解中心、证券业协会调解中心)则针对特定领域提供专业化解决方案。

2. 法院救济兜底。民营经济组织可向金融机构所在地或合同履行地法院提起诉讼,依据《民法典》第577条的规定要求继续履行合同或赔偿损失,并可依据《中华人民共和国民事诉讼法》(以下简称《民事诉讼法》)的规定申请"行为保全"冻结金融机构抽贷行为。我国已设立3家金融法院,分别为上海金融法院、北京金融法院、成渝金融法院,旨在应对金融案件数量激增、法律关系复杂、风险传导性

> 强等挑战,通过集中管辖和专业审判提升金融司法质效,服务国家金融战略。其中上海金融法院作为全国首家金融法院,集中管辖证券、期货、信托等民商事案件,特别处理科创板上市公司纠纷及跨境金融活动引发的境内投资者权益案件,推动金融法治与国际接轨;北京金融法院聚焦国家金融管理核心职能,管辖涉及中国人民银行等监管机构的行政诉讼案件,以及新三板精选层企业证券纠纷,强化对金融政策合规性的司法审查;成渝金融法院作为跨省域司法创新试点,覆盖川渝15个市,采用"线上+智能"诉讼模式处理西部金融中心建设中的融资租赁、供应链金融等案件,并通过区块链技术实现跨区域证据链同步。

第二十五条 【直接融资机会平等】

具体条文

> 健全多层次资本市场体系,支持符合条件的民营经济组织通过发行股票、债券等方式平等获得直接融资。

性质界定

本条是关于民营经济组织直接融资机会平等的规定。

内涵阐释

本条规定旨在消除所有制歧视,保障各类市场主体融资机会平等。通过构建覆盖企业全生命周期的多层次资本市场体系,拓展民营经济组织的融资渠道,解决其融资渠道单一与固化问题;同时,借助资本市场优化资源配置的功能,激发民营经济组织依托技术实力和经营质量等内生动力获取直接融资,降低对传统银行贷款的过度依赖,实现融资结构的优化升级。

一、我国多层次资本市场体系的现状

多层次资本市场,是指根据企业规模、发展阶段、风险特征及融资需求差异,构建的具有梯度化、互补性、全覆盖特征的资本市场体系。该体系通过设立不同上市标准、交易机制及监管规则,形成从场内到场外、从全国性到区域性、从高流动性到低流动性的多层次市场网络,旨在满足多元主体的直接融资需求。我国资本市场由场内市场和场外市场两部分构成。其中场内市场的主板、科创板、创业板和场外市场的全国中小企业股份转让系统(新三板)、区域性股权交易市场(新四板)、证券公司主导的柜台市场等,共同组成了我国多层次资本市场体系。

(一)我国多层次资本市场经历了不断探索、完善和发展的过程

1984年11月,上海飞乐音响公司发行了新中国第一只股票,我国资本市场开始萌芽。1990年12月,上海证券交易所开业。1991年7月,深圳证券交易所开业,标志着我国资本市场的正式建立。1992年10月,中国证券监督管理委员会成立,我国开始对资本市场实施集中专门监管。1999年7月,《证券法》实施,将资本市场纳入法治轨道。2004年5月,深圳证券交易所推出中小板。2009年10月,深圳证券交易所推出创业板。至此,由沪深主板、中小板、创业板组成的资本市场体系初步具备了多层次的雏形。2006年,中关村科技园区非上市股份公司进入代办转让系统进行股份报价转让(新三板)试点。2008年9月,全国第一家区域性股权交易市场(新四板),天津股权交易所成立。2013年1月,全国中小企业股份转让系统(新三板)正式挂牌运营。2019年7月,科创板并试点注册制在上海证券交易所正式推出。2020年6月,创业板开始实行注册制。2021年9月,致力于打造服务创新型中小企业主阵地的北京证券交易所注册成立;同年11月,首批81家企业在北京证券交易所上市交易。2023年2月,三大交易所全面实行注册制。至此,我国已构建完成以上海证券交易所、深圳证券交易所、北京证券交易所、全国中小企业股份转让系统(新三板)、区域性股权交易市场(新四板)为载体,涵盖了主板、创业板、科创板、新三板、新四板在内的多层次资本市场体系。

(二)多层次资本市场体系的构成及其功能定位

1. 主板市场。主板市场是传统意义上的证券市场,主板市场的公司在上海证券交易所和深圳证券交易所两个市场上市。主板市场是资本市场中最重要的组成部分,是证券发行、上市及交易的核心场所。主板市场主要服务大型成熟企业,重点支持传统产业龙头和国民经济支柱企业,对上市公司的营业期限、股本规模、盈利水平和市值规模均设有严格标准。主板市场素有"国民经济晴雨表"之称,其股价波动直接反映宏观经济走势,对企业的盈利稳定性和行业龙头地位要求严格,是上市门槛最高的资本市场板块。

2. 科创板。科创板是上海证券交易所设立的独立板块,于2019年试点注册制,主要服务符合国家战略、突破关键核心技术、市场认可度高的科技创新企业。重点支持新一代信息技术、高端装备、新材料、新能源、节能环保以及生物医药等高新技术产业和战略性新兴产业,推动互联网、大数据、云计算、人工智能和制造业深度融合,引领中高端消费,推动质量变革、效率变革、动力变革。科创板相对主板市场呈现出以下特征:一是注册制创新。取消盈利要求,以市值为中心,综合考虑收入、净利润、研发投入、现金流等因素,设置了多元包容的上市条件。二是行业聚焦。重点支持新一代信息技术、生物医药、新能源等高新技术产业,推动科技与制造业融合。三是交易规则改变。科创板新股上市前5日不设涨跌幅限制,此后涨跌幅放宽至20%,以提高市场流动性。

3. 创业板。作为深圳证券交易所设立的二级市场,创业板是地位次于主板市场的二级证券市场,在上市门槛、监管制度、信息披露、交易者条件、投资风险等方面和主板市场有较大区别。创业板主要是扶持中小企业,其具有以下主要特点:一是创业板聚焦"三创四新"(创新、创造、创意,新技术、新产业、新业态、新模式)企业。二是创业板上市条件较主板宽松,允许净利润较低但成长性突出的企业上市,如近两年累计净利润达到5000万元即可申请。三是创业板企业多为高成长性中小企业,市场波动性较大,投资者须承担较高风险。

4. 北京证券交易所。北京证券交易所由新三板精选层升级而来,定位为"服务创新型中小企业主阵地",为其提供上市融资、股权转让等综合服务,上市财务标准为"2亿市值+15%营收增速"。新股上市首日不设涨跌幅限制,次日起涨跌幅限制为30%,个人投资者须满足50万元日均资产和2年交易经验,机构投资者无资金门槛限制。2025年日均成交额突破50亿元。

5. 新三板。新三板是场外股权交易市场,定位为以机构投资者和高净值人士为参与主体,为中小微企业提供融资、交易、并购、发债等功能的股票交易场所。新三板分为基础层和创新层:创新层企业须满足更高财务标准,如近两年净利润累计不低于1500万元;基础层涨跌幅限制为100%,创新层为50%,交易活跃度显著低于北京证券交易所。新三板创新层企业挂牌满12个月可申请转板至北京证券交易所,形成多层次市场衔接。2025年新增挂牌企业2300家,创新层企业占比达35%。

6. 区域性股权市场(新四板)。区域性股权市场是省级地方政府监管的场外市场,服务于地方小微企业,为其提供股权、债券的转让和融资服务,属于私募市场。区域性股权市场允许非公开股权融资与转让,无强制性盈利要求。例如,针对农业合作社、小微科技企业,地方政府可通过贴息、担保等政策降低企业融资成本。区域性股权市场信息披露要求较低,交易以协议转让为主,投资者以私募基金和高净值个人为主。截至 2025 年 5 月底,我国已建成包括天津股权交易所、齐鲁股权托管交易中心、上海股权托管交易中心、武汉股权托管交易中心、重庆股份转让中心、深圳前海股权交易中心、广州股权交易中心等在内的 30 多家股权交易市场。2025 年累计服务企业超 15 万家,通过私募证券发行帮助企业获得融资超 4000 亿元。

二、健全多层次资本市场体系的意义

我国资本市场是随着经济体制改革的进程逐步发展起来的,在发展思路上存在以下问题:(1)重间接融资,轻直接融资;(2)重银行融资,轻证券市场融投资;(3)在资本市场上"重股市,轻债市;重国债,轻企债"。其导致了社会资金分配运用的结构化矛盾和低效率,影响市场风险的有效分散和金融资源的合理配置。资本市场是促进民营经济发展壮大的重要平台。通过建立健全多层次资本市场体系,实施制度创新与市场分层,可以实现差异化定位和功能互补,覆盖民营经济组织全生命周期融资需求。

(一)精准匹配投融资市场需求

从民营经济组织融资的需求匹配角度,多层次资本市场改变传统单一层次的主板市场采用统一准入标准的模式,建立了差异化准入体系,为处于研发期或成长期的科技型民营经济组织获得股权融资提供保障。例如:科创板允许研发投入占比或发明专利有优势的企业突破盈利限制上市;北京证券交易所在财务条件上实行多选一的规则,对拟上市企业的市值和盈利要求低于 A 股市场其他板块,使不同阶段的企业都能有机会在北京证券交易所上市;区域性股权市场为初创期企业提供非公开股权融资渠道;等等。因此,多层次资本市场体系发挥着服务错位、功能互补、精准匹配的融资服务。主板市场可以为大型成熟的民营经济组织提供稳定融资渠道;科创板则以注册制支持硬科技企业突破关键核心技术;创业板则为高成长性创业公司构建风险资本退出通道;北京证券交易所衔接新三板创新层,优化中小企业融资路径;区域性股权市场填补了小微企业在资本市场的服务空白。从投资者的多元需求匹配角度,资本市场的层级划分本质上构建了多元的风险收益适配机制,对高风险偏好的投资者可以布局具备高成长潜力的初创企业股权;稳健型投资者则可以聚焦经营稳定的成熟企业证券;保守型资金则配置国债等低风险固收产品。

(二)构建企业质量动态优化机制

多元化资本市场的层次递进设计,为民营经济组织的市场进化建立了通道。发展的正向激励方面,如新三板根据净利润、营业收入及复合增长率、研发投入等财务指标,以及获取融资金额、做市等资本认可度指标,设置了四套申请挂牌同时进入创新层的进层标准;创新层企业满足北京证券交易所标准后则可以实现转板上市。在逆向淘汰方面,则通过设置更严格的强制退市条件,包括财务指标、重大违法行为和规范运作等方面的触发要求,2024年共有55家A股上市公司退市,资本市场通过能上能下的机制倒逼企业持续提升经营质量。

(三)系统性降低金融风险传导

多层次市场通过风险分层管理重构金融安全体系。一是风险隔离。将初创企业的高失败风险限定在合格投资者范围,如区域性市场设定个人投资者100万元准入门槛,避免风险向低风险偏好投资者和银行体系传导。二是风险对冲。例如,科创板引入做市商制度和个股期权,为企业估值波动提供风险管理工具。三是风险缓释。例如,新三板设置"基础层—创新层"缓冲带,给予经营波动企业12个月整改期。

三、直接融资的工具类型

(一)直接融资的含义

直接融资是指资金需求方(如企业)不通过银行等金融中介机构,直接在资本市场上与资金供给方(投资者)通过股票、债券等直接融资工具建立契约关系的融资行为。其本质在于去中介化与市场化定价的双重属性:一是资金供需双方通过股票、债券等标准化工具实现点对点对接,投资者直接承担企业经营风险并分享收益,如科技企业通过科创板发行股票募集研发资金,投资者以股东身份参与企业价值成长;二是融资成本由市场供需动态决定,如债券发行利率随企业信用评级、行业周期波动,股权定价则基于投资者对企业未来现金流的预期折现。这一机制使轻资产、高研发投入的民营经济组织能够突破传统信贷依赖抵押物的限制,将技术专利、用户规模等无形资产转化为融资能力。

(二)直接融资与间接融资的差异

直接融资与间接融资的差异体现在以下三个方面:(1)资金流动路径。直接融资中,资金从资方直达企业,形成"企业发行证券—投资者认购"的透明链条,如新能源企业发行绿色债券建设光伏电站,养老基金直接认购并获取固定收益;间接融资则依赖银行中介完成资金转介,企业通过贷款合同获取银行基于储户存款形成的资金池,资金流向与终端投资者隔离。(2)风险分配机制。直接融资要求投资者自主承担企业经营风险,如半导体企业股价波动直接影响股东财富,债券违约则导致投资者本金损失;间接融资中,银行通过信用评估、抵押担保等手段缓释风险,储户仅承担银行破产的极小概率风险,企业违约损失主要由银行消化。(3)适用场景。直接融资适配长周期、高不确定性的战略投资,如生物医药企业凭借临床批件估值在科创板上市,募集资金支撑10年期新药研发;间接融资则服务于短期流动性管理,如制造业企业通过票据贴现快速获取原材料采购资金。两类模式共同构成企业融资的支柱。

(三)直接融资工具的主要类型

直接融资工具是企业通过资本市场直接向投资者获取资金的金融载体,根据其运作逻辑与适用场景,可作以下分类:

1. 股权类工具。(1)普通股。企业将所有权划分为标准化的份额,投资者通过认购股份成为公司股东,依法享有两项核心权益,即收益分配权和公司治理权。股东按持股比例参与企业利润分配、通过股东会参与重大事项决策(包括战略投资审批、董事会成员选举等法定程序等)。这类工具适用于具备持续盈利能力且计划长期发展的企业,典型案例如科技企业通过科创板首次公开募股(Initial Public Offering,IPO)募集研发资金。(2)优先股。企业发行具有优先分红权但无表决权的特殊类别股份,投资者可定期获取固定比例收益,但不介入日常经营管理。这类工具适用于须补充资本但维持控制权结构的企业,常见于成熟企业与财务投资者合作的情形中。(3)可转换公司债券。企业发行允许投资者在约定期限内转换为普通股的债券,初始阶段按债权关系支付利息,转换后计入股权资本。这类工具的优势在于融资初期企业可享受低于普通债券的利率成本,后期若企业估值提升可减少现金偿付压力。

2. 主要债权类工具。(1)公司债券。企业在证券交易所市场向投资者发行标准化债务凭证,承诺按期支付利息并在到期日偿还本金。债券利息支出可抵扣企业所得税。这类工具适用于现金流稳定的民营经济组织以优化资本结构。(2)短期融资券。企业在银行间债券市场发行的期限为不超过1年的债务融资工具,主要用于满足生产经营中的临时性资金需求,发行利率普遍低于银行短期流动资金贷款基准利率。

(3)中期票据。企业在银行间债券市场发行的 1~10 年期标准化债务融资工具,核心定位为中长期低成本融资载体。这类工具具有以下优势:一是发行机制灵活,注册额度 2 年有效期内可自主分次发行,单次发行规模最低可至 5000 万元,已取消待偿余额不超过净资产 40%的限制,并对专精特新企业豁免部分增信要求;二是财务成本优化,发行利率较同期银行贷款低,利息支出可抵扣企业所得税;三是资金用途适配,明确允许募集资金用于研发投入、产能扩建及债务结构优化等中长期需求。(4)永续债券。企业在银行间债券市场发行无固定到期期限的资本工具,投资者可长期持有并获得利息收益,发行人保留延期付息权。该类债券可计入权益科目,降低企业资产负债率。(5)超短期融资券。企业在银行间债券市场发行的期限不超过 270 天的短期债务融资工具。一次注册、分期发行,满足高频小额流动性需求,成本优势同样显著,灵活覆盖 7 天至 270 天的短期资金缺口,如应对供应链中断或季节性采购需求。(6)境外债。境内企业及其控制的境外企业或分支机构,在离岸市场如香港联交所、新加坡交易所、伦敦交易所等,发行向境外举借的、以本币或外币计价、按约定还本付息的 1 年期(不含)以上债务工具。外债期限需为 1 年以上,且须经国家发展和改革委员会审核登记,可选择人民币、美元、欧元等币种发行,以匹配企业跨境收支需求,须遵循国际资本市场信息披露标准,并接受国家外汇管理局对资金跨境流动的监管。发行结构主要包括直接发行(无增信)、担保增信发行(由母公司或金融机构担保)及红筹架构发行[通过境外 SPV(Special Purpose Vehicle)实现资产证券化]。

3.资产证券化工具。(1)应收账款证券化。企业将具有稳定现金流的应收账款资产组合打包设立专项计划,通过在银行间债券市场或证券交易所发行资产支持证券实现资金快速回笼。(2)基础设施公募 REITs。企业将具有持续收益的不动产资产(如产业园区、仓储物流中心)进行证券化发行,投资者通过认购份额获取租金收益分红。我国公募 REITs 试点政策要求年度分红比例不低于合并后基金年度可供分配金额的 90%。(3)知识产权融资工具。企业将专利权、商标权等无形资产作为基础资产,通过质押融资或证券化方式获取资金。例如,某省对科技型企业知识产权质押融资实施 3% 的财政贴息,企业实际融资成本可降低至 4% 以下。

4. 企业成长专项工具。(1)私募股权融资(PE)。专业投资机构通过非公开方式对企业进行股权投资(单笔规模通常不低于 5000 万元),通过董事会席位参与战略决策。战略投资机构可为企业导入产业资源,如为医疗企业对接三甲医院临床试验渠道。(2)风险投资(VC)。投资机构对处于初创期的高成长性企业进行股权投资,典型投资阶段覆盖种子轮到 B 轮融资。估值逻辑如某人工智能企业以 20% 股权获得 3000 万元风险投资,3 年后企业估值增长至 15 亿元,投资者股权价值达 3 亿元。(3)政府产业引导基金。地方政府联合社会资本设立定向投资基金,重点支持战略性新兴产业及本地优势产业。该类基金通常不设置业绩对赌条款,以政策性支持和产业引导为主,投资期限可长至 8~10 年。

• 适用要点 •

如何构建平等对待民营经济组织的直接融资环境,是本条适用的关键。直接融资环境中,平等对待民营经济组织就是指民营经济组织在多层次资本市场中享有与其他所有制企业无差别、非歧视的融资权利与机会。"平等"的核心要义是保障民营经济组织在法律地位、准入条件、规则适用、服务保障、监管标准、权益保护等方面的平等权利,最终形成"权利平等、机会平等、规则平等"的市场化融资环境,为民营经济高质量发展奠定基础。

构建平等的直接融资环境需要政府、市场、社会多方协同,通过制度创新、工具丰富、信用完善、监管优化等综合措施,为民营经济组织提供公平、高效、可持续的直接融资渠道。

一、优化资本市场制度设计

一是要提升资本市场包容性,更全面优化科创板、创业板、北京证券交易所的上市条件,降低对民营经济组织的营利要求,重点关注其科技创新能力和成长潜力。二是要更好地强化北京证券交易所与新三板的衔接,推动符合条件的创新层民营经济组织便捷转板。三是要强化上市培育与服务,健全上市后备库,通过政府引导和中介机构参与,筛选优质民营经济组织纳入培育名单,提供财务规范、公司治理等方面的辅导。四是优化中介服务,鼓励券商、会计师事务所等机构为中小型民营经济组织提供低成本服务,降低上市前期成本。

二、创新债券市场工具,优化债权融资环境

一是要优化准入条件,排查与消除民营经济组织债券发行的显性或隐性门槛,落实发行标准的统一性,确保民营经济组织的公平准入。二是要进一步丰富债券品种与增信机制,推广特色债券产品,扩大科创债、绿色债、资产支持证券(Asset-backed Securities,ABS)等债券产品规模,精准对接民营经济组织融资需求。三是要扩大投资者范围和加强风险共担机制建设,鼓励商业银行、社保基金等加大民营经济组织债券配置,通过风险分散机制降低投资风险。

三、健全信用体系,破解信息不对称问题

一是要完善信用评级机制。除前已述及的信用评级与征信体系外,还应引入多元评级机构,优化评级方法,减少对抵押资产的过度依赖,更多关注现金流和技术优势。二是要建立信用修复通道。对短期经营困难导致信用受损的民营经济组织,允许其通过整改、履约等方式修复信用记录,重新获得融资资格。三是要强化公共数据授权运营。应建设统一金融服务平台,整合市场监督管理、税务、海关等公共数据,通过区块链等技术实现安全共享,为金融机构提供精准的企业画像。四是要鼓励主动披露信息。对自愿公开经营数据的民营经济组织给予融资优惠,如降低贷款利率、优先审批等,形成"诚信受益"的正向激励。

四、优化监管与投资者保护,营造公平的市场环境

要避免"所有制导向"监管,从制度上确保监管规则的一致性。实施差异化监管政策,根据民营经济组织规模、行业特性制定分类监管规则,动态调整监管标准,避免"一刀切"问题。加强公共服务的均等化供给,在上市培育和债券增信支持服务等方面,为民营经济组织提供与其他类型经济主体平等的融资服务支持。通过法治建设,确保司法机关对民营企业融资纠纷实行"同案同判",保障民营经济组织作为融资主体的合法权益。同时,在市场退出机制方面,确保民营经济组织与其他所有制经济主体在退市、债券违约处置等环节适用相同规则。

第二十六条 【信用信息共享与信用评级优化】

具体条文

> 建立健全信用信息归集共享机制,支持征信机构为民营经济组织融资提供征信服务,支持信用评级机构优化民营经济组织的评级方法,增加信用评级有效供给,为民营经济组织获得融资提供便利。

性质界定

本条是关于信息共享与信用评级优化的条款。

内涵阐释

本条旨在通过优化信用服务生态,破解民营经济组织融资难、融资贵问题。通过建立信用信息归集共享机制,打破"信息孤岛",为金融机构提供全面、准确的信用画像,解决信息不对称导致的融资壁垒。支持征信和评级机构优化服务,消除对民营经济组织的隐性歧视,保障其在融资市场中享有平等机会。通过增加信用评级的有效供给,降低信贷风险评估成本,缩短融资链条,实现资金供需高效匹配。

一、完善融资征信服务是破解民营经济组织融资困境的关键举措

(一)民营经济组织的"信用鸿沟"问题制约其获平等融资

有关研究报告显示,民营经济组织的企业平均信用评级比同规模国有企业低2~3个等级。2023年工商业联合会的有关调研显示,民营企业综合融资成本较国有企业高1.8个百分点。市场经济是信用经济,在"信用环境—信用能力—经营能力—市场竞争力"的传导机制中,民营经济组织在信用评级中较低,进一步影响了民营经济组织经营其信用能力,获得资金成本低的融资支持,导致其市场竞争力下降,难以形成"信用越好—融资越易—发展越稳"的正向循环。

(二)民营经济组织的"信用鸿沟"问题与征信服务有效供给不足密切相关

一是在信用信息归集共享基础方面,传统信用数据主要聚焦信贷记录等金融领域信息,对于大量非金融场景下的信用行为数据涉及较少,存在信用信息收集完整度不够问题。此外,民营经济组织的经营、税务、社保等信用数据分散在不同机构、不同部门,存在信用数据碎片化问题,缺乏统一的整合,也缺乏统一标准的输出,从而难以全面勾勒民营经济组织的信用全貌。二是征信机构和信用评价方法方面供给不足。从现状来看,提供征信服务的主体仍然以中国人民银行为主,市场化征信力量有待提升,"公共征信(中国人民银行)+市场征信(企业)"二元互补体系有待形成与加强。在评级方法方面,传统评级方法过度依赖抵押资产,没有结合民营经济的特点(如轻资产、高成长性)调整评估模型,过度简单套用国有企业评价标准,未能有效反映民营经济组织的成长性和创新能力,难以科学评判其信用的真实情况。三是民营经济组织在信用评判中信用救济机制不足。当民营经济组织对其征信报告中的不良记录存在异议或不可抗力等客观因素导致信用受损时,缺乏便捷、高效的信用修复救济途径。冗长复杂的申诉流程、模糊不清的责任界定,导致民营经济组织信用救济效果不理想。

(三)完善融资征信服务生态,建立完整科学的民营经济组织"信用版图",对突破民营经济组织融资瓶颈具有重要意义

在降低融资成本方面,精准信用画像可以减少金融机构尽职调查成本,推动贷款利率下降。此外,金融机构在为民营经济组织提供贷款服

务时,贷款利率、期限应与民营经济组织自身信用相匹配、与信贷需求相一致,进一步提高信贷资源配置的精准度。在提升融资可得性方面,信用共享机制可以帮助轻资产企业凭经营数据获得信用贷款,差异化评级方法可以使高新技术企业更易获得风险投资。在优化发展生态方面,通过提升民营经济组织经营信用的能力,形成"信用越好—融资越易—发展越稳"的正向循环,提升民营经济组织的市场竞争力。同时,通过违约信息公示可以倒逼民营经济组织规范经营,增强市场透明度。

二、信用信息的定义与分类

市场经济就是信用经济。信用信息的法律定义与范围划定,实质是构建数字经济时代的信用法治基础设施。对于民营经济组织来说信用数据管理已从合规义务升级为战略竞争力,直接影响其在融资、招投标、市场拓展等方面的机会与成本。通过精准画像,金融机构可降低信贷风险、精准投放产品,政府部门可优化监管资源配置,消费者也能更透明地选择合作伙伴。

信用信息是反映市场主体履约能力、诚信状况及社会评价的客观数据集合。信用信息按企业全生命周期分类,涵盖设立、运营、交易、监管全流程,包括基础数据、经营数据、财务数据、合规数据四大维度。这一分类体系既体现法律对市场主体的身份识别要求[如《中华人民共和国市场主体登记管理条例》(以下简称《市场主体登记管理条例》)及《中华人民共和国市场主体登记管理条例实施细则》(以下简称《市场主体登记管理条例实施细则》)],又涵盖经济行为合规性评价[如《中华人民共和国环境保护法》(以下简称《环境保护法》)],形成从静态身份到动态行为的信用画像闭环。

基础数据是市场主体的法定身份标识,也是确认企业法人资格的核心信息,具有法定性、唯一性和公示性特征。具体包括企业名称、统一社会信用代码、法定代表人信息、注册资本等法定登记事项。其中企业名称、住所、经营范围等信息须强制公开,但股东身份证号、联系方式等敏感信息须作脱敏处理,符合《中华人民共和国个人信息保护法》(以下简称《个人信息保护法》)的要求。

经营数据是市场主体市场行为的客观记录与评价,反映企业在市场活动中的行为轨迹与履约能力,具有动态性、连续性和场景化特征。具体包括企业在日常运营过程中产生的各类数据,如销售数据、财务数据、客户数据、市场数据等。法律依据为《中华人民共和国税收征收管理法》(以下简称《税收征收管理法》)、《中华人民共和国电子商务法》。同时对经营数据的收集与分析,须遵守保护个人信息和商业秘密的法律法规,确保数据和隐私安全。

财务数据是对企业资本结构和经营成果的货币化呈现,具有专业性、系统性和可审计性。《中华人民共和国会计法》(以下简称《会计法》)要求企业建立真实完整的会计账簿,现行有效的会计准则体系规范资产负债表、利润表等核心报表的编制标准。金融机构受理贷款申请时,通常要求提供经会计师事务所近期审计完结的财务报表,一旦发现财务造假或误差,即启动追溯调整机制,重大财务信息失真将触发跨部门信用联合惩戒。

合规数据涉及市场主体遵守法律法规的情况,涵盖环境保护、税务、劳动等多个方面,是衡量企业守法状况的标尺,具有强制性、负面性和可修复性。例如,环境信用评价体系、生产安全事故信息、行政处罚信息等,均被纳入全国信用信息共享平台。同时合规数据的修复机制,允许企业通过技术整改、信用承诺等方式恢复信用。

三、支持征信机构加大信用征信服务

(一)征信机构提供征信服务现状

征信机构是指依法设立的、独立于信用交易双方的第三方机构,专

门从事收集、整理、加工和分析企业或个人信用信息资料工作,出具信用报告,提供多样化征信服务,帮助客户判断和控制信用风险等。中国征信服务市场的主要参与者包括中国人民银行征信中心、市场化征信机构以及部分互联网金融平台。中国人民银行征信中心作为具有官方背景的征信机构,在数据获取、处理和提供征信服务方面具有权威性;市场化征信机构则通过与各类数据源合作,收集并整理信用信息,为金融机构提供征信服务;部分互联网金融平台依托其平台积累的大量用户数据,对外提供信用评估等服务。

征信服务主要包括信用报告查询、信用评分、信用监控、风险预警及多种增值服务。大数据、云计算、人工智能等技术在征信服务中的应用日益广泛,征信机构作为专业信用信息收集和整理机构,通过多维度、全方位收集和整理民营经济组织的信用信息,有利于降低民营经济组织融资过程中的信息不对称风险和信息壁垒,提高融资效率及质量。我国征信体系建设坚持"政府+市场"双轮驱动模式,大力发展多层次征信市场。中国人民银行从信贷征信起步,经过30年的发展,已建成了全球数据规模领先、服务覆盖面最广的公共征信系统,金融信用信息基础数据库的信用报告已经成为全面反映信息主体信用状况的权威依据。截至2024年年末,数据库已经收录11.6亿自然人、1.4亿户企业和其他组织的信用信息,2024年全年提供信用报告查询服务67亿次。个人征信方面,中国人民银行按照"总量控制、结构优化、适度竞争"的原则,先后批设了百行征信有限公司、朴道征信有限公司、钱塘征信有限公司三家市场化个人征信机构,与中国人民银行征信中心互为补充、协同发展。企业征信方面,中国人民银行支持有数据、有技术、有市场的机构进入企业征信市场,引导企业征信机构整合企业的注册登记、生产经营、合同履约等各类涉企信用信息,为金融机构提供专业化、特色化的征信产品和服务。2024年,154家企业征信机构累计提供各类征信服务365亿次。

(二)信用评级机构的市场供给情况

信用评级机构是金融市场的服务性中介机构,其主要职责是对影响经济主体或债务融资工具的信用风险因素进行分析,评估其偿债能力和偿债意愿,并通过预先定义的信用等级符号来进行相应表示。信用评级是衡量企业信用状况的重要指标之一,对于金融机构具有重要的参考价值。对于民营经济组织来说,金融机构通过信用评级可以更准确地了解民营经济组织的信用状况和风险水平,可以为民营经济组织提供更合理的融资决策支持。同时,信用评级也有助于提升民营经济组织在资本市场和国际市场上的信誉度和融资能力,为其获得更多的融资机会和渠道提供标准化的评级背书。

当前在我国提供信用评级服务的信用评级机构呈多元化格局,主要由三个层面组成:第一层面主要有标准普尔(S&P Global Ratings)、穆迪公司(Moody's)和惠誉国际信用评级有限公司(Fitch Ratings)三家国际评级机构;第二层面主要中诚信国际信用评级有限责任公司、联合资信评估股份有限公司、大公国际资信评估有限公司和东方金诚国际信用评估有限公司等四家评级机构;第三层面由区域性评级公司组成,如东方金诚国际信用评估有限公司和上海新世纪资信评估投资服务有限公司等。截至2025年4月,全国备案的法人信用评级机构为48家。信用评级行业竞争日趋激烈,市场对评级机构的评级质量、执业水平、合规经验、行业自律等提出了更高要求。

(三)优化民营经济组织信用评级,增加有效供给

信用评级优化与民营经济组织融资便利化存在双向促进关系。精准的信用评级可显著降低银企信息不对称,提升金融机构对民营经济组织的风险定价能力,进而改善融资可得性与成本;标准化评级结果还可

以拓宽民营经济组织的融资渠道,便于民营经济组织进入资产证券化、债券发行等直接融资市场评级机构。在优化民营经济组织信用评级方面,要做好两方面工作:一是加强科学动态监测和评估。持续跟踪监测民营经济组织的经营情况,对民营经济组织的信用状况进行全面、深入的动态评估和分析,并根据其信用风险情况,为民营经济组织提供有针对性的信用提升建议和风险管理方案,帮助民营经济组织提高信用意识和信用水平。二是优化适合民营经济组织特点的评级指标和评级工具。在评级指标方面,重视非财务指标,更全面地反映民营经济组织真实状况。针对民营科创企业特点,可差异化构建研发投入、专利转化等核心指标评价体系。对于绿色转型企业,可设计碳排放强度、能耗效率等专项评级标准,破解传统模型与新兴产业的适配性滞后难题。在评级工具方面,积极应用区块链技术实现合同履约、知识产权等数据的可信存证,通过自动学习技术和智能工具打破"数据孤岛",在保障隐私安全前提下提升数据价值挖掘能力,开发更适配发展中的民营经济组织的评价工具和评价体系。

四、建立健全信用信息归集共享机制

信用信息归集共享机制,是指通过制度设计和技术手段,整合分散于政府部门、金融机构、公共服务机构及市场主体的信用数据,构建统一的数据采集、存储、处理及共享平台,实现信用信息跨部门、跨行业、跨区域的安全高效流通。

2019年,由国家公共信用信息中心建设的全国中小企业融资综合信用服务平台(全国信易贷平台)成立,并基本形成了全国一体化平台网络。全国信易贷平台依托全国信用信息共享平台,"自上而下"打通部门间的"信息孤岛",降低银行信息收集成本。全国信易贷平台根据金融机构需求,持续扩大信用信息归集范围,截至2024年,共有企业登记注册、纳税、社保、住房公积金、水电气费等74项涉企信用信息纳入归集共享范围,并推动企业主要人员信息、各类资质信息、进出口信息等信用信息及时共享。全国信易贷平台也与多家全国性金融机构开展"总对总"专线对接,实现数据共享,同时指导地方融资信用服务平台与有关银行机构联合开发"信易贷"专项产品,面向具体领域精准供给金融服务。截至2024年年末,全国信贷易平台已累计服务各类经营主体近700万家,促成融资规模突破24万亿元,在信用信息查询、融资需求对接、惠企政策直达、融资增信服务等方面发挥了重要作用。

根据2025年3月底中共中央办公厅和国务院办公厅《关于健全社会信用体系的意见》的要求,政府将继续构建覆盖各类主体的社会信用体系、夯实社会信用体系数据基础、健全守信激励和失信惩戒机制、健全以信用为基础的监管和治理机制、提高社会信用体系市场化社会化水平。未来,通过发挥全国信用信息共享平台信用信息归集共享"总枢纽"功能,坚持以共享为原则、不共享为例外,统一归集各领域信用信息,根据需求按规定向有关部门提供信用信息服务,定期开展归集共享质效评估。推动全国信用信息共享平台与行业信用信息系统深度联通、数据共享。同时,在保障信用主体合法权益和信息安全的前提下,提升商业合同信息、产业链信息、交易信息等共享水平,使信用评级机构能够获取更翔实的信息,提升评级结果的客观性和可靠性。政府对信用信息归集共享机制的重视和布局不仅有助于金融机构精准判断民营经济组织的信用风险,也为民营经济组织拓宽融资渠道、降低融资成本提供了有力保障。

• 适用要点 •

一、民营经济组织作为信息主体的权利清单

根据《个人信息保护法》《征信业管理条例》《征信业务管理办法》等法律法规规定,信息主体拥有以下具体权利:一是同意权。信息主体有权决定是否允许征信机构采集、使用其信用信息,并明确信息的使用目的、范围和接收方。例如,采集个人信息须经本人书面同意,金融机构查询信用报告前须取得授权。信息主体有权拒绝信用信息被用于约定以外的用途,如禁止未经授权的第三方获取或使用信用数据等。二是知情权。信息主体可全面了解自身信用信息的采集内容、处理方式及使用场景,包括获知不良信息被录入征信系统的具体情况。三是查询与复制权。信息主体每年可免费查询自身信用报告 2 次,超出次数按标准收费;还可要求征信机构或信息提供者提供信用报告的完整副本。四是异议与更正权。信息主体若发现信用报告中存在错误或遗漏,可向征信机构或信息提供者提出异议,机构应在受理后 20 日内核查并更正(如债务清偿后银行未及时更新数据导致的不良记录)。五是删除权。不良信用信息自行为终止之日起保存期限不得超过 5 年,超期后必须删除。对于非恶意违约(如保证责任已免除但未及时更新记录),可申请提前删除。六是司法救济权。异议处理后仍不满意的,信息主体可向法院提起诉讼,通过法律途径维护权益。例如,保证人因银行未及时消除已免除的保证责任记录造成征信受损,可通过异议程序要求删除并主张赔偿。七是投诉权。信息主体如认为征信机构或信息提供者侵害自身合法权益时,可向中国人民银行分支机构或地方监管部门投诉。

二、征信机构作为征信服务提供主体的禁止性行为要求

一是禁止采集敏感信息。不得擅自收集与信用无关的个人隐私信息,如宗教信仰、基因、指纹、血型等敏感信息。二是禁止非法数据交易。不得擅自向第三方出售或提供信用信息,未经批准不得跨境传输数据信息。三是禁止超范围使用信用信息。向信息使用者提供信用信息时,不得超出约定用途范围(如不得将贷款评估数据用于营销)。四是禁止歧视性评价。信用评价模型须公开基础逻辑,禁止基于性别、种族等非信用因素进行歧视性评价。五是禁止与无资质机构合作。金融机构不得从未取得合法资质的市场机构获取征信服务。六是禁止泄露用户隐私。严格保护商业秘密和个人隐私,管理疏漏导致信息泄露的须承担法律责任。

三、信用评级机构针对民营经济组织的评级方法优化策略

一是加强指标体系重构。例如:从成长性维度,增加研发投入强度、专利转化率等指标权重,反映科技型企业的长期价值。从经营韧性维度,纳入供应链稳定性等突发事件下的恢复能力评估。二是技术赋能升级。应用知识图谱技术关联企业上下游交易数据,验证营收真实性。通过区块链存证合同履约记录,保证评级数据的不可篡改性。三是进行行业差异化适配。例如,制造业应重点对设备利用率、订单质量(预付款比例/客户信用等级)、库存周转效率进行评估;服务业可以从客户留存率、线上平台复购率、服务投诉解决效率、人力资源稳定性等方面加强评估。科技型企业可以从知识产权质押估值、技术团队专利产出密度、政府科研补贴获取能力等方面进行评估。四是建立动态调整机制。例如,设置季度信用扫描窗口,对完成技术升级或市场拓展的企业及时上调评级等。

四、民营经济组织加强自身信用管理体系建设的着力点

民营经济组织可加强内部管理,提高信用意识和信用水平,重视多维度的信用维护,通过"修复—培优—融资"三阶递进策略,将政策红利转化为实质融资优势,构建和完备自身信用管理体系。一是规范管理信用信息,建立跨条线数据管理机制,动态维护市场监督管理、税务、专利等核心信息,保持对全国信用信息共享平台信用信息清单信息的关注,提升信用画像精准度和广度。二是主动进行信用运营,提升信用透明度,增强市场信任,加强与评级机构沟通。例如,将环保认证、供应链稳定性等非财务优势转化为信用资本,通过数据资产化拓展融资渠道,关注政策制定动向,对接地方政府信用培优项目等,在法律、政策允许的情况下,合理提升中长期信用评级。三是学习和运用政策红利和政务服务便利,定期自查,积极参与信用修复计划(如"信用中国"网站信用修复"一网通办"功能),及时纠正失信行为,确保信用信息的准确性和完整性、塑造企业信用形象,提升市场竞争力和融资认可度。

第四章 科技创新

第二十七条 【民营经济组织科技创新的导向引领】

具体条文

> 国家鼓励、支持民营经济组织在推动科技创新、培育新质生产力、建设现代化产业体系中积极发挥作用。引导民营经济组织根据国家战略需要、行业发展趋势和世界科技前沿，加强基础性、前沿性研究，开发关键核心技术、共性基础技术和前沿交叉技术，推动科技创新和产业创新融合发展，催生新产业、新模式、新动能。
>
> 引导非营利性基金依法资助民营经济组织开展基础研究、前沿技术研究和社会公益性技术研究。

性质界定

本条是关于鼓励、支持民营经济组织推动科技创新以及引导非营利性资金资助民营经济组织的规定。

内涵阐释

一、民营经济组织在推动科技创新、培育新质生产力、建设现代化产业体系中发挥的作用

2024年12月，中央经济工作会议将"以科技创新引领新质生产力发展，建设现代化产业体系"作为2025年经济工作九项重点任务中的第二项进行专门部署。2025年国务院《政府工作报告》提出"因地制宜发展新质生产力，加快建设现代化产业体系"，其中的关键核心在于"推动科技创新和产业创新融合发展"。由此可见，本条规定与国家宏观经济政策一脉相承,有助于在更高水平、更高层次上推进政府与市场的法治化关系,建设高水平的社会主义市场经济体制。

科技创新是培育新质生产力的基本路径,现代化产业体系是新质生产力的发展载体,三个要素之间具有紧密的联系。由于民营经济在要素配置、市场开拓、科技创新等方面具备天然的优势,民营经济组织也往往具有较强的创新意愿和意识。工商业联合会数据显示,2023年,我国研发投入前1000家民营企业的研发费用总额为1.39万亿元,占全国研发经费投入比例为41.88%。民营经济组织不仅研发经费投入高,更是贡献了70%以上的技术创新成果。本条规定以立法的形式确立了民营经济组织高质量发展的基本方向,为民营经济组织做大做强做优提供了稳定的法治预期和可信承诺。

民营经济组织在推动科技创新、培育新质生产力、建设现代化产业体系中具有重要作用。(1)民营经济组织注重实现生产要素的创新配置。对于民营经济组织来说,科技创新是打破传统生产方式桎梏、实现"换道超车"的关键密钥。民营经济组织在科技创新中能够结合自身的禀赋条件,注重土地、劳动力、资本、技术和数据五大生产要素的优化组合,紧紧围绕国家重大发展战略与机遇,使用当地相对丰富的要素来替代当地相对短缺的技术以降低生产成本。(2)民营经济组织可以以科技创新助推产业升级。市场机制固有的缺陷会妨碍市场机制作用的发挥,民营经济组织作为市场主体不可避免地会面对市场周期、不完全信息等市场机制障碍,具体表现为低水平的同质化竞争、低效的重复布局、追求短期利益等"内卷式竞争"。因此,民营经济组织要以科技创新和产业创新的融合发展为抓手,摆脱传统生产要素低效配置的发展路径,抢先布局能源、材料、数字智能技术、生物医药、高端装备制造等新兴产业和未来产业,同时也要及时加强科技成果的转化应用,从而形成新发展阶段的新优势。

国家致力于为民营经济组织发展营造良好环境和完善的政策体系。"新质生产力"是习近平经济思想的标识性概念之一。概括地说,新质生产力是创新起主导作用,摆脱传统经济增长方式、生产力发展路径,具有高科技、高效能、高质量特征,符合新发展理念的先进生产力质态。综合来看,若要落实本条规定,必须同时注重其与党的政策、国家战略和经济社会发展规划之间的协调配合。新中国成立之初,中国共产党便阐明了科学技术在社会主义建设中的重要地位和作用。为了落实党的政策,我国先后制定了科教兴国战略、人才强国战略和创新驱动发展战略,强调科技创新是提高社会生产力和综合国力的战略支撑,必须摆在国家发展全局的核心位置,并以国民经济和社会发展规划纲要、科学和技术发展规划纲要等形式突出不同发展阶段的科技创新重点。与此同时,我国通过制定《科学技术进步法》、《中华人民共和国促进科技成果转化法》(以下简称《促进科技成果转化法》)、《中小企业促进法》以及《民营经济促进法》等经济立法的形式,在更高层次、更高水平上规范政府与市场在推动科技创新过程中的法治化关系。

二、国家引导民营经济组织加强技术研发

国家引导民营经济组织加强技术研发,旨在以立法的形式引导和鼓励民营经济组织要结合国家战略进行科技创新和产业创新。

首先,民营经济组织需要抓住战略导向,着力发展战略性新兴产业。《"十四五"规划和2035年远景目标纲要》提到的战略性新兴产业包括新一代信息技术、生物技术、新能源、新材料、高端装备、新能源汽车、绿色环保、航空航天、海洋装备等,未来产业包括类脑智能、量子信息、基因技术、未来网络、深海空天开发、氢能与储能等。民营经济组织可以着力从以上产业展开技术研发,开辟发展新领域和新赛道,实现科技创新和产业创新的深度融合。

其次,聚焦基础性、前沿性研究的基本定位。基础性研究处于"研究—应用—生产"的科研链条起始端,是整个科学体系的源头,是科技创新的根基和底座。基础性研究具有开创性,是为了扩展人类对自然界和社会规律的认识、从未知到已知、从不确定性到确定性而进行的科学探索和理论研究。前沿性研究,是指高新技术领域中具有前瞻性、先导性和探索性的重大技术,代表世界高新技术前沿的发展方向,对国家新兴产业和未来产业的形成和发展具有引领作用。民营经济组织可以稳步增加基础研究投入在研发经费中所占比重,积极申报国家重点实验室和国家重大科技项目,加快基础研究成果转化,在加强基础性研究和前沿性研究中当好"出题人""答题人""阅卷人"。

最后,将关键核心技术、共性基础技术和前沿交叉技术作为突破口。关键核心技术是国之重器,是体现国家意志、服务战略需求、关乎发展全局的技术,包括基础技术、非对称技术和前沿技术。在这些领域,民营经济组织可以用"换道超车"的思维打破传统路径依赖。共性基础技术是指能够在多个行业或领域广泛应用,并对整个产业或多个产业产生影响和瓶颈制约的技术。前沿交叉技术是指在新一轮技术革命中可以在产业化发展过程中相互赋能、交叉协作的技术,是现代产业的未来型态或现在还没有、未来也许会出现的产业技术,包括低碳能源系统、生物技术药物、数智化、第三代半导体、量子科技及应用等交叉领域。

民营经济组织要以"新质生产力"为抓手,面向国家战略、面向未来发展、面向科技前沿、面向基础领域、面向科产融合、面向国际竞争、面向社会公益,在"新"字上做文章,在产业、模式、动能等方面,孕新、创新、出新、产新、更新,避免低水平、低起点、重复性、无实效、短期化的研究与开发。

三、非营利性基金依法资助民营经济组织

非营利性基金资助民营经济组织是通过新型举国体制调动市场化的力量的新型方式,本条第 2 款是对本条第 1 款鼓励措施的细化。非营利性基金的核心特征在于不以营利为目的,并以支持特定公共事业或政策目标为导向,政府投资基金、创业投资引导基金便是典型的非营利性基金。基础研究、前沿技术研究和社会公益性技术研究的共性是具有投入成本高、研发周期长、短期低回报、成果转化不确定等风险。基于资本逐利性、投机性的特征,在上述领域,民间资本的投资动力不足,往往存在投资缺口。运用好非营利性基金依法资助民营经济组织这一政策工具,能够以市场化的运作方式推动社会资本向开展基础研究、前沿技术研究和社会公益性技术研究的民营经济组织集中,引导资本做时间的朋友,破解创新型民营经济组织的融资难题。

第二十八条 【支持参与国家重大科技攻关与重大技术攻关】

具体条文

> 支持民营经济组织参与国家科技攻关项目,支持有能力的民营经济组织牵头承担国家重大技术攻关任务,向民营经济组织开放国家重大科研基础设施,支持公共研究开发平台、共性技术平台开放共享,为民营经济组织技术创新平等提供服务,鼓励各类企业和高等学校、科研院所、职业学校与民营经济组织创新合作机制,开展技术交流和成果转移转化,推动产学研深度融合。

性质界定

本条是关于支持民营经济组织参与国家重大科技攻关与重大技术攻关,向民营经济组织开放科研设施和技术开发平台,推动产学研深度融合的规定。

内涵阐释

民营经济组织是科技科研的"国家队"与"爆破手"。"国家队"表明,民营经济组织是科技创新的主力军,需要得到来自国家与社会的基础设施、公共平台、合作机制的支持。"爆破手"表明,民营经济组织担负着科技攻坚与技术攻关的冲刺使命,是科技创新的先锋,需要集成性、体系性的科研合作机制、技术交流机制、成果转化机制、产学研融合机制的支持与保障。

一、支持民营经济组织参与国家科技攻关和重大技术攻关

工商业联合会发布的数据显示,2024年中国民营企业500强拥有有效专利66.67万件,在我国专利授权排名前10位的国内企业中,民营企业便占了7席,在国家级专精特新"小巨人"企业中,民营企业占比超80%。上述数据表明,民营经济组织具有较强的科技创新和产业创新能力。本条规定以立法的形式支持民营经济组织参与国家科技攻关项目,并第一次在法律中明确支持有能力的民营经济组织牵头承担国家重大技术攻关任务,肯定了民营经济组织的经济地位和阶层地位,明确了民营经济组织是科技科研的"国家队"与"爆破手"。

我国科技创新体制机制经历了从政府主导向新型举国体制转型的历史演进。新型举国体制是面向国家重大需求,通过政府力量和市场力量协同发力,凝聚和集成国家战略科技力量、社会资源共同攻克重大科技难题的组织模式和运行机制。我国自1982年起开始组织实施的国家科技攻关计划,旨在集中力量攻克国民经济建设和社会发展中的重大关键科技问题,其范围主要涉及对经济社会发展具有重大推动作用的战略性产业、对产业竞争力有整体提升的关键共性技术、能够解决制约经济社会发展的技术、对保障国家安全和增强综合国力有重大战略意义的技术。依据《"十四五"规划和2035年远景目标纲要》,国家科技攻关和重大技术攻关的具体领域包括人工智能、量子信息、集成电路、生命健康、脑科学、生物育种、空天科技、深地深海等前沿领域,以及新发突发传染病和生物安全风险防控、医药和医疗设备、关键元器件零部件和基础材料、油气勘探开发等关键核心技术领域。民营经济组织是这些行业前沿领域的探索者,如弥补国内高端医疗装备领域空白的深圳市精锋医疗科技股份有限公司和东软医疗系统股份有限公司、打破航空发动机领域"卡脖子"技术瓶颈的上海瑞华晟新材料有限公司、解决智能语音技术硬件平台"卡脖子"问题的科大讯飞股份有限公司、引领中国芯片逆袭的华为技术有限公司等。2023年7月28日,国家发展和改革委员会等八部门对外发布《关于实施促进民营经济发展近期若干举措的通知》,提出支持民营企业参与重大科技攻关,牵头承担工业软件、云计算、人工智能、工业互联网、基因和细胞医疗、新型储能等领域的攻关任务,为民营经济组织牵头承担国家重大技术攻关任务指明了具体方向。

二、为民营经济组织技术创新平等提供服务

技术设施使用的平等性是保障技术创新的重要物质条件。为民营经济组织技术创新平等提供服务,有必要向民营经济组织开放国家重大科研基础设施,支持公共研究开发平台、共性技术平台开放共享。

国家重大科研基础设施、公共研究开发平台以及共性技术平台,是重要的技术创新基础设施。国家重大科研基础设施是在国家统筹布局下,由政府预算资金投入建设和购置的,用于科学研究和技术开发活动的,具有战略性、基础性和前瞻性的大型复杂科学装置,是支撑多学科与交叉学科前沿发展的物质技术基础。公共研究开发平台,是指在产业集中度较高或具有一定产业优势的地区,为企业提供技术开发、试验、推广及产品设计、加工、检测等公共技术支持的服务平台。共性技术平台是能够满足产业发展普遍需要的,具有基础性、原理性、普遍性的合作研发服务模式或组织。向民营经济组织开放共享这些基础设施,有助于降低民营经济组织的科技研发成本。

2006年科学技术部、国务院国资委、中华全国总工会《关于印发"技术创新引导工程"实施方案的通知》提出,要实现国家重点实验室、国家工程中心等各类共性技术平台向中小企业开放。2015年《中共中央、国务院关于深化体制机制改革加快实施创新驱动发展战略的若干意见》提出,要加大国家重大科研基础设施、大型科研仪器和专利基础信息资源等向社会开放力度。2017年科学技术部、国家发展和改革委员会、财政部印发的《国家重大科研基础设施和大型科研仪器开放共享管理办法》第5条规定,科研设施与仪器原则上都应当对社会开放共享。2021年《科学技术进步法》第24条第2款规定,国家完善基础研究的基础条件建设,推进开放共享。目前,我国正在运行的国家重点实验室数量超过500个、布局建设77个国家重大科技基础设施,通过向民营经济组织开放,有效地降低了科技研发成本。

三、产学研深度融合

党的二十大报告强调,加强企业主导的产学研深度融合,强化目标导向,提高科技成果转化和产业化水平。《中共中央关于进一步全面深化改革　推进中国式现代化的决定》提出,强化企业科技创新主体地位,加强企业主导的产学研深度融合。产学研深度融合是企业与科研院所和高等学校合作,实现人才、平台和成果的优势互补,促进科技成果有效转化的合作方式,是深化科技体制改革的一项重要内容。国家知识产权局发布的《2024年中国专利调查报告》显示,企业专利研发获取比例达75%,80%的企业在产学研合作中发挥主导作用,推动专利创造质量持续提升。

2015年《促进科技成果转化法》、2017年《中小企业促进法》、2018年《中华人民共和国高等教育法》、2021年《科学技术进步法》,对国家鼓励产学研深度融合作出了具体规定。实践中,产学研深度融合的合作模式主要有:(1)企业主导型。国家鼓励由大中型科技企业牵头,中小企业、科技社团、高校院所等共同参与,以"企业出题、高校做题"模式搭建进行概念验证、孵化育成等面向基础研究成果转化的服务平台。如陕西电子信息集团有限公司与陕西省内高校建立校企深度融合创新联合体,飞腾信息技术有限公司联合福建省内高校组建团队联合进行技术攻关等,即为以企业为主导,探索将人才、教育、产业、创新串联在一起的合作机制的典型案例。(2)高校主导型。国家鼓励科研机构、高等学校的科技人员以兼职、挂职、参与项目合作等形式到中小企业从事产学研合作和科技成果转化活动,按照国家有关规定取得相应报酬,并加大高校、科研院所和国有企业科研人员科技成果转化股权激励力度。同时,支持高校、科研院所与企业联合培养人才,共同制订产教结合的人才培养计划,在企业内部设立实习基地、博士后创新实践基地,创新校企人才"双聘模式"。实践中,在浙江大学集成电路学院的"1121"模式、北京科技大学的"地方学会/协会+科转专业团队+科研专家"三元耦合模式等案例中,高校向企业提供了人才、产业、创新方面的一些新的对接尝试。

重大科技创新往往投入高、周期长、风险大,整体来看影响民营经济组织科技创新的因素仍然存在。而本条的规定为民营经济组织科技创新提供了平等的创新资源和技术服务,能够引导民营经济组织、高等学校、科研院所等多元主体与多方资源向具有战略性、前沿性的科技创新领域布局,发挥新型举国体制在我国经济社会发展中的制度优势与功能优势。

第二十九条 【支持参与数智技术研发和数据市场建设】

具体条文

> 支持民营经济组织依法参与数字化、智能化共性技术研发和数据要素市场建设,依法合理使用数据,对开放的公共数据资源依法进行开发利用,增强数据要素共享性、普惠性、安全性,充分发挥数据赋能作用。

性质界定

本条是关于支持民营经济组织参与数智技术研发、数据要素市场建设,以及开发利用公共数据资源的规定。

内涵阐释

数据是形成新质生产力的优质生产要素,与土地、劳动力、资本等传统生产要素共同融入生产、消费、流通和分配等各环节,成为推动经济社会高质量发展的关键动力。《民营经济促进法》第 12 条规定,国家保障民营经济组织依法平等使用资金、技术、人力资源、数据、土地及其他自然资源等各类生产要素和公共服务资源,依法平等适用国家支持发展的政策,这一规定确立了民营经济组织依法合理使用数据要素的平等法律地位。本条是对《民营经济促进法》第 12 条的细化,目的是实现民营经济组织的数字化转型,增强数据要素的共享性、普惠性、安全性,充分发挥数据赋能作用。为此,应当支持民营经济组织依法参与数据要素基础设施建设,依法合理使用数据,依法对开放的公共数据资源进行开发利用。

一、支持民营经济组织依法参与数字化、智能化共性技术研发和数据要素市场建设

数字化、智能化是推动民营经济组织发展新质生产力,实现前沿技术和颠覆性技术创新的重要引擎。数字化是利用计算网络处理和传输信息,智能化则是在数字化的基础上,利用算法和人工智能技术实现机器或系统的自主学习与决策。实现数字化与智能化,必须依靠大数据、人工智能、物联网、区块链等能够在多个行业或领域广泛应用的共性技术,主要包括机器学习技术、深度学习技术、自然语言处理技术、数据处理和分析技术、网络和通信技术等。数据则是数字化与智能化发展过程中的关键基础和重要资源。

二、支持民营经济组织依法合理使用数据

数据是数字化、智能化的基础,也是数字经济时代的"新石油"。依据《中华人民共和国数据安全法》(以下简称《数据安全法》)第 3 条的规定,数据是指任何以电子或者其他方式对信息的记录。推动数据开发利用,实现跨区域、跨行业的高标准联通,是推进统一数据要素大市场建设、促进数字经济与实体经济深度融合的重要举措。

国家支持民营经济组织依法合理使用数据。中共中央、国务院于 2022 年印发的《关于构建数据基础制度更好发挥数据要素作用的意见》提出,构建数据基础制度的工作原则之一是"坚持共享共用,释放价值红利",要合理降低市场主体获取数据的门槛,增强数据要素共享性、普惠性。国家数据局等部门于 2024 年印发的《关于促进企业数据资源开发利用的意见》提出,支持企业依法依规对其合法获取、持有的数据进行开发利用、流通交易,保护其经营收益等合法权益,推动跨行业、跨领域数据流动和融合利用。国家支持民营经济组织对开放的公共数据资源依法进行开发利用。对公共数据资源依法进行开发利用是指对公共机构依法履职或提供公共服务过程中产生的数据进行加工处理再利用的过程,主要包括政务数据共享、公共数据开放、公共数据授权运营三种方式。其中,公共数据开放是民营经济组织利用数据赋能,实现数字化转型的前提。2016年颁布的《中华人民共和国网络安全法》(以下简称《网络安全法》)第18条第1款明确提出,促进公共数据资源开放。2021年《"十四五"发展规划和2035年远景目标纲要》指出,要加强公共数据开放共享,鼓励第三方深化对公共数据的挖掘利用。中共中央办公厅、国务院办公厅于2024年印发的《关于加快公共数据资源开发利用的意见》提出,要有序推动公共数据开放,鼓励和支持企事业单位和社会组织有条件无偿使用公共数据开发公益产品,提供便民利民服务。

值得注意的是,民营经济组织在使用数据、对开放的公共数据资源进行开发利用时,应当遵守合法性原则和合理性原则。合法性原则是指民营经济组织在开发利用数据时必须遵守《网络安全法》《数据安全法》《个人信息保护法》《网络数据安全管理条例》等规定,不得危害国家安全、公共利益,不得损害个人、组织的合法权益。合理性原则是合法性原则的延伸,要求民营经济组织在开发利用数据时不仅要遵守法律的规定,还要在合法的范围内尊重社会公德和伦理,遵守商业道德和职业道德,诚实守信。合理性原则的具体适用,主要包括最小化使用和共享数据、采取审慎有效的安全保障措施、负担适当的通知义务等。

民营经济组织在依法合理使用数据,对开放的公共数据资源依法进行开发利用时,应增强数据要素共享性、普惠性、安全性,充分发挥数据赋能作用。数据的共享性,意味着数据能够基于一定的流通规则,在政府、企业、科研机构等不同主体之间流通与利用。数据的普惠性是指数据以可负担的成本普遍惠及有数据开发利用需求的不同主体。数据的安全性是指数据在存储、传输、处理和使用的整个生命周期中,免受未经授权的访问、泄露、篡改、破坏或丢失。增强数据要素的共享性、普惠性、安全性,能够破除数据要素流通的障碍,降低民营经济组织获取数据的成本,释放数据要素的巨大价值,为民营经济组织数字化转型提供坚实的基础。

• 适用要点 •

一、民营经济组织如何管理和使用数据,将数据转化为有价值的资产

1. 数据资产入表。依据财政部 2023 年 8 月 1 日印发的《企业数据资源相关会计处理暂行规定》,民营经济组织可以将符合"可辨认性、控制性、未来经济利益"条件的数据资源计入无形资产或存货科目。如果是民营经济组织直接使用的数据资源,那么可被计入无形资产,如民营经济组织利用所持有的数据资源为客户提供服务;如果是民营经济组织日常活动中持有、最终用于出售的数据资源,那么可被计入存货科目。

2. 数据资产质押贷款。民营经济组织可以以其合法拥有的数据资产作为质押物,向金融机构申请贷款。在申请质押贷款时,民营经济组织需要在官方认证的数据交易机构做数据资产登记备案,已提交资料经过严格的审核流程审核无误且公示期结束后会颁发数据要素登记凭证。该登记凭证是民营经济组织数据资产合法性的重要证明,确保质押融资过程的合规性和安全性。

二、民营经济组织在使用数据时要坚守合规底线

1. 开展合规性审查。民营经济组织应树立合规意识,严格遵守《网络安全法》《数据安全法》《个人信息保护法》等相关法律法规规定的民营经济组织在数据要素开发过程中的行为规范和准则。

2. 禁止实施滥用数据优势的垄断行为。具有基于数据优势获得市场支配地位的民营经济组织可能会滥用其数据优势对竞争对手进行排挤和打压,例如,阻止他人公平获取竞争相关数据、拒绝开放数据接口等。对此,我国2022年《反垄断法》第9条规定了"经营者不得利用数据和算法、技术、资本优势以及平台规则等从事本法禁止的垄断行为"、第22条第2款规定"具有市场支配地位的经营者不得利用数据和算法、技术以及平台规则等从事前款规定的滥用市场支配地位的行为",以市场规制力量增进数据要素流通,增强数据要素共享性、普惠性。

第三十条 【支持参与标准化建设】

具体条文

> 国家保障民营经济组织依法参与标准制定工作,强化标准制定的信息公开和社会监督。
>
> 国家为民营经济组织提供科研基础设施、技术验证、标准规范、质量认证、检验检测、知识产权、示范应用等方面的服务和便利。

性质界定

本条是关于支持民营经济组织参与标准化建设的规定。

内涵阐释

一、保障民营经济组织依法参与标准制定工作,强化标准制定的信息公开和社会监督

标准(含标准样品),是农业、工业、服务业以及社会事业等领域需要统一的技术要求,包括国家标准、行业标准、地方标准和团体标准、企业标准。标准是标准化活动的产物,标准化活动是制定标准和实施标准的活动。自1962年国务院颁布第一部标准化法规——《工农业产品和工程建设技术标准管理办法》起,我国标准化建设工作由政府主导制定。随着市场经济体制改革的深化,国务院于2015年出台的《深化标准化工作改革方案》,确立了"建立政府主导制定的标准与市场自主制定的标准协同发展、协调配套的新型标准体系"的改革总体目标。至此,我国形成了由政府主导制定强制性国家标准、推荐性国家标准、推荐性行业标准和推荐性地方标准,由市场自主制定团体标准和企业标准的新型标准体系。在高质量发展的背景下,标准是市场的通行证,同时也是企业发展的制高点。标准体制的改革,为民营经济组织依法参与标准制定工作提供了重要的机遇。本条规定为民营经济组织平等参与标准化建设工作提供了专门性的法律依据,让民营经济组织从被动的"跟跑者"转变为主动的"领跑者",从规则执行者转变为中心化的规则制定者。

信息公开和社会监督是破除民营经济组织参与标准化建设工作的壁垒、为民营经济组织创造平等参与条件的关键一环。目前,我国建立了标准制定的全过程信息公开和社会监督机制。(1)主动公开标准文本。公开的内容包括标准文本、标准题录信息、标准制修订信息,公开的方式为国家及地方标准化主管部门分别在其官方网站公开,在遵守版权政策的前提下提供标准文本免费在线阅读。(2)推动标准制定流程透明化。我国建立了全国标准信息公共服务平台,覆盖标准立项、实施和反馈的追溯机制,广泛吸纳企业、科研机构等多方意见。在制定国家标准、团体标准、地方标准时,标准化主管部门会对企业、社会团体、科研机构等方面的实际需求进行调查,对制定标准的必要性和可行性进行专家论证。(3)加强标准实施事后监督检查。目前,我国正在构建全国标准实施监测网,开展标准有效实施率监测分析、促进推荐性标准的优胜劣汰、发布标准实施情况报告,力图建成覆盖标准制定与实施全生命周期的追溯、监督和纠错机制,实现标准制定、实施、信息反馈和复审修订的闭环管理。

二、国家为民营经济组织参与标准化建设提供服务和便利

标准是民营经济组织科技创新的"加速器",科技创新又能催生高质量标准,二者是相互依存和相互赋能的关系。对于民营经济组织来说,要想从既有标准制定中突围,就必须从根源上打消对建设成本是否过高、建设能力是否足够、建设效益是否存在的顾虑,要愿创新、敢创新、能创新。因此,本条是对民营经济组织能够获得科研基础设施、技术验证、标准规范、质量认证、检验检测、知识产权、示范应用等方面的服务和便利的标准条款。

(一)降低标准化建设成本

国家为民营经济组织参与标准化建设提供物质保障。(1)开放国家重大科研基础设施,支持民营经济组织联合高校、科研院所共建重点实验室。(2)提供财政补贴。为了鼓励和促进标准的制定与实施,各省市按照标准化战略项目类别,以专项资金定额补助的形式鼓励企业牵头、主导制定国际标准和国家标准。(3)给予税收优惠。民营经济组织牵头、主导制定国际标准和国家标准,可以直接被认定为高新技术企业,享受相应的税收优惠。此外,由于标准制定涉及大量技术研发,民营经济组织可以叠加享受研发费用加计扣除、亏损结转年限延长、免征企业所得税等多项税收优惠。

(二)拓宽科技成果标准化渠道

国家为民营经济组织拓宽科技成果标准化渠道。(1)精简认证程序。支持民营经济组织参与国家科技计划项目技术验证,政府牵头建设中试平台和产业中试基地,为民营经济组织提供将科学研究与技术开发所产生的具有实用价值的成果转向工业化生产的过渡性试验。(2)完善知识产权保护体系。实践中,民营经济组织可以通过"专利—标准—产业"的形式将科技成果转化为标准,同时又以标准助推产业的升级。在这一过程中,为民营经济组织提供知识产权一站式综合服务至关重要。目前,国家知识产权局与地方共同建设国家级知识产权保护中心和快速维权中心,提供快速预审、快速确权、快速维权等便利服务。(3)开展试点示范,培育行业标杆。对于以标准引领高质量发展的创新型企业,各级政府可以以开展示范项目、树立先进典型、培育行业标杆的形式给予荣誉激励。

• 适用要点 •

市场上流行这样一句话:"三流的企业做产品,二流的企业做品牌,一流的企业做标准。"标准不仅是技术规范,更是产业主导权、价值链控制权的集中体现。在标准化体系中,高标准始终在发挥支配性作用与主导性功能。高标准既是高水平的规格标准与质量标准,也是通过科技、生产、市场检验出来的硬核实力,是绕不过的技术门槛与市场门槛。标准化能力越强,技术原创能力越强,知识产权收益越大,产业、行业、市场统领与引领能力越突出。民营经济组织需要密切关注国家标准化战略,借助政产学研的深度合作降低标准建设成本,打造全生命周期的标准矩阵,构建高质量发展的标准"护城河"。

民营经济组织在参与标准化建设工作中,可以着重关注以下几个方面:(1)将标准化建设上升至企业发展的核心战略任务。民营经济组织可以成立标准化专门机构和工作部门,牢牢抓住我国标准化建设正在由规模数量型向质量效益型转变的发展趋势,对标《国家标准化发展纲要》,主要在关键技术、高端制造产业、新兴产业、未来产业、新型基础设施、绿色产业等领域发力,推动标准化建设与企业科技创新互动发展。(2)整合政产学研的资源网络,打造具有本企业特色的标准化建设机制。民营经济组织可以将产学研深度合作作为标准化建设的重要抓手,积极参与国家技术标准创新基地建设、与科研机构共建标准实验室、建立供应商标准认证体系等。实践中,出现了医智诺(上海)科技有限公司承担建设上海市标准化创新中心(生物医药数字化运营)、武汉光谷(高新技术开发区)联合高校建立激光产业标准创新中心、宁德时代新能源科技股份有限公司与中国科学院物理所成立联合实验室等案例。(3)将标准作为企业科技创新的重要产出,重视科技成果的转化。标准的生命力在于应用场景的落地,只有将标准与科技创新、产业发展相融合,才能将其转化为生产力和竞争力,从而提高企业的核心竞争力。例如,电子信息领域中的 CPU、通信领域中的代际技术层次、低空物流领域的无人机、人工智能领域中的大模型等,就是标准从纸面规则转化为实践成果的代名词和同义语。

第三十一条 【支持新技术应用、科技成果推广和技术合作】

具体条文

> 支持民营经济组织加强新技术应用,开展新技术、新产品、新服务、新模式应用试验,发挥技术市场、中介服务机构作用,通过多种方式推动科技成果应用推广。
>
> 鼓励民营经济组织在投资过程中基于商业规则自愿开展技术合作。技术合作的条件由投资各方遵循公平原则协商确定。

性质界定

本条是关于支持民营经济组织从事新技术应用、科技成果推广和技术合作的规定。

内涵阐释

一、让民营经济组织的科技成果走出实验室

科技成果的价值在于应用,只有将科技成果转化为现实的生产力,才能真正提高企业的核心竞争力。其中,接受市场的检验是科技成果转化的必经之路。目前,我国科技成果转化率为30%左右,高校发明专利产业化率不足10%。究其原因,是在技术领域中,若要将纸面上的理论成果应用到生产环节,必须经历长时间的反复检验测试。这一阶段所需资金成本高、失败风险大、经济价值低,生产企业和科研院所往往不愿意参与,由此出现了一个从理论研究走向产品市场的中间空白地带,实践中通常将其称为技术转化中的"达尔文死海"。

"达尔文死海"是长期横亘在科技创新与产业发展之间的巨大鸿沟，却也是科技成果从实验室走向市场的必经之路。本条规定旨在为民营经济组织的科技成果从实验场迈向应用场、从书架走向货架提供法治保障。

(一)架设"中试跳板"，助力成果转化跑出加速度

任何科技成果的转化，必须要经历"萌芽—概念验证—中试验证—量产"的发展路径。概念验证是指从技术、市场、产业等维度，对科技成果进行验证，旨在验证技术可行性并判断商业价值、评估市场潜力。中试验证则是将经过概念验证的实验室样品、原型、材料等，通过工程化、小批量和工业化试验，进行过渡性和可行性验证，故又被称为"放大的实验室、缩小的生产线"。近年来，国家层面高度重视概念验证、中试验证平台的建设，并已出台《民营经济发展壮大意见》《"十四五"数字经济发展规划》《制造业中试创新发展实施意见》等多份文件，对此进行精准布局。由国家统筹建设概念验证、中试验证平台，架设"中试跳板"，能够充分发挥新型举国体制的优势，以较低成本的容错率提升科技成果产业化和市场化的成功率，让民营经济组织的科技创新成果加快跑出实验室。目前，国家层面分别在原材料工业、消费品工业、装备制造、信息技术、新兴和未来产业、共性需求等六大领域建设了中试平台，主要集中于广东、江苏、浙江、北京和上海等制造业发达的区域，形成了政府提供经费支持、企业提供技术支撑、科研院所提供人才与理论支撑的三位一体的建设模式。

(二)培育"科技中介"，为成果转化牵线搭桥

技术语言与市场语言之间会存在一定的鸿沟，科研人员懂技术但不一定懂市场需求，企业家懂市场需求但不一定懂技术，这种供需错位导致我国科研成果转化率不高。若要成功连接科技成果的供需双方，必须要有一个同时懂得技术、市场、政策的复合型知识中介机构在其中牵线

搭桥,破解科技与产业之间的沟通壁垒。目前,我国培育的科技中介主要有政府主导型、科研院所主导型与企业主导型,涵盖技术转移机构、技术交易机构、科技服务机构、科创企业孵化器、技术经理人等多种类型,为企业提供经营设施、技术支持、创业辅导、市场拓展、投资融资、管理咨询等专业服务。民营经济组织可以依托科技中介所掌握的资源,及时将自身需求对接科研院所的技术成果,完成培育、孵化、推广、交易等工作,同时接受科技中介提供的金融、法律、知识产权等相关服务,从而提升民营经济组织的市场竞争力和抗风险能力。

(三)加大授权力度,为成果转化持续松绑

实践中,由于科技成果转化经常涉及国有股权转让、对外投资等事项,成果转化必须按照权限逐级报批,影响了科技成果的转化效率。为了给科技成果转化松绑,我国于2015年修正了《促进科技成果转化法》,进一步优化科技成果转化。财政部于2019年印发《关于进一步加大授权力度 促进科技成果转化的通知》,旨在促进科技成果转移转化,支持科技创新。目前,民营经济组织在选择科技成果转化时,可以选择多种转化方式。在科技成果转移转化的过程中,民营经济组织要注重将技术难题和真实需求挖掘出来,合理配置科技成果转化所需的资金、技术、人才等资源,选择合适的成果转化方式。

二、鼓励民营经济组织基于商业规则自愿开展技术合作

《科学技术进步法》、《促进科技成果转化法》、《民法典》、《中华人民共和国专利法》(以下简称《专利法》)都对技术合作作出了相应的法律规定。技术合作是产学研多方主体为推进技术开发及成果应用,通过共享技术资源、人才和知识,共同研发产品的系统性合作。石药控股集团有限公司与百济神州有限公司就新型化合物签订独家授权协议,一品红药业集团股份有限公司和丽珠医药集团股份有限公司完成流感疫苗专利及技术转让,华中科技大学与武汉格蓝若智能技术股份有限公司签署成果转化合作协议等,就是比较典型的技术合作案例。目前,技术合作常见于产业链上下游的合作、产学研之间的技术合作、早期科技企业与行业巨头的合作、民营企业与国有企业的合作、军民合作等领域。

(一)民营经济组织开展技术合作的主要方式

民营经济组织积极开展技术合作,能够减少重复投资,降低研发成本,加快科技成果的转化。依据《促进科技成果转化法》第16条的规定,科技成果持有者可以采用下列方式进行科技成果转化:自行投资实施转化;向他人转让该科技成果;许可他人使用该科技成果;以该科技成果作为合作条件,与他人共同实施转化;以该科技成果作价投资,折算股份或者出资比例;其他协商确定的方式。按照文义解释,除自行投资实施转化外,剩下的方式可被统称为"技术合作"。

1. 转让。民营经济组织在开展技术合作时,可以采用科技成果转让的形式。实践中,科研院所通常将科技成果转让给企业,企业作为受让方在签订科技成果转让合同时,约定成果权属、转让价格、利益分配、保密义务、责任承担等。

2. 许可。许可意味着许可人只让渡科技成果所涉及的知识产权的使用权,被许可人只能按照合同约定的时间、地域及权限范围使用相应知识产权。民营经济组织以许可的形式开展技术合作,集中在专利领域,即通过采取"一揽子"的许可方式来约定专利的使用。若民营经济组织采取许可的形式进行成果转化,则可以根据业务模式选择普通许可、排他许可或独占许可,并以签订书面协议的形式进行确定。

3. 合作开发。在合作开发的形式中,合作主体通过签订《技术开发(合作)合同》,约定成果归属和各方的权利义务,共同参加研究开发活动、共同承担研究开发风险、共享研究开发成果。合作开发是产学研各方主体开展技术合作的常见情形,通常是企业提供资金和人力,高校或科研院所提供设备和人力,共同就某一项目进行科技研发。合作开发的科技成果归属遵循意思自治原则,有约定的从约定。若没有明确约定,依据《民法典》第855条、《最高人民法院关于审理技术合同纠纷案件适用法律若干问题的解释》的规定,专利申请权与专利权归各方共有,一方若要申请专利,必须经过其他各方的同意。

4.作价投资。通常来说,技术合作能够实现供需对等,将拥有技术的一方和拥有资金的一方精准匹配起来,拥有技术的一方可以将专利权、软件著作权、技术秘密等科技成果作价投资,折算成股份或者出资比例以实施合作转化。此种合作方式不会产生科技成果的归属争议,同时企业以股权分配替代现金支付,不会影响企业生产经营的现金流,因而作价投资也是科技成果转化最简单的方式。可以作价投资的科技成果必须同时满足可以用货币估价、可以依法转让、办理财产权转移手续三个条件,成果类型主要包括发明专利、计算机软件著作权、集成电路布图设计专有权、植物新品种权、生物医药新品种等。

(二)民营经济组织开展技术合作的风险防范

1.坚持自愿原则,禁止强制转让

技术合作双方享有自主决定合作方式、合作对象、合作范围的法定权利,民营经济组织在开展技术合作时可以自主选择合作方式,并通过缔约来明确权利义务关系。实践中,民营经济组织技术合作必须以市场主体自愿为前提,禁止行政机关及其工作人员利用行政手段强制转让技术,禁止具有市场支配地位的企业强制交易。

2.坚持公平原则,禁止违背市场化机制

公平原则可以从三个维度进行理解:(1)确定权利义务的公平性。

技术合作各方在缔结技术合同时应遵循公平原则,合理确定各方的权利和义务。(2)谈判地位的平等性。任何一方不应利用其优势地位强迫对方接受不公平的条款。(3)成果估值的合理性。技术成果在进行作价投资时应当进行市场化估值,综合考虑技术成熟度、市场前景、替代技术成本等因素来确定价值,禁止其中一方以科技成果应用推广之名强制民营经济组织无偿或以非合理价格转让技术成果。

• 适用要点 •

民营经济组织的科技成果只有从实验场迈向应用场、从书架走向货架,才能提高自身的核心竞争力。民营经济组织既要善于利用中试平台、科技中介机构提供的服务,根据该组织自身发展的特点选择合适的技术合作方式,又要防止相对方以科技成果应用推广之名,违反商业原则、自愿原则和公平原则,强制民营经济组织无偿或以非合理价格转让技术成果。

一、把握好科技成果转让合同中的常见争议点

科技成果转让合同中的常见争议点主要有:(1)科技成果是否属于职务科技成果。民营经济组织作为受让方,应当审查科技成果完成单位的相关制度及其与技术人员签订的劳动合同、保密协议和竞业禁止协议等文件是否对成果权属作出明确规定。(2)转让价格是否合理。受让方可以根据《促进科技成果转化法》第18条的规定,通过协议定价,在技术交易市场挂牌交易、拍卖等方式确定价格。通过协议定价的,应当在本单位公示科技成果名称和拟交易价格。(3)科技成果归属是否明确。根据《民法典》第875条和《促进科技成果转化法》第40条的规定,关于科技成果归属,有约定的从约定;在无约定或者约定不明确的情况下,如果出现新的科技成果,成果收益归合作各方共有,如果未出现新的科技成果,成果收益归完成单位。(4)科技成果是否涉及保密。民营经济组织作为受让方,应当要求转让方在转让科技成果后承担保密义务,并明确规定保密人员、保密期限和泄密责任。

二、把握好专利许可协议的签订要点

在签订书面协议时要注意:(1)专利权属是否有效。民营经济组织应当审查专利权是否有效,是否存在瑕疵。(2)专利权人是否清楚。民营经济组织在签订专利许可协议时,要审查许可方是否为专利权人,如果专利权归属于两人以上,则需要共同签署专利许可协议。(3)许可范围是否明确。在专利许可协议中,需要明确规定许可地域、许可期限、许可使用的业务范围及保密责任。

三、把握好合作开发协议应当明确约定的条款

民营经济组织在签订合作开发协议时,至少应当明确约定两点:(1)各方在合作中的权利和义务。(2)是否申请专利,专利的归属,以及各方对专利的实施、许可、收益、转让的权利和义务。

四、把握好作价投资协议的必经程序

当民营经济组织作为被投资的一方时,科技成果作价投资应履行必要的程序,具体包括:(1)修改公司章程;(2)资产评估;(3)依法办理技术转移手续;(4)注册资本验资审核;(5)登记备案手续。

第三十二条　【知识型、技能型、创新型人才培养】

具体条文

> 鼓励民营经济组织积极培养使用知识型、技能型、创新型人才，在关键岗位、关键工序培养使用高技能人才，推动产业工人队伍建设。

性质界定

本条是关于鼓励民营经济组织培养知识型、技能型、创新型人才的规定。

内涵阐释

2016年5月6日，习近平总书记就深化人才发展体制机制改革作出重要指示，强调"办好中国的事情，关键在党，关键在人，关键在人才"[1]。人才是创新活动中最活跃、最积极的因素，谁能培养和吸引更多优秀人才，谁就能在竞争中占据优势。民营经济组织要积极培养使用人才，推动产业工人队伍建设。

一、培养使用知识型、技能型、创新型人才

2025年4月28日，习近平总书记在庆祝中华全国总工会成立100周年暨全国劳动模范和先进工作者表彰大会上的讲话中强调，"要紧紧围绕实施科教兴国战略、人才强国战略、创新驱动发展战略，深入实施职工素质建设工程，深化产业工人队伍建设改革，广泛开展劳动和技能竞

---

[1]《习近平就深化人才发展体制机制改革作出重要指示强调　加大改革落实工作力度　让人才创新创造活力充分迸发》，载《人民日报》2016年5月7日，第1版。

赛,引导广大劳动者终身学习、不断提高自身素质,努力建设一支知识型、技能型、创新型的劳动者大军"①。知识型人才是接受过系统高等教育的,能够从事创造性的脑力活动的人;技能型人才是掌握专门的知识和技术,通过反复练习掌握特定技能的人;创新型人才是在知识型人才的基础上,具有创新品质、创新意志、创新思维和创新实践的人。三类型人才都接受过系统的教育,都拥有知识和技能,但是也各有其特点。知识型人才侧重传播知识,技能型人才侧重应用知识,创新型人才侧重创造知识。民营经济组织积极培养使用三类型人才,有利于为提升创新能力提供知识储备、为科技成果转化提供技能储备,从而提升自身的核心竞争力。

尽管民营经济组织为我国贡献了80%以上的城镇劳动就业,然而在现实生活中,尤其是小型、微型、初创型民营经济组织对三类型人才的吸引力始终有限。为什么民营经济组织与人才的双向奔赴如此之难?究其原因,在于民营经济组织抗风险能力弱、福利体系不完善、晋升机制不健全,加之社会传统认知存在偏见,民营经济组织始终面临招不到人才、用不好人才、留不住人才的人才缺口困境。因此,如何培养使用三类型人才、打造高质量的产业工人队伍,是民营经济组织在高质量发展过程中必须解决的难题。

(一)吸引人才:实行人才引进政策

目前,我国已经形成职业教育、高等教育、继续教育协同发展的人才培养路径。从人才规模来看,我国人才培养和供给数量居世界前列。民营经济组织可以以产学研深度融合为契机,积极与高校、科研机构开展合作。(1)积极实施联合办学。民营经济组织可以通过建立实习实训

---

① 习近平:《在庆祝中华全国总工会成立100周年暨全国劳动模范和先进工作者表彰大会上的讲话(2025年4月28日)》,载《人民日报》2025年4月29日,第2版。

基地、校企特色班等方式与高校联合培养人才,通过"双师引导+定向培养"形成人才从校园走向产业园的无缝对接。(2)构建科学的选派机制。民营经济组织可以通过项目合作等灵活方式引进科研院所高端人才,也可推荐民营经济组织人才入驻科研院所担当"产业导师"。(3)主动参与现代职工技术技能培训体系建设。民营经济组织可以与职业院校合作开设订单班和产业学院,探索现代学徒制,实现校园人才培养与民营经济组织用工需求的精准对接。

(二)用好人才:建立梯次型育人机制

三类型人才虽有共性,但也有其个性。只有建立梯次型育人机制,才能让不同类型的人才在自己擅长的领域不断深耕,达到"各显神通、多点开花"的效果。民营经济组织可以结合不同类型人才的特点,制定精细化和多元化的评价指标,建立科学的人才评价体系。一般而言,知识型人才侧重传播知识,评价指标应着重考察人才的决断力、执行力、理解力、洞察力和领导力。技能型人才侧重应用知识和提供技术,评价指标则应着重关注人才做了什么。创新型人才侧重创造知识,是从已知走向未知,发现、定义并解决未知问题和挑战,因此需要长周期、过程性和动态性测评才能选拔出来。民营经济组织可以通过建立职业资格、职业技能等级和专项职业能力考核等为主要内容的技能人才评价机制,破除传统以学历、资历、年龄为导向的束缚,破除技能人才的成长制约。

(三)留住人才:营造良好的人才生态环境

民营经济组织只有具备良好的生存和发展环境,人才才能在此生根发芽。

1.完善人才激励机制。(1)薪酬激励。民营经济组织可以建立与创新成果相挂钩的薪酬体系,针对不同类型的人才实施差异化的激励薪酬体系,将绩效考核结果直接运用于薪酬激励,从而激发员工的创新意识和进取精神。(2)股权激励。民营经济组织可以实行员工持股和股票期权制度,结合自身实际情况采用期股权、干股、岗位股权、贡献股、知识股等形式将职工的发展与公司的发展密切结合起来。(3)福利激励。民营经济组织应当建立完善的福利保障制度,打造青年人才社区、科学家交流中心等服务平台,尽可能帮助人才解决医疗、子女教育等问题,增强人才对企业的归属感。

2. 建立公平竞争机制,打造透明的晋升渠道。民营经济组织应当在企业内部形成一种能者上、庸者下、劣者汰的公平竞争机制,通过明确晋升标准和公开晋升流程,确保民营经济组织内部每一位员工都有平等的晋升机会,从而提升人才的工作积极性。

二、在关键岗位、关键工序培养使用高技能人才,推动产业工人队伍建设

目前,我国技能人才总量超过2亿人,高技能人才超过6000万人,仅占就业人口总量的7%。实践中,高技能人才的供给与民营经济组织的人才需求发生了错配,在电子信息、高端装备、新材料等战略性新兴产业领域和关键岗位上,高技能人才短缺问题尤为突出。究其原因在于:(1)产学结合度不高。民营经济组织在产业发展中需要高技能人才,但刚迈出校园的毕业生难以直接走上产业链,其理论和实操能力不能精准满足岗位需求,给企业增加了额外的人才培养成本。(2)人才招聘门槛高。有的民营经济组织在人才招聘过程中会设置学历的硬性门槛,认为从事一线生产劳动的产业工人一般是低学历人员,因而在关键岗位和关键工序上,更希望产业工人不仅要技能水平高,更要学历文凭高,这便导致许多拥有丰富实践经验的高技能人才因缺乏学历这块敲门砖而被拒之门外。(3)人才培养机制不完善。有的民营经济组织重生产、轻培训,将人才培训视为生产经营成本而非长期投资,宁愿高薪挖人也不愿自主培养,即使有了自主的培养体系,也习惯性地将产业工人放在最末端。

高技能人才的供需错配暗合了社会对高技能人才的认知误区,将高技能人才等同于一线生产工人,低学历人员,需要澄清的是,技能人才是支撑中国制造、中国创造的重要力量。高技能人才则是具有高超技艺和精湛技能,能够进行创造性劳动,并对社会作出贡献的人,是知识型、技能型、创新型的关键少数人才。因此,高技能人才作为人才强国战略的重要组成部分,是提升企业核心竞争力的关键因素。(1)高技能人才推动高水平科技自立自强。避免关键核心技术受制于人,实现高水平科技自立自强,既需要战略科学家提供策源力量,也需要大国工匠和高技能人才推动高质量科技成果的转化。(2)高技能人才推动民营经济组织现代化产业体系的建设。高技能人才是链接科技创新与产业升级的枢纽,他们既有高超的技能,又有专业的知识,能够显著改善产品质量和研发效率。现实中,比亚迪股份有限公司设立技能大师工作室、宁德时代新能源科技股份有限公司建立极限制造学院、福耀玻璃工业集团股份有限公司与福耀科技大学推动的"企校双元、工学交替"培养模式、深圳市大疆创新科技有限公司"全球飞手计划"等,均展现了民营经济组织为高技能人才搭建舞台、打造高素质高技能人才队伍对其提升核心竞争力,抢占发展制高点的积极作用。

民营经济组织的竞争归根结底是人才的竞争、劳动者素质的竞争。民营经济组织高技能人才的工作能力直接决定着整个生产线的效率与质量。民营经济组织要敢于在关键岗位、关键工序培养使用高技能人才,积极推动产业工人队伍建设,这不仅是民营经济组织内部优化资源配置、提高生产效率的有效手段,更是应对国内外激烈竞争、抢占科技制高点的战略布局。

• 适用要点 •

一、民营经济组织如何打通培养使用高技能人才的堵点和痛点

民营经济组织打通培养使用高技能人才的堵点和痛点,可以从以下几个方面着手:(1)革新人才培养机制。民营经济组织可以发挥主体作用,推广"招生即招工、入校即入企"的现代学徒制,以项目导向和问题导向对人才进行实战培养。当引入高技能人才后,可以建立以技能为导向的薪酬分配制度,建立与职业技能等级序列相匹配的岗位绩效工资制,形成培养快、使用好、评价准、待遇有的行之有效的工作机制。(2)破除重学历、轻技能的观念,打造有利于高技能人才成长的良好环境。民营经济组织可以分别从工作与生活两方面为高技能人才提供支持,在工作方面,应更加注重实践能力和职业技能培养,积极推行"新八级工"职业技能等级序列;在生活方面,则应完善人才住房、子女教育、医疗保障等基础服务,解决高技能人才的后顾之忧。

二、国家为民营经济组织培养使用人才提供了哪些政策支持

为了鼓励民营经济组织积极培养使用人才,国家对积极开展新型学徒制培训、岗位技能提升培训的企业给予引才奖励、技能提升补贴等。同时,落实国家关于企业培训费用税前扣除的有关规定,对于企业发生的职工教育经费支出,不超过工资薪金总额8%的部分,准予在计算企业所得税应纳税所得额时扣除;超过部分,准予在以后纳税年度结转扣除。民营经济组织可以乘着国家政策红利的东风,积极培养使用人才,在降低引才、育才成本的同时,提升企业的核心竞争力。

第三十三条 【创新成果的知识产权保护】

具体条文

> 国家加强对民营经济组织及其经营者原始创新的保护。加大创新成果知识产权保护力度,实施知识产权侵权惩罚性赔偿制度,依法查处侵犯商标专用权、专利权、著作权和侵犯商业秘密、仿冒混淆等违法行为。
>
> 加强知识产权保护的区域、部门协作,为民营经济组织提供知识产权快速协同保护、多元纠纷解决、维权援助以及海外知识产权纠纷应对指导和风险预警等服务。

性质界定

本条是关于民营经济组织及其经营者创新成果知识产权保护的规定。

内涵阐释

一、加强对民营经济组织及其经营者原始创新的保护

原始创新是通过基础研究、理论研究、颠覆性研究,开拓前所未有的全新领域、孕育前所未有的全新学科、获得前所未有的全新发现、建立前所未有的全新体系,强调"无中生有"的质变,强调从"0"到"1"的源头性突破,具有原创性、前沿性、颠覆性、长期性的特点。与原始创新相对应的是集成创新和二次创新,前者是指运用工具对各种创新要素进行集成优化,后者则是指通过技术引进消化吸收再创新。原始创新、集成创新和二次创新共同构成自主创新的组成要素。可以采用形象的比喻对三种类型的创新进行生动诠释：原始创新是"新瓶装新酒"，集成创新是"新瓶装旧酒"，二次创新是"旧瓶装新酒"。由此可见，原始创新是自主创新中的制高点和关键点，是从传统的追赶到超越追赶、从走别人的赛道到创造自己的赛道的范式革命。

原始创新是国家推进高水平科技自立自强、提升国际竞争话语权的核心保障。DeepSeek的横空出世、华为芯片的科技逆袭都揭示了核心技术和关键技术向别人伸手是要不来的，必须要将科技命脉和发展主动权牢牢掌握在自己手中。原始创新也是民营经济组织技术突围的安身立命之本。在激烈的市场竞争中，是否具备原始创新能力对民营经济组织抢占市场份额、形成可持续的竞争优势、重塑行业格局至关重要。然而，由于原始创新投入高、周期长、失败风险大，民营经济组织开展原始创新常常处于"十年无人知"的状态，仅有极少数的主体能够创新突围，从而"一朝天下闻"。为此，本条规定了国家加强对民营经济组织及其经营者原始创新的保护，实际上也是让民营经济组织敢于沉下心来"十年磨一剑"。

二、国家为民营经济组织及其经营者原始创新提供知识产权保护

产权驱动创新，创新驱动发展，保护知识产权就是保护原始创新。只有强化知识产权保护，才能最大限度激发民营经济组织的原始创新活力，加快实现高水平科技自立自强。

"惩"意为处罚、警戒。知识产权侵权惩罚性赔偿，是指在特定情况下对故意侵犯知识产权且情节严重的行为，被侵权人有权请求超出实际损失的赔偿。实施知识产权侵权惩罚性赔偿制度，旨在发挥一定的制裁功能和遏制功能：一方面，利用惩罚机制提高知识产权侵权违法成本，从而达到制裁侵权的效果；另一方面，对知识产权侵权人以及社会一般人进行威慑，从而实现制止未来侵权的效果。在现实中，民营经济组织进行科技创新和成果转化时主要面临专利侵权、技术秘密泄露、商标注册与保护、知识产权运营等风险,而科技成果的知识产权保护存在侵权成本低、维权成本高、判赔额度低的问题,不仅难以弥补权利主体的经济损失,还将抑制主体的创新动力、损害市场创新生态。本条规定明确国家为民营经济组织的创新成果提供知识产权保护,并实施知识产权侵权惩罚性赔偿制度。其中,知识产权侵权惩罚性赔偿制度是对科技创新的最后一道守护防线,也是有史以来落实知识产权保护最严格的政策。

为了让"真创新"受到"真保护",让"高质量"受到"严保护",我国目前在知识产权领域构建起以《民法典》第1185条为一般条款,《中华人民共和国商标法》(以下简称《商标法》)第63条、《专利法》第71条、《中华人民共和国著作权法》(以下简称《著作权法》)第54条、《中华人民共和国种子法》(以下简称《种子法》)第72条、《反不正当竞争法》第17条为特殊条款的知识产权侵权惩罚性赔偿制度,依法查处侵犯商标专用权、专利权、著作权和侵犯商业秘密、仿冒混淆等违法行为。若要适用知识产权侵权惩罚性赔偿制度,必须同时满足以下要件:(1)故意。《民法典》规定惩罚性赔偿的主观要件为"故意",而《商标法》和《反不正当竞争法》将主观要件界定为"恶意"。由于在知识产权侵权案件中很难对二者进行严格区分,因而司法实践一般对"故意"和"恶意"作一致性解释。(2)情节严重。情节严重主要针对行为人的手段方式及其造成的后果等客观方面,一般不涉及行为人的主观状态。(3)赔偿数额一般以权利人的实际损失或侵权人的违法所得为基数,无法计算的,则参照权利许可使用费确定。

需要注意的是,适用惩罚性赔偿以当事人提出请求为前提,且当事人须承担对故意与情节严重的要件事实、赔偿基数的计算和适用倍数的确定所依据的事实的举证责任。若民营经济组织是原告,则其应当及时向法院提交证据证明:(1)被告行为构成侵权;(2)被告具有侵权故意;(3)被告侵权情节严重;(4)原告实际损失、被告侵权获利或可参照的权利许可使用费等。同时,在诉请赔偿时,还应注意区分法定赔偿和惩罚性赔偿,避免将二者混为一谈。若要主张惩罚性赔偿,尤其需要举证证明"故意"和"情节严重"两个要件,并提交证据明确适用惩罚性赔偿的基数、基数确定方法及计算方式、倍数,从而明确计算出权利人损失、侵权人获益或权利许可使用费。若未能举证明确惩罚性赔偿的计算基数,或者对其诉请赔偿总额中的法定补偿部分与惩罚性赔偿部分混为一谈,法院往往只能参考权利人的主张和涉案证据对不能查明基数的部分适用法定赔偿。

三、国家为民营经济组织提供知识产权保护服务

2020年11月,习近平总书记在中共中央政治局第二十五次集体学习时,强调"要强化知识产权全链条保护"[①]。知识产权保护服务,是知识产权全链条保护中的底层支撑,服务内容主要包括纠纷解决、维权援助、协作保护、风险预警等。国家为民营经济组织提供的知识产权保护服务具有以下特征:

1. 跨区域、跨部门协作性。目前,全国29个省(自治区、直辖市)已建设国家级知识产权保护中心77家,地域范围覆盖18个万亿级产业集聚区和173个千亿级产业集聚区。其中,有33家中心有检察、公安、海关等相关部门入驻办公,成为构建"大保护"工作格局的重要载体。

2. 快速性。目前,我国已经建设48家快速维权中心。2024年,各中心共受理知识产权维权案件15.4万件,结案14.3万件,平均结案周期在2周以内。此外,知识产权保护中心通过专利预审显著地缩短了企业

---

① 《习近平在中央政治局第二十五次集体学习时强调 全面加强知识产权保护工作激发创新活力推动构建新发展格局》,载《人民日报》2020年12月2日,第1版。

的专利申请周期,发明专利授权周期由原来的平均22个月缩短至3~6个月,实用新型专利授权周期由原来的7~8个月缩短至1个月内,外观设计专利仅需5~7个工作日即可授权。

3. 多样性。我国通过将企业专利、商标、商业秘密等知识产权的申请和维权整合纳入"一网通办"流程,实现对企业知识产权的全流程和一站式服务。服务内容涵盖申请指导、维权援助、知识培训、海外服务、纠纷解决等多方面。

4. 援助性。我国通过建设维权援助信息化平台,积极组织政府、高校、社会组织多方主体为存在知识产权维权需求的自然人、法人或其他组织提供法律援助、信息援助、金融援助等公益援助,实现维权援助服务全国"一张网"。

5. 指导性。我国不断优化知识产权纠纷应对指导工作体系,为需要知识产权服务的自然人、法人或其他组织提供有关知识产权法律法规、授权确权程序与法律状态、纠纷处理方式、取证方法等法律指导,以及免费提供检索咨询、专利查新等知识产权信息指导。

• 适用要点 •

一、对于创新模式的选择

原始创新具有很大的偶然性、不确定性和风险性,需要良好的制度保障、容忍失败的创新生态、充足的耐心资本以及大量的创新人才。民营经济主体在选择创新模式时,应综合考量企业自身的战略需要、国家战略、市场容纳度、行业发展情况等因素,减少盲目和不必要的风险,否则创新就是无效的。在选择创新领域时,要注重把握新一轮科技革命和产业变革的机遇,重点布局人工智能、量子科技、生物技术、新能源、新材料等前沿领域多学科、跨领域的基础研究。同时,可以积极利用国家提供的创业投资、货币信贷、资本市场、科技保险、债券市场等金融支持,以及产学研深度融合机制,为原始创新积累资源。

二、知识产权侵权惩罚性赔偿制度的具体适用

由于惩罚性赔偿是民事损害赔偿体系中的例外和补充,若民营经济组织要向法院诉请知识产权侵权惩罚性赔偿,最迟应当在一审法庭辩论终结前提出,并明确赔偿数额、计算方式以及所依据的事实和理由。如果知识产权侵权案件的赔偿数额计算较复杂,民营经济组织可以向法院提出停止侵权的行为保全申请;如果民营经济组织提出的是诉前行为保全申请,其还应举证证明符合"情况紧急"的前提条件,从而防止权利丧失与损害扩大,避免"赢了官司,输了市场"。

三、知识产权服务的申请

目前,我国已布局建设国家级知识产权公共服务重要网点423家,地市级综合性知识产权公共服务机构162家,基本实现知识产权公共服务全覆盖。知识产权咨询检索、导航分析等一般服务可以前往当地知识产权服务中心寻求援助,如若涉及法律、信息、金融等专项援助,则需要关注当地知识产权服务中心的公告通知,申请专项援助立项。目前,民营经济组织总体上存在知识产权能力不足、知识产权服务成本承受能力有限等情况,而知识产权服务有助于降低民营经济组织技术研发成本,节约知识产权信息使用费用,提升知识产权管理水平。

第五章 规范经营

第三十四条 【党的活动开展与党的作用发挥】

具体条文

> 民营经济组织中的中国共产党的组织和党员，按照中国共产党章程和有关党内法规开展党的活动，在促进民营经济组织健康发展中发挥党组织的政治引领作用和党员先锋模范作用。

性质界定

本条是关于民营经济组织中开展党的活动和发挥党的作用的规定。

内涵阐释

本条是对民营经济组织中中国共产党的组织和党员开展党的活动、发挥党组织和党员作用所作的规定，与《民营经济促进法》第一章第2条"促进民营经济发展工作坚持中国共产党的领导"和第5条"民营经济组织及其经营者应当拥护中国共产党的领导"相衔接，也是对《民营经济促进法》第2条与第5条的具体落实与具体行动。本条规定的核心含义主要有两个方面：一是民营经济组织中的党组织和党员应当按照中国共产党章程和党内法规开展党的活动；二是民营经济组织中的党组织和党员要积极有为，保障党中央关于促进民营经济发展的方针政策在民营经济组织中贯彻落实。

一、民营经济组织中开展党的活动的规范依据

民营经济组织中的党组织和党员作为党的基层组织和基层成员，开展党的活动，有着明确的规范依据。与《公司法》第18条、《中华人民共

和国个人独资企业法》(以下简称《个人独资企业法》)第7条"依照中国共产党章程进行活动",《中华人民共和国乡村振兴促进法》第42条"按照中国共产党章程和有关规定发挥全面领导作用"相比较,《民营经济促进法》第34条首次将"党内法规"这一概念写入法律,与党章一起共同构成民营经济组织中的中国共产党的组织和党员开展党的活动的行为准则和规范依据。

党内法规是党的各级组织和全体党员开展工作、从事活动的基本遵循。根据《中国共产党党内法规制定条例》第3条的规定:"党内法规是党的中央组织,中央纪律检查委员会以及党中央工作机关和省、自治区、直辖市党委制定的体现党的统一意志、规范党的领导和党的建设活动、依靠党的纪律保证实施的专门规章制度。党章是最根本的党内法规,是制定一切党内法规的基础和依据。"在党内法规体系的框架构成上,2021年7月中共中央办公厅法规局发布的《中国共产党党内法规体系》指出,党内法规体系,是以党章为根本,以民主集中制为核心,以准则、条例等中央党内法规为主干,以部委党内法规、地方党内法规为重要组成部分,由各领域各层级党内法规组成的有机统一整体。基于此,从条款内容设计上看,本条并未直接用"党内法规"这一整合性概念进行表述,而是将"党章"从"党内法规"中单列出来,突出和强调了党章在党内法规体系中的根本依据地位与最高适用位阶。

我国党内法规体系中,与民营经济组织开展党的活动紧密相关的规范依据主要包括:一是党章,其对党的性质和宗旨、路线和纲领、指导思想和奋斗目标、组织原则和组织机构、党员义务权利以及党的纪律等作出根本规定。除一般性规定外,《中国共产党章程》第33条专条规定了非公有制经济组织中党的基层组织的任务,包括贯彻党的方针政策,引导和监督企业遵守国家的法律法规,领导工会、共青团等群团组织,团结凝聚职工群众,维护各方的合法权益,促进企业健康发展等,这是民营经济组织中党的活动开展的依据。二是准则,其对全党政治生活、组织生活和全体党员行为作出基本规定。《关于新形势下党内政治生活的若干准则》《中国共产党廉洁自律准则》通过综合规范党组织和党员行为,推动民营经济组织加强廉洁风险防控、完善合规管理体系、提升企业文化和社会责任感。三是条例,其对党的某一领域重要关系或者某一方面重要工作作出全面规定。条例规范包括民营经济组织在内的各类基层党组织和党员的工作与行为。其中,《中国共产党统一战线工作条例》专章规定非公有制经济领域统一战线工作,明确工商业联合会在民营经济组织党建工作上的相关职责和作用;《中国共产党支部工作条例(试行)》《中国共产党党组工作条例》《中国共产党党员教育管理工作条例》等系统规范了党组织的组织设置、基本任务、工作机制和党员教育管理要求;《中国共产党问责条例》《中国共产党纪律处分条例》从经济建设、作风建设、履行管理监督职责等方面,对监督执纪问责等作出了规定。四是规定、办法、规则、细则,其对党的某一方面重要工作或者事项作出具体规定。民营经济组织中的党组织和党员应当严格遵守党内法规所规定的实体性规范和程序性规范,确保党的领导和党的建设在民营经济领域中得到有效落实。

二、民营经济组织中党的作用的发挥

民营经济组织中发挥党的作用与促进民营经济组织健康发展具有内在联系,将党的政治优势、组织优势、群众工作优势转化为民营经济组织的管理优势、竞争优势和发展优势,有利于实现民营经济组织的经营优化、生产发展与科技创新,推动民营经济组织的健康发展、高质量发展。

民营经济组织中党的作用应当如何发挥,可以从作用领域、作用主体和作用方式三个方面予以展开。

一是作用领域。本条将"在促进民营经济组织健康发展中"作为限定词置于"发挥党组织的政治引领作用和党员先锋模范作用"之前,表明民营经济组织中党的作用范畴。"促进民营经济健康发展"作为《民营经济促进法》的立法目的之一,是一项复杂的系统工程。"促进民营经济健康发展"和"促进民营经济组织健康发展"是相互依存、相互促进的关系,前者是后者的宏观基础和保障,后者是前者的微观支撑和动力。因此,相较作为整体发展战略的"促进民营经济健康发展","促进民营经济组织健康发展"更侧重于单个民营经济组织的内部治理、规范经营以及科技创新等能力的提升,进而成为民营经济组织中发挥党的作用的切入点和着力点。

二是作用主体。本条将"党组织"和"党员"并列,共同作为民营经济组织中发挥党的作用的主体要素。《中国共产党章程》第 30 条第 1 款规定:"企业、农村、机关、学校、医院、科研院所、街道社区、社会组织、人民解放军连队和其他基层单位,凡是有正式党员三人以上的,都应当成立党的基层组织。"作为嵌入民营经济组织内部的政治主体,党组织是民营经济组织按照党章规定设立的基层党组织,是民营经济组织中党建工作的组织者、思想文化的引导者、改革发展的推动者。党员是党的基层组织的细胞,民营经济组织中党员的党性意识、宗旨意识、组织观念、纪律观念等,不仅关涉党员自身成长,还对党的作用发挥机制的建立与运行产生根本性影响。

三是作用方式。本条以"政治引领"和"先锋模范"分别明确党组织和党员各自的作用方式。党组织的政治引领作用是指民营经济组织中的基层党组织作为政治核心,通过指引正确的政治方向、实施正确的政治策略和政治措施,确保民营经济组织的发展方向与国家战略保持一致,其核心要点在于政治而非经济、引导而非主导、参与而非干预。党员的先锋模范作用是指民营经济组织中的党员通过自己的骨干、带头和桥梁作用,影响和带动周围群众的思想认同、政治认同和行动自觉,共同实现党的纲领和路线的作用。

• 适用要点 •

党的领导是中国特色现代企业制度的重要基础。从不同经济组织形式的基层党组织职权条款来看,《公司法》第170条规定:"国家出资公司中中国共产党的组织,按照中国共产党章程的规定发挥领导作用,研究讨论公司重大经营管理事项,支持公司的组织机构依法行使职权。"民营经济组织与国有企业在产权结构、公司治理、组织构架、企业目标、人事任免、社会责任等方面存在显著差异,因而党的领导在民营经济组织中发挥作用的机制不能机械照搬国有企业模式。结合本条规定,民营经济组织中的"党的领导"主要是在引导、监督、维权、统战、协调和企业文化建设等方面发挥作用,在增强政治功能和组织功能的同时,尊重民营经济组织的经营自主性,保障党对民营经济组织政治领导的不越位、不错位、不缺位,实现党组织建设和民营经济发展之间的有机融合。

第三十五条 【民营经济组织的基本面向与主体功能】

/ 具体条文

民营经济组织应当围绕国家工作大局,在发展经济、扩大就业、改善民生、科技创新等方面积极发挥作用,为满足人民日益增长的美好生活需要贡献力量。

性质界定

本条是关于民营经济组织基本面向与主体功能的规定。

内涵阐释

民营经济组织作为社会主义市场经济的重要微观基础,应当置身于国家工作大局之中,充分发挥其在发展经济、扩大就业、改善民生、科技创新等方面的积极作用。

一、民营经济组织的基本面向

基本面向是民营经济组织的发展定位和发展目标,具有全局性、稳定性和长远性。根据本条规定,在推进民营经济组织健康发展、高质量发展进程中,需要准确把握好国家工作大局和人民美好生活两大基本面向,实现经济效益和社会效益的双赢。

一是国家工作大局。国家工作大局是党和国家在特定历史阶段所确定的总体目标、战略布局和中心任务。任何市场主体都不是孤立存在的,而是身处一定的社会环境和时空背景之中,为多重内外因素所影响。民营经济组织的发展离不开国家政策的支持与引导,这些政策支持不仅为民营经济组织提供了发展机遇,也明确了其融入国家发展大局的方向,成为国家整体发展战略的重要组成部分。围绕国家工作大局,是民营经济组织的责任担当和实现自身发展的必然要求。

二是人民美好生活。随着中国特色社会主义进入新时代,我国社会主要矛盾已转化为人民日益增长的美好生活需要和不平衡不充分的发展之间的矛盾。如何满足人民日益增长的美好生活需要,既是我国经济发展面临的紧迫问题,也是民营经济组织可以大有作为之处。民营经济组织发展与满足人民日益增长的美好生活需要之间是相辅相成的关系:一方面,民营经济组织通过提供就业机会、丰富产品和服务、推动技术创新等方式,直接满足了人民对美好生活的物质和精神需求;另一方面,民营经济组织不只是促进共同富裕的受益者,更是促进共同富裕的推动者,在不断把"蛋糕"做大的同时使分配更为合理公平,弥合不平衡不充分的发展所导致的差距。

二、民营经济组织的主体功能

民营经济组织的主体功能,是指民营经济组织在持续经营和长期发展过程中所发挥的效用。本条规定在法律层面将民营经济组织的主体功能定位为发展经济、扩大就业、改善民生、科技创新。

一是发展经济。民营经济是国民经济的重要组成部分,对国民经济的持续稳定增长影响直接、作用巨大。民营经济组织所缴纳的税收是国家财政的重要来源,为国家基础设施建设与公共服务等提供了资金支持。民营经济组织广泛分布在各个行业,从传统的制造业、服务业到新兴的数字经济、人工智能等领域,都有民营经济组织的参与,其推动了产业结构的优化和升级,促进了经济的多元化发展。

二是扩大就业。民营经济组织是创造就业的"主力军",是稳定就业的"压舱石",民营经济组织的发展活力直接影响着就业市场的供需关系。民营经济组织数量庞大、分布广泛,涵盖各行各业,为不同地域、不同层次、不同技能的劳动者提供了海量的就业岗位和广阔的创业平台,是吸纳就业的"蓄水池"和缓解结构性就业矛盾的"稳定器",为经济发展和社会稳定奠定坚实的基础。

三是改善民生。民营经济就是民生经济,民营经济具有强烈的民生属性,民营经济组织的发展壮大过程在本质上就是改善民生的过程。民营经济组织通过创造就业机会、提供服务和产品、增加收入等方式,让现代化建设成果更充分更公平地惠及民众,实现民享、民富、民强。

四是科技创新。民营经济组织因其市场敏感度高和技术洞察力强,并且具有"船小好调头"的优势,能够快速响应市场需求,不断推出新的商业模式和产品服务,为经济发展注入新的活力。改革开放以来,我国科技型民营经济组织的数量不断增加,创新步伐不断加快,创新投入持续增长,创新成效不断提升,已经成为我国科技创新体系中的一支重要力量,在培育新质生产力、推动产业升级中具有重要地位和作用。

· 适用要点 ·

对于民营经济组织基本面向的准确把握和主要功能的切实发挥,不能仅依托政府或市场一方的单向发力,而是需要政府与市场双方的同步认识和有效配合,完成政府自上而下的外部助推和民营经济组织自下而上的自我进化。政府自上而下的外部助推需要强化战略、规划、政策和立法的多方位配合,形成推动民营经济持续、健康、高质量发展的整体合力。同时,应有效避免民营经济支持政策出现"新形式主义",防止决策部署在执行过程中出现偏差、走样。民营经济组织自下而上的自我进化需要坚持党的领导,响应国家战略,把握政策导向,确保沿着正确的方向发展。同时,民营经济组织应逐步建立和完善现代企业制度,提升管理水平,规范经营行为,强化科技创新,自觉履行社会责任。

第三十六条 【守法经营、合法经营义务】

具体条文

> 民营经济组织从事生产经营活动应当遵守劳动用工、安全生产、职业卫生、社会保障、生态环境、质量标准、知识产权、网络和数据安全、财政税收、金融等方面的法律法规；不得通过贿赂和欺诈等手段牟取不正当利益，不得妨害市场和金融秩序、破坏生态环境、损害劳动者合法权益和社会公共利益。
>
> 国家机关依法对民营经济组织生产经营活动实施监督管理。

性质界定

本条是关于民营经济组织守法经营义务与合法经营义务的规定。

内涵阐释

本条是对《民营经济促进法》总则部分第6条规定的具体化，并采用"正面清单与负面清单""积极义务与消极义务"并行的表述方式，划定民营经济组织生产经营活动的底线与红线。第1款前半句通过列举劳动用工、安全生产、职业卫生等10个重点守法领域，以"应当"条款下的积极义务，构建民营经济组织生产经营的"正面清单"。第1款后半句通过列举牟取不正当利益、妨害市场和金融秩序等4类高频违法行为，以"不得"条款下的消极义务，构建民营经济组织生产经营的"负面清单"。在本条第1款民营经济组织自我约束的基础上，第2款规定国家机关的外部监督管理，从内外两个方面规范民营经济组织的生产经营活动。

一、民营经济组织生产经营的具体要求

(一)守法经营义务

1. 劳动用工。主要涉及《中华人民共和国劳动法》(以下简称《劳动法》)、《中华人民共和国劳动合同法》、《中华人民共和国工会法》(以下简称《工会法》)、《中华人民共和国社会保险法》(以下简称《社会保险法》)、《中华人民共和国就业促进法》、《中华人民共和国劳动争议调解仲裁法》、《工伤保险条例》、《劳务派遣暂行规定》、《集体合同规定》、《最低工资规定》等法律法规。其中,《劳动法》是我国规范劳动关系的基本法律,并在立法发展中形成了"1+N"的劳动法律体系框架,为其他劳动法律法规的制定和完善提供了基本遵循和原则依据。《劳动法》中用人单位在劳动关系中的义务包括签订劳动合同、支付劳动报酬、缴纳社会保险、保障休息休假等多个方面,旨在维护劳动者的合法权益并促进和谐稳定的劳动关系。

2. 安全生产。主要涉及《中华人民共和国安全生产法》(以下简称《安全生产法》)、《中华人民共和国消防法》、《中华人民共和国矿山安全法》、《生产经营单位安全培训规定》、《危险化学品安全管理条例》、《建设工程安全生产管理条例》等法律法规。其中,《安全生产法》是我国安全生产领域的核心法律,规定生产经营单位在安全生产方面的基本义务和责任,包括建立健全全员安全生产责任制、构建安全风险分级管控和隐患排查治理双重预防机制、加强从业人员安全生产教育和培训等多个方面,以保障从业人员的生命安全和身体健康,同时维护社会公共利益。

3. 职业卫生。主要涉及《中华人民共和国职业病防治法》(以下简称《职业病防治法》)、《中华人民共和国尘肺病防治条例》、《使用有毒物品作业场所劳动保护条例》、《国家职业卫生标准管理办法》、《工作场所职业卫生管理规定》等法律法规。其中,《职业病防治法》是我国第一部全面规范职业病防治的专项法律,规定用人单位在职业卫生方面的基本义务和责任,包括建立健全职业病防治责任制、职业病危害项目申报、劳动过程中的防护与管理、职业病待遇保障等,涵盖事前预防、事中控制以及事后处理和救济上的多重义务,以保护劳动者健康及其相关权益。

4.社会保障。主要涉及《社会保险法》《失业保险条例》《工伤保险条例》《住房公积金管理条例》《残疾人就业条例》等法律法规。其中,《社会保险法》是我国社会保障领域的支柱性法律,规定用人单位在养老、医疗、工伤、失业、生育等社会保险方面的基本义务和责任,包括办理社会保险登记、申报和缴纳社会保险费、代扣代缴职工社会保险费、按月告知职工社会保险费缴纳明细等,以对冲和缓解个人与社会面临的风险,使公民共享发展成果,促进社会和谐稳定。

5.生态环境。主要涉及《环境保护法》、《中华人民共和国海洋环境保护法》(以下简称《海洋环境保护法》)、《中华人民共和国水污染防治法》、《中华人民共和国大气污染防治法》、《中华人民共和国固体废物污染环境防治法》、《中华人民共和国噪声污染防治法》、《中华人民共和国放射性污染防治法》等环境保护方面的法律和《中华人民共和国水法》、《中华人民共和国森林法》、《中华人民共和国草原法》等资源保护方面的法律以及相关的行政法规。其中,《环境保护法》是我国生态环境、资源保护的基本法,规定企业事业单位和其他生产经营者在环境保护方面的基本义务和责任,包括优先使用清洁能源、建立环境保护责任制度、安装使用监测设备、依法缴纳环境保护税、如实公开环境信息等,以保障公众健康,推进生态文明建设,促进经济社会可持续发展。我国正在制定生态环境法典,该法典与民营经济组织关系密切,民营经济组织应对此保持关注。

6.质量标准。主要涉及《中华人民共和国产品质量法》(以下简称《产品质量法》)、《中华人民共和国标准化法》、《中华人民共和国药品管理法》、《中华人民共和国农产品质量安全法》、《中华人民共和国食品安全法》、《建设工程质量管理条例》、《中华人民共和国工业产品生产许可证管理条例》等法律法规。其中,《产品质量法》是我国全面、系统规范产品质量的基本法,规定生产者和销售者在产品质量方面的基本义务和责任,包括建立健全内部产品质量管理制度、保证生产产品和销售产品质量、提供真实产品标识、承担缺陷产品赔偿责任等,以保护消费者的合法权益,维护社会经济秩序。

7.知识产权。主要涉及《商标法》、《专利法》、《著作权法》、《反不正当竞争法》、《中华人民共和国商标法实施条例》、《中华人民共和国专利法实施细则》(以下简称《专利法实施细则》)、《中华人民共和国著作权法实施条例》、《计算机软件保护条例》、《集成电路布图设计保护条例》、《互联网域名管理办法》等法律法规,覆盖商标、专利、著作权、商业秘密、域名、集成电路、植物新品种、与知识产权有关的反不正当竞争及反垄断等多个领域,相关义务包括建立健全知识产权管理制度、及时申请与登记、规范使用、遵守法律法规及合同约定等,以激励创新,维护公平竞争和促进经济发展。

8.网络和数据安全。主要涉及《网络安全法》《数据安全法》《个人信息保护法》《网络数据安全管理条例》等法律法规,这些法律法规共同构建起我国网络安全和数据安全治理的基本框架,规定数字化时代的企业数据合规义务,包括通用义务(如安全防护与管理、事件应急与通知等)、个人信息保护义务(如告知同意规则等)、重要数据安全义务(如识别申报、风险评估等)、数据跨境管理义务(如符合出境条件等)、网络平台服务提供者义务(应用程序核验、社会责任报告等),以维护国家主权、安全和发展利益,保护个人、组织的合法权益,促进经济社会信息化健康发展。

9.财政税收。主要涉及《中华人民共和国增值税法》、《中华人民共和国企业所得税法》(以下简称《企业所得税法》)、《中华人民共和国个人所得税法》、《中华人民共和国车船税法》、《税收征收管理法》、《会计法》、《中华人民共和国资产评估法》等法律法规。其中,依法纳税是财政税收领域中民营经济组织最基本的法定义务之一,具体包括纳税申报、税款缴纳、发票管理、账簿与凭证管理、信息报告、配合税务检查等,用以筹集财政收入、调节收入分配和促进经济社会发展。

10.金融。涉及《公司法》、《中华人民共和国票据法》、《证券法》、《中华人民共和国证券投资基金法》、《中华人民共和国保险法》(以下简称《保险法》)、《商业银行法》、《中华人民共和国反洗钱法》、《保障中小企业款项支付条例》等法律法规。为了保护投资者与交易者的知情权和公平交易,确保市场信息透明,证券、基金、信托、期货等领域的立法均对市场主体的信息披露义务作出规定,要求特定主体必须向公众及时、准确、完整地公开重要信息,以维护市场公平公正和保障金融系统稳定。

(二)合法经营义务

1.不得通过贿赂和欺诈等手段牟取不正当利益。贿赂,是指为了谋取不正当利益,给予对方金钱、财物或其他利益的行为。其目的是通过权钱交易,排斥竞争对手,获取更大的经济或竞争优势。欺诈,是指通过虚构事实或隐瞒真相的方式,使他人陷入错误认识并交付财物或其他利益的行为。不正当利益,是指违反国家有关法律法规、规章制度或其他具有约束力的规定而带来的利益,包括财产性利益和非财产性利益。通过贿赂和欺诈等手段牟取不正当利益,不仅侵害其他参与者的合法权益,还破坏公平竞争的市场秩序,具有严重的社会危害性,属于民营经济组织的禁止性行为。

2. 不得妨害市场和金融秩序。市场秩序,是指市场经济中的一种有序状态,其核心是通过法律法规、道德规范以及市场主体的自主调节,形成一个公平、公正、稳定、透明的市场环境。金融秩序,是指在金融市场中形成的有序状态。妨害市场和金融秩序,是指违反国家相关法律法规,破坏正常的市场交易和金融管理秩序的行为,表现形式包括生产和销售伪劣商品、走私、非法经营、非法吸收公众存款、虚开增值税专用发票等。

3. 不得破坏生态环境。生态环境,是指影响人类生存与发展的水资源、土地资源、生物资源以及气候资源数量与质量的总称,是关系到社会和经济持续发展的复合生态系统。破坏生态,是指对生态环境的破坏,既包括对大气、水体、海洋、土地等生活环境的破坏,也包括破坏生物多样性、造成水土流失等对生态环境的破坏,表现形式包括超标排放污染的违法处置、倾倒、贮存危险废物,非法占用农用地等。

4. 不得损害劳动者合法权益和社会公共利益。劳动者合法权益,是指劳动者在劳动过程中依法享有并得到法律保障的权利和利益。损害劳动者合法权益,是指用人单位违反劳动法律法规和劳动合同的约定,侵害劳动者依法或依约应当享有的各项权利和利益的行为,表现形式包括不签订书面劳动合同、克扣或拖欠工资、超时加班、不缴纳社会保险费、违法解除劳动合同等。社会公共利益,是指关系全体社会成员或者社会不特定多数人的利益,具有广泛性和公共性。损害社会公共利益的行为包括违背我国法律的基本制度与准则,违背社会和经济生活的基本价值取向,危害社会公共秩序和生活秩序,违背社会全体成员共同或普遍认可、遵循的基本道德准则。

二、民营经济组织生产经营的监督管理

民营经济组织生产经营的监督管理,是指依据相关法律法规,对民营经济组织的生产经营活动进行的监督、管理和规范行为,旨在确保民营经济组织依法合规经营。本条第2款对民营经济组织生产经营实施监督管理的主体是国家机关,即从事国家管理和行使国家权力的机关。由于我国对民营经济组织生产经营的监督管理涉及多个部门,包括市场监督管理部门、税务部门、环保部门等,此处是对不同监管主体的统称。

依法监管,是指监管主体在履行其职责时,必须依据有关法律、行政法规、规章和其他规范性文件进行监管,其监管行为不得与之相抵触。国家机关对民营经济组织生产经营的监管,既要遵守其他法律法规围绕行业或行为所设定的一般性监管规范,也要遵守《民营经济促进法》针对民营经济组织所设定的特殊性监管规范。从体系解释上来看,在本条第2款原则性规定的基础上,《民营经济促进法》第50条、第51条、第52条、第75条、第76条等分别从行政执法、行政处罚、行政检查、法律责任等不同维度对依法监管的要求进行细化,构建起针对民营经济组织的新型监管规范体系。

> **• 适用要点 •**
>
> 虽然本条仅就监督管理作出原则性规定,但结合《民营经济促进法》第50条"行政机关开展执法活动应当避免或者尽量减少对民营经济组织正常生产经营活动的影响"的关联规定以及国家市场监督管理总局发布的《关于牢固树立监管为民理念 推行服务型执法的指导意见》、国务院办公厅发布的《关于严格规范涉企行政检查的意见》等政策文件精神,国家机关的监督管理应当采取包容审慎监管和柔性执法方式,平衡执法力度与温度,避免或减少对民营经济组织正常生产经营的影响和对优化营商环境的干扰,通过规范执法为民营经济发展保驾护航。

第三十七条 【民营资本健康发展与民营经济组织风险防范管理】

具体条文

> 支持民营资本服务经济社会发展,完善资本行为制度规则,依法规范和引导民营资本健康发展,维护社会主义市场经济秩序和社会公共利益。支持民营经济组织加强风险防范管理,鼓励民营经济组织做优主业、做强实业,提升核心竞争力。

性质界定

本条是关于民营资本健康发展与民营经济组织风险防范管理的规定。

第五章　规范经营

内涵阐释

民营资本，又称非公有资本，是指除国有资本和外资资本之外的其他资本形式。民营资本具有双重性：一方面，民营资本具有较强的灵活性，能够提高资源配置效率，推动经济发展和社会进步；另一方面，民营资本具有较强的逐利性，容易"脱实向虚"，增加行业性风险与系统性风险隐患，影响宏观经济秩序与国家经济安全。《民营经济发展壮大意见》强调"依法规范和引导民营资本健康发展"。本条是该项政策内容的法律转化与对接，在立法层面明确提出依法规范和引导民营资本健康发展，防范资本无序扩张，同时秉持监管与发展并重的立法理念，鼓励民营经济组织做优主业、做强实业，提升核心竞争力。

一、民营资本发展的基本坐标

民营资本的发展往往与国家的顶层设计密不可分，本条从立法层面明确民营资本发展的基本坐标，即服务大局、完善规则、健康发展、维护秩序、管理风险。这些坐标是具有内在联系的有机整体，相互支撑、相互促进，共同构成推动民营资本发展的系统性指针。(1)服务大局是民营资本发展的根本方向。民营资本需要围绕国家经济社会发展的总体目标，通过促进经济增长、扩大就业、改善民生等方式，为推进中国式现代化建设贡献力量。服务大局不仅体现了民营资本在国民经济结构中的重要地位，还明确了其发展的战略定位。(2)完善规则是民营资本发展的基础条件。民营资本的发展离不开法治保障，通过科学设立"红绿灯"规则体系，健全资本发展法律制度，引导资本规范运作，防止其盲目扩张、无序竞争等行为，避免对经济社会发展造成负面影响。(3)健康发展是民营资本发展的核心目标。健康发展的民营资本是在社会主义市场经济环境下，遵循法律法规、市场规则和道德规范，具有良好的发展态势、积极的社会影响和可持续发展潜力的民营资本。民营资本的健康发展是坚持和完善社会主义基本经济制度的核心实践,是推动经济高质量发展的重要基础。(4)维护秩序是民营资本发展的必然要求。民营资本作为社会主义市场经济的重要组成部分,不仅是经济发展的参与者,也是社会责任的承担者,其发展必须以维护社会主义市场经济秩序和社会公共利益为前提。(5)管理风险是民营资本发展的关键环节。随着经济形势复杂化,民营资本运行面临多重风险。构建全面的风险评估体系和提示机制,加强对企业运营风险的预警和处置能力,能够有效防范和化解风险,保障民营资本的健康发展。

二、民营经济组织的产业发展要求

本条提出的"做优主业、做强实业",是应对民营经济发展中存在的"主次不清""脱实向虚"等问题而提出的有针对性的产业发展要求。"主次不清"是指民营经济组织由于战略失误或者扩张步伐过快等,未能明确区分其核心业务与非核心业务,导致发展方向模糊、资源配置不合理,甚至可能因盲目多元化而陷入经营困境。做优主业,强调民营经济组织将主要资源聚焦自身的核心业务领域,持续进行自我"迭代升级",通过不断提升产品质量、优化服务水平、增强创新能力、提高管理效率等多方面举措,使主业在市场竞争中占据优势地位。"脱实向虚"是指民营经济组织将资金和资源等要素从生产制造、技术研发、产品创新等实体经济活动转移至购买金融资产或投资房地产项目等虚拟经济领域,导致实体经济相对滞后或衰退的现象。实体经济是国家经济的根基,民营经济组织又是实体经济的重要组成部分。做强实业,强调民营经济组织把发展的着力点放在实体经济上,坚持"实业兴国"理念,推动以实体经济为驱动和主导的转型升级。

民营经济组织"做优主业"和"做强实业"之间可以达成一个动态的良性循环关系,主业的优化为实业的发展奠定基础,而实业的壮大又反过来推动主业的深化和完善。这种双向互动不仅有助于民营经济组织提升核心竞争力,还能促进民营经济的高质量发展,推进民营经济向"新"而行、向"实"而行、向"高"而行。

第三十八条 【规范治理与民主管理】

具体条文

民营经济组织应当完善治理结构和管理制度、规范经营者行为、强化内部监督,实现规范治理;依法建立健全以职工代表大会为基本形式的民主管理制度。鼓励有条件的民营经济组织建立完善中国特色现代企业制度。

民营经济组织中的工会等群团组织依照法律和章程开展活动,加强职工思想政治引领,维护职工合法权益,发挥在企业民主管理中的作用,推动完善企业工资集体协商制度,促进构建和谐劳动关系。

民营经济组织的组织形式、组织机构及其活动准则,适用《中华人民共和国公司法》、《中华人民共和国合伙企业法》、《中华人民共和国个人独资企业法》等法律的规定。

性质界定

本条是关于民营经济组织规范治理与民主管理的规定。

内涵阐释

一、民营经济组织规范治理的基本要求

规范治理是民营经济组织健康发展、高质量发展的前提条件。基于当前民营经济组织发展过程中存在的现实问题和治理需求,本条第1款提出应当完善治理结构和管理制度、规范经营者行为、强化内部监督。三者相辅相成,共同构成对民营经济组织规范治理的基本要求。

一是完善治理结构和管理制度。治理结构和管理制度是组织运作中的两个核心概念,二者既有联系又有区别。治理结构是组织权力分配、决策机制和监督体系的顶层设计,如公司治理中股东会、董事会和监事会的三分结构,用来解决"谁来决策""如何制衡"等治理层面的问题。管理制度是维系组织日常运营的具体规则体系,如业务流程、用工制度、财会制度等,用以解决"如何执行""怎样操作"等管理层面的问题。因此,治理结构是"组织的宪法",管理制度是"组织的法律",前者决定权力框架,后者规范具体行为。很多民营经济组织具有亲缘关系、代际传承等人合属性,一些民营经济组织存在产权结构不合理、治理机制不健全等问题。民营经济组织完善治理结构和管理制度,不仅有助于解决家族企业带来的治理弊端,还有助于在经济发展新阶段完成从"机会驱动"到"制度驱动"的转变,实现可持续发展。

二是规范经营者行为。经营者是指从事生产、经营商品或者提供有偿服务的法人、其他组织和个人。在民营经济组织中,经营者通常是所有者、创始人或核心管理者,扮演着至关重要的角色。作为民营经济组织战略方向、投资计划、资源配置等事项的主导者,经营者的行为往往会直接影响民营经济组织的生存与发展,并可能将其负外部性从组织内部蔓延至市场与社会领域。因此,规范经营者行为尤为重要。规范经营者行为通过法律法规、行业标准、道德准则等手段,对经营者的决策和经营

活动进行约束和引导,确保其行为符合法律要求、市场规则、社会责任和商业伦理。

三是强化内部监督。根据《企业内部控制基本规范》第六章"内部监督"的相关规定,内部监督是企业对内部控制建立与实施情况进行监督检查,评价内部控制的有效性,对于发现的内部控制缺陷及时加以改进,是实施内部控制的重要保证。内部监督作为一种自我纠查,是保障合规运营和健康发展的"免疫系统"。民营经济组织需要通过强化内部监督防范"家族化""亲缘化"导致的决策独断、滥用权力和人情管理等非理性风险,保障利益相关者的权益。需要注意的是,民营经济组织往往存在集权化领导现象,所有权、经营权、决策权、执行权、监督权均由内部成员控制。在完善治理结构和管理制度的前提下,强化内部监督的核心要义就是要保障监督权的独立性和权威性,在民营经济组织内部形成有效的制约和监督机制。

二、民营经济组织民主管理的基本形式

民主管理,是指企业职工依照法律法规和政策规定,参与企业决策、管理和监督,企业的经营管理者尊重、支持和保障职工知情权、参与权、表达权、监督权等民主权利行使及落实的有组织的制度性、规范性活动。根据《企业民主管理规定》第3条、第13条的规定,职工代表大会(以下简称职代会)是职工行使民主管理权力的机构,是企业民主管理的基本形式。职代会由全体职工选举的职工代表组成,代表全体职工行使民主管理的权利,主要职能包括审议建议权、审议通过权、评议监督权、民主选举权等。由此可见,职代会是民主管理的核心载体。

在民主管理的组织框架中,与职代会关联密切、互为支撑的另一重要主体是工会(委员会)。《工会法》第2条规定:"工会是中国共产党领导的职工自愿结合的工人阶级群众组织,是中国共产党联系职工群众的桥梁和纽带。中华全国总工会及其各工会组织代表职工的利益，依法维护职工的合法权益。"工会的主要职能包括维护职工合法权益、组织和教育职工、参与企业民主管理、开展群众性活动、开展职工福利事业、参与劳动关系协调和劳动争议处理等。从运作逻辑上来看，职代会是一种议事机制，工会是一种组织机构。根据《企业民主管理规定》第22条的规定，工会是职代会的工作机构，负责职代会的日常工作。职代会也为工会表达职工诉求、推动工会工作提供了重要的平台。因此，职代会更侧重"议大事"，工会更侧重"管日常"，二者在民主管理中都扮演着重要角色，不能相互替代。

三、民营经济组织中工会等群团组织的功能与作用

民营经济组织中的工会等群团组织在民主管理与构建和谐劳动关系中具有不可替代的重要作用。《工会法》第6条第1款规定了工会的基本职责，即维护职工合法权益、竭诚服务职工群众。这表明了工会的双重属性，即政治性与群众性的统一。该条第2款和第3款分别通过平等协商和集体合同制度、职代会、以职工为中心的工作体系等实施机制，构建"维权—参与—服务""三位一体"的工会职能体系。企业工资集体协商制度是民营经济组织构建现代治理体系和促进和谐劳动关系的关键环节。根据《工资集体协商试行办法》第3条的定义，工资集体协商是指职工代表与企业代表依法就企业内部工资分配制度、工资分配形式、工资收入水平等事项进行平等协商，在协商一致的基础上签订工资协议的行为。企业工资集体协商制度突破了劳动者的议价困境，通过工会组织形成合力赋予劳动者话语权，有助于化解劳资矛盾，构建信任机制。工资集体协商制度对于民营经济组织来说不仅是合规工具，更是实现劳资双赢的战略选择，在避免劳动纠纷的同时亦增强民营经济组织在劳动力市场的竞争力。

随着市场经济的深入发展,建立和谐劳动关系成为民营经营组织平稳发展的重要保障。和谐劳动关系是指在劳动过程中,劳动者与用人单位之间形成的一种相互合作、互惠互利、共同发展,且在劳动关系的构成、运行、处理等方面做到守法依规与合乎情理,实现利益分配平衡,促进劳动者体面就业,推动企业健康发展的状态。和谐劳动关系是民主管理的成果和动力,能够推动民主管理的实施,促进民主管理的完善,提升民主管理的效果。

四、不同组织形式的民营经济组织的市场主体法适用依据

根据《民营经济促进法》第九章"附则"第77条的定义,民营经济组织是一个"群"概念,包含多种主体类型。民营经济组织须结合经营需求、行业特点、发展阶段等因素,选择最合适的组织形式,并依照该市场主体组织形式对应适用相应的组织法规范。

一是公司。当民营经济组织选择公司组织形式时,主要法律依据是《公司法》。《公司法》作为调整公司在设立、组织、活动和解散过程中所发生的对内对外关系的法律规范的总称,兼具组织法和活动法双重性质。有限责任公司和股份有限公司是我国《公司法》规范的两种公司类型,两者在设立方式、治理组织、议事规则、股份转让等方面有所区别,两者的组织形式、组织机构及其活动准则须遵照《公司法》的规定,适用要点包括:公司的类别选择、资本制度与出资形式、治理结构、股东权利保护、股权流动、管理人责任等。

二是合伙企业。当民营经济组织选择合伙企业形式时,主要法律依据是《合伙企业法》。《合伙企业法》作为特别法调整商事合伙关系。合伙企业存在普通合伙企业和有限合伙企业之分,不同类型的合伙企业,合伙人对内参与合伙事务的程度不同,对外承担责任的方式不同,各自的组织形式、组织机构及其活动准则须遵照《合伙企业法》的规定,适用要点包括：合伙企业的类型选择、合伙协议的形式与内容、出资与经营、利润分配与亏损分担、责任承担等。

三是个人独资企业。当民营经济组织选择个人独资企业形式时，主要法律依据是《个人独资企业法》。《个人独资企业法》是规范个人独资企业的组织和行为的法律规范的总和，为自然人创业提供了灵活简便的企业形式，但须注意无限责任带来的法律风险。个人独资企业的组织形式、组织机构及其活动准则须遵照《个人独资企业法》的规定，适用要点包括：设立条件、财产归属、企业管理、责任承担等。

• 适用要点 •

治理规范化和管理民主化是中国特色现代企业制度的基本特征。

本条第1款将完善治理结构和管理制度、规范经营者行为、强化内部监督三个方面作为民营经济组织规范治理的基本要求，规定民营经济组织应当依法建立以职工代表大会为基本形式的民主管理制度，确保民主管理在民营经济组织中不缺位、不失位。同时，考虑到不同民营经济组织在发展阶段、组织规模和管理能力上的差异，鼓励有条件的民营经济组织建立完善中国特色现代企业制度，而不强求所有民营经济组织一步到位。2024年9月21日通过的《中共中央办公厅　国务院办公厅关于完善中国特色现代企业制度的意见》指出，"支持民营企业优化法人治理结构。鼓励民营企业根据实际情况采取合伙制、公司制等多种组织形式，完善内部治理规则，制定规范的章程，保持章程与出资协议的一致性，规范控股股东、实际控制人行为。支持引导民营企业完善治理结构和管理制度，鼓励有条件的民营企业规范组建股东会、董事会、经理层。鼓励家族企业创新管理模式、组织结构、企业文化,逐步建立现代企业制度"。民营经济组织要努力做好中国特色现代企业制度的践行者和推动者。

本条第2款是对工会等群团组织在民营经济组织中的功能定位与作用发挥的规定。工会等群团组织在依法依章的前提下,在民营经济组织中发挥思政引领、权益维护、民主管理、集体协商、构建和谐劳动关系等方面的功能与作用。

本条第3款是对民营经济组织作为市场主体的组织法适用依据的规定。民营经济组织基于其自身实际情况,选择合适的组织形式,建立相应的组织机构,确立具体的活动准则时,以组织形式为标准,分别适用《公司法》《合伙企业法》《个人独资企业法》等法律的具体规定,接受这些法律的调整。

那么,本条未穷尽的市场主体法是否适用于民营经济组织呢?本条第3款的适用法律采取的是非穷尽式列举方式,以"等"字兜底,表明除《公司法》《合伙企业法》《个人独资企业法》外,涉及市场主体其他组织形式的法律同样可能适用于民营经济组织。例如,在《民营经济促进法》第77条民营经济组织定义中明确出现的个体工商户,其既不是公司,也不是合伙企业,虽然与个人独资企业都是承担无限责任,同是缴纳个人所得税,但两者在设立主体、组织形态、经营管理等方面均有所不同,适用不同的法律规范。个体工商户在组织形式、组织机构及其活动准则上的适用依据主要是《民法典》和《促进个体工商户发展条例》。除此之外,《中华人民共和国农民专业合作社法》(以下简称《农民专业合作社法》)是否也属于民营经济组织的组织法适用依据呢?这一问题的解答需要回归到农民专业合作社的组织性质上,即农民专业合作社是否属于民营经济组织。首先,农民专业合作社有别于个体工商户,其并未直接出现在《民营经济促进法》对民营经济组织定义的列举范围内,而且《农民专业合作社法》对农民专业合作社的定义采用的是"农营"互助性经济组织的表述方式,无法直接对号入座,需要结合关联条款展开更进一步分析。其次,《民营经济促进法》将民营经济组织的主体形式限定在"营利法人"、"非法人组织"和"个体工商户",而《农民专业合作社法》第5条第1款规定"农民专业合作社依照本法登记,取得法人资格"。因此,在立法已经明确赋予农民专业合作社法人资格的前提下,农民专业合作社是否属于营利法人决定了其与民营经济组织的关系。《民法典》将法人分为营利法人、非营利法人和特别法人三种,根据《民法典》第96条和第100条的规定,农民专业合作社属于该法规定的城镇农村的合作经济组织法人,故其在性质上系特别法人,而非营利法人。基于此,农民专业合作社不属于民营经济组织。然而,农民专业合作社的法人类别归属在我国一直存在争议。在法律层面,城镇农村的合作经济组织法人的定性在我国《民法总则》起草阶段就多有演变,在"法人"一章中经历了从草案的"一般规定"("法律对合作社法人有规定的,依照其规定")到二审稿的"一般规定"("法律、行政法规对合作社法人有规定的,依照其规定")再到三审稿新设"特别法人"一节并将之纳入其中,并最终在《民法典》中予以保留。在行政法规层面,2021年颁布的《市场主体登记管理条例》第2条规定:"本条例所称市场主体,是指在中华人民共和国境内以营利为目的从事经营活动的下列自然人、法人及非法人组织:(一)公司、非公司企业法人及其分支机构;(二)个人独资企业、合伙企业及其分支机构;(三)农民专业合作社(联合社)及其分支机构;(四)个体工商户;(五)外国公司分支机构;(六)法律、行政法规规定的其他市场主体。"根据该条规定,农民专业合作社属于以营利为目的从事经营活动的法人。由此可见,农民专业合作社兼具经济合作和社会互助属性,造成了其法人类型在法律法规层面存在不同规定的情况,并影响对其是否属于民营经济组织的判断。最后,农民专业合作社和民营经济组织的关系虽然在国家立法层面并未作出直接规定,但在一些地方的工作文件中,有关民营经济的定义已将农民专业合作社纳入了民营经济组织的范畴,如《昆明市科学技术局关于对政协昆明市第十三届二次会议第132367号提案的答复》提出,"民营经济是指除了国有及国有控股、集体经济、外商和港澳台商独资及其控股的经济组织,它的主要成分是私营企业、个体工商户和农民专业合作社"。

第三十九条 【源头防范和治理腐败体制机制】

具体条文

国家推动构建民营经济组织源头防范和治理腐败的体制机制,支持引导民营经济组织建立健全内部审计制度,加强廉洁风险防控,推动民营经济组织提升依法合规经营管理水平,及时预防、发现、治理经营中违法违规等问题。

民营经济组织应当加强对工作人员的法治教育,营造诚信廉洁、守法合规的文化氛围。

性质界定

本条是关于构建民营经济组织源头防范和治理腐败体制机制的规定。

内涵阐释

一、民营经济组织腐败问题的形势及走向

民营经济组织腐败,是指民营经济组织内部人员利用职权或管理漏洞谋取私利的行为。民营经济组织腐败行为的常见表现主要有:(1)职务侵占,是指民营经济组织的人员利用职务上的便利,非法占有本单位财物的行为。这种行为通常涉及通过侵吞、窃取、骗取或其他手段将单位财物据为己有,如直接侵吞单位现金或财物、虚构报销项目或报销费用等情形。(2)挪用资金,是指民营经济组织的人员利用职务上的便利,挪用本单位资金归个人使用或者借贷给他人,超过3个月未还,或者进行营利活动,或者进行非法活动。其与职务侵占较相似,但又有本质区别,区分两者的关键在于行为人主观上是否具有非法占有目的。(3)商业贿赂,是指民营经济组织的人员利用职务上的便利,索取他人财物或者非法收受他人财物,为他人谋取利益,数额较大的行为,如员工收受"回扣",从供应商或者客户处获取一定比例的商品价款或者其他利益等。值得注意的是,企业数字化转型又催生了一些新型腐败行为,如传统的现金交易转化为以数字货币、虚拟资产等为新型载体的交易形式,腐败手段更多元化和隐蔽化。

近年来,民营经济组织腐败问题呈现出高频发生趋势,腐败的覆盖面较广泛,治理民营经济组织腐败问题具有迫切性。

2025年2月,最高人民检察院举行的"在服务大局中贡献检察力量"新闻发布会中提道,2024年全国检察机关起诉利用职务便利实施的民营企业内部腐败犯罪1万余人,同比上升25%。2025年5月,北京市海淀区人民法院联合中国互联网协会发布的《互联网企业内部人员贪腐犯罪案件白皮书》显示,2020~2024年,涉互联网企业内部人员贪腐犯罪案件近3年案件量呈回涨态势,其中,互联网"大厂"内部人员贪腐犯罪案件数占比达73.23%,犯罪金额超1.8亿元,占比60.3%,个案平均犯罪金额达197.88余万元。这些数据反映出腐败行为在民营经济组织中的高发性和严重性。

此外,民营经济组织腐败的覆盖面较广泛。从最高人民法院和最高人民检察院近年来发布的涉及民营企业腐败犯罪的典型案例以及各类检察工作白皮书中可以看出,在主体范围层面,民营经济组织腐败问题在不同规模企业中均有存在。大型民营企业因治理结构完整,其腐败风险主要集中在新兴行业和复杂业务链,中小微民营企业因合规管理薄弱更易滋生"小微腐败",从而侵蚀企业的发展根基。在行业领域层面,民营经济组织腐败问题除较多地发生于传统高风险的金融、房地产、能源等领域外,还呈现出向互联网、科技、医疗等新兴行业蔓延的趋势。在腐败环节和人员层面,民营经济组织腐败问题存在于财务、采购、销售、技术、人事等各业务环节之中,人员不仅集中于高层,还渗透至中层及基层,衍生出不同形式的腐败。

对民营经济组织自身发展来说,腐败问题严重损害了其核心竞争力和创新发展能力,不仅会导致经济损失,还可能引发法律诉讼、声誉毁损等连锁反应,严重影响民营经济组织的可持续发展。与此同时,民营经济组织作为国民经济的重要组成部分,其腐败问题不仅会影响自身,还破坏了公平竞争的市场经济秩序,对社会整体的经济发展产生不良影响。针对民营经济组织的腐败问题,须标本兼治,对腐败风险的来源进行深入挖掘,从源头上消除其内部控制缺陷和腐败动机,防范腐败现象的滋生。

二、民营经济组织反腐败体制机制的构建

以往我国反腐败的重心主要聚焦国家机关、国有企业、事业单位、人民团体,即把重点放在了以公权力为核心的反腐败机制构建上。与这些公共部门的腐败问题相比,我国民营经济组织的腐败问题同样具有极大的社会危害性。本条第1款以"国家"为主体,通过"推动""支持""引导"等倡导性和促进性的行为话语,表明国家对民营经济组织腐败防范治理的主动出击态度和积极布局策略,从内部审计制度、合规经营管理水平、企业文化氛围等方面对民营经济组织源头防范和治理腐败的体制机制构建提出明确要求。

一是建立健全内部审计制度。由于认识偏差和组织架构缺陷,许多民营经营组织内部控制体系不健全,财务管理缺乏透明度,为财务造假和职务侵占提供了条件与可能。企业内部审计部门缺乏独立性和权威性,审计结果往往受限于高层指示,无法真实反映企业状况,腐败行为难以被及时发现和纠正。内部审计制度是指为了实现经营目标,规范内部审计工作,明确内部审计机构和人员的职责、权限,发挥内部审计在强化内部控制、改善经营管理、提高经济效益等方面的作用而制定的一系列规章制度和工作规范。民营经济组织应当以中国内部审计协会2013年修订的《中国内部审计准则》为依据,根据自身的规模、性质以及特点,选择适合自身发展的内部审计组织形式,设立内部审计岗位或内部审计机构,制定内部审计规章制度及审计手册、审计流程和技术标准,明确内部审计的职权、责任、工作范围、行为规范等,保障内部审计工作的规范有序开展,增强廉洁风险控制能力。

二是提升合规经营管理水平。受到"重业绩、轻合规"的短视思维影响,民营经济组织通常缺乏专门的合规部门和监察资源,难以发现和应对腐败行为;即便发现腐败线索,也会因取证困难或顾及声誉而选择内部处理,导致违法成本低,腐败现象反复发生。合规管理体系是指企业或组织为了有效防控合规风险而建立的系统性管理框架,包括制度、流程、措施和控制机制。其目的是确保企业和组织的经营管理行为和员工的履职行为符合法律法规、行业规范和内部规章制度的要求,从而规避法律风险、维护企业或组织声誉并促进可持续发展。民营经济组织应基于所在区域、行业及企业类型、业务规模、商业模式等,根据国家市场监督管理总局和国家标准化管理委员会发布的《合规管理体系——要求及使用指南》以及各地民营经济组织合规建设指引中的要求,建立、实施、保持和改进合规管理体系。结合《民营经济促进法》第36条的规定,民营经济组织应加强劳动用工、安全生产、生态环境、知识产权、财政税收等重点领域的合规管理,以及时预防、发现、治理经营中的违法违规等问题。

三是营造廉洁合规文化氛围。由于民营经济组织的员工培训大多围绕与生产经营密切相关的安全生产教育、职业规范教育展开,法治教育和道德教育往往容易被忽视。作为企业文化核心塑造者和引领者的民营企业家也频频触碰法律红线。北京师范大学中国企业家犯罪预防研究中心发布的《2023企业家刑事风险分析报告》显示,2022年度民营企业家犯罪数为1794次,约占企业家犯罪总数的88.0%;犯罪的民营企业家人数共1702人,约占犯罪企业家总人数的88.5%。员工乃至企业家法律意识的淡薄和组织廉洁文化的缺失,使道德压力被消解,腐败行为易被合理化。文化氛围,是指组织人员对所在组织的工作环境和文化的长期感知,与组织结构和控制系统相互作用,影响着员工特别是高层管理者的思维方式和行为选择。民营经济组织应当通过价值理念体系、制度文化体系、行为规范体系、考核评估体系的建设,形成一种以诚实守信、廉洁自律、依法合规为核心价值观的文化氛围,自觉抵制和预防腐败行为,推动民营经济组织的和谐稳定与持续健康发展。

• 适用要点 •

1.民营经济组织应当顺应"强监管"趋势,建立健全企业内部反腐败体系,从源头防范和治理腐败行为。民营经济组织作为中国特色社会主义市场经济中的重要主体,其腐败问题不仅会损害自身利益,更会破坏市场秩序和社会公平。现阶段,民营经济组织腐败治理已进入内生需求和外部要求并行的发展轨道,需要构建起"制度防腐、管理纠腐、文化反腐"的经营管理体系:一是建立健全内部审计制度,定期对采购审批、资金使用、关联交易等高风险环节实施专项审查;二是提升合规经营管理水平,构建覆盖全员、全流程、全领域的合规管理体系;三是营造廉洁合规文化氛围,将"诚信廉洁、守法合规"价值观嵌入企业章程、员工培训体系和道德行为准则之中。

2.反腐倡廉建设是党的建设的重要组成部分,建立健全纪检组织、开展纪检工作应植根于民营经济组织源头防范和治理腐败的体制机制之中。2012年9月,中央纪委印发了《关于在非公有制企业党组织中建立健全纪检组织的指导意见(试行)》(中纪发〔2012〕20号),明确在非公有制企业党组织中建立健全纪检组织,加强非公有制企业党风建设和反腐倡廉工作。因此,民营经济组织党组织中的纪检组织应推进廉洁风险防控,协助民营经济组织完善内部控制和合规管理制度,建立健全由纪检、审计、法律、工会等部门共同参与的反腐监督格局,教育引导民营经济组织贯彻党的路线方针政策,遵守国家法律法规,依法经营、诚信经营、廉洁经营,培育廉洁文化,创造守法诚信、公平正义、健康有序的经济社会环境。

3.随着刑法对腐败犯罪的打击力度持续升级,民营经济组织内部人员需要更加严格地遵守法律法规和内部规范,避免因自身行为给民营经济组织带来刑事风险。《中华人民共和国刑法修正案(十二)》正式施行后,原来仅适用于"国有公司、企业"等相关人员的部分犯罪(非法经营同类营业罪、为亲友非法牟利罪和徇私舞弊低价折股、出售国有资产罪①),扩展至"其他公司、企业",并同步修改了与之配套的责任条款,民营经济组织内部人员舞弊、腐败行为被全面纳入刑法规制。连同《中华人民共和国刑法修正案(十一)》中的职务侵占罪、挪用资金罪、非国家工作人员受贿罪等罪名,这两个修正案共同构成了治理民营企业内部腐败问题的刑罚机制。结合本条规定,民营经济组织在发展时应更加注重建立和完善治理腐败体制机制,管理层及关键岗位人员应当树立法治思维,规范自身履职行为。同时,司法机关在处理民营经济组织内部反腐案件时,应当更加注重对民营经济组织合法权益的保护,在惩治犯罪的同时,尽量减少对民营经济组织正常经营活动的影响,注重追赃挽损,尽量帮助民营经济组织挽回损失。

---

① 《最高人民法院、最高人民检察院关于执行〈中华人民共和国刑法〉确定罪名的补充规定(八)》将其修改为"徇私舞弊低价折股、出售公司、企业资产罪"。

第四十条 【财务、会计、财产管理制度】

具体条文

> 民营经济组织应当依照法律、行政法规和国家统一的会计制度,加强财务管理,规范会计核算,防止财务造假,并区分民营经济组织生产经营收支与民营经济组织经营者个人收支,实现民营经济组织财产与民营经济组织经营者个人财产分离。

性质界定

本条是关于民营经济组织财务、会计、财产管理制度的规定。

内涵阐释

一、民营经济组织财务会计管理的规范要求

财务管理和会计核算是民营经济组织存续和运作不可缺少的重要环节。本条规定"民营经济组织应当依照法律、行政法规和国家统一的会计制度,加强财务管理,规范会计核算,防止财务造假",这里的"依照法律、行政法规和国家统一的会计制度"是具有层级结构特征的制度规范指引,主要包括以下内容。

1. 法律。除《民营经济促进法》的相关规定外,与民营经济组织财务会计相关的法律主要有《会计法》《公司法》等。《会计法》是我国会计法律体系的核心,是拟定各项会计法规、准则、制度的基础性法律,国家机关、社会团体、公司、企业、事业单位和其他组织均必须依照《会计法》办理会计事务。《公司法》第十章"公司财务、会计"以专章形式对公司的财务会计制度、财务报告、利润分配等作出了规定。财务会计制度是

《公司法》的重要内容,财务负责人属于《公司法》中的高级管理人员,以公司为组织形式的民营经济组织需要严格遵守《公司法》的规定,依法建立公司财务与会计制度。

2.行政法规。与民营经济组织财务会计相关的行政法规主要有《企业财务会计报告条例》、《中华人民共和国发票管理办法》(以下简称《发票管理办法》)等。《企业财务会计报告条例》是根据《会计法》制定的,专门规范企业财务会计报告的行政法规。民营经济组织应当按照《企业财务会计报告条例》的规定,编制和对外提供真实、完整的财务会计报告。《发票管理办法》是加强发票管理和财务监督、保障国家税收收入并维护经济秩序的行政法规。发票管理是财务管理的基础环节,也是涉税风险管理的源头。民营经济组织应依法依规进行发票管理,确保税务合规。

3.国家统一的会计制度。根据《会计法》第48条的规定,国家统一的会计制度是指国务院财政部门根据《会计法》制定的关于会计核算、会计监督、会计机构和会计人员以及会计工作管理的制度,包括会计部门规章和会计规范性文件。《会计基础工作规范》《小企业会计准则》《企业内部控制基本规范》《金融企业财务规则》等财政部门制定的规章和规范性文件共同构成我国国家统一的会计制度,是生成会计信息的重要标准,是规范会计行为和会计秩序的重要依据,是我国民营经济组织财务会计活动必须遵守的行为准则。

在规范指引的基础上,本条针对当前民营经济组织存在的财务管理薄弱、会计核算失真、财务造假泛滥等问题,提出加强财务管理,规范会计核算,防止财务造假的规范要求。(1)财务管理是指在组织运营过程中,对财务资源进行规划、组织、控制和监督,确保财务活动的有效性和合规性,同时最大限度地提高资金使用效率与组织经济效益的管理活动。(2)会计核算是指以货币为主要计量单位,通过确认、计量、记录、报告等环节,对特定主体的经济活动进行记账、算账、报账,为相关会计信息使用者提供决策所需要的会计信息。(3)财务造假是指企业或个人通过不诚实、不透明或非法手段,对财务数据、财务报表等进行篡改、伪造或歪曲,以达到误导投资者、债权人、监管机构等利益相关者的目的,从而获取不正当利益的行为。财务管理、会计核算和防止财务造假三者之间存在内在联系,能够形成"健全财务管理→规范会计核算→披露财务信息→支持科学决策→降低造假动机"的正向循环,即加强财务管理是基础和前提,规范会计核算是关键和保障,防止财务造假是目标和结果,三者共同构成了民营经济组织财务健康运行的核心机制。

在当前市场竞争激烈、经济波动频繁的环境下,民营经济组织加强财务管理,规范会计核算,防止财务造假,需要从制度建设、技术赋能、人员管理三个方面系统推进。(1)建立健全财务管理体系。民营经济组织根据自身特点和实际需求,制定一套科学、规范、操作性强的财务管理制度。制度应涵盖预算管理、资金调度、成本控制、财务审计、内部控制等多个方面,确保财务管理的系统性和规范性。(2)引入现代会计核算工具。在数字经济环境中,基于《会计信息化工作规范》的指引,民营经济组织通过利用现代信息技术手段和数字基础设施开展会计核算,有助于规范会计核算流程和标准,提高会计信息质量,发挥会计数据作用,为穿透式监管赋能。(3)提升财务人员的专业素质与职业道德。民营经济组织应重视财务人员的培养和引进,定期组织专业培训,提高财务人员的业务能力和综合素质。同时,应加强财务人员的职业道德教育,树立法治思维,使职业道德精神内化为会计从业人员的自觉行动,减少财务造假行为的发生。

二、民营经济组织财产管理的规范要求

财产混同是公司领域中的常见现象,是公司人格混同的核心表现和

重要认定依据。财产混同,是指公司财产与股东、实际控制人或其他关联方的财产之间未能明确区分,导致公司财产和个人财产的界限模糊或混淆不清。财产混同可能带来一系列严重的法律后果,包括但不限于公司财产被挪用或侵占、公司信誉受损,以及债务清偿时股东、实际控制人或其他关联方承担连带责任。民营经济组织因治理结构、融资需要以及法律意识等因素,更易出现财产混同,需要通过收支区分和财产分离实现风险隔离。基于此,本条规定了民营经济组织和民营经济组织经营者之间应当收支区分、财产分离,避免"公私不分"而引发法律风险。

民营经济组织之所以要像公司一样进行收支区分、财产分离,是因为要避免财产混同所可能引起的潜在风险。以合伙企业为例,财产混同会导致财务记录不清晰,难以准确核算合伙企业的收入、支出、成本和利润等财务数据。这会使合伙企业无法真实反映其财务状况和经营成果,影响合伙人对企业的决策判断,增加财务审计和税务申报的难度。因此,收支区分和财产分离有利于确保财务独立性、税务合规性以及责任风险的可控性,是各类组织形式的民营经济组织都应当遵循的规范要求。

民营经济组织应从设立独立账户、财务审批与授权、内部监督与审计三个方面区分生产经营收支与经营者个人收支,构建清晰的财务防火墙,确保民营经济组织财产独立、经营合规,同时保护经营者个人财产安全。(1)设立独立账户。民营经济组织和民营经济组织经营者应当分别设立独立的银行账户,这是实现收支区分、财产分离的基础。民营经济组织的账户用于记录组织经营收入、支出、投资等所有与组织相关的资金往来,而经营者账户则用于个人消费、储蓄、投资等与组织无关的用途。通过独立账户,可以清晰追踪资金流向,确保组织财产与个人财产不混同。(2)财务审批与授权。民营经济组织经营者的个人消费须遵循组织报销制度,不得直接通过组织账户支付,须经财务部门审核其合理性。经营者对组织财产的使用权限须通过公司章程或董事会决议明确,超出授权范围的部分需要集体决策。(3)内部监督与审计。民营经济组织内部审计部门应定期抽查组织账户流水,重点核查大额资金流向、频繁小额转账至个人账户等异常行为。同时核对每笔收支的合同、发票、物流单据等原始凭证,确保资金用途与业务真实关联。此外,聘请第三方审计机构对组织账目进行年度审计,重点关注公私资金混用风险,对经营者个人账户与组织账户的资金往来须在审计报告中单独披露,并评估其合规性。

• 适用要点 •

本条是民营经济组织至为重要的行为规范,既有立法上的引导意义,也有民营经济组织治理上的制度安排意义,还有司法上处理民营经济组织纠纷的依据意义。

1.在《会计法》加大对财务造假等违法行为的处罚力度的背景下,民营经济组织应当提升财务风险防控意识,增强财务管理和会计核算效能。《会计法》从提高罚款额度、区分处罚梯度、增加处罚种类等方面,加强对财务造假等违法行为的法律追责力度。民营经济组织应加强对会计工作的重视,提高会计合规意识,结合本条规定,从建立健全财务管理体系、引入现代会计核算工具、提升财务人员的专业素质与职业道德等方面确保财务合规,防止财务造假。

2.民营经济组织加强财务管理,规范会计核算,防止财务造假,既是其规范经营的内在要求,也是其履行纳税义务的重要基础。财务报表包括资产负债表、利润表、现金流量表等,反映收入、成本、利润等关键财务数据,是纳税申报的依据,也是税务机关核对数据真实性、准确性、合理性和关联性的参考。因此,民营经济组织应当加强财务管理,规范会计核算,提升财务信息质量,确保税务合规。

3.民营经济组织与民营经济组织经营者之间收支区分、财产分离具有司法实践层面上的意义,直接关系经营者的责任边界、债权人的权益保护以及司法裁判的效率和公正。清晰的收支区分、财产分离,是确立和保障"有限责任原则"有效运行的核心机制。在保护经营者层面,它能够隔离个人财产风险,避免经营者在纠纷中承担无限责任。在保护债权人层面,它能够明确偿债财产来源,并在财产混同等特定情形下提供穿透追偿的救济途径。在保障司法效率和司法公正层面,它使法院能清晰界定责任主体、执行财产范围,防止资产不当转移,高效公正地处理纠纷。因此,本条规定不仅是对民营经济组织的保护准则,还是对经营者个人及家庭财产安全、债权人合法权益的保障规范。

第四十一条 【员工共享发展成果】

具体条文

支持民营经济组织通过加强技能培训、扩大吸纳就业、完善工资分配制度等,促进员工共享发展成果。

性质界定

本条是关于促进民营经济组织员工共享发展成果的规定。

内涵阐释

本条规定的目的在于鼓励和引导民营经济组织采取一系列积极措施,促进员工共享发展成果。共享发展成果是新时代背景下对民营经济组织社会角色和社会责任的重新定位,它要求民营经济组织在发展过程中,不仅追求自身经济效益,还要让包含财富、机会、知识等在内的发展成果更公平、更广泛、更充分地惠及员工,最终实现民营经济组织与员工的共同成长和利益共享。

在具体措施上,本条提出了加强技能培训、扩大吸纳就业、完善工资分配制度等三种主要途径,三者之间是相辅相成、互为支撑的关系,共同服务于促进员工共享发展成果的目标。

一是加强技能培训。技能培训,是指通过系统化的教育和训练,提升员工的职业技能、专业素养和实际操作能力,以增强其在岗位上的工作效率和竞争力,是人力资源开发的重要组成部分。加强技能培训,不仅有助于提升员工的综合素质,还能增强组织的整体竞争力和创新能力。民营经济组织往往面临资源有限、竞争激烈等挑战,更需要高效、务实的技能培训措施:(1)建立系统完善的培训机制。民营经济组织应建立一套完善的员工培训体系,明确培训的目标、内容和流程。培训机制应包括培训计划的制定、培训课程的设计、培训实施的主体以及培训效果的评估与反馈。(2)采用灵活多样的培训方式。利用在线学习平台提供灵活、低成本、可重复的学习资源,便于员工利用空闲时间学习。强化在岗实践与辅导,通过师徒制、导师制的方式鼓励管理人员在日常工作中给予员工指导并及时反馈,向员工提供锻炼的机会。(3)加强技能人才评价与激励机制。民营经济组织可以将技能培训与职业发展挂钩,建立基于技能的晋升通道,对积极参与培训、学习成果显著、成功应用技能并带来业务价值的员工给予表彰和奖励,激发员工的学习热情和创新能力。

二是扩大吸纳就业。吸纳就业,是指企业、事业单位或社会组织等主体创造并提供工作岗位,从而吸收劳动力进入生产过程或服务领域,使其获得劳动报酬并参与经济社会活动。吸纳就业,就是创造就业机会,对促进经济增长、保障民生福祉、维护社会稳定具有关键作用。民营经济组织作为国民经济和社会发展的"主力军",在吸纳就业方面发挥着至关重要的作用。扩大吸纳就业,既是民营经济组织自身发展的需要,也是其履行社会责任、服务国家大局的体现。(1)提升自身发展质量和竞争力,做大"就业蓄水池"。民营经济组织应当坚持创新发展,开拓市场空间,创造更多样化、更高质量的就业岗位。(2)主动适应劳动力市场变化,创新用工模式。民营经济组织既可以采用非全日制用工、劳务派遣用工等传统的灵活用工方式,也可以发展共享用工、平台用工等新型灵活用工方式,推动多元化就业形态。(3)积极承担社会责任,拓展就业吸纳维度。民营经济组织应着重为高校毕业生、农民工、脱贫人口等重点群体提供就业机会,履行社会责任,同时积极了解和利用政府在稳岗扩岗上的扶持政策。

三是完善工资分配制度。工资分配制度,是指组织根据自身的经营状况、经济效益、员工贡献等因素,合理确定员工工资水平和增长机制的制度安排,包括工资水平、工资标准、工资形式、工资增长等。我国《劳动法》第46条和第47条明确了工资分配的基本原则和用人单位在工资分配上的自主权,即在遵循按劳分配原则,实行同工同酬的基础上,用人单位可以根据本单位的生产经营特点和经济效益,依法自主确定本单位的工资分配方式和工资水平。因此,用人单位在工资分配制度上的自主权是有限的自主权,"依法"是自主的前提,"分配方式"和"工资水平"是自主的范围。基于此,民营经济组织完善工资分配制度应当从以下三个方面入手:(1)确保制度合法合规。民营经济组织要严格遵守《劳动法》《工资支付暂行规定》《最低工资规定》《保障农民工工资支付条例》等法律法规中确立的与工资分配制度相关的基本原则和操作细则,定期对工资分配制度进行合规审查。(2)构建适应现代企业发展需要的薪酬机制。民营经济组织应根据自身规模、行业特点、经济效益等因素,建立科学的薪酬体系,形成具有内部公平性和外部竞争力的薪酬结构,并以激励为导向强化绩效与薪酬的连接,健全工资合理增长机制,有条件的民营经济组织还可以建立员工股权激励机制。(3)加强民主参与和协商机制。根据《劳动法》第8条和《民营经济促进法》第38条的规定,民营经济组织应当完善企业工资集体协商制度,让员工参与工资分配决策。这不仅有助于提高员工对薪酬制度的认同感,也有助于增强民营经济组织的内部凝聚力。

• 适用要点 •

《民营经济促进法》中存在诸多涉及民营经济组织劳动关系的条款,主要包括第6条、第32条、第36条、第38条以及本条。这些条款不仅体现了国家对劳动关系的法治化治理,也反映了国家对民营经济组织在劳动关系中的角色定位和责任要求,共同构建了以保护劳动者合法权益为纲领,以构建和谐劳动关系为目标,既有底线约束又有积极引导,既有机制驱动又有多方协同的法律保障体系。本条提出民营经济组织促进员工共享发展成果的实现路径,即加强技能培训、扩大吸纳就业、完善工资分配制度等。实践中,民营经济组织应当协同推进各项措施,准确把握每项措施的核心要点,才能真正实现有效且持续的发展成果共享。

1. 加强技能培训、扩大吸纳就业、完善工资分配制度三者是相互支撑、彼此促进的关系。如果只吸纳不加强培训,新员工可能无法快速胜任工作,扩大就业的效果就会大打折扣;如果只培训不完善分配,员工技能与薪酬待遇不匹配,会严重挫伤员工积极性并导致人才流失;如果只完善分配不培训,员工技能无法满足岗位要求或持续提升,高薪酬将难以为继并最终可能被迫裁员,与扩大吸纳就业背道而驰。三者协同作用,不仅能够提升员工的技能水平和薪资待遇,还能增强员工的职业认同感和归属感,推动整体绩效的提升,实现民营经济组织与员工共同发展、共享发展成果的目标。

2. 民营经济组织加强技能培训的核心在于聚焦业务、系统规划、注重实效、营造氛围和持续投入。加强技能培训不是一次性活动,而是有计划、有目的、有体系的长期持续过程。民营经济组织应当通过建立系统完善的培训机制,采用灵活多样的培训方式,加强技能人才评价与激励机制等加强技能培训,使之赋能员工成长,驱动组织发展。

3. 民营经济组织扩大吸纳就业的核心在于实现自身健康、可持续、高质量发展。通过创新驱动、管理优化、市场开拓做大做强民营经济组织,是创造更多高质量就业岗位的基础。同时,民营经济组织只有主动适应灵活就业趋势,积极投入员工技能提升,切实保障劳动者权益,勇于承担吸纳重点群体的社会责任,并有效利用各项政策支持,才能全方位、多层次地提升自身就业吸纳能力,为稳定和扩大就业作出更大贡献。

4. 民营经济组织完善工资分配制度的核心在于将薪酬机制完善成为驱动战略目标实现、吸引和保留核心人才、激发组织活力的引擎。完善工资分配制度是一项系统工程,民营经济组织应当建立一套依法合规、规则清晰、激励有效、操作透明、持续优化的薪酬体系,使之成为推动民营经济组织持续健康发展的动力。

第四十二条 【履行社会责任】

具体条文

探索建立民营经济组织的社会责任评价体系和激励机制,鼓励、引导民营经济组织积极履行社会责任,自愿参与公益慈善事业、应急救灾等活动。

性质界定

本条是关于民营经济组织履行社会责任的规定。

内涵阐释

一、社会责任的含义及走向

财政部等五部门发布的《企业内部控制应用指引》(第4号——社会责任)第2条规定:"本指引所称社会责任,是指企业在经营发展过程中应当履行的社会职责和义务,主要包括安全生产、产品质量(含服务,下同)、环境保护、资源节约、促进就业、员工权益保护等。"该定义包含多个层面的内容:(1)社会责任的履行主体是"企业",这是囿于该定义出自《企业内部控制应用指引》,更准确地说,该定义是"企业社会责任"(Corporate Social Responsibility, CSR)的定义,而实践中社会责任的履行主体已经多元化了。我国已经发布了一系列鼓励、引导行业、企业、经营者等积极履行社会责任的规范指引,包括《对外承包工程行业社会责任指引》《直销企业履行社会责任指引》《网络交易平台经营者履行社会责任指引》等,企业是其中的重要承担者之一。(2)社会责任的性质是"社会职责和义务",强调其不仅是自愿的慈善行为,还具有某种程度的应然性和规范性,这也与《民法典》第 86 条、《公司法》第 20 条、《中华人民共和国农村集体经济组织法》第 7 条中的"应当条款"赋予相关主体社会责任的立法模式相契合。(3)社会责任涵盖的领域以"列举 + 兜底"的方式表述,表明社会责任的外延是一个开放且动态发展的集合概念,反映了企业角色在现代社会中的深刻变革。与此同时,该指引第 4 条规定:"企业应当重视履行社会责任,切实做到经济效益与社会效益、短期利益与长远利益、自身发展与社会发展相互协调,实现企业与员工、企业与社会、企业与环境的健康和谐发展。"因此可以看出,社会责任视域中的"企业"不仅是经济实体,更是社会公民。社会责任的目标是实现经济、社会、环境三重底线的平衡发展,追求长期可持续价值,而非仅追求短期利润。

当前,履行社会责任已成为民营经济组织联结国家发展战略和自身可持续发展的桥梁。2024 年 12 月 24 日,工商业联合会发布的《中国民营企业社会责任报告(2024)》综合分析了 2023 年我国民营企业履行社会责任的情况,民营企业在推进科技创新、加快绿色发展、促进稳定就业、投身乡村振兴、开展公益慈善、注重海外履责、规范企业治理等方面表现突出,呈现出积极向上的发展趋势。为落实《民营经济发展壮大意见》提出的"支持民营企业更好履行社会责任",本条通过社会责任评价体系和激励机制的制度设计,鼓励和引导民营经济组织积极履行社会责任,并强调在公益慈善事业、应急救灾等重点领域的自愿参与,推动民营经济与慈善事业互促共进。

二、社会责任评价体系

社会责任评价体系,是指一套用于衡量和评估个体或组织(尤其是企业)在履行社会责任方面表现的指标和方法。建立民营经济组织的社会责任评价体系:一方面,有助于清晰界定民营经济组织社会责任的性质和框架,引导这个庞大且关键的经济群体承担与其体量和影响力相匹配的社会责任;另一方面,有助于弥补通用评价体系在针对性、本土性和适用性上的不足,为民营经济组织提供更贴合实际的履责方向和路径。

建立针对民营经济组织的社会责任评价体系,需要结合我国国情和民营经济组织的发展特点,制定科学、合理、可操作的评价指标和方法,具体包含以下要素:(1)明确评价体系的核心目标和基本原则。核心目标是通过评估现状和识别不足,引导和推动民营经济组织将社会责任融入经营管理,实现经济、社会、环境价值的综合平衡与可持续发展。基本原则重在评价体系的科学性、客观性、全面性、公正性和可操作性。(2)设计多维度评价指标。评价指标是评价体系的核心部分,应根据民营经济组织的实际情况和行业特点进行设计,包括但不限于员工权益、消费者权益、环境保护、公益事业等维度。(3)制定评价标准和方法。参考国家和地方法律法规、行业标准、国际标准等,设计不同等级的基准线,明确每个指标达到不同等级的具体要求以及不同指标的权重分配,对特定行业或特定规模的民营经济组织,可在通用标准基础上适当调整或增设特定要求。评价方法主要包括信息采集、信息验证、综合评分和评级定档。(4)建立评价机制和监督体系。明确民营经济组织社会责任评价机制的评价主体和评价流程,确保主体的独立性和流程的透明度,并在监督体系中设计过程监督、结果复核、信息公开、动态管理和信用关联等内容,确保评价流程和评价结果的公平公正。(5)持续优化和改进评价体系。社会责任评价体系不是一成不变的,需要根据组织和社会的发展变化不断优化和改进。因此,应当通过定期评估与反馈,进行动态调整和更新,及时修订评价指标、标准、方法、权重和流程。

三、社会责任激励机制

社会责任激励机制,是指通过制度设计和政策引导,促使民营经济组织主动履行社会责任的机制。社会责任激励机制旨在将评价结果转化为民营经济组织积极、自愿履行社会责任的内在动力和外部推力,引导民营经济组织从"要我做"转向"我要做"。

为民营经济组织建立有效的社会责任激励机制,需要多主体协同、多层次发力、多工具并用,充分结合民营经济组织的特点和诉求,只有这样才能真正调动民营经济组织履行社会责任的积极性。社会责任激励机制主要包括:(1)政府引导。政府对积极履行社会责任的民营经济组织,给予税收、资金、技术和市场准入等方面的优惠政策。同时,政府主导建立民营经济组织社会责任信息平台,整合披露信息,便于各方查询和监督。(2)市场驱动。对积极履行社会责任的民营经济组织,金融机构提供更低利率、更长周期、更大额度的融资支持,消费者通过市场选择力量形成购买偏好,以此支持负责任组织的产品和服务。(3)社会监督。媒体客观、深入报道民营经济组织的优秀实践和失责行为,公众通过舆论和社交网络等形成声誉褒奖或社会压力,从正面激励和负面约束两个方面进行社会监督。(4)行业自律。行业协会通过联结政府与民营经济组织,推动政策落地,并制定履行社会责任的公约和指南,促进行业内部自律和良性竞争。(5)组织自主。民营经济组织应将社会责任融入企业发展战略和核心价值观,鼓励员工践行社会责任,并将其纳入员工绩效考核,提升内部认同感。建立民营经济组织社会责任激励机制,是一项系统工程,需要政府、市场、社会、行业组织与民营经济组织自身之间信息互通、标准互认、行动互动和激励互嵌,形成多元主体协同行动的融合性力量。

• 适用要点 •

社会责任不是法律强制要求的最低标准,而是市场主体基于道德、伦理和长远发展考虑,自愿采取的超越法律要求的积极行动。履行社会责任是民营经济组织社会贡献的评价指标之一,《民营经济促进法》推动将社会责任理念融入生产经营全过程,成为民营经济高质量发展的"助推器"。探索建立民营经济组织的社会责任评价体系和激励机制,鼓励、引导民营经济组织积极履行社会责任,需要内外协同发力,构建驱动、支持、激励和约束并重的综合环境。

1. CSR 与 ESG 框架紧密相连,但又有明确的区别。ESG 是一种评估企业可持续发展能力的框架,涵盖环境、社会和治理三个维度。ESG 可以被视为社会责任在当代商业环境下的演进、深化和结构化,并直接与长期价值创造和风险管理挂钩。CSR 与 ESG 虽然都是企业发展战略中的高频词汇,但两者在目标受众、标准化程度和与资本市场的直接关联性等方面均有所不同。对于希望获得资本市场认可、提升国际竞争力、应对监管要求的民营经济组织来说,ESG 提供了一套将社会责任理念转化为具体、可衡量、可比较的行动方案和沟通语言。

2. 社会责任评价体系建立的核心在于目标清晰、指标科学、标准合理、机制公正、过程透明、持续改进,避免"一刀切"和形式主义。社会责任评价体系的建立应当充分考虑民营经济组织在规模、行业、发展阶段上的差异,在设计上要具有灵活性和层次性,避免对民营经济组织增加不合理的负担。与此同时,社会责任评价体系应当避免面面俱到又流于表面,避免"道德绑架"或"责任虚无"这两种极端。

3. 社会责任激励机制的建立需要政府、市场(金融机构、消费者等)、社会(媒体、公众等)、行业组织与民营经济组织自身的共同参与和协作推进。通过政策撬动、市场驱动、社会推动、行业联动和民营经济组织主动的有机结合,综合运用政策支持、融资便利、市场机会、社会声誉和文化引导,激发民营经济组织履行社会责任的内生动力和持续活力,最终实现民营经济组织自身与经济、社会、环境的和谐与可持续发展。

第四十三条 【海外投资经营】

具体条文

> 民营经济组织及其经营者在海外投资经营应当遵守所在国家或者地区的法律,尊重当地习俗和文化传统,维护国家形象,不得从事损害国家安全和国家利益的活动。

性质界定

本条是关于民营经济组织及其经营者从事海外投资经营时相关要求的规定。

内涵阐释

本条为民营经济组织及其经营者"走出去"设定了清晰的行为准则和底线要求。"应当遵守"和"不得从事"表明本条所涉要求具有强制性,是民营经济组织及其经营者必须履行的义务,并非仅属于倡导性建议。在规范内容方面,本条从遵守法律、尊重文化、维护国家形象、不得损害国家安全和国家利益四个核心维度,引导和规范民营经济组织及其经营者的海外投资经营行为。

1.遵守所在国家或地区的法律。任何海外投资经营活动的开展都必须以遵守我国和东道国(地区)的法律法规为前提,这是民营经济组织能够开展生产经营活动的基础性保障。民营经济组织及其经营者在当地投资经营的总体性规则框架由外商投资法、公司法、税法、劳动法、环境法、反垄断法、知识产权法等相关法律法规共同构成。国家间的法律体系差异较大,法律环境复杂多变,往往难以直接套用国内经验,这些因素提高了民营经济组织海外投资经营活动的合规难度。结合《民营企业境外投资经营行为规范》中"防范法律风险"的规定,民营经济组织应选聘国内外专业的法律、评估、信用评级等相关机构,严格执行重大决策、交易的合规性审核,做好境外投资业务相关的监管规则跟踪分析和合规培训,加强与东道国(地区)监管部门的沟通,积极配合监管部门的工作。

2.尊重当地习俗和文化传统。不同国家和地区有着各自独特的文化传统、宗教信仰和社会习俗,这些因素会直接影响消费者的行为和市场需求。尊重当地习俗和文化传统是民营经济组织实现投资经营"本土化"的重要方式,有助于其更好地融入当地社会,建立良好的社会关系,从而降低政治和文化风险。结合《民营企业境外投资经营行为规范》中"尊重文化传统"的规定,民营经济组织及其经营者在投资经营前应深入了解东道国(地区)文化,识别文化差异和评估其对拟开展业务的影响和可能带来的风险;组建多元化和本地化的团队,引进熟悉当地语言和文化的本地人才,对派驻境外人员进行跨文化适应培训;积极开展中外文化交流,塑造自身"软实力",增进当地社会的理解和认同。

3.维护国家形象。民营经济组织在海外不仅是经济实体,更是重要的国家名片。民营经济组织及其经营者在海外的个体行为与国家形象是绑定在一起的,其商业行为、社会责任以及员工言行,都会直接影响国际社会对我国的认知和评价。因此,民营经济组织及其经营者在"走出去"过程中应当自觉践行正确义利观,主动担当国家形象的维护者和正确价值观的传播者。结合《企业境外投资管理办法》和《民营企业境外投资经营行为规范》中的相关规定,民营经济组织及其经营者应当坚持诚信经营原则,遵守国际规则和当地法律,尊重当地公序良俗,提供优质产品与服务,加强员工综合素质,积极履行社会责任,提升品牌影响力,做好危机公关,以创新驱动发展,以责任赢得信任。

4.不得从事损害国家安全和国家利益的活动。不得损害国家安全和国家利益是民营经济组织及其经营者海外投资经营的红线。民营经济组织及其经营者在拓展海外市场、追求全球化发展的过程中,必须树立底线思维和全局观念,主动防范和化解可能损害国家整体安全和核心利益的风险。结合《企业境外投资管理办法》和《民营企业境外投资经营行为规范》中的相关规定,民营经济组织及其经营者要强化国家安全意识,建立完善的合规体系,对海外投资经营项目进行全面的政治、法律、经济、产业、技术上的安全风险评估,优化数据安全与网络安全管理,将对国家安全和国家利益的考量深度融入组织发展战略和日常运营中。

> **· 适用要点 ·**
>
> 在民营经济组织"走出去"的背景下,本条在规范经营行为、防范合规风险、提升民营经济组织和国家整体形象、保障国家安全和国家利益上具有重要的指导意义和法律约束力。本条在内容设计上相对原则性,民营经济组织在具体执行本条规定时,需要结合东道国(地区)基本情况和自身业务特点,将遵守法律、尊重文化、维护国家形象、不得损害国家安全和国家利益这些要求有机融合、统筹考虑、一体遵循,形成全面的合规管理制度和有效的风险管理体系。

第六章

服务保障

第四十四条 【清廉服务】

具体条文

> 国家机关及其工作人员在促进民营经济发展工作中,应当依法履职尽责。国家机关工作人员与民营经济组织经营者在工作交往中,应当遵纪守法,保持清正廉洁。
> 各级人民政府及其有关部门建立畅通有效的政企沟通机制,及时听取包括民营经济组织在内各类经济组织的意见建议,解决其反映的合理问题。

性质界定

本条是关于清正廉洁、沟通有效的政府与民营经济组织关系的规定。

内涵阐释

一、国家机关工作人员保持清正廉洁的要求

国家机关工作人员在促进民营经济发展工作中,涉及营商环境建设、政策扶持、财政奖补、税收优惠、信贷倾斜等方方面面的工作,需要与民营经济组织经营者打交道。能否打造一支遵纪守法、清正廉洁的国家机关工作人员队伍,关系亲清政商关系的成败。习近平总书记指出:"全面构建亲清统一的新型政商关系,党员、干部既要关心支持民营企业发展,主动排忧解难,又要坚守廉洁底线。"[1]其实,清正廉洁也是遵纪守法

---

[1] 《习近平主持召开新时代推动东北全面振兴座谈会强调 牢牢把握东北的重要使命 奋力谱写东北全面振兴新篇章》,载《人民日报》2023年9月10日,第1版。

的应有之义,《税收征收管理法》第 9 条第 2 款、《中华人民共和国海域使用管理法》第 38 条第 1 款等均将"清正廉洁"列为国家机关工作人员的义务。政商勾兑导致的腐败会严重破坏民营经济的发展环境,并矮化国家机关工作人员队伍的整体形象,所以本条在遵纪守法之外,对"清正廉洁"予以特别强调。

一方面,国家机关工作人员应当遵纪守法,主动追求清正廉洁。遵纪守法,首先是遵守各种法律、行政法规等规范性文件对国家机关工作人员提出的要求;其次是身为共产党员的国家机关工作人员还应当遵守《中国共产党廉洁自律准则》《中国共产党纪律处分条例》、中央八项规定等党的纪律。这些规定既树立了清正廉洁的标杆,也用负面清单的方式明确了国家机关工作人员不得从事的行为。国家机关工作人员应当经常对照检查,主动践行清正廉洁的要求。

另一方面,国家机关工作人员还必须坚决抵制一些民营经济组织经营者的"糖衣炮弹"。在一些腐败案例中,国家机关工作人员虽然没有主动违纪违法的动因,但没能坚决抵制一些民营经济组织经营者的"糖衣炮弹",最终身陷囹圄。一些民营经济组织经营者可能假借"人际往来"的名义赠送礼品、礼金、消费卡等财物暗中贿买国家权力,对此,国家机关工作人员应当始终保持清醒、坚定,严守纪律和法律的底线。

亲清的政商关系需要国家机关工作人员与民营经济组织经营者双方的维护,但关键在于国家机关工作人员能否遵纪守法、保持清正廉洁。

二、建立畅通有效的政企沟通机制,推进民营经济友好型政府建设

亲清政商关系的实现不仅有赖于参与者的主观意志,更有赖于制度的支撑。本条要求各级人民政府及其有关部门建立畅通有效的政企沟通机制,及时听取包括民营经济组织在内的各类经济组织的意见建议,解决其反映的合理问题。实践中,不少政府部门都对"畅通有效的政企

第六章 服务保障

沟通机制"进行了有益的探索,民营企业家恳谈会制度、走访调研民营企业制度、常态化参与协商制度、教育培训制度、定期通报制度等制度机制相继建立。

听取包括民营经济组织在内的各类经济组织的意见建议,旨在保障民营经济组织宪法权利的实现。《宪法》第41条第1款规定了公民的批评权、建议权。目前,我国建立了信访等机制,人大代表也可以在一定程度上反映来自民营经济组织及其经营者的意见或建议。畅通有效的政企沟通机制进一步充实了批评权、建议权的实现方式,使包括民营经济组织在内的各类经济组织可以更直接、顺畅地反映其意见或建议,从而有效消除政企间的信息不对称,帮助政府更好地把握民营经济发展中的难点、痛点、堵点。

解决各类经济组织反映的合理问题,不仅是建设服务型政府的题中应有之义,更是考验国家治理能力的"试金石"。各级人民政府及其有关部门未必有能力解决各类经济组织反映的合理问题,在全球化受阻、贸易保护主义抬头的竞争环境中,一些出海企业可能因外国政府的国有化、金融制裁等干预措施陷入困境,国内企业也可能因外国政府对全球化产业链、供应链的封锁而举步维艰,这些问题的涌现意味着在传统法学预设的"国家—公民"关系之外,另有"国家—国家"间的竞争关系作为更大的背景。民营经济组织绝不仅是民法上的"个体",它还是产业链、供应链中的环节,乃至国家竞争力的重要组成部分。对于各类经济组织反映的合理问题中能够解决的部分,各级人民政府及其有关部门应当尽力解决;对于各类经济组织反映的合理问题中暂时不能解决的部分,各级人民政府及其有关部门应当着力补短板、强弱项,持续加强国家治理能力的建设。

畅通有效的政企沟通机制修正了"市场失灵—政府干预"的传统模

式,转而从促进、发展的角度重新定义了政府的角色。建立"畅通有效的政企沟通机制",并不能简单地以域外法上的实践为蓝本,只能在政府与企业的沟通实践中逐步摸索。换言之,什么是"畅通有效的",没有最好的诠释,只有更好的诠释。

• 适用要点 •

准确把握国家机关及其工作人员的概念、范围及其职责,是适用本条的关键。

一、国家机关及其工作人员的概念、范围

根据《宪法》第三章的规定,我国的国家机关包括全国人民代表大会(包括全国人大常委会)、国家主席、国务院、中央军事委员会、地方各级人民代表大会和地方各级人民政府、民族自治地方的自治机关、监察委员会、人民法院和人民检察院八个部门。尽管中国共产党和中国人民政治协商会议在我国经济生活中扮演着至关重要的角色,但二者均不属于国家机关的范畴。

国家机关工作人员,是指在国家机关中从事公务的人员。《中华人民共和国刑法》(以下简称《刑法》)第93条规定:"本法所称国家工作人员,是指国家机关中从事公务的人员。国有公司、企业、事业单位、人民团体中从事公务的人员和国家机关、国有公司、企业、事业单位委派到非国有公司、企业、事业单位、社会团体从事公务的人员,以及其他依照法律从事公务的人员,以国家工作人员论。"由此可知,根据我国《刑法》的规定,虽未在国家机关中从事公务,仍有可能因拟制而被视为"国家工作人员"。《民营经济促进法》未采纳此种立场,依照文义解释,国家机关工作人员仅指在国家机关中从事公务的人员。

二、国家机关及其工作人员依法履职尽责的两层含义

民营经济的发展是一项系统工程,牵涉国家、社会和市场方方面面的建设。本条着眼于国家服务体系的建设,要求国家机关及其工作人员在促进民营经济发展工作中依法履职尽责,具有两层含义:其一,国家机关"依法"履职尽责。首先,"依法"是指国家机关的职责由法律规定,例如,《民营经济促进法》第4条第2款要求国务院发展改革部门负责统筹协调促进民营经济发展工作,《民营经济促进法》第11条第2款规定市场监督管理部门负责受理对违反公平竞争审查制度政策措施的举报。其次,"依法"是指国家机关在履职尽责过程中,必须遵循"法定职责必须为、法无授权不可为"的要求,既不能僭越法律规定的职责,也不能对法律规定的职责打折扣、搞变通。其二,国家机关工作人员"依法"履职尽责。国家机关的职责最终是由国家机关工作人员来履行,根据国家机关工作人员的职务、级别、岗位等,各个国家机关工作人员的职责各不相同。这里的"依法"除了要求国家机关工作人员积极履职尽责外,更强调国家机关工作人员不得滥用职权、玩忽职守、徇私舞弊,特别是要深刻认识到国家权力的公共物品属性,努力做到权为民所用,不得假借履行职责的名义谋取不正当利益。

第四十五条 【听取意见建议】

具体条文

> 国家机关制定与经营主体生产经营活动密切相关的法律、法规、规章和其他规范性文件,最高人民法院、最高人民检察院作出属于审判、检察工作中具体应用法律的相关解释,或者作出有关重大决策,应当注重听取包括民营经济组织在内各类经济组织、行业协会商会的意见建议;在实施前应当根据实际情况留出必要的适应调整期。
>
> 根据《中华人民共和国立法法》的规定,与经营主体生产经营活动密切相关的法律、法规、规章和其他规范性文件,属于审判、检察工作中具体应用法律的解释,不溯及既往,但为了更好地保护公民、法人和其他组织的权利和利益而作的特别规定除外。

性质界定

本条是关于对与经营主体密切相关的国家规范提出意见建议,以及法不溯及既往的规定。

内涵阐释

一、涉经营主体生产经营活动立法与决策过程中的民主要求

民主立法是立法活动的基本原则。本条要求国家机关制定与经营主体生产经营活动密切相关的法律、法规、规章和其他规范性文件,最高人民法院、最高人民检察院作出属于审判、检察工作中具体应用法律的相关解释,或者作出有关重大决策,应当注重听取包括民营经济组织在内的各类经济组织、行业协会商会的意见建议,是对民主立法原则的重申。

(一)涉经营主体生产经营活动的立法与决策

本条前段列举的立法包括以下三个层次:其一,法律、法规、规章和其他规范性文件,即《立法法》意义上的"立法";其二,最高人民法院、最高人民检察院作出的属于审判、检察工作中具体应用法律的解释;其三,上述国家机关作出的重大决策。立法是市场外部供给的规则,特别是与经营主体生产经营活动密切相关的立法,直接关系民营经济的发展环境和发展利益,所以制定时应当注重听取包括民营经济组织在内的各类经济组织、行业协会商会的意见建议,确保立法准确击中民营经济的发展痛点、难点、堵点,为民营经济的发展赋能。

值得注意的是,本条前段在《民营经济促进法(草案)》中原表述为:"国家机关制定与经营主体生产经营活动密切相关的法律、法规、规章和其他规范性文件、司法解释",本条将该句中的"司法解释"重新表述为"最高人民法院、最高人民检察院作出属于审判、检察工作中具体应用法律的相关解释",进一步澄清了司法解释与立法特别是法律的关系。《立法法》第119条第1款规定,最高人民法院、最高人民检察院作出的属于审判、检察工作中具体应用法律的解释,应当主要针对具体的法律条文,并符合立法的目的、原则和原意,不得同宪法、法律的规定相抵触,不得对法律规定作扩大或缩小解释。遇有法律的规定需要进一步明确具体含义,或者法律制定后出现新的情况,需要明确适用法律依据的,不宜作出司法解释。如果最高人民法院和最高人民检察院在实践中发现这一情况,只能向全国人民代表大会常务委员会提出法律解释的要求或者提出制定、修改有关法律的议案。

本条还特别列举了"有关重大决策",将规则的范围从法律拓展到政策。在我国的经济生活中,经济政策也是国家机关善用、常用的治理工具。随着法治国家建设的推进,法律与政策之间并非泾渭分明,法律与政策间常常以"授权条款"为接口。例如,《中国人民银行法》第5条规定:"中国人民银行就年度货币供应量、利率、汇率和国务院规定的其他重要事项作出的决定,报国务院批准后执行。中国人民银行就前款规定以外的其他有关货币政策事项作出决定后,即予执行,并报国务院备案。"该条即通过法律的形式授予中国人民银行有关货币政策的制定权。再如,《中华人民共和国契税法》第6条第2款规定:"根据国民经济和社会发展的需要,国务院对居民住房需求保障、企业改制重组、灾后重建等情形可以规定免征或者减征契税,报全国人民代表大会常务委员会备案。"国务院据此出台的契税减免政策,也就是财税政策。

(二)听取意见建议的法律机制

本条要求国家机关注重听取包括民营经济组织在内的各类经济组织、行业协会商会的意见建议,对于包括民营经济组织在内的各类经济组织、行业协会商会来说,则是民主权利的重申,而权利的实现还有赖于相关机制的建设。目前,我国已经建立了座谈会、论证会、听证会等多种机制,有效保障包括民营经济组织在内的各类经济组织、行业协会商会权利的行使。《立法法》第39条规定:"列入常务委员会会议议程的法律案,宪法和法律委员会、有关的专门委员会和常务委员会工作机构应当听取各方面的意见。听取意见可以采取座谈会、论证会、听证会等多种形式。法律案有关问题专业性较强,需要进行可行性评价的,应当召开论证会,听取有关专家、部门和全国人民代表大会代表等方面的意见。论证情况应当向常务委员会报告。法律案有关问题存在重大意见分歧或者涉及利益关系重大调整,需要进行听证的,应当召开听证会,听取有关基层和群体代表、部门、人民团体、专家、全国人民代表大会代表和社会有关方面的意见。听证情况应当向常务委员会报告。常务委员会工作机构应当将法律草案发送相关领域的全国人民代表大会代表、地方人民代表大会常务委员会以及有关部门、组织和专家征求意见。"这一规定明确了立法过程中征求意见的程序和形式,保障包括民营经济组织在内的各类经济组织能够通过法定渠道参与立法,充分表达意见。

(三)涉经营主体生产经营活动立法实施前预留必要的适应调整期

在实施前根据实际情况留出必要的适应调整期,是我国立法实践中的惯常做法。这里的"适应调整期"既是包括民营经济组织在内的各类经济组织的适应调整期,也是国家机关的适应调整期。法谚有云"法律不强人所难",如果不预留必要的适应调整期,可能导致包括民营经济组织在内的各类经济组织陷入不知法而犯法的困境,有关国家机关也难以有效执行新规则。

二、从旧兼从轻原则的重申

《立法法》第104条规定:"法律、行政法规、地方性法规、自治条例和单行条例、规章不溯及既往,但为了更好地保护公民、法人和其他组织的权利和利益而作的特别规定除外。"理论上称其为"从旧兼从轻原则",本条第2款重申了这一原则。

原则上,规则是面向未来发生效力的,不能溯及规则制定前的行为。立法作为社会的行为规范,它通过对违反者的惩戒来促使人们遵守执行,人们之所以对自己的违法行为承担不利后果,接受惩戒,就是因为事先已经知道或者应当知道哪些行为是法律允许的,哪些行为是法律不允许的,法律对人们的行为起指导和警示作用。不能要求人们遵守还没有制定出来的法律,法只对其生效后的人们的行为起规范作用。如果允许法具有溯及力,那么人们无法知道自己的哪些行为将要受到惩罚,就没有安全感,也没有行为的自由。

> • 适用要点 •

本条涉及与经营主体密切相关的立法的制定与实施,应着重注意以下两点:

一、如何理解本条第 1 款规定的"与经营主体生产经营活动密切相关的"这一不确定性概念

"与经营主体生产经营活动密切相关"属于不确定性概念范畴。诸如公序良俗、诚实信用等传统法上的不确定概念,其含义最终取决于法院在个案中的解释,但《民营经济促进法》的实施机制的设计并未过度倚重法院的力量。从文义上来看,国家机关有权解释"密切相关的",而且这种解释也不受司法审查的牵制。但问题在于如果国家机关收窄"密切相关的"语义,本条也就失去了意义。所以,对"密切相关的"应从宽解释,只要涉及民营经济组织的发展利益,就应当注重听取包括民营经济组织在内的各类经济组织、行业协会商会的意见建议。

二、如何把握"但为了更好地保护公民、法人和其他组织的权利和利益而作的特别规定除外"这一但书部分的适用要件

但书部分包括两个要件:其一,为了更好地保护公民、法人和其他组织的权利和利益,这是目的要件。《刑法》第 12 条第 1 款规定:"中华人民共和国成立以后本法施行以前的行为,如果当时的法律不认为是犯罪的,适用当时的法律;如果当时的法律认为是犯罪的,依照本法总则第四章第八节的规定应当追诉的,按照当时的法律追究刑事责任,但是如果本法不认为是犯罪或者处刑较轻的,适用本法。"本条将最初仅适用于刑法的"从轻"原则拓展到与经营主体生产经营活动密切相关的法律、法规、规章和其他规范性文件,以及属于审判、检察工作中具体应用法律的解释,有助于更好地保护包括民营经济组织在内的经营主体。其二,制定规则时作出了特别规定。如果没有作出特别规定,仍然不适用但书条款;另外,还须注意有关国家机关必须有制定特别规定的权限。如果上位法已经作出规定,下位法不得假借"更好地保护公民、法人和其他组织的权利和利益"违反上位法的规定。

第四十六条 【优惠政策】

具体条文

各级人民政府及其有关部门应当及时向社会公开涉及经营主体的优惠政策适用范围、标准、条件和申请程序等,为民营经济组织申请享受有关优惠政策提供便利。

性质界定

本条是关于民营经济组织享受政府及其有关部门出台的优惠政策的规定。

内涵阐释

一、有的民营经济优惠政策存在"摸不着""够不到""看不见"的情况

民营经济的发展壮大离不开政策的鼓励、支持和引导,政策是民营经济持续、健康、高质量发展的重要保障。现实中,存在有的涉及经营主体的优惠政策"摸不着""够不到""看不见"的情况,妨碍了政策效能的发挥。一是缺乏执行细则或配套措施,造成政策看得见却"摸不着"。有的政策缺乏针对性,有的政策可操作性不强,有的政策缺乏配套措施导致重制定、轻落实,名目繁多的优惠政策难以转化为民营经济组织的实际发展红利。二是有的政策门槛过高,导致民营经济组织"够不着"。有的优惠政策设定的申请条件过高,更有的地方政府在中央政策的基础上附加地方条件,导致民营经济组织中数量最多、最需要支持的中小企业和微型企业,往往够不着优惠政策的门槛。三是有的政策透明度不高、宣传力度不足,导致民营经济组织"看不见"。有些政策的透明度不高、表述不接地气,有些政策的宣传不到位,导致民营经济组织经营者不了解自己能否享受优惠政策、享受的优惠政策是什么、有多少。

究其原因主要是有些地方政府及其有关部门对中小企业、微型企业的服务意识不到位。因此,本条要求各级人民政府及其有关部门及时向社会公开涉及经营主体的优惠政策适用范围、标准、条件和申请程序等信息,确保优惠政策准确击中痛点、落到实处,真正为民营经济组织经营者排忧解难,真正为民营经济组织的持续、健康、高质量发展保驾护航。

二、民营经济优惠政策的形式要素与实质要素

民营经济优惠政策之于民营经济,犹如化肥、养料之于幼苗,恰到好处的政策有助于幼苗健康成长,但不合时宜的政策也会进一步妨碍幼苗的成长。制定好政策的关键是顺势而为,而不是揠苗助长。随着发展环境变化与民营经济的自我升级,政策可能纾解了一些发展的痛点、堵点和难点,但又有新的痛点、难点和堵点出现。这就要求作为药方的政策精准、及时、有效。民营经济优惠政策只是政策药方中的一部分,具体表现为义务减免、奖励、让利、优惠等形式的政策供给。

现实中,为扶持民营经济组织的发展,各级人民政府及其有关部门出台了各种形式、各种领域的优惠政策。税收减免和财政奖补是最常见的两种类型。

(一)税收减免

所谓税收减免,就是减少甚至免除民营经济组织原本应当缴纳的税款,降低民营经济组织的经营成本。例如,为支持做强做优实体经济,国务院出台了一系列税收优惠政策。自2023年1月1日至2027年12月31日,对个体工商户年应纳税所得额不超过200万元的部分,减半征收个人所得税;对增值税小规模纳税人、小型微利企业和个体工商户减半征收资源税(不含水资源税)、城市维护建设税、房产税、城镇土地使用税、印花税(不含证券交易印花税)、耕地占用税和教育费附加、地方教育附加。对小型微利企业减按25%计算应纳税所得额,按20%的税率缴纳企业所得税政策,延续执行至2027年12月31日等。符合这些条件的民营经济组织,就可以享受税收上的优惠。

(二)财政奖补

所谓财政奖补,即是使用财政资金支持民营经济组织,参与民营经济的建设。近年来,为支持中小企业专精特新发展,中央财政继续通过中小企业发展专项资金支持国家级专精特新"小巨人"企业发展,并已经下达有关预算。推动中小企业数字化转型。中央财政将选择部分城市开展中小企业数字化转型城市试点工作,并给予定额奖补。发挥政府投资基金引导作用。国家中小企业发展基金将继续支持种子期、初创期成长型中小企业发展。除了税收减免、财政奖补等金钱方面的优惠,还有人才、资格等方面的优惠。一些城市为争抢人才,推出了针对性的住房补贴、落户便利措施。

优惠政策的实质主要是减轻、免除民营经济组织的负担,或者给予民营经济组织一定的利益。优惠政策的覆盖群体不只是作为法律主体的民营经济组织,还包括与民营经济组织相关的群体,如劳动者和潜在的劳动者。但优惠政策的制定不可突破法律的权限。实践中,一些税收优惠政策、财政奖补政策因为违反税收法定原则或妨碍了公平竞争而无法兑现,最终导致政策制定者与民营经济组织的双输局面,这一点需要特别注意。

三、各级政府及其有关部门为民营经济组织申请政策优惠提供便利

本条要求各级政府及其有关部门及时向社会公开涉及经营主体的优惠政策适用范围、标准、条件和申请程序等,旨在构建优惠政策阳光机制,优惠政策应当公开化,不能例外化、特定化、特殊化,更不能特权化。本条列举了适用范围、标准、条件和申请程序四类公开事项,但公开的范围不限于此,只要与民营经济组织申请政策优惠有关,就应当公开。

• 适用要点 •

应当向社会公开的涉及经营主体优惠政策的构成要素:(1)适用范围,即优惠政策的适用对象、领域或场景,主要指向哪些主体可以享受优惠政策。例如,有些优惠政策着眼于绿色领域的发展,有些优惠政策致力于扶持专精特新"小巨人"企业,有些优惠政策旨在扶持先进制造业,有些优惠政策旨在扶持个体工商户。(2)标准,即优惠政策的优惠力度或形式,如金额减免、税率降低、补贴比例等。《上海市促进专精特新中小企业发展壮大的若干措施》规定,对年营业收入达到2000万元及以上符合条件的工业、互联网和相关服务、软件和信息技术服务业企业,根据当年增长情况给予最高40万元的一次性奖励。"最高40万元"即优惠政策的标准。(3)条件,即申请者需满足的资格门槛,通常包括营业收入、人员规模等要求。(4)申请程序,即从提交材料到获得优惠的具体流程和步骤。不同的优惠政策其申请程序也不相同,此前颁布的国家税务总局《关于进一步优化增值税优惠政策办理程序及服务有关事项的公告》对申请增值税优惠政策的程序作了一些简化、优化,进一步降低了民营经济组织申请优惠政策的成本。

根据《政府信息公开条例》第13条的规定,上述优惠政策的构成要素应当公开。如果政府没有主动公开,那么民营经济组织可以申请公开。

第四十七条 【创业服务】

具体条文

各级人民政府及其有关部门制定鼓励民营经济组织创业的政策,提供公共服务,鼓励创业带动就业。

性质界定

本条是关于政府及其有关部门为民营经济组织提供创业服务的规定。

内涵阐释

一、破解制约民营经济组织创业的难题,鼓励民营经济组织创业

创业是扩大民营经济规模、推进民营经济组织高质量发展的重要基础。现实中,民营经济组织往往创业动力不足,除了欠缺宽容创业失败的舆论氛围、内需不足导致创业环境不理想外,也与有的地方政府及其有关部门未能着力建设创业友好型政府有关。特别是有的地方政府服务意识不强、服务能力不足,导致与民营经济组织创业有关的公共服务难以高效便捷、优质足量地供给。本条要求各级人民政府及其有关部门制定鼓励民营经济组织创业的政策,提供公共服务,打通民营经济组织创业的"最后一公里"。

2025年2月,人力资源和社会保障部等七部门联合印发了《关于健全创业支持体系提升创业质量的意见》(人社部发〔2025〕5号),推出18条"创业护航"新举措,通过创业培训升级构建"理论+实践"全流程培养体系,为市场输送优质创业生力军;构建360度成长支持网络,以"保姆式"服务为民营经济组织提供政策代办、人才对接和二次创业帮扶;夯实创业孵化生态,打造"创意—孵化—成长"培育链,专项扶持返乡创业项目加速成长;营造全社会创新氛围,搭建资源对接"立交桥"、树立创业标杆案例、推动区域创业互助;打出政策"组合拳",涵盖财税优惠、创业贷款、稳岗扩岗补贴和社保政策倾斜,为民营经济组织打造从萌芽到壮大的全周期"政策避风港",让创业种子都能长成参天大树。

二、鼓励创业带动就业,形成创业就业承接互补的发展环境

就业是民生之本,创业是就业之源。创业与就业的良性互动已成为我国经济高质量发展的关键动能。浙江义乌的青岩刘村抓住了电商创业潮的机遇,依托"淘宝店铺"进行创业,既解决了就业问题,又带动了物流、包装等周边岗位需求。据统计,青岩刘村拥有4000多家网店,电商从业人员2万多人,精彩地诠释了创业带动就业的倍增效应。

现实中,不少地方都基于区情制定了本地化的创业带动就业政策。《上海市鼓励创业带动就业专项行动计划(2018—2022年)》提出了

"2018—2022年,全市帮扶引领成功创业5万人(其中青年大学生3万人),成立三年以内的初创组织每年创造就业岗位不低于30万个,本市居民创业活动率保持在12%以上的较为活跃的水平"的目标。《杭向未来·大学生创新创业三年行动计划(2023—2025年)》针对大学生创业提出了若干措施,明确要求"到2025年,全市集聚100万名35岁以下大学生来杭就业创业,力争达到120万名;推动新创办大学生创业企业1万家以上,带动就业2万人以上"。鼓励创业就是为实现充分就业创造前提、提供条件。

各级人民政府及其有关部门在制定政策时,应当既鼓励创业、又鼓励就业,引导适合创业的人才选择创业、适合就业的人选择就业,形成创业就业互补的发展环境,为所有市场参与者提供发展机会。

• **适用要点** •

鼓励民营经济组织创业的政策,关键是摸清民营经济组织不愿意创业、不敢创业的原因,既需要有综合性的公共服务,也要有专门针对特定地域、特定领域、特定群体的公共服务。例如,鼓励东南沿海的民营经济组织创业的政策应当与鼓励西部地区的民营经济组织创业的政策不同,鼓励民营经济组织在科技领域创业与鼓励民营经济组织在服务业领域创业也不同,对症下药、药到病除是最理想的状态。由于民营经济组织与政策制定者之间存在信息不对称问题,所以制定鼓励民营经济组织创业的政策、提供公共服务,也应当征求民营经济组织的意见、建议。民营经济组织在创业过程中需要什么公共服务,各级人民政府及其有关部门就应当在职责范围内尽可能地提供什么公共服务。

第四十八条 【登记服务】

具体条文

> 登记机关应当为包括民营经济组织在内的各类经济组织提供依法合规、规范统一、公开透明、便捷高效的设立、变更、注销等登记服务,降低市场进入和退出成本。
> 个体工商户可以自愿依法转型为企业。登记机关、税务机关和有关部门为个体工商户转型为企业提供指引和便利。

性质界定

本条是关于支持登记机关为民营经济组织提供登记服务的规定。

内涵阐释

一、依法合规、规范统一、公开透明、便捷高效的登记服务要求

就民营经济组织的设立、变更、注销等登记服务的建设而言,《民营经济促进法》提出了依法合规、规范统一、公开透明、便捷高效四项要求。

(一)依法合规

由于登记是登记机关作出的行政行为,所以依法合规是底线要求。依法合规是依法行政的题中应有之义,"法"和"规"合起来就是广义上的法律,包括法律、行政法规、地方性法规、部门规章等各个位阶的立法。依法合规要求登记机关严格按照法律法规的要求办理登记,不得违反法律法规的规定。此前,国务院在《中华人民共和国公司登记管理条例》《中华人民共和国企业法人登记管理条例》《中华人民共和国合伙企业登记管理办法》《农民专业合作社登记管理条例》《企业法人法定代表人登记管理规定》的基础上制定了统一的《市场主体登记管理条例》。在此基础上,国家市场监督管理总局还制定了《市场主体登记管理条例实施细则》。除此之外,我国制定的涉及登记的法律法规还有《不动产登记暂行条例》《中华人民共和国船舶登记条例》等。

(二)规范统一

所谓规范统一,即通过"规范"促进登记服务的统一,避免登记服务因地而异、因部门而异。具体而言,首先,登记机关应当遵循统一的法律法规,禁止地方、部门自行设定与法律法规相冲突的登记要求,或者在法律法规的基础上层层加码;其次,登记机关应当遵循统一的程序标准,申请、受理、审查、登记、发证应当在全国范围内保持一致,禁止地方、部门擅自随意延长或简化程序;最后,应当建立全国统一的登记信息管理系统,实现数据互联互通,避免重复登记,确保登记结果在全国范围内具有同等效力。

(三)公开透明

公开透明,是指在依法合规、规范统一的基础上,登记机关应当向包括民营经济组织在内的各类经济组织公开登记的标准、程序和结果,着力实现登记服务的阳光透明,接受社会监督。此前,我国已经建立"国家企业信用信息公示系统",民营经济组织可以免费查询企业设立、变更、注销等记录。《市场主体登记管理条例》第16条第2款规定,国务院市场监督管理部门应当根据市场主体类型分别制定登记材料清单和文书格式样本,通过政府网站、登记机关服务窗口等向社会公开。

(四)便捷高效

便捷高效是对登记服务能力建设的要求,除了依法合规、规范统一、公开透明外,还要便捷、高效地提供登记服务,尽可能地降低民营经济组织市场进入和退出的成本。具体而言,登记机关应当通过精简材料、优化程序等方式提高登记服务的效率和便利度。例如,在"三证合一"改革前,注册一家公司须依次申请工商行政管理部门核发的工商营业执照、组织机构代码管理部门核发的组织机构代码证和税务部门核发的税务登记证,"三证合一"后民营经济组织的进入成本就大大地降低了。

二、个体工商户转型为企业的支持性登记服务

个体工商户是重要的市场主体,在繁荣经济、增加就业、推动创业创新、方便群众生活等方面发挥着重要作用。虽然个体工商户规模小、经营灵活、门槛低,但个体工商户面临的有限责任、融资能力弱、竞争力不足等瓶颈问题也限制了个体工商户的进一步发展。所以本条规定个体工商户可以根据自身情况自愿转型为企业。个体工商户转型为企业的第一个要求是自愿,有关部门不得强迫个体工商户转型为企业。企业一般包括个人独资企业、合伙企业和公司三种类型,在我国,企业组织形式还包括合作企业。个体工商户转型为企业,主要是指转型为个人独资企业、合伙企业和公司,这三类企业在有限责任、融资能力、税务筹划等方面各有优劣,个体工商户可以根据自身情况自愿转型为其中之一,或者继续保留个体工商户的身份。个体工商户转型为企业的第二个要求是依法,无论是转型为个人独资企业、合伙企业还是公司,都必须符合其设立条件,依法完成登记程序,方可完成转型。

为支持个体工商户顺利完成转型,近年来一批促进措施陆续出台。例如,广东省人民政府办公厅《关于印发广东省培育扶持个体工商户若干措施的通知》指出,持续加大"个转企"支持力度。鼓励各地结合实际出台相关奖励和补贴优惠政策,支持个体工商户转型升级为企业。本条特别要求登记机关、税务机关和有关部门为"个转企"提供指引和便利。除了登记机关和税务机关外,有关部门泛指与"个转企"相关的部门,如财政部门通过财政奖补措施进行支持、人力资源和社会保障部门提供的社保衔接服务等。具体而言,各相关部门都在其职能范围内为"个转企"

第六章 服务保障

提供指引和便利,如税务机关应当协助个体工商户办理税务登记,确保从个体工商户的个人所得税体系顺利转移到企业所得税体系。值得注意的是,《企业所得税法》中所称的企业,不包括个人独资企业和合伙企业。[①]

• 适用要点 •

实践中,民营经济组织存在"登记难""登记成本高"问题。登记服务是贯穿包括民营经济组织在内的各类经济组织从设立、变更到注销全过程的公共服务。近年来,登记服务领域推动了一系列卓有成效的改革措施,如"多证合一""证照分离""全程电子化服务平台建设"等,但现实中,由于有的登记机关服务意识欠缺、服务能力不足等,"登记难""登记成本高"等情况仍存在。

一是有的登记机关服务意识欠缺。例如,咨询热线电话无人接听、接听后不受理不回复、受理后回复不及时,登记网站未能全面、及时、如实更新公开信息,登记工作人员对前来办理登记的民营经济组织经营者不一次性告知需要准备的申请材料,未提供内容目录和注意事项、填写说明、标准化的格式文书和范本等便利服务。

二是有的登记机关服务能力不足,登记机关的职责分工、信息化建设等有待进一步加强。尽管部分登记机关具备较强的服务意愿,但履职效能的薄弱环节仍制约了服务效能提升,影响了市场主体的感受。具体而言,我国商事登记管理体系存在部门职能交叉现象,同一登记事项涉及市场监管、民政、公安、自然资源、司法行政、卫生健康、农业农村、知识产权、人力资源和社会保障等 10 多个部

[①] 如果个体工商户转为合伙企业,并不会转入企业所得税体系,因为合伙企业本身不缴纳企业所得税,转为公司,则需要缴纳企业所得税。

门,导致市场主体办理单项登记业务就须跨越多个部门。而部门间信息壁垒未能有效打破、业务系统互不兼容等问题,进一步推高了市场主体的交易成本,对企业准入、退出形成实质性障碍。

本条要求登记机关为包括民营经济组织在内的各类经济组织提供依法合规、规范统一、公开透明、便捷高效的登记服务,既是对个别登记机关提出的要求,也是对登记系统提出的要求。登记机关应当聚焦"供给—需求"的主线,在合法合规的基础上,尽可能地根据民营经济组织的需求改善登记服务的质量。

第四十九条 【教育培训服务、人力资源服务、人才服务】

具体条文

鼓励、支持高等学校、科研院所、职业学校、公共实训基地和各类职业技能培训机构创新人才培养模式,加强职业教育和培训,培养符合民营经济高质量发展需求的专业人才和产业工人。

人力资源和社会保障部门建立健全人力资源服务机制,搭建用工和求职信息对接平台,为民营经济组织招工用工提供便利。

各级人民政府及其有关部门完善人才激励和服务保障政策措施,畅通民营经济组织职称评审渠道,为民营经济组织引进、培养高层次及紧缺人才提供支持。

性质界定

本条是关于政府与社会为民营经济发展提供教育培训服务、人力资源服务、人才服务的规定。

内涵阐释
一、民营经济的高质量发展以人才为支撑

人才是第一资源,是民营经济高质量发展的重要支撑。作为就业的"蓄水池",民营经济提供了80%以上的城镇劳动就业,但随着民营经济的转型升级,民营经济的人才需求与高等学校、科研院所、职业学校、公共实训基地和各类职业技能培训机构之间的人才供给之间逐渐显现出结构性的矛盾。一方面,高等学校、科研院所、职业学校、公共实训基地和各类职业技能培训机构的毕业学生中存在大量待业人员,2025届全国普通高校毕业生规模预计为1222万人,同比增长约43万人,首次突破1200万大关。另一方面,影响民营经济发展的一个突出问题就是招工难。一些民营经济组织反映,招到需要的高技能人才尤其难。这种结构性的矛盾反映出当前的人才培养模式不能适应民营经济高质量发展的要求。为此,本条第1款鼓励、支持高等学校、科研院所、职业学校、公共实训基地和各类职业技能培训机构,面向民营经济的高质量发展创新人才培养模式,加强职业教育和培训。

实践中,已有不少高等学校、科研院所、职业学校、公共实训基地和各类职业技能培训机构对创新人才培养模式进行了探索。近年来,一些校企合作培养人才的项目陆续孵化。北京大学与腾讯公司共同发起了北大—腾讯协同创新实验室;清华大学计算机系与华为终端有限公司也通过签署合作协议,成立了清华大学(计算机系)—华为终端有限公司智能交互联合研究中心。科研院所、职业学校、公共实训基地和各类职业技能培训机构与民营经济组织的合作更是涌现出一批标志性项目。创新人才培养模式是多赢之举,努力做到高等学校和科研院所的理论优势,职业学校、公共实训基地和各类职业技能培训机构的技能优势,民营

经济组织的招工用工需求和学生、学员的就业需求完美地融合。

目前,人才培养模式的关键短板在于职业教育和培训不足。高等学校、科研院所提供的学历教育侧重于理论知识的掌握,理论知识虽然重要,但实践经验、职业技能也必不可少。创新人才培养模式应当聚焦"供给—需求"的主线,瞄准民营经济组织的用工需求和高等学校毕业生的就业需求,整合高等学校、科研院所、职业学校、公共实训基地和各类职业技能培训机构多方资源,培养民营经济组织需要的专业人才和产业工人。另外,民营经济组织的人才需求不是一成不变的,随着产业转型升级和科技进步,一些人才需求逐渐减少,另一些人才需求逐渐增加。这就需要多方主体及时交换信息,持续优化人才培养模式,确保人才培养与产业升级同频共振。

二、搭建用工与求职信息对接平台,破解"用工荒""就业难"问题

用工与求职的信息不对称,进一步加剧了人才市场"供给—需求"的不平衡。这种不平衡一方面体现在民营经济组织的"用工荒",另一方面体现在高等学校毕业生以及以农民工、外卖骑手、网约车司机为代表的大量灵活就业人员的"就业难"。为了破解用工与求职的信息不对称,本条第2款要求人力资源和社会保障部门建立健全人力资源服务机制,搭建用工和求职信息对接平台,为民营经济组织招工用工提供便利。

实践中,我国已经搭建了全国公共就业服务网(中国公共招聘网)、地方公共就业服务平台、"就业在线"平台、高校毕业生就业服务平台等用工与求职信息对接平台,用人企业可以在相关平台上公开发布招工用工需求,求职者也可以公开发布简历,系统自动撮合供给和需求。为解决高校毕业生"就业难"的问题,教育部专门设置了高校学生司(高校毕业生就业服务司),指导地方教育行政部门和高等学校开展大学生就业教育、就业指导和服务工作。2019年国务院成立了就业工作领导小组,

2023年该小组并入国务院就业促进和劳动保护工作领导小组,统筹协调全国就业工作,研究解决就业工作重大问题。

三、为民营经济组织高层次人才、紧缺人才专项服务

民营经济组织中不仅有大量的中小企业、微型企业,还包括为数不少的专精特新"小巨人"企业以及华为、比亚迪等世界领先的技术企业。民营经济组织的招工用工不仅面向普通劳动力,也面向高层次人才和紧缺人才。本条第3款要求各级人民政府及其有关部门完善人才激励和服务保障政策措施,畅通民营经济组织职称评审渠道,为民营经济组织引进、培养高层次及紧缺人才提供支持。

一是为民营经济组织引进高层次人才、紧缺人才提供支持。一些地方政府通过专项引才计划、地方人才项目,为民营经济组织引进高层次人才、紧缺人才提供支持。例如,深圳经济特区在2010年推出了引进高技术人才的"孔雀计划",纳入"孔雀计划"的海外高层次人才,可享受160万~300万元的奖励补贴,并享受居留和出入境、落户、子女入学、配偶就业、医疗保险等方面的政策待遇;对引进的世界一流团队给予最高8000万元的专项资助,并在创业启动、项目研发、政策配套、成果转化等方面支持海外高层次人才创新创业。

二是为民营经济组织培养高层次人才、紧缺人才提供支持。传统上,民营经济组织不承担培养高层次、紧缺人才的使命,但近年来,随着产业升级、技术升级,民营经济组织已经成为科技创新的重要力量。各级人民政府及其有关部门应当畅通民营经济组织职称评审渠道,对民营经济组织培养的高层次人才、紧缺人才与高等学校、科研院所等培养的高层次人才、紧缺人才一视同仁,不得因民营经济组织的身份进行歧视。除此之外,还应当加强服务保障政策措施,为民营经济组织培养高层次人才、紧缺人才提供更多支持。例如,2025年中国工程院院士的增选,

给民营经济组织预留了 8 个名额。

> ### • 适用要点 •
>
> 政府与全社会应当为民营经济发展提供人才支持,满足民营经济高质量发展的需求。人力资源和社会资源保障部门和各级人民政府及其有关部门还担负着建立健全人才资源服务机制以及人才激励和服务保障的具体职责。
>
> **一、鼓励与支持方案的设计**
>
> 本条规定鼓励和支持高等学校、科研院所、职业学校、公共实训基地及各类职业技能培训机构创新人才培养模式。上述机构应当根据教育的基本规律、自身的资源条件、社会的需求特点,确定人才培养面向,制定有针对性的人才培养模式与人才培养方案。可以选择部分高等学校、科研院所等作为试点,设计更具针对性的方案,并根据实践效果的反馈逐步调整和完善。对成功的方案可推广应用,对效果不佳的方案应总结经验教训。在鼓励与支持方案的设计上,没有一劳永逸的最佳方案,只有通过不断实践和不断满足发展需求的逐渐优化与成熟的更好方案。
>
> **二、服务型政府建设的核心在于公共服务能够有效满足社会需求**
>
> 人力资源与人才服务的供给应以"供给—需求"为主线,精准把握民营经济组织的需求,持续提升公共服务质量。服务的供给不仅应满足民营经济组织的短期需求,还应兼顾其长期发展需求,以实现服务的精准化与可持续发展。

第五十条 【行政执法活动的要求】

具体条文

> 行政机关坚持依法行政。行政机关开展执法活动应当避免或者尽量减少对民营经济组织正常生产经营活动的影响,并对其合理、合法诉求及时响应、处置。

性质界定

本条是关于行政执法对民营经济组织生产经营活动影响最小化的规定。

内涵阐释

一、贯彻落实依法行政原则

《宪法》第5条第1款明确规定:"中华人民共和国实行依法治国,建设社会主义法治国家。"依法行政是依法治国的核心要求,也是行政机关开展执法活动的基本原则,指的是行政机关必须依据法律行使权力、履行职责。为扎实推进依法行政,可从以下几个方面采取措施:

第一,严格遵循职权法定,确保权力运行有法可依。行政机关的机构设置、职能划分、权限范围、办事程序和法律责任认定都必须以法律为依据。行政机关应秉持"法无授权不可为,法定职责必须为"的原则,即没有法律依据不得随意行事,法律规定的职责必须积极履行。这样可以避免越权行为或不作为,确保所有行政行为都建立在法律基础之上。

第二,加强高质量立法,为依法行政奠定坚实基础。依法行政不仅要求严格依法办事,还要求以科学、合理的法律为前提。立法工作应注重针对性、及时性、系统性和协同性,紧扣市场经济需求和社会民生问题,制定出切实可行的法律规范。如果脱离实际,机械地执行法律,可能导致适得其反的结果。因此,立法应以解决实际问题为导向,确保法律既科学又实用。

第三,在依法行政基础上追求合理执法,优化裁量空间。行政裁量是指执法人员在法律规定的范围内,根据具体情况作出灵活决定的权力。执法人员应综合考虑违法行为的性质、情节及社会影响,在法律允许的范围内作出公平、适度的决定。要通过精细化的裁量管理,确保执法既有力度又有温度,维护社会公平正义。

第四,提升行政效率与公信力,增强执法效果。及时、高效的执法直接影响执法效果和公众对政府的信任。行政机关应优化工作流程,简化办事程序,利用信息化技术提高执法效率。同时,行政机关应加强信息公开,主动接受社会监督,通过透明的执法行为树立政府的公信力,让公众切实感受到法律的公正与效率。

二、构建政府与民营经济组织之间"无事不扰、有求必应"的互动模式

本条要求行政机关在执法过程中尽量减少对民营经济组织正常生产经营的干扰,同时对民营经济组织的合理、合法诉求及时响应和妥善处理,旨在建立一种政府与民营经济组织之间"无事不扰、有求必应"的互动模式。制定"无事不扰"清单,对清单内的市场主体原则上不再进行现场检查,并对信用良好的市场主体实行免检或减少检查的优惠措施。同时,推行"有求必应"服务,减轻企业负担、提升运行效率。实际上,从更广阔的视角看,"无事不扰"同样是一种重要的服务,它体现了政府在提升服务艺术和管理水平方面的努力。这是对新型政企互动模式的生动诠释。

（一）"无事不扰"的互动模式

在实际操作中,生态环境、税务、消防等领域的检查往往频繁且内容烦琐,可能干扰民营经济组织的正常经营。为此,应尽量减少行政执法对企业的影响。上海市场监管部门的探索为这一目标提供了可借鉴的经验。自2025年1月1日起,上海全面推行"检查码"制度,规定检查必须出示"检查码",检查后企业可对检查行为进行评价,从而规范执法行为。

为了提高监管效率,上海进一步优化了检查方式,在确保安全底线的前提下减少了现场检查的频率,通过精准的风险管理,推出了两项创新举措,即"无事不扰"检查事项清单和"无感监管"检查对象清单。"无事不扰"检查事项清单针对低风险领域,如广告、价格、注册登记等,涵盖了411项检查情形,占检查总量的60%以上。除非上级明确要求,否则这些低风险事项不再安排主动上门检查,而是通过数字化手段实现监管。例如,利用"互联网+明厨亮灶"监控餐饮卫生,根据智慧电梯数据分析检查电梯安全,或根据投诉举报数据进行针对性检查。这种"智能查、触发查"的方式既保证了监管效果,又避免了不必要的干扰。"无感监管"检查对象清单则根据企业的风险水平和信用状况进行分类管理,通过"风险+信用"双维度评分,将低风险、高信用的企业列入"白名单"。这些企业除非接到上级任务,否则无须接受主动上门检查,监管主要依靠数据分析来发现潜在风险。"白名单"实行动态调整,鼓励企业诚信经营,享受更少检查的便利,从而形成"越诚信越轻松"的良性循环。这两项清单上海从源头上优化了行政检查,减少了对合规企业的打扰,更多采用非现场监管方式。企业因此能更专注于产品研发、服务提升和创新发展,从"疲于应付检查"转向"主动自查自律",与政府共同维护健康的市场环境。

(二)"有求必应"的互动模式

行政执法是政府与民营经济组织直接沟通的重要桥梁,行政机关能够由此了解企业的真实经营情况和实际需求。然而,目前部分行政机关服务意识不足或专业能力有限,难以快速、妥善地回应企业的合理、合法诉求。为此,行政机关需增强服务意识与专业能力,改进执法方式,提升与民营经济组织的沟通效率,切实保障民营经济组织的合法权益。以下是三项具体措施方面的建议。

一是加强培训,提升执法人员服务能力。定期组织执法人员培训,强化依法行政的理念和为企业服务的意识。例如,浙江省推出"执法为民"培训项目,通过模拟民营经济组织与政府沟通的场景,帮助执法人员提升处理复杂诉求的能力。这种培训让执法人员更懂得如何与民营经济组织有效沟通,快速解决实际问题。

二是利用数字化工具,加快诉求处理速度。通过数字化技术优化民营经济组织诉求的处理流程。例如,北京市场监管部门开发了"智能监管助手"系统,利用人工智能技术分析民营经济组织提交的申诉材料,自动匹配相关法律法规,大幅提高处理效率。截至2025年年初,该系统已应用于80%以上的涉民营经济组织执法事项,让民营经济组织能更快获得回应,减少等待时间。

三是建立常态化沟通机制,畅通民营经济组织反馈渠道。行政机关可以通过定期举办恳谈会等活动,邀请民营经济组织代表直接反映执法过程中遇到的问题。例如,深圳每月组织"政企面对面"交流会,2024年共收集民营经济组织建议300多条,促成了多项执法流程的改进。常态化沟通机制能够帮助行政机关及时了解民营经济组织需求,为政府制定更贴合实际的政策提供重要参考。

通过以上措施,行政机关能够更高效地回应民营经济组织的合理诉求,同时通过执法发现民营经济组织发展中的难点和痛点,进而制定更科学、更实用的政策。

· 适用要点 ·

《民营经济促进法》是促进民营经济发展的基础性法律,其中多条规定属于授权条款,即允许行政机关制定更具可操作性的具体政策。例如,《民营经济促进法》正文中有多处提到"鼓励"、"支持"或"促进",这些词语指明了行政机关行使权力的方向,但具体的鼓励、支持或促进措施仍需行政机关进一步转化为实际政策。为此,行政机关在坚持依法行政时,应特别注重以下两点:(1)依法制定政策,贴合民营经济需求。行政机关在制定政策时,应在把握政策方向的基础上,充分发挥部门和地方的主动性,制定最能反映民营经济组织实际需求的政策框架。例如,针对中小企业的融资难问题,地方政府可依法推出税收优惠或贷款担保政策,切实帮助企业解决资金瓶颈。(2)严格兑现政策承诺,动态调整政策框架。行政机关必须不折不扣地落实已承诺的政策,确保民营经济组织能够真正享受到政策红利。同时,行政机关应根据民营经济发展的实际情况,及时调整和优化政策框架。例如,若某项支持政策在实施中发现覆盖面不足,可根据民营经济组织反馈及时扩大适用范围,确保政策更具针对性和实效性。

第五十一条 【处罚同等与过罚相当原则】

具体条文

> 对民营经济组织及其经营者违法行为的行政处罚应当按照与其他经济组织及其经营者同等原则实施。对违法行为依法需要实施行政处罚或者采取其他措施的,应当与违法行为的事实、性质、情节以及社会危害程度相当。违法行为具有《中华人民共和国行政处罚法》规定的从轻、减轻或者不予处罚情形的,依照其规定从轻、减轻或者不予处罚。

性质界定

本条是关于对民营经济组织作出行政处罚应坚持处罚同等原则与过罚相当原则的规定。

内涵阐释

一、处罚同等原则

平等原则是法律的基本原则。《宪法》第33条第2款规定:"中华人民共和国公民在法律面前一律平等。"除此之外,《刑法》第4条、《中华人民共和国刑事诉讼法》(以下简称《刑事诉讼法》)第6条、《劳动法》第12条等均有与平等相关的明确规定。本条虽然使用"同等原则"的表述,但仍属平等原则在行政处罚领域的延伸。本条要求行政机关在作出行政处罚时,对民营经济组织及其经营者的违法行为与其他经济组织及其经营者的违法行为一视同仁,不能仅因其民营经济的身份加重或者减轻、免除处罚。

《行政处罚法》第 2 条规定:"行政处罚是指行政机关依法对违反行政管理秩序的公民、法人或者其他组织,以减损权益或者增加义务的方式予以惩戒的行为。"在行政处罚中,无论对象是公民、法人还是其他组织,其是否受到处罚的唯一依据是"违反行政管理秩序"。对于公民,其民族、种族、性别、职业、家庭出身、宗教信仰、教育程度、财产状况、居住期限或其他身份因素;对于法人或其他组织,其所有制性质(国有或民营)、员工数量、资产规模、盈利能力等因素,均不予考虑。违反行政管理秩序,即应当被科处行政处罚;没有违反行政管理秩序,即没有理由被科处行政处罚。

二、过罚相当原则

《行政处罚法》第 5 条第 2 款规定:"设定和实施行政处罚必须以事实为依据,与违法行为的事实、性质、情节以及社会危害程度相当。"这一规定即行政处罚领域的过罚相当原则。本条将过罚相当原则从行政处罚拓展到"其他措施"。所谓其他措施,泛指行政处罚之外的行政行为。所以,"罚"字还不足以表达本条的含义,更准确地说,应当是"过"与"过引起的消极法律后果"的相当性。所谓"相当",即公平原则的具体化。

评价违法行为可以从多个维度展开,本条列举了事实、性质、情节和社会危害程度四个维度。值得注意的是,本条没有"等"字作为兜底,所以这四个维度是完全列举。

一是事实。事实指的是事情的真实情况。对于事情的真实情况,行政主体和行政相对人可能各执一词,此时需要依据证据进行判断。《行政处罚法》第 47 条规定:"行政机关应当依法以文字、音像等形式,对行政处罚的启动、调查取证、审核、决定、送达、执行等进行全过程记录,归档保存。"《国务院办公厅关于全面推行行政执法公示制度执法全过程记录制度重大执法决定法制审核制度的指导意见》对全过程记录有更细致的规定。如果违法事实不清、证据不足,行政机关不得作出行政处罚。

二是性质。性质是对事实的法律评价,包括以下两个层面:其一,对涉嫌违法行为的综合性评价,即违法还是不违法的评价。如果评价为不违法,则行政执法过程就此结束;如果评价为违法,还须结合情节、社会危害程度等因素进一步确定具体的行政处罚。其二,对涉嫌违法行为的各个构成要件的单独评价,如行政相对人主观上是故意还是过失、是初犯还是再犯。从涉嫌违法行为到违法行为,必须满足违法行为的每一个构成要件,只要有一个构成要件不满足,就不应当被评价为违法行为。

三是情节。情节是指违法行为的关键要素,如违法行为持续多长时间、涉及的金额、是否受他人胁迫或诱骗等。这些关键要素不仅是定性的关键,也是影响具体行政处罚的关键。另外,情节不仅包括违法行为的情节,还包括行政相对人在实施违法行为之后是否有自首、立功、主动消除或减轻违法行为危害后果的情节,这些情节也会影响具体的行政处罚。

四是社会危害程度。社会危害程度是指违法行为对社会秩序、公共利益、他人权益造成的实际或潜在损害。这是对涉嫌违法行为的外部进行评价。《行政处罚法》第33条第1款规定:"违法行为轻微并及时改正,没有造成危害后果的,不予行政处罚。初次违法且危害后果轻微并及时改正的,可以不予行政处罚。"如果违法行为的危害过于微小,以至于法律的介入毫无必要,那么行政机关也不必动用行政处罚予以制裁。

三、行政处罚应轻则轻的要求

《民营经济促进法》要求在处理违法行为时,若符合《行政处罚法》规定的从轻、减轻或不予处罚的情形,行政机关应依法适用从轻、减轻或不予处罚的规定。这要求《民营经济促进法》与《行政处罚法》在处罚尺度上保持一致,确保执法公平与合理。

（一）从轻或减轻行政处罚的情形

《行政处罚法》第 32 条明确规定了可以从轻或减轻处罚的几种情况，体现了法律在惩罚与教育并重的原则下，给予违法者改正错误的机会。具体而言，行政机关在执法时，应对以下情形依法从轻或减轻处罚：(1) 主动消除或减轻违法行为危害后果。如果当事人主动采取措施，减少或消除违法行为造成的负面影响，如民营经济组织及时清理环境污染或赔偿受害者损失，行政机关应从轻或减轻处罚。(2) 因受胁迫或诱骗而实施违法行为。如果当事人因受到他人威胁或诱导而实施违法行为，如在他人施压的情况下违章操作，应视为情有可原，行政机关应从轻或减轻处罚。(3) 主动供述行政机关尚未掌握的违法行为。如果当事人主动向行政机关交代尚未被发现的违法行为，表现出悔改态度，如民营经济组织自查后向行政机关报告违规情况，行政机关应从轻或减轻处罚。(4) 协助调查表现突出。如果当事人在行政机关调查过程中积极配合，如提供关键证据帮助行政机关查清案件事实，构成立功表现，行政机关应从轻或减轻处罚。此外，法律、法规或规章可根据实际情况补充其他从轻或减轻处罚的事由，但这些规定必须符合更高层级的法律的要求，不得随意扩大适用范围。行政机关在适用从轻或减轻处罚时，必须严格遵循明确的法律依据，避免通过模糊解释或随意类推扩大适用范围，以确保执法的公平性和法律的严肃性。

（二）不予行政处罚的情形

《行政处罚法》第 33 条规定了可以不予行政处罚的情况，体现了对轻微违法行为的宽容，鼓励当事人及时改正错误。以下情况涉及不予行政处罚：(1) 违法行为轻微且及时改正。如果违法行为轻微，且当事人及时纠正，未造成实际危害后果，如企业因疏忽轻微违反广告规定但迅速整改，行政机关应不予行政处罚。(2) 首次违法且危害轻微。如果当事人系首次违法,危害后果轻微且迅速采取补救措施,如新开店铺因不熟悉规定而未注册但及时补办,行政机关可酌情不予行政处罚,以体现教育为主的原则。(3)无主观故意或过失。如果当事人能证明自己因不知情或无意而违反规定,如企业因误解政策而轻微违规,行政机关应不予行政处罚。法律、法规另有规定的,从其规定。此外,《行政处罚法》第30条特别规定,不满14周岁的未成年人以及无法辨认或控制自身行为的精神病患者,因其特殊身份或状态,不予行政处罚。同时,《行政处罚法》第36条规定,若违法行为在2年内未被发现(涉及公民生命健康安全、金融安全且有危害后果的,追溯期为5年),行政机关不再追究行政责任。若法律、行政法规另有规定,则以其为准。上述条款通过细化免责情形,平衡了法律的严格性与人性化考量。

• 适用要点 •

一、行政处罚应当遵循处罚同等原则

在行政处罚过程中,行政机关对民营经济主体应一视同仁,既不能因其民营经济身份给予特殊优待,也不能因此加重处罚。行政机关在决定是否处罚、选择处罚种类或确定处罚幅度时,应严格依法办事,不因企业属国有或民营而存在差别。例如,无论是国有企业还是民营企业,违反生态环境保护规定的,均应根据违法事实和法律规定统一适用处罚标准,以确保执法的公平性。

二、准确把握行政行为的裁量空间

行政机关在作出行政处罚或其他措施时,应在合法的基础上追求合理性,准确把握裁量空间。裁量空间是指法律允许行政机关根据具体情况灵活决定处罚力度的范围。行政机关须综合考虑违法行为的事实、性质、情节及社会危害程度,确保处罚决定公平合理。例如,针对轻微违规但及时整改的企业,行政机关可在法律范围内选择较轻的处罚方式。如果民营经济主体认为行政处罚或其他措施明显不公,可以通过行政诉讼维护自身权益。

三、准确把握《民营经济促进法》与《行政处罚法》的关系

就行政处罚事项而言,《民营经济促进法》与《行政处罚法》有两层关系:其一,《行政处罚法》是一般法,《民营经济促进法》是特别法。其二,《行政处罚法》是行政处罚领域的"立法法",《民营经济促进法》在设置和实施行政处罚时,不得与《行政处罚法》相抵触。其原因在于《行政处罚法》第 10 条到第 14 条依次规定了法律、行政法规、地方性法规、部门规章、地方政府规章可以设置的行政处罚种类,并在第 16 条规定"除法律、法规、规章外,其他规范性文件不得设定行政处罚"。从此种意义上来说,《行政处罚法》在行政处罚领域虽无"立法法"之名,但有"立法法"之实。

第五十二条 【监管要求】

具体条文

各级人民政府及其有关部门推动监管信息共享互认,根据民营经济组织的信用状况实施分级分类监管,提升监管效能。

除直接涉及公共安全和人民群众生命健康等特殊行业、重点领域依法依规实行全覆盖的重点监管外,市场监管领域相关部门

> 的行政检查应当通过随机抽取检查对象、随机选派执法检查人员的方式进行,抽查事项及查处结果及时向社会公开。针对同一检查对象的多个检查事项,应当尽可能合并或者纳入跨部门联合检查范围。

性质界定

本条是关于政府及其有关部门对民营经济组织履行监管职责的规定。

内涵阐释

一、推动监管信息共享互认,实施信用风险分类管理

监管是政府与企业沟通的重要环节,其核心目的是为市场经济发展保驾护航。然而,目前我国监管体系较复杂,各级政府及其部门之间的监管信息存在一定程度的独立。例如,生态环境、税务、消防等领域的监管数据无法有效共享,这不仅增加了监管成本,也增加了企业的运营负担。为此,本条要求各级政府及其有关部门推动监管信息共享与互认,打破信息壁垒。

此前,《银行业监督管理法》第6条、《保险法》第157条第1款、《证券法》第175条第1款、《中国人民银行法》第35条第2款等规定已要求银行、保险、证券等金融领域建立监管信息共享机制。《海洋环境保护法》第25条第2款也要求国务院有关部门、海警机构、沿海县级以上地方政府及其有关部门共享海洋环境管理信息。本条在此基础上,进一步提出全面的监管信息共享要求,不区分监管领域、主体或信息类型,覆盖所有政府部门,标志着监管信息共享机制的全面升级。

第六章 服务保障

（一）信用监管的法律要求与实践

本条尽快将信用监管上升为法律要求。信用监管是以民营经济组织信用信息为基础，通过收集、评估、分类和应用，形成"守信激励、失信惩戒"的新型监管模式。与传统监管相比，信用监管具有以下优势：（1）预防为主。政府部门通过风险预警和合规指导，帮助民营经济组织避免违法行为，而非仅在违法后处罚。（2）差异化管理。根据民营经济组织信用等级进行分类监管，优化资源配置，对守信民营经济组织减少干扰，对失信民营经济组织严格监管。（3）信用修复。为民营经济组织提供信用修复机制，避免企业陷入"一次受罚、长期受限"的困境。（4）高效监管。依托大数据和远程核验等技术，实现"静默监管"，减少对民营经济组织的打扰。

企业年报是信用监管的基础。目前，年报已实现与人力资源和社会保障、海关、统计、商务、外汇、税务等部门的"多报合一"，并将持有工业产品生产许可证满1年的企业纳入其中。"多报合一"大幅减少了企业填报内容：海关年报数据减少约120项、商务和外汇年报数据减少约170项、农业年报数据减少13项，大幅减轻了企业负担，受到企业和社会的广泛好评。

（二）信用风险分类管理的实践成效

信用风险分类管理是各地市场监督管理部门提升效率的重要手段，其通过科学划分企业信用等级，实施差异化监管，对守信企业"无事不扰"，对失信企业"重点监管"。各地实践表明，这一模式成效显著。浙江省通过"千万经营主体信用工程"，建立"1＋X"信用评价体系，结合"双随机"抽查，信用监管应用率达99.8%，有效降低低风险企业的检查频率。黑龙江省推行"三覆盖、三创新、三推动"模式，实现信用风险分类管理全覆盖，精准锁定高风险企业。重庆市探索"信用＋食品安全监管"模式，应用于特种设备、检验检测等领域，优化监管资源配置。

自国家市场监督管理总局推行企业和个体工商户信用风险分类管理以来,分类结果与"双随机、一公开"抽查深度结合,问题发现率达25.08%,比之前提高13个百分点。这一模式将监管资源精准投向了高风险领域,显著减少了对低风险企业的检查频次,既提升了监管效率,又降低了企业的合规成本。

二、特殊行业与重点领域实施的全覆盖监管

本条第2款规定,对直接涉及公共安全和人民群众生命健康等特殊行业及重点领域,依法依规实施全覆盖的重点监管。这意味着上述行业、领域的民营经济组织全部被列为重点监管对象,不适用"双随机、一公开"抽查机制。具体行业及领域包括:(1)安全生产领域,如危险化学品、矿山、建筑施工;(2)特种设备领域,如电梯、压力容器;(3)交通运输领域,如航空、铁路、公路;(4)生命健康领域,如食品药品、医疗卫生、传染病防治、化妆品、儿童用品。这些领域因直接关系公共安全和人民群众生命健康,须加强监管力度。但全覆盖监管必须有明确的法律依据,遵循"法无授权不可为"的原则。若无法律法规支持,即使属于上述行业及领域,也不得随意实施全覆盖监管。例如,某食品企业若仅涉及一般加工而非高风险食品生产,未经法律授权不应被纳入全覆盖监管,以避免过度干扰企业经营。

三、其他行业、领域的"双随机、一公开"检查机制

除依法实施全覆盖监管的行业及领域外,其他行业及领域的行政检查应采用"双随机、一公开"机制,即随机抽取检查对象、随机选派执法人员,并及时公开检查事项及结果。该机制通过整合部门任务,减少对民营经济组织正常经营的干扰,做到"无事不扰"。各地实践表明,该机制成效显著。北京市建立信用标签分类系统,2024年非现场检查占比达77.6%,减少对企业现场检查约6500次,有效减轻企业负担;河南省

采取部门联合抽查的比例近70%,实现"进一次门、查多项事",有效减少重复检查;浙江省推行跨部门联合"双随机、一公开"监管,应用率达55.5%,减少重复上门检查约40万次;山东省采取部门联合抽查的比例达96.74%,问题发现率提高33%。2024年,全国市场监管系统对452.6万户企业开展"双随机、一公开"抽查,其中联合抽查占32.69%,有效解决"多头检查"问题,让企业有更多精力专注生产经营。

四、推进联合检查机制建设

本条第2款规定,对同一民营经济组织的多项检查任务,应尽量合并或纳入跨部门联合检查范围,以减少重复检查。这是对《优化营商环境条例》第54条的重申,但将"抽查范围"改为"检查范围",更突出联合检查的全面性。

现实中,"多头检查"主要表现为:(1)检查内容重叠。多个部门或同一部门的不同科室对企业的同一方面进行重复检查。例如,某餐饮企业的燃气安全问题,在1个月内被应急管理、市场监督管理、消防部门分别检查,内容均涉及燃气管道,但标准不一,整改要求甚至相互矛盾。(2)专项检查叠加常规检查。例如,某建筑工地在"安全生产月"期间接受住房和城乡建设部门的专项检查,同时属地街道办以文明施工为由开展专项检查。(3)以罚代管。例如,某制造企业因消防通道堆放杂物被处罚,但后续检查未提供整改指导,仅重复开罚单。

为解决这些问题,《国务院办公厅关于严格规范涉企行政检查的意见》提出"综合查一次"制度,即通过跨部门、跨层级的联合检查,将多个部门的检查任务整合为一次综合检查,实现"进一次门、查多项事"。例如,某市通过联合检查,将市场监督管理、税务、消防部门的检查任务整合,统一安排时间检查一家企业,检查结果共享,避免重复打扰企业。这一制度通过统筹检查计划、整合执法资源、共享检查结果,显著提升监管效率,减轻企业负担。

• 适用要点 •

本条是对各级人民政府及其有关部门,特别是市场监督管理领域相关部门提出的监管效能要求与监管方式要求。

一、科学评估民营经济组织信用状况

提升监管效率的核心在于根据民营经济组织信用状况进行分级分类管理,这要求对民营经济组织的信用状况进行科学、准确的评估。评估既不能高估民营经济组织的信用水平,也不能低估其信用表现,并须根据实际情况及时更新,确保评估结果真实反映民营经济组织的信用状况。

二、创新监管方式,提升服务效能

根据监管实践和民营经济组织的反馈,行政机关应持续优化监管方式和机制,将监管转变为一种公共服务,既发挥监管的引导和支持作用,又避免对民营经济组织造成不必要的干扰。

第五十三条 【行政执法违法行为投诉举报与行政执法监督】

具体条文

各级人民政府及其有关部门建立健全行政执法违法行为投诉举报处理机制,及时受理并依法处理投诉举报,保护民营经济组织及其经营者合法权益。

> 司法行政部门建立涉企行政执法诉求沟通机制,组织开展行政执法检查,加强对行政执法活动的监督,及时纠正不当行政执法行为。

性质界定

本条是关于对民营经济组织行政执法违法行为投诉举报与行政执法监督的规定。

内涵阐释

一、建立健全行政执法违法行为投诉举报处理机制

《宪法》第41条赋予公民申诉、控告、检举和获得国家赔偿的权利。但这些权利仅有法律规定远远不够,必须建立完善的机制来保障这些权利的实现,否则这些权利可能沦为"空头支票"。行政执法涉及民营经济主体日常生产经营的方方面面,难免出现涉嫌违法或引发争议的执法行为。为保护民营经济主体的合法权益,现有法律提供了以下处理机制:

一是行政诉讼。《中华人民共和国行政诉讼法》(以下简称《行政诉讼法》)第2条第1款规定,公民、法人或其他组织认为行政机关的行政行为侵犯其合法权益,有权向人民法院提起诉讼。例如,某民营经济组织认为市场监管部门的处罚决定不当,可向法院申请审查该决定的合法性。诉讼须自公民、法人或其他组织知道或应当知道作出行政行为之日起6个月内提起(法律另有规定的除外);法院应在立案后6个月内作出初审判决,有特殊情况需要延长的,由高级人民法院或最高人民法院批准。

二是行政复议。《中华人民共和国行政复议法》(以下简称《行政复议法》)第2条第1款规定,公民、法人或其他组织认为行政机关的行政行为侵犯其合法权益,有权向行政复议机关提出行政复议申请。例如,某企业对税务部门的处罚不服,可先申请行政复议,若对复议结果仍不满意,再提起行政诉讼。在专利、税收等领域,法律要求必须先申请行政复议(复议前置)。行政复议申请须自公民、法人或其他组织知道或应当知道行政行为之日起60日内提出(法律另有规定的除外),行政复议机关应在收到行政复议申请后5日内进行审查。

除了上述机制,信访、检察监督、监察监督等渠道也可处理违法执法问题,但这些方式耗时较长,民营经济组织的维权成本较高。近年来,新型投诉举报机制显著降低了维权成本。例如,全国"12345"政务服务便民热线和国务院"互联网+监管"平台为企业提供了便捷的投诉渠道。又如,浙江省的"亲清在线"平台专为企业提供政策咨询和投诉服务,2024年处理涉企执法案例上千件,快速回应了企业诉求,大幅减轻了企业的维权负担。

二、建立涉企行政执法诉求沟通机制

根据《中共中央办公厅、国务院办公厅关于加强行政执法协调监督工作体系建设的意见》的规定,司法行政部门作为政府执法监督机构,代表本级政府承担行政执法监督具体事务。本条第2款进一步要求司法行政部门建立涉企行政执法诉求沟通机制,定期开展执法检查,监督行政执法活动,及时纠正不当行政执法行为,保障企业合法权益。

涉企行政执法诉求沟通机制是司法行政部门、行政执法机关与企业三方互动的平台。在政府内部,司法行政部门为监督主体,行政执法机关为被监督主体,二者共同与企业进行沟通。河南省开封市司法局与开封市工商业联合会联合出台文件,建立四项机制:工作交流、问题线索移送、执法监督协作和高效运行保障。这些机制通过定期沟通、联合调查等方式,确保企业诉求得到及时响应。

这一机制可通过以下关键词理解:

一是诉求。司法行政部门应建立线上线下投诉渠道,如热线电话、在线平台等,确保企业能便捷反映问题。同时,司法行政部门可主动收集违法执法、趋利执法、暴力执法或选择性执法的线索。例如,某市司法局通过企业反馈,发现某执法人员滥用职权,即及时介入调查。

二是沟通。沟通包括企业与司法行政部门的交流、司法行政部门与行政执法机关的协调、企业与行政执法机关的直接对话。必要时,司法行政部门可组织听证会或专家论证会,邀请第三方参与。例如,某地针对企业对行政处罚的异议,组织三方听证会,澄清事实,达成共识。

三是监督。司法行政部门通过行政监督,及时纠正不当执法行为,保护企业合法权益。与传统行政诉讼主要审查执法行为的合法性不同,本条将监督范围扩大到了"不当行政执法行为",其中的"不当"不一定指向的是"违法性",更多的是指向"合比例性",也就是某种程度上的合理性。例如,若民营经济组织认为某行政执法虽合法但不合理,如罚款额度过高等,可向司法行政部门申请审查。

四是纠正。司法行政部门可通过下发督办函、意见书或约谈通知书,责令执法机关纠正不当行为。例如,黑龙江某市执法监督局发现市场监督管理部门滥用行政强制措施,通过约谈和下发执法监督通知书,要求整改。广东省某市司法局针对镇政府的不当执法行为,下发执法监督意见书,督促整改并全市通报批评,强化问责。

· 适用要点 ·

本条要求各级人民政府及其有关部门建立健全行政执法违法行为投诉举报处理机制,并要求司法行政部门建立涉企行政执法诉求沟通机制,通过这些机制为民营经济主体维护合法权益提供更多途径。

一、持续创新行政执法违法行为投诉举报处理机制,为民营经济组织及其经营者提供更高效、便捷的维权和监督渠道

鼓励企业通过线上线下平台(如"12345"热线、"互联网+监管"平台)反映执法中的违法或不当行为,确保诉求快速响应。监管主体须完善投诉处理流程,主动收集线索,及时纠正违法执法、趋利执法等问题。

二、鼓励民营经济组织利用涉企行政执法诉求沟通机制维护合法权益

司法行政部门建立的涉企行政执法诉求沟通机制为民营经济组织提供了畅通的维权渠道。民营经济组织应积极利用这一机制,及时反映行政执法中的不当行为或疑虑,确保合法权益不受侵害。面对行政执法检查,民营经济组织须主动配合,准备相关合规材料,同时通过沟通机制与执法部门进行有效对话,澄清事实、化解争议。建议民营经济组织建立内部合规团队,熟悉诉求沟通流程,提前梳理可能涉及的执法问题,主动与司法行政部门对接,获取政策指导,确保经营活动依法合规,降低执法风险,提升市场竞争力。

第五十四条 【失信惩戒与信用修复】

具体条文

> 健全失信惩戒和信用修复制度。实施失信惩戒,应当依照法律、法规和有关规定,并根据失信行为的事实、性质、轻重程度等采取适度的惩戒措施。
>
> 民营经济组织及其经营者纠正失信行为、消除不良影响、符合信用修复条件的,可以提出信用修复申请。有关国家机关应当依法及时解除惩戒措施,移除或者终止失信信息公示,并在相关公共信用信息平台实现协同修复。

性质界定

本条是关于民营经济组织失信惩戒与信用修复制度的规定。

内涵阐释

一、充分认识信用在经济治理中的重要意义

市场经济的本质是信用经济,信用是市场运行的基石,也是民营经济组织及其经营者安身立命的根本。《民法典》第7条从民法基本原则的高度确立了诚信原则,明确要求民事主体在从事民事活动时,应当秉持诚实,恪守承诺。这一原则不仅是民事活动的行为准则,也是构建社会信用体系的法律基础。

近年来,党中央、国务院高度重视社会信用体系建设。《国务院关于印发社会信用体系建设规划纲要(2014—2020年)的通知》提出:"到2020年,社会信用基础性法律法规和标准体系基本建立,以信用信息资

源共享为基础的覆盖全社会的征信系统基本建成,信用监管体制基本健全,信用服务市场体系比较完善,守信激励和失信惩戒机制全面发挥作用。"《中华人民共和国国民经济和社会发展第十三个五年规划纲要》在第七十一章"完善社会信用体系"中专设一节,明确要求"健全守信激励和失信惩戒机制",具体包括建立守信奖励激励机制,在市场监管和公共服务过程中,为诚实守信者提供便利化服务等激励政策,同时健全多部门、跨地区、跨行业的联动响应和联合惩戒机制,强化企业信用依法公示和监管,建立各行业失信"黑名单"制度及市场退出机制。

健全失信惩戒和信用修复制度是社会信用体系建设的核心内容。失信惩戒是指对失信主体采取限制部分权利或增加失信成本的措施,以促使其履行法定义务或纠正失信行为。信用修复则是指失信主体通过主动履行义务、纠正违法行为、消除不良影响等方式,申请恢复信用状态的过程。二者相辅相成,共同构筑了激励诚信、约束失信的制度框架。

当前,许多市场监管法律法规在修改后新增了信用记录和公示要求。例如,《反不正当竞争法》第 26 条规定,经营者受到行政处罚的,应当记入信用记录,并依照相关法律、行政法规的规定予以公示。这表明,违法行为是最大的失信表现,民营经济组织及其经营者必须高度重视合规经营,避免因实施违法行为而信用受损。健全的失信惩戒和信用修复制度,不仅能规范市场秩序,还能激励失信主体主动整改,恢复信用,从而促进经济治理的公平与高效。

二、实施失信惩戒的两个原则

本条第 1 款关于"实施失信惩戒,应当依照法律、法规和有关规定,并根据失信行为的事实、性质、轻重程度等采取适度的惩戒措施"的规定,揭示了实施失信惩戒的两个原则。

一是依法惩戒。实施失信惩戒,应当依照"法律、法规和有关规定",没有明确的法律、法规和有关规定,就不得实施失信惩戒。目前,我国尚无关于信用的综合性法律。2022年11月14日,国家发展和改革委员会公布了《中华人民共和国社会信用体系建设法(向社会公开征求意见稿)》。在中央层面,我国关于失信惩戒的规定主要是"有关规定",如《中共中央办公厅、国务院办公厅关于加快推进失信被执行人信用监督、警示和惩戒机制建设的意见》《中共中央办公厅、国务院办公厅关于推进社会信用体系建设高质量发展促进形成新发展格局的意见》《关于对失信被执行人实施联合惩戒的合作备忘录》,总体上规范位阶偏低。在地方层面,我国关于失信惩戒的规定主要是地方性法规。近年来,地方信用立法陆续出台,典型的如《上海市社会信用条例》《广东省社会信用条例》《北京市信用条例》。

二是适度惩戒。适度惩戒指的是实施信用惩戒应当遵循过罚相当原则,惩戒措施应当与失信行为的事实、性质、轻重程度等相适应。其他信用立法中亦有类似的规定,如《上海市社会信用条例》第32条第1款规定:"行政机关对信息主体实施信用惩戒措施的,应当与信息主体违法、违约行为的性质、情节和社会危害程度相适应,不得超越法定的许可条件、处罚种类和幅度,并告知实施的依据和理由。"具体来说,首先,惩戒措施的实施必须基于客观事实;其次,对失信行为的定性应当准确,不同性质的失信行为对应不同的惩戒措施;最后,合理考虑失信行为的轻重程度,确定合法、合理的惩戒措施。

三、民营经济组织申请信用修复的前提条件、程序和结果

本条第2款对民营经济组织申请信用修复的前提条件、程序和结果进行了规定。

一是前提条件。具体包括:(1)纠正失信行为。例如,若民营经济主体因未按时履行行政处罚决定而被列入失信名单,其就需履行行政处罚义务,如缴纳罚款、补办手续等。(2)消除不良影响。失信行为可能对社会、消费者或其他主体造成不良影响,民营经济主体须采取措施消除这些影响。例如,若失信行为涉及虚假广告,民营经济主体须公开更正信息或赔偿受损方。(3)符合信用修复条件。《国家发展改革委办公厅关于进一步完善"信用中国"网站及地方信用门户网站行政处罚信息信用修复机制的通知》将失信行为分为一般失信行为、严重失信行为和特定严重失信行为三种情形。对于一般失信行为,信用修复申请人须向信用网站提供相关身份材料和已履行行政处罚材料,公开作出信用修复承诺,并经信用网站核实后,在最短公示期期满后撤下相关公示信息。对于严重失信行为,信用修复申请人除参照一般失信行为的行政处罚信息信用修复的要求外,还应按照《国家发展改革委办公厅、人民银行办公厅关于对失信主体加强信用监管的通知》(发改办财金〔2018〕893号)的要求,主动参加信用修复专题培训,并向信用网站提交信用报告,经信用网站核实后,在最短公示期期满后撤下相关公示信息;对于特定严重失信行为,与其相关的行政处罚信息(在食品药品、生态环境、工程质量、安全生产、消防安全、强制性产品认证等领域被处以责令停产停业,或吊销许可证、吊销执照的行政处罚信息;因贿赂、逃税骗税、恶意逃废债务、恶意拖欠货款或服务费、恶意欠薪、非法集资、合同欺诈、传销、无证照经营、制售假冒伪劣产品和故意侵犯知识产权、出借和借用资质投标、围标串标、虚假广告、侵害消费者或证券期货投资者合法权益、严重破坏网络空间传播秩序、聚众扰乱社会秩序等行为被处以责令停产停业,或吊销许可证、吊销执照的行政处罚信息;法律、法规、规章另有规定不可修复的行政处罚信息)均按最长公示期限予以公示,公示期间不予修复。

二是程序。民营经济主体须主动申请信用修复。即使符合信用修复条件,只要民营经济组织及其经营者未提出申请,修复流程就无法启动。

三是结果。信用修复完成后,将恢复信用状态,解除相关惩戒措施,如取消市场准入限制、恢复融资资格等。同时,失信信息将在"信用中国"网站及地方信用门户网站上移除或终止公示。修复后的信用记录将在公共信用信息平台上更新,标注为"已修复"或恢复正常状态。跨部门、跨区域的协同修复机制,能够确保修复结果在全国范围内一致生效,避免信息不对称。

• 适用要点 •

失信惩戒与信用修复制度直接关系包括民营经济组织在内的各类经济组织的信用权益,其有效实施的关键在于国家机关能否依法、准确地适用相关规定。具体而言:

1. 有关国家机关应当依法、适度实施失信惩戒。有关国家机关实施失信惩戒,须严格依据法律、法规及相关规定,确保惩戒措施的合法性和正当性。在具体实施过程中,应根据失信行为的性质、情节和危害程度,科学评估,采取与失信行为相适应的惩戒措施,避免过度惩戒或惩戒不足。惩戒措施应遵循比例原则,确保公平公正,兼顾社会效果与个人权益的平衡。同时,国家机关在执行失信惩戒时,须保障失信主体的知情权、申辩权和救济权,逐步完善惩戒程序的透明度和规范性。

2. 有关国家机关应当充分保障民营经济组织及其经营者申请信用修复的权益。民营经济主体在纠正失信行为、消除不良影响后,可以提交申请信用修复的申请。对于符合修复条件的申请,有关

> 国家机关应及时受理并依法审核,给予申请主体明确的反馈。对符合信用修复条件的民营经济主体,有关国家机关应当依法解除失信惩戒,移除其失信信息公示,恢复其信用状态,并在公共信用信息平台实现协同修复。

第五十五条 【矛盾纠纷多元化化解机制与法律服务的提供】

具体条文

> 建立健全矛盾纠纷多元化解机制,为民营经济组织维护合法权益提供便利。
> 司法行政部门组织协调律师、公证、司法鉴定、基层法律服务、人民调解、商事调解、仲裁等相关机构和法律咨询专家,参与涉及民营经济组织纠纷的化解,为民营经济组织提供有针对性的法律服务。

性质界定

本条是关于建立健全涉企矛盾纠纷多元化解机制与向民营经济组织提供法律服务的规定。

内涵阐释

一、建立健全涉企矛盾纠纷多元化解机制

涉企矛盾纠纷多元化解机制,是指司法行政部门、人力资源和社会

第六章　服务保障

保障部门、工业和信息化部门、工商联合会等多方主体综合利用和解、调解、仲裁、专家咨询等多元方式，联合化解民营经济组织在生产经营、劳资管理、经济合同等领域所发生的矛盾纠纷，具有联动性、预防性、高效性的特征。全国目前已经登记设立了714个具有独立民事主体身份的商事调解组织，如深圳市商事调解协会、上海东方国际商事调解院、北京多元调解发展促进会等调解组织等。2024年，全国人民调解组织调解劳动争议纠纷48万件，生产经营纠纷16.8万件，涉民营企业纠纷23.4万件。横琴粤澳深度合作区、上海市浦东新区、海南省等地还制定了专门规范商事调解的规定，有效地推动了涉企矛盾纠纷的前端治理，为民营经济组织提供了高效和便捷的纠纷解决途径。

企业在遇到矛盾纠纷时，更倾向于以最低的成本、最快的速度来解决问题，以免影响企业的正常生产经营活动。在实践中，涉企矛盾纠纷多元化解机制具有主体多元、方式多元、内容多元的特点，能为民营经济组织提供低成本、高效率的服务，往往成为民营经济组织在产生矛盾纠纷时的优先选择。

(一)主体多元

涉企矛盾纠纷多元化解机制的特点之一是化解主体的多元性。

1. 成立综合调处组织。目前，全国各地正在推动建立涉企矛盾纠纷分类疏导、精准对接的"一站式"调解服务平台，如成立矛盾纠纷调处化解中心、调解工作室、调解委员会等。成立专门组织的优势在于能够集中人力资源和社会保障、公安、司法、住房和城乡建设、市场监督管理等各专业部门的力量，为企业提供综合调处服务。

2. 建设人民调解组织。术业有专攻、行业有壁垒，依据不同行业特性建设行业商会协会调解组织，打造由资深律师、退休法官、行业专家组成的专业性较强的人民调解队伍，有助于发挥人民调解便捷高效的优势,为企业提供专业化的法律服务。

3.支持企业、产业园区依法设立调解组织、区域型涉企纠纷调解联盟。在劳动合同等争议较多的领域设立企业劳动争议调解委员会,从而实现早发现、早处理。

(二)方式多元

涉企矛盾纠纷多元化解机制的特点之二是化解方式的多元性。

1.设立涉企矛盾纠纷调解"绿色通道",采取优先办理、优先调解、优先结案的方式,推动企业矛盾纠纷快速化解。

2.打造"线上+线下"的双轨受理模式。在线上以"解纷码"等形式建立线上矛盾纠纷调解平台,便于企业线上申请纠纷化解,并实时查看矛盾纠纷的受理进度。在线下则单独设立"涉企纠纷绿色窗口",简化调解流程。通过"线上+线下"的双轨受理模式,企业化解矛盾纠纷能够实现"最多跑一次"甚至"一次都不跑"的效果,以最低的成本化解矛盾纠纷。

3.提供"健康体检""送法入企"等服务,定期开展涉企矛盾纠纷排查化解专项行动,主动为企业提供纠纷排查服务,将矛盾纠纷预防关口前移。

(三)内容多元

涉企矛盾纠纷多元化解机制的特点之三是化解内容的多元性。民营经济组织在生产经营中所产生的矛盾纠纷集中表现为知识产权纠纷、劳资纠纷、经济合同纠纷。为此,涉企矛盾纠纷化解的内容也主要集中在上述领域。

1.知识产权纠纷。知识产权纠纷具有较强的专业性,通过在矛盾纠纷调处化解中心设立知识产权纠纷调解窗口、在产业园区等科技型企业较为密集的区域设立调解工作室,为企业提供专业高效的知识产权服务。

2.劳资纠纷。建立"工会+法院+检察院+人力资源和社会保障部门+司法"的协作联动机制,引入法律援助机构、基层调解组织等社会力量,及时排查和化解企业劳资纠纷,强化劳资纠纷的源头化解。

3.经济合同纠纷。民营经济组织在生产经营中不免会发生经济合同纠纷,传统的诉讼解决方式可能会加剧纠纷双方的对抗性,不利于日后双方的再次合作。因此,商会调解室、商事仲裁分会居中对纠纷双方进行协调,可以引导双方在平等协商中达成合意,以握手言和的方式化解纠纷。

二、司法行政部门提供法律服务的职责

本条第2款规定了司法行政部门在矛盾纠纷多元化解机制中的具体职责。司法行政部门,是指各级政府负责司法行政工作的行政机关,各级司法局(部、厅)以及基层的司法所。依据《宪法》第89条第8项的规定,国务院领导和管理民政、公安、司法行政等工作。由此可见,司法行政部门是隶属于各级政府的职能部门,管理司法行政事务,具有行政属性。党的十九届三中全会审议通过的《中共中央关于深化党和国家机构改革的决定》《深化党和国家机构改革方案》明确了司法行政部门的职能和主要职责便是负责拟订公共法律服务体系建设规划并指导实施,统筹和布局城乡、区域法律服务资源。指导、监督律师、法律援助、司法鉴定、公证、仲裁和基层法律服务管理工作。司法行政部门履行公共法律服务的职责,有助于为民营经济组织提供优质高效的法律服务。

(一)协调职责

司法行政部门要做好矛盾纠纷化解的统筹协调工作。

1.协调多方主体。统筹协调律师、公证、司法鉴定、基层法律服务、人民调解、商事调解、仲裁等相关机构和法律咨询专家,参与涉及民营经济组织纠纷的化解。

2. 协调多元调解工作。负责协调本级人民调解、行政调解、行政裁决和行政复议有效衔接和协同联动。

3. 协调多个领域。根据民营经济组织在知识产权、劳资关系、金融借款、经济合同等矛盾纠纷多发领域的行业特性,有针对性地协调多个领域成立具有行业性、专业性的调解组织。

(二)服务职责

司法行政部门需要为民营经济组织提供优质高效的法律服务。

1. 提供法律咨询服务。推动建设公共法律服务平台,降低民营经济组织寻求法律服务的成本。

2. 提供调解服务。建立民营经济组织矛盾纠纷调解工作机制,通过建立调解委员会、调解联系点为民营经济组织提供调解服务。

3. 提供法律援助服务。为民营经济组织开辟绿色通道,为企业困难员工提供免费的法律援助服务,营造和谐的用工关系。

4. 提供法律宣传服务。有针对性地为民营经济组织所关切的法律法规或法律热点提供法律知识普及服务,增强民营经济组织依法经营的意识。

(三)指导职责

1. 指导人民调解组织。加强对人民调解组织的法律指导和业务培训,指导调解组织依照有关规定和章程加强行业治理,提升调解员的法律运用能力和专业化水平。

2. 指导和监督商事调解活动。指导商事调解组织依照法律法规和章程开展行业自律,推动建立商事调解行业诚信体系,并定期向社会公开监督管理情况。

3. 指导企业建立内部调解组织,选拔企业管理人员和法务人员作为调解员,提升企业自主化解矛盾纠纷的能力。

• 适用要点 •

涉企矛盾纠纷多元化解机制是民营经济组织降低维权成本、提高纠纷解决效率的重要工具。民营经济组织在面对矛盾纠纷时,不仅关注纠纷解决的效率,同时也在意纠纷解决结果的权威性和可执行性。只有充分尊重民营经济组织自由选择矛盾纠纷的化解方式,落实矛盾纠纷化解的可执行性,才能实质性地化解矛盾纠纷。

一、关于涉企矛盾纠纷化解方式的选择

我国目前有调解、仲裁、行政复议、法律援助、诉讼等多种化解矛盾纠纷的方式,民营经济组织要综合考量高效性、低成本性、保密性、灵活性、自愿性等多种因素,选择对企业生产经营活动影响最小的方式化解矛盾纠纷。同时,在化解矛盾纠纷的过程中,要坚持以下原则:(1)平等自愿原则。民营经济组织必须自愿选择化解矛盾纠纷的方式,确保程序正当。(2)公平公正原则。矛盾纠纷的解决过程和结果必须符合法律法规和公平正义的要求,合理地确定各方的权利和义务。

二、关于涉企矛盾纠纷化解的执行力

(一)申请司法确认。矛盾纠纷双方所达成的调解协议具有民事合同的法律约束力,双方可以在达成调解协议后向人民法院申请司法确认。依据《民事诉讼法》第206条的规定,调解协议经司法确认后,一方当事人拒绝履行或者未全部履行的,对方当事人可以向人民法院申请执行。

(二)申请债权文书公证。若在矛盾纠纷双方依法达成的和解协议和调解协议中,具有给付内容、债权债务关系明确并载明债务人愿意接受强制执行承诺,债权人可以依法向公证机构申请办理具有强制执行效力的债权文书公证。

(三)申请支付令。矛盾纠纷双方依法达成的和解协议和调解协议以金钱、有价证券为给付内容且满足申请支付令的其他条件,可以依法向有管辖权的人民法院申请支付令。

第五十六条 【行业协会商会协调、自律与服务】

具体条文

有关行业协会商会依照法律、法规和章程,发挥协调和自律作用,及时反映行业诉求,为民营经济组织及其经营者提供信息咨询、宣传培训、市场拓展、权益保护、纠纷处理等方面的服务。

性质界定

本条是关于行业协会商会为民营经济主体提供服务的规定。

内涵阐释

行业协会商会是在民政部门登记的社会团体法人,其会员主体一般为从事相同性质经济活动的单位、同业人员,或同地域的经济组织,实践中通常以"行业协会""商会""联合会"等字样为后缀,旨在为会员提供服务、维护行业利益、促进行业发展。截至2024年年底,全国共有行业协会商会10万余家,其中全国性行业协会商会800余家。行业协会商会是介于政府与市场之间的社会中间层主体,在政府干预市场、市场影响政府的双向互动中发挥着独特的中介作用。

第六章 服务保障

本条规定系对2019年国务院印发的《优化营商环境条例》第29条第1款的重申。行业协会商会作为连接政府与市场的重要桥梁纽带,能够及时向政府反映民营经济组织的诉求,同时也能通过行业自律向民营经济组织提供专业服务,在促进民营经济发展中具有独特的优势和作用。

一、组织职能

本条规定明确了行业协会商会在促进民营经济发展中的组织职能。行业协会商会是行业的协调组织,能够通过协调政府与市场主体、市场主体之间的关系,促进行业的发展。

(一)利益协调

协调就是按照事物运行的客观规律,对事物内部的各要素进行合理配置,将矛盾的对立面统一起来,从而优化资源配置,促进事物的发展。行业协会商会最突出的特征便是协调性,其通过建立行业内部利益协调机制,保护行业的整体利益,促进行业的发展。

1. 纵向协调政府与市场主体的关系。行业协会商会在面对政府时,是民营经济组织的发言代表,肩负着促进企业发展和传递行业声音的重要使命。因此,行业协会商会要定期调查和研究本行业的发展痛点和难点,积极向政府建言献策,参与行业政策的研究与制定过程,以确保会员企业的利益得到充分反映和保护。在面对民营经济组织时,行业协会商会是政府政策的解读者和贯彻者。因此,行业协会商会要建立健全信息资源共享机制,包括定期召开企业家沙龙、创新分享会等活动,组织会员企业到各地调研和考察,搭建各类交流合作和供需对接平台,推动信息资源的共享。

2. 横向协调市场主体之间的关系。行业协会商会是经济组织的再组织。相较于政府这一外部主体而言,行业协会商会是内行和专家,能够通过发挥介于政府与市场之间的天然优势,协调好市场主体之间的关系。(1)推动会员企业之间的资源共享与合作。行业协会商会可以通过开展行业交流会、项目对接会,促进产业链上下游的协同发展,帮助企业寻找到合适的合作伙伴,降低企业的交易成本。(2)维护行业的公平竞争,实现行业的高质量发展。市场具有盲目性、自发性和滞后性的天然缺陷,行业协会商会可以通过信息共享引导会员企业调整生产经营模式,以保持市场供需的动态平衡,维护市场秩序。(3)调解行业矛盾纠纷,促进行业的和谐发展。行业协会商会更懂商业规则、更懂企业难处,可以通过及时调解会员企业之间的矛盾纠纷,让企业能够安心生产经营。

(二)行业自律

行业自律,意为民营经济主体以行业普遍认可的行为规范,或者行业协会商会依程序制定的活动规则进行自我约束和自我管理。行业自律是政府监管的重要补充,能够更好地维护市场秩序。行业协会商会的自律机制主要体现在以下几个方面:

1. 制定行业协会商会章程。行业协会商会章程是内部管理和运作的最高准则,规定会员企业的权利义务,为民营经济主体参与商会活动提供行为准则。

2. 发起制定行业自律公约。行业自律公约能够根据行业实际需求明确会员企业的行为准则,规范会员企业生产和经营行为,引导本行业的经营者依法竞争,自觉维护市场竞争秩序。

3. 开展信用评价。行业协会商会通过建立信用信息公开制度、失信举报惩戒制度,推动会员企业加强自我约束、实现自我管理、规范自我发展。

二、沟通职能

"没有调查,就没有发言权,更没有决策权",调查研究是党和政府

第六章　服务保障

一贯的工作作风。若要促进民营经济发展,实现精准施策,必须先了解到目前制约民营经济发展的痛点、堵点和难点,行业协会商会作为连接政府与企业之间的桥梁,通过发挥沟通职能、反映行业诉求、传递行业声音,让惠企政策实现"精准滴灌",推动行业的高质量发展。

(一)前端:建立健全常态化沟通机制

1.政府制定涉及行业利益的政策规定前,应先征求行业协会商会的意见。政府举行的各类听证会,凡涉及行业利益的,应吸收行业协会商会的代表参加。

2.邀请行业协会商会列席政府有关经济工作会议、优化营商环境工作大会等会议,听取行业协会商会的意见建议。将行业协会商会的意见建议作为制定法规规章、重大政策及评估执行效果的重要参考,建立政府与行业协会商会间的信用信息互联共享机制。

3.充分发挥政府购买服务机制和财政资金扶持作用,向符合条件的行业协会商会购买服务,推动行业协会商会参与经济发展和社会治理。

(二)中端:优化完善政策宣传贯彻工作机制

1.加强政策措施的宣传、解读和辅导。行业协会商会可以通过官方网站等信息平台,或者以召开座谈会、培训会的形式,加强对国家、省、市出台的政策的宣传和解读,重点将与会员企业切身利益息息相关的税收政策、金融政策、社保政策送到会员企业当中,实现从"企业找政策"到"政策找企业"的转变。

2.编发政策汇编指南。行业协会商会可以通过收集和整理系列政策措施,以编发政策汇编指南的形式帮助本行业、本领域的市场主体第一时间学习好、理解好、掌握好系列政策措施精神。

3.结合政策宣传周,行业协会商会可以在与会员企业生产经营有关的领域开展政策宣传,如在公平竞争政策宣传周、安全生产法宣传周、知识产权宣传周等特殊时间节点向会员企业开展政策宣传。

(三)后端:开展行业调研、数据统计和建立平台

1.建立行业数据统计制度,加强本行业的经济运行监测检测和风险预警。数据统计是行业协会商会服务政府、服务企业的重要工作。目前,我国国家统计局先后共授权15家行业协会承担本行业的统计职能,主要集中在食品业、制造业、服饰业等领域,为政府决策、行业发展、企业投资和社会认知提供了宏观指引和科学参照。

2.开展"千企百业大走访"实地调研活动。行业协会商会要通过实地调研、问卷调查等活动,深入了解会员企业生产经营的真实状况和需求,将会员企业的问题清单整合和升华成行业协会商会的履职清单。

3.建立企业诉求线上直报平台。行业协会商会不仅要进行"走出去调研",还要常态化地将会员企业"请进来",通过建立会员企业诉求线上直报平台,全方位地收集企业诉求,并及时反馈办理结果。

三、服务职能

企业是行业协会商会服务的第一对象,为加入行业协会商会的企业提供服务是协会应履行的职责,也是行业协会商会存在的前提和发展的基础。

(一)信息咨询、培训服务

行业协会商会能够为会员企业提供信息咨询服务,对行业内的最新政策法规动态进行宣传培训。

1.向会员企业公开信息,包括年度工作报告、第三方机构出具的报告、会费收支情况以及理事会经研究认为有必要公开的其他信息。

2.定期发布行业统计数据信息,为会员企业的生产经营活动提供科学、合理、可靠的经济数据和行业信息。

3.联合司法行政部门、律师事务所、会计师事务所、保险机构等组

织,为会员企业提供法律咨询和培训服务,提高会员企业的法律意识。

4. 协助会员企业培养人才,主动协调培训机构,以开展培训会、训练营的方式为会员企业提供技能培训,帮助会员企业实现数字化转型。

(二)市场拓展服务

1. 利用行业协会商会的官方网站、微信公众号等线上平台,对会员企业的企业形象、产品业务等进行宣传推广,提高会员企业及其品牌的知名度。

2. 积极参加招商引资推介会、组织展销会、产销对接会等,并实施"品牌出海"计划等,集中为会员企业提供产品展示平台、搭建资源平台,降低企业产品宣传成本,助力企业拓展市场。

3. 积极参与制定行业标准、团体标准,尤其重视在重要行业、战略性新兴产业、关键共性技术等领域利用自主创新技术制定行业标准和团体标准,提升本行业的核心竞争力,占据竞争制高点。

4. 开展科技服务,发挥资源链接优势,积极建设行业共性技术研发平台、供需对接平台,支持会员企业科技创新。

(三)权益保护服务

1. 行业协会商会要积极保护会员企业的合法利益,对"内卷式竞争""底价竞争""不正当竞争"行为予以引导、协调和劝告,促进形成具有共同成长性和相互包容性的供应链与产业链文化。

2. 保障会员企业自主加入和退出行业协会商会的权利,不得强制或变相强制企业入会和退会。

3. 为经营困难的会员企业尤其是中小微企业减免会费和其他收费项目,主动降低盈余较多的收费项目的收费标准。同时,发挥纽带作用,帮助会员企业争取税费减退、社保费缓缴、贷款延期、金融支持等帮扶政策。

4.成立涉企纠纷人民调解委员会,与司法行政部门、人力资源和社会保障部门、市场监督管理部门搭建对接机制,将矛盾纠纷化解在行业协会商会内部,为会员企业营造良好的营商环境。

·适用要点·

一人不成众,独木不成林。行业协会商会为民营经济组织提供的信息咨询、宣传培训、市场拓展、权益保护、纠纷处理等服务,是企业融入行业生态圈,提升竞争力的必由之路。然而,在现实中,由于有的行业协会商会的自我约束力度不够、监管机制不健全,其可能成为市场新的"拦路虎"。因此,民营经济组织在入会后,要注意:(1)行业协会商会是否存在实施垄断行为的情形。若行业协会商会组织本行业的经营者从事垄断行为的,会员企业可以依据《反垄断法》第46条第2款、第3款的规定,以书面形式向反垄断执法机构举报,并提供相关事实和证据。反垄断执法机构收到举报后会为举报人保密,并进行必要的调查。(2)行业协会商会是否存在对民营经济组织乱收费、乱摊派行为。行业协会商会收费,主要指收取会费、经营服务性费用和其他费用。行业协会商会开展的各类收费业务应当符合章程规定的业务范围,履行章程规定的程序,坚持依法合规、公开透明、平等自愿的基本原则。若行业协会商会存在如强制或变相强制入会并收取会费、只收费不服务、乱摊派等收费乱象,民营经济主体可以通过全国"12315"平台、所在地的民政部门、各级社会组织的投诉举报平台等进行投诉举报。

第五十七条 【海外服务、海外利益保障、海外合法权益保护】

具体条文

> 国家坚持高水平对外开放,加快构建以国内大循环为主体、国内国际双循环相互促进的新发展格局;支持、引导民营经济组织拓展国际交流合作,在海外依法合规开展投资经营等活动;加强法律、金融、物流等海外综合服务,完善海外利益保障机制,维护民营经济组织及其经营者海外合法权益。

性质界定

本条是关于民营经济组织参与国际交流合作的规定。

内涵阐释

一、民营经济组织"出海"的机遇

我国经济具有比较强的出口导向型特征。2024年,我国外贸企业数量超过70万家,出口规模突破人民币25万亿元,约占我国GDP的18.8%。民营经济组织"出海"正逢其时。本条规定国家坚持高水平对外开放,加快构建以国内大循环为主体、国内国际双循环相互促进的新发展格局,既是对我国对外政策的重申,也是民营经济组织"出海"的机遇。截至2025年4月,外商在华累计设立企业124万家,投资总额超20万亿元人民币。

近年来,我国持续推进高水平对外开放,出台多项政策吸引外资。一是大幅放宽外资准入限制。我国实施准入前国民待遇加负面清单管理制度,全国版负面清单限制措施从190项减至29项,自贸试验区版减至27项,制造业领域外资准入限制全面取消,采矿业、农业、服务业等开放力度加大,为跨国公司投资提供了广阔空间。二是保障外资企业国民待遇。在负面清单外领域,内外资企业享受一致管理,政府在资金、土地、税收、资质、标准、项目申报等方面一视同仁。加快推进全国统一大市场建设,消除所有制歧视和地方保护,破除隐性壁垒,营造公平竞争环境。三是显著加强知识产权保护。我国依法保护外资企业知识产权,禁止行政手段强制技术转让。《中华人民共和国外商投资法》(以下简称《外商投资法》)及其实施条例强化相关保障。过去10年,在华规模以上外资企业研发投入增长86.4%,有效发明专利数增长336%。我国持续完善知识产权法律体系,修改《商标法》《专利法》等,推行侵权惩罚性赔偿制度。

高水平对外开放致力于将我国打造为外资理想投资地,民营经济组织可借此与外资深度融合,获得更大发展机遇。

国内国际双循环战略鼓励民营经济组织扎根国内市场、提升竞争力,同时积极拓展国际市场。依托国内市场的规模优势和产业基础,民营经济组织可研发高质量的产品和服务,满足消费升级需求,这些产品和服务在国际市场同样具有竞争力。面对地缘政治引发的全球供应链重构,民营经济组织可凭借技术优势和成本竞争力抢占市场。

二、鼓励民营经济组织加强合规建设,积极拓展海外交流合作

(一)我国企业的合规风险

我国企业在海外投资和经营时,面临复杂的合规挑战,主要包括遵守当地法律法规、应对金融监管要求以及处理物流相关问题。其中,最常见的四类合规问题为税务合规、环境保护、劳工权益保障、市场准入限制。本条要求国家通过提供法律咨询、金融支持和物流优化等综合服务,助力企业有效应对这些风险。这些措施旨在帮助企业降低合规成本,提升国际市场竞争力。

(二)鼓励民营经济组织加强国际合作交流

为促进民营经济组织拓展全球市场,我国政府通过"一带一路"倡议,为民营经济组织提供参与海外基础设施建设和技术转移的机会,并通过举办贸易展会和商务论坛,加强民营经济组织与国际伙伴的联系与合作。同时,政府提供税收优惠等支持,鼓励民营经济组织投资高科技、能源等领域。这些措施旨在帮助民营经济组织开拓新市场、获取先进技术、提升全球竞争力,推动中国经济与全球经济深度融合。

三、完善海外利益保障机制,维护民营经济组织海外合法权益

(一)海外综合服务:法律、金融、物流

本条要求国家为民营经济组织提供法律、金融和物流等综合服务,支持其海外发展。法律服务包括设立咨询中心,帮助民营经济组织应对国际法律风险,如合同纠纷和知识产权保护。金融服务包括通过政策性银行提供优惠贷款和出口信用保险等。物流服务则包括国际铁路运输、海运航线拓展、航空货运网络建设以及跨境电子商务物流平台等。这些措施旨在帮助民营经济组织克服海外市场壁垒,提升竞争力。

(二)海外利益保障机制

国家完善海外利益保障机制,保护民营经济组织在海外的利益。这包括通过双边投资协定确保公平待遇和征收补偿,通过外交渠道为民营经济组织提供支持,以及风险预警系统提供地缘政治和法律变更信息。这些机制旨在降低民营经济组织在海外投资和运营中的不确定性,增强其安全感。

(三)维护民营经济组织海外合法权益

民营经济组织在海外经营的合法权益主要包括财产权、知识产权和合同权等。保护这些权益有助于增强民营经济组织国际化信心,促进其全球发展。国家通过外交渠道和驻外使领馆为民营经济组织提供支持,

协助解决海外纠纷。此外,政府通过双边投资保护协定为民营经济组织提供法律保障,确保公平待遇。政府设立海外法律咨询中心,协助民营经济组织处理法律问题,并通过风险预警系统提供东道国信息,帮助民营经济组织规避风险。这些措施为民营经济组织提供坚实支持。

• 适用要点 •

对民营经济组织来说,本条并非强制性规定,与其说是适用,毋宁说是提倡。

一、民营经济组织应积极融入以国内大循环为主体、国内国际双循环相互促进的发展格局,通过优化国内市场资源配置,提升产品和服务竞争力,拓展国际市场。民营经济组织需加强技术创新和品牌建设,适应全球市场需求,同时利用国内市场的规模优势,降低外部风险。国家鼓励依法合规开展海外投资经营,民营经济组织应注重合规管理,确保国际化战略与国家政策同频共振。

二、民营经济组织应充分利用国家提供的法律、金融、物流等综合服务,优化海外投资布局,降低运营成本。凭借法律服务,熟悉国际规则,规避法律风险,确保海外业务稳健发展;借助金融支持,如出口信贷和海外投资保险,减少资金风险;依托物流网络,提升供应链效率。

三、民营经济组织应主动了解国家维护民营经济主体的海外合法权益的体制机制,充分利用海外利益保障机制,增强风险应对能力。在海外投资经营中,需关注当地法律法规,防范政治、经济和文化风险。民营经济组织可通过与政府部门合作,获取政策指导和信息支持,建立健全风险防控体系,确保海外利益安全,助力国际化战略长期稳定实施。

第七章 权益保护

第五十八条 【人身权、财产权、经营自主权等合法权益保护】

具体条文

> 民营经济组织及其经营者的人身权利、财产权利以及经营自主权等合法权益受法律保护,任何单位和个人不得侵犯。

性质界定

本条是关于保护民营经济组织及其经营者人身权、财产权、经营自主权等合法权益的规定。

内涵阐释

2019年12月4日,中共中央、国务院发布《民企改革发展意见》,将"加强法治保障,依法保护民营企业和企业家的合法权益"作为总体要求和基本原则加以规定。2023年7月14日,中共中央、国务院发布的《民营经济发展壮大意见》再次强调"依法保护民营企业产权和企业家权益"。2023年9月25日,最高人民法院发布的《关于优化法治环境促进民营经济发展壮大的指导意见》(以下简称《民营经济发展壮大指导意见》)明确提出,加强对民营企业产权和企业家合法财产权的保护,依法保障民营企业和企业家人格权。

本法设置"权益保护"专章,旨在加强民营经济主体的权益保护力度,具体落实依法平等保护民营经济组织这一基本法律原则。本条是宣示性规范与禁止性规范相结合的综合性权利保护条款,保护民营经济组织及其经营者两大主体(民营经济主体)包括人身权利、财产权利、经营自主权等在内的多种合法权益,强调任何单位和个人不得非法干涉、侵占、限制、剥夺民营经济主体的合法权益。

一、受保护主体

根据《宪法》《民法典》和本法的规定,民营经济主体的人身权利、财产权利以及合法权益受法律保护,任何组织或者个人不得侵犯。

从受保护的主体来看,本条在保护民营经济组织的同时,强调对民营经济组织经营者的保护。经营者在民营经济组织的生产经营活动中,发挥着重要作用。如果民营经济组织经营者的权益无法得到有效保护,必将严重影响民营经济组织的发展,两者的关系密不可分。因此,本条特别强调了对民营经济组织及其经营者两大主体合法权益的共同保护。

二、受保护的合法权益

从受保护的权益范围来看,本条主要宣示了对民营经济主体人身权利、财产权利以及经营自主权等合法权益的保护。

(一)人身权利

首先,在民营经济主体享有的人身权利中,生命权、身体权、健康权三大物质性人身权利居于法益位阶的前列。其次,民营经济主体享有姓名权、名称权、肖像权、名誉权、荣誉权、隐私权、个人信息等人格权益。本法第59条特别强调了民营经济主体的名誉权、荣誉权、隐私权、个人信息等人格权益受法律保护。民营经济主体受本条保护的人身权利还包括基于人身自由、人格尊严产生的其他合法人身权利,如基于《宪法》第37条规定的人身自由,禁止非法剥夺或限制民营经济主体的人身自由;基于《宪法》第39条规定的住宅权利,禁止非法搜查或侵入民营经济主体的住宅等。本法第60条明确规定了限制民营经济主体人身自由的强制措施应严格依法实施。

值得注意的是,本条中的"人身权利"比《民法典》人格权编第990条第1款规定的"人格权"更宽泛,这是由民营经济主体人身性与经营性高度结合的特点所决定的。

(二) 财产权利

中共中央、国务院发布的《关于完善产权保护制度依法保护产权的意见》(以下简称《产权保护意见》)指出,加强产权保护要坚持平等保护,"健全以公平为核心原则的产权保护制度,毫不动摇巩固和发展公有制经济,毫不动摇鼓励、支持、引导非公有制经济发展,公有制经济财产权不可侵犯,非公有制经济财产权同样不可侵犯"。《产权保护意见》提出"坚持权利平等、机会平等、规则平等,废除对非公有制经济各种形式的不合理规定",并从完善平等保护产权的法律制度、严格规范涉案财产处置的法律程序、审慎把握处理产权和经济纠纷的司法政策、完善财产征收征用制度、加大知识产权保护力度、营造全社会重视和支持产权保护的良好环境等多个方面对加强非公有制经济的财产权保护进行整体性部署。

具体而言,民营经济主体享有的财产权利主要包括物权、债权、知识产权、投资性权利这几大类:

1. 物权是最基础的财产权利。物权是指权利人依法对特定的物享有直接支配和排他的权利,包括所有权、用益物权和担保物权。所有权是指权利人对自己的不动产或者动产依法享有最完整的物权,包含占有、使用、收益和处分四项权能。用益物权是指非所有权人对他人所有的不动产或者动产依法享有占有、使用和收益的权利,主要包括《民法典》物权编第十一章至第十五章规定的土地承包经营权、建设用地使用权、宅基地使用权、居住权、地役权五种典型用益物权,以及《民法典》第328条、第329条规定的海域使用权、探矿权、采矿权、取水权和使用水域、滩涂从事养殖、捕捞的权利等特许用益物权。担保物权是指权利人在债务人不履行债务或发生约定的情形时依法享有就担保财产优先受偿的权利,包括《民法典》物权编第十七章至第十九章规定的抵押权、质权和留置权。针对民营经济主体合法物权的保护,本法第61条第1款规定征收、征用财产,应当严格依照法定权限、条件和程序进行,本法第62条进一步强调了查封、扣押、冻结涉案财物的法定要求。

2. 债权是财产权的另一重要组成部分。债权是指因合同、侵权行为、无因管理、不当得利以及其他法律规定的情形,权利人请求特定义务人为或者不为一定行为的权利。合同是债的首要发生原因,依法成立的合同对当事人有法律约束力。侵权之债因侵权行为产生,被侵权人有权请求侵权人承担侵权责任。无因管理之债是指行为人无法定或约定义务而为他人管理事务,有权请求受益人偿还行为人由此支出的必要费用。不当得利之债是指权利人因他人无法律依据取得不当利益而遭受损失,有权请求其返还相关利益。为了保障民营经济主体的合同债权,本法第67条、第68条、第69条对国家机关、事业单位、国有企业、大型企业、县级以上地方人民政府支付民营经济组织账款义务作出了专门规定,本法第70条还明令禁止地方政府拒绝履行与民营经济组织订立的合同的行为。

3. 知识产权是权利人依法就作品、发明、实用新型、外观设计、商标、地理标志、商业秘密、集成电路布图设计、植物新品种以及法律规定的其他客体享有的专有权利。对此,我国《著作权法》《专利法》《商标法》《反不正当竞争法》《种子法》《集成电路布图设计保护条例》《中华人民共和国植物新品种保护条例》等知识产权相关法律法规作为《民法典》的特别法对各类知识产权进行了具体规定。本法第四章"科技创新"第30条和第33条专门就民营经济主体的知识产权保护作出了规定。

4.股权和其他投资性权利在民营经济主体的经济活动中具有重要性。股权是指公司股东基于其身份享有的一系列权利,包含表决权、知情权、股利分配请求权、剩余财产分配请求权等权能。其他投资性权利是指出资人因投资企业、其他经济组织或商业信托而享有的权利,具体包括合伙人权益、个人独资企业投资人权益、合作社成员权益、农村集体经济组织成员权益、商业信托受益人权益等。我国《公司法》《合伙企业法》《证券法》等一系列法律对股权和其他投资性权利作出了具体界定与相应保护。2025年4月16日,最高人民法院公布了《关于坚持严格公正司法规范涉企案件审判执行工作的通知》(以下简称《涉企案件审执通知》),其中关于"严格规范涉案财物追缴处置,依法维护企业产权"的规定,特别提及"对于通过违法犯罪活动聚敛、获取的财产形成的投资权益,应当对该投资权益依法进行处置,不得直接追缴投入的财产"。

(三)经营自主权

民营经济主体的经营自主权是指民营经济主体有权自主决定以何种方式依法开展经营活动,不受任何单位或个人的非法干预。2019年10月公布的《优化营商环境条例》第11条规定:"市场主体依法享有经营自主权。对依法应当由市场主体自主决策的各类事项,任何单位和个人不得干预。"2022年10月公布的《促进个体工商户发展条例》第6条中规定,个体工商户的财产权、经营自主权等合法权益受法律保护,任何单位和个人不得侵害或者非法干预。充分保护民营经济主体的经营自主权是优化民营经济发展环境、促进民营经济发展壮大、保障民营经济主体平等发展的必要举措。

民营经济主体的经营灵活性较强,可能涉及的经营范围既存在"接地气"的部分,也存在"面向未来"的部分。本法充分考虑民营经济活动的特殊性和普遍性,对民营经济主体的经营灵活性予以保障。本条所称经营自主权主要强调民营经济主体自主进入、自主经营的权利,即民营经济主体只要不违反法律法规的禁止性规定(负面清单),就享有经营的自由。

在本法中,有很多对民营经济主体合法权益进行保护的法律条文:本法第50条中规定行政机关开展执法活动应当避免或者尽量减少对民营经济组织正常生产经营活动的影响;本法第60条规定国家机关及其工作人员依法开展调查或者要求协助调查,应当避免或者尽量减少对正常生产经营活动产生影响。实施限制人身自由的强制措施时,应当严格依照法定权限、条件和程序进行。此外,本法第63条中规定应严格区分经济纠纷与经济犯罪,禁止违法干预经济纠纷;本法第64条作出了禁止趋利性执法的规定;本法第65条与第66条规定了涉案民营经济主体可以申诉、依法申请行政复议、提起诉讼及实施法律监督等。这些规定给民营经济主体的各项合法权益提供了具体有力的保障。

第五十九条 【人格权益保护】

具体条文

> 民营经济组织的名称权、名誉权、荣誉权和民营经济组织经营者的名誉权、荣誉权、隐私权、个人信息等人格权益受法律保护。
>
> 任何单位和个人不得利用互联网等传播渠道,以侮辱、诽谤等方式恶意侵害民营经济组织及其经营者的人格权益。网络服务提供者应当依照有关法律法规规定,加强网络信息内容管理,

建立健全投诉、举报机制,及时处置恶意侵害当事人合法权益的违法信息,并向有关主管部门报告。

人格权益受到恶意侵害的民营经济组织及其经营者有权依法向人民法院申请采取责令行为人停止有关行为的措施。民营经济组织及其经营者的人格权益受到恶意侵害致使民营经济组织生产经营、投资融资等活动遭受实际损失的,侵权人依法承担赔偿责任。

性质界定

本条是关于保护民营经济主体人格权益的规定。

内涵阐释

要营造有利于民营经济发展的法治环境,就必须保护民营经济主体的人格权益。最高人民法院《涉企案件审执通知》提出应依法惩治对企业和企业家进行"造谣抹黑、恶意诋毁商业信誉、商品声誉等行为,保障企业公平参与市场竞争,依法维护企业合法权益"。《民营经济发展指导意见》专门就民营企业和企业家人格权的司法保护作出了细节性指导。

一、受本条保护的人格权益范围

本条主要规定了与民营经济活动密切相关的人格权益,故未将生命权、身体权、健康权等其他人格权益明确列举。根据本条第1款的规定,民营经济组织的名称权、名誉权、荣誉权等人格权益受法律保护,民营经济组织经营者的名誉权、荣誉权、隐私权、个人信息等人格权益受法律保护。

民营经济组织及其经营者两类主体的名誉权和荣誉权均受法律保护。名誉权是指民事主体依法享有的维护自己名誉并排除他人侵害的权利。名誉是对民事主体的品德、声望、才能、信用等的社会评价,任何组织或者个人不得以侮辱、诽谤等方式侵害他人的名誉权。荣誉权是指民事主体对其所获荣誉及其利益享有的保持、支配的基本人格权。荣誉是民事主体从特定组织依法获得的积极评价,它是由社会、国家通过特定的机关或组织给予民事主体的一种特殊称号。任何组织或者个人不得非法剥夺他人的荣誉称号,不得诋毁、贬损他人的荣誉。

作为不同类型的法律主体,民营经济组织和民营经济组织经营者因其本质属性不同,在享有的具体人格权方面存在差异。除上述二者均享有的名誉权和荣誉权外,对于非自然人属性的民营经济组织,本条还列举了其名称权。法人、非法人组织享有名称权,有权依法决定、使用、变更、转让或者许可他人使用自己的名称。任何组织或者个人不得以干涉、盗用、假冒等方式侵害他人的姓名权或者名称权。对于自然人属性的民营经济组织经营者,本条特别指出了隐私权和个人信息。隐私是自然人的私人生活安宁和不愿为他人知晓的私密空间、私密活动、私密信息,任何组织或者个人不得以刺探、侵扰、泄露、公开等方式侵害他人的隐私权。个人信息是以电子或者其他方式记录的与已识别或者可识别的自然人有关的各种信息,任何组织、个人不得侵害自然人的个人信息权益。本条第1款对民营经济组织经营者隐私权和个人信息的保护,于促进民营经济适应信息化、数字化、智能化发展而言具有重要意义。

二、对网络侵权的特别强调与特殊规制

为了保障信息化、数字化的健康发展,为民营经济营造良好的营商环境与清朗的网络环境,本条第2款特别针对利用互联网侵害民营经济主体人格权益的行为作出了严格的禁止性规定,并特别就网络服务提供

第七章 权益保护

者的监管义务提出了明确要求。

（一）网络侵权的主要方式

在信息化、数字化、智能化的大趋势中，互联网已成为极其重要的营商区域、信息中心与舆论中心。不实信息经由互联网以极快的速度进行传播，对民营经济主体声誉产生影响，干扰其正常的生产经营活动。因此，本条第2款特别强调不得对民营经济主体实施网络侵权行为。本条第2款还列举了侵权行为人实施侵害行为的方式，即利用互联网等传播渠道，以侮辱、诽谤等方式恶意侵害民营经济主体的人格权益。依据最高人民法院公报案例的裁判观点，侮辱是指公然损害或诋毁他人人格或者名誉的行为；诽谤是指为了毁坏他人名誉，无中生有捏造事实并加以散布的行为。《民营经济发展指导意见》中指出上述两种侵害方式均可能使民营经济主体的名誉遭到诋毁、贬损和丑化，《网络安全法》第12条、《电信条例》第56条、《互联网信息服务管理办法》第15条、《网络信息内容生态治理规定》第6条和第21条中均有关禁止制作、复制、发布、传播含有侮辱、诽谤等侵害他人合法权益内容的信息的规定。

（二）网络服务提供者的监管义务

网络服务提供者，是指从事各类信息提供服务，以网络用户获取信息为最终目的的主体，包括线上服务或网络连接的提供者及相关设施的运营者，如提供电子邮件、虚拟主机、联网上线等各种服务的实体或厂家。在保护民营经济主体人格权益方面，根据本条第2款的规定，网络服务提供者的监管义务包括加强网络信息内容管理，建立健全投诉、举报机制，及时处置违法信息并报告。值得注意的是，本条第2款在列举前述义务前，先阐明"网络服务提供者应当依照有关法律法规规定"，属于开放引致条款，应结合我国《民法典》以及《网络安全法》《中华人民共和国电信条例》《互联网信息服务管理办法》《网络信息内容生态治理规定》等网络、信息领域相关法律法规的规定予以明确。具体而言,可将网络服务提供者的监管义务划分为事前管理、事中处置与事后报告三个阶段。首先,应加强网络信息内容管理,建立健全投诉、举报机制。网络服务提供者应当建立网络信息内容生态治理机制,制定平台网络信息内容生态治理细则,完善用户注册、账号管理、信息发布及跟帖评论审核、版面及页面实时巡查、应急处置等制度。其次,发生恶意侵害民营经济主体人格权益事件时,应及时处置违法信息,尽可能避免违法信息的传播。经被侵权人投诉举报或网络服务提供者自行审核,网络服务提供者一旦发现用户发布、电信网络传输或网站传输的信息含有侮辱、诽谤或其他侵害民营经济主体人格权益的内容,应当立即停止传输该信息,及时将该通知转送相关网络用户,并根据构成侵权的初步证据和服务类型采取删除、屏蔽、断开链接等必要处置措施,防止信息扩散。最后,采取处置措施过程中应注意保存有关记录,处置结束后主动向有关主管部门报告。

三、人格权益受到恶意侵害后的请求权

本条前两款对民营经济主体人格权益的重点保护情形进行规范后,第3款专门为人格权益受到恶意侵害的当事人设置了两类请求权:责令停止侵害行为请求权与损害赔偿请求权。

(一)责令停止侵害行为请求权

《民法典》第997条规定:"民事主体有证据证明行为人正在实施或者即将实施侵害其人格权的违法行为,不及时制止将使其合法权益受到难以弥补的损害的,有权依法向人民法院申请采取责令行为人停止有关行为的措施。"《民法典》颁布后,最高人民法院随之修改了《民事案件案由规定》,在非讼程序案件案由部分增加了"申请人格权侵害禁令"案由。《民营经济发展指导意见》中指出,保障民营企业及企业家人格权益,应"充分发挥人格权侵害禁令制度功能,及时制止侵害人格权的违法行为"。

本条第 3 款规定的责令停止侵害行为请求权扩大了《民法典》人格权侵害禁令制度所保护的权益范围。本法坚持保障民营经济主体合法权益的立法精神,本条第 1 款对"个人信息"等人格权益进行了明示保护,结合本条前后款之间立法逻辑的一致性,民营经济主体所享有的个人信息合法权益以及基于人身自由、人格尊严所享有的其他合法人格权益,均受本条第 3 款规定的责令停止侵害行为请求权的保护。

为了保障责令停止侵害行为请求权的行使,受到恶意侵害的民营经济主体需要关注以下两点:(1)时间上,侵害人格权益的违法行为正在或者即将实施;(2)后果上,不及时制止侵害行为会造成权利人的合法权益遭受难以弥补的损害。在审查过程中,人民法院还应结合侵害行为的目的、方式、影响范围,以及侵害人的过错程度、受侵害人格权益类型、当事人个人状况等因素进行动态权衡,对权利人因侵害行为所遭受的不利和行为人被责令停止相关行为所遭受的不利进行分别评估与综合比较。

(二)损害赔偿请求权

关于本条第 3 款规定的侵权人损害赔偿责任,依据《民法典》第 1182 条的规定,侵害他人人身权益造成财产损失的,按照被侵权人因此受到的损失或者侵权人因此获得的利益赔偿;被侵权人因此受到的损失以及侵权人因此获得的利益难以确定,被侵权人和侵权人就赔偿数额协商不一致,向人民法院提起诉讼的,由人民法院根据实际情况确定赔偿数额。

在被侵权人行使损害赔偿请求权的过程中,最关键的环节在于确定损失范围与赔偿数额。《民营经济发展指导意见》中指出:"因名誉权受到侵害致使企业生产、经营、销售等遭受实际损失的,应当依法判令行为人承担赔偿责任;因编造、传播虚假信息或者误导性信息扰乱企业发行的股票、债券市场交易秩序,给投资者造成损失的,应当依法判令行为人承担赔偿责任。"基于民营经济活动的特性,本条第 3 款充分考虑侵害民营经济主体人格权益的行为可能对其产生的损害,特别规定实际损失的确定不仅应考量生产经营活动遭受的损失,还要考量投资融资活动遭受的损失。此外,根据《民法典》第 1183 条第 1 款的规定,民营经济组织经营者若因人身权益被侵犯而受到严重精神损害,有权在要求侵权人停止侵权行为、赔礼道歉、赔偿损失的同时,请求精神损害赔偿。2023 年 10 月,最高人民法院发布了六起涉民营企业、民营企业家人格权保护典型案例(以下简称最高人民法院民企人格权六案),在案例二基于不当目的注册包含他人姓名的商标构成对他人姓名权和人格尊严的侵害——"谢某诉陈某人格权纠纷案"中,法院支持了原告民营企业家的精神损害赔偿请求。

• 适用要点 •

一、请求权行使的关注重点

一般侵权责任的构成要件有四:(1)违法行为,即行为人实施了违反法律规定的行为。(2)损害事实,即违法行为造成他人人身或财产损害的事实结果。(3)因果关系,即违法行为与损害后果之间存在因果关系。(4)主观过错,即行为人实施行为时具有故意或过失的主观心态。

根据《民事诉讼法》第 67 条第 1 款的规定,诉讼中四要件的举证责任基本上由原告承担。因此,民营经济主体在发现自身人格权益遭到侵害时,需要重点关注以下事项,以保障请求权的顺利行使,必要时可以通过公证、区块链存证等方式保存证据。

第七章　权益保护

1.侵权人实施侵害行为的事实认定,包括侵权行为起因、时间、地点等证据。例如,在最高人民法院民企人格权六案之三"惩治网络侵权行为,维护民营企业名誉权——某通讯器材公司诉闫某网络侵权责任纠纷案"中,法院对如下事实进行了认定:其一,行为人制造并传播不实内容的行为,即"被告闫某在新浪微博发表文章";其二,该信息带有侮辱、诽谤等不实内容,即"文章包含原告某通讯器材公司的产品系严重伪劣产品、原告高价购买检验合格报告、非法竞标等内容";其三,造成了一定的社会影响,即"上述文章被多人浏览、转载"。

2.对于侵权人主观恶意的过错认定,需要结合侵权人的行为动机、侵权人的行为表现、当事人之间的身份关系以及过往纠纷情况等综合判断。例如,在最高人民法院民企人格权六案之二"基于不当目的注册包含他人姓名的商标构成对他人姓名权和人格尊严的侵害——谢某诉陈某人格权纠纷案"中,法院通过原被告之间是老乡关系且曾有经济纠纷这一背景信息,结合被告陆续申请并多次注册与原告有关联的殡葬用品商标这一行为表现,认定被告"基于不当目的针对原告的行为主观恶意明显",对被告行为进行了否定性评价,判令被告停止使用注册商标并向原告赔礼道歉、赔偿精神损失。

3.对于恶意侵害的损失认定,除了股价下跌、合同解约等造成的直接损失外,还应注意包括民营经济主体融资机会丧失、企业信用评级下降等间接损失。例如,在最高人民法院民企人格权六案之四"在微信朋友圈及群聊中发布贬损性、侮辱性言论,构成侵害企业名誉权——某文化创意公司诉王某某名誉权纠纷案"中,法院认为被告在其微信朋友圈及微信群聊中对原告经营的专营店"连续发表贬损性、侮辱性的言论信息",而且该言论信息为"一定范围内公众所知悉",导致包含部分客户在内的部分公众对原告取得授权的品牌店产生负面认识,使原告的"社会评价降低",侵犯了原告的名誉权,依法判令被告承担相应的侵权责任。

二、网络侵权中的共同侵权责任

网络侵权案件还须重点关注共同侵权责任问题。除不实信息的捏造者、发布者等负直接侵权责任外,互联网场景中还应审查如下主体的侵权责任。

1. 信息传播者、转载者等的侵权责任。网络活动主体类型多元、数量庞大,有些网络用户、自媒体账号、平台之间形成灰色流量营销产业链,为吸引流量而传播虚假信息,故应对其共同侵权行为进行审查,明确其相应的侵权责任。最高人民法院民企人格权六案之一"网络自媒体蹭热点,编造虚假信息,侵害民营企业声誉,依法应承担侵权责任——某科技公司诉某文化公司、某传媒公司名誉权纠纷案"中指出:"部分网络自媒体为博人眼球,对热点事件进行恶意消费,有些甚至形成'蹭热度—引流量—涨粉丝—变现'的灰色流量营销产业链,并通过搭建自媒体矩阵在不同自媒体平台同时发布虚假、不实信息,对企业和企业家的声誉造成严重冲击……本案对网络自媒体恶意侵害知名企业名誉权的认定标准以及网络自媒体账号之间相互引流的共同侵权行为认定进行了有益探索,有利于依法惩治对民营企业的诽谤、污蔑等侵权行为……"

2. 网络服务提供者的侵权责任。网络服务提供者直接实施或者参与侵害民营经济主体人格权益的行为,应根据《民法典》第1194条的规定承担直接侵权责任。但更为常见的情形是,网络服务提供者未尽网络信息管理责任,未履行或未及时履行对网络信息的管理义务与注意义务,根据《民法典》第1195条第2款、第1197条和最高人民法院发布的《关于审理利用信息网络侵害人身权益民事纠纷案件适用法律若干问题的规定》等有关规定,承担过错侵权责任。

第六十条 【开展调查与实施强制措施的要求】

具体条文

国家机关及其工作人员依法开展调查或者要求协助调查,应当避免或者尽量减少对正常生产经营活动产生影响。实施限制人身自由的强制措施,应当严格依照法定权限、条件和程序进行。

性质界定

本条是关于国家机关及其工作人员开展调查及采取限制性措施时,对生产经营影响应尽量最小化,且严格遵守法定要求的规定。

内涵阐释

本条与本法第50条关于行政执法活动的要求相比,在主体范围和规制对象上存在区别。一方面,本条扩大了主体范围。从本法第50条的行政机关扩大到了本条的国家机关及其工作人员。另一方面,本条明确了行为类型。本法第50条规范的行为指向行政执法活动,而本条规定的行为主要是调查、协助调查以及实施限制人身自由的强制措施。

一、调查及协助调查行为的规范要求

开展调查或者要求协助调查,是行政机关、司法机关、纪检监察机关等国家机关及其工作人员在依法履行职责过程中有权采取的措施。要保障民营经济主体权益,必须严格执法、公正司法,规范行政执法和司法活动,深化对民营经济组织的行政和司法保障。《民企改革发展意见》中指出,健全执法司法对民营企业的平等保护机制,提高司法审判和执行效率,防止因诉讼拖延影响企业生产经营,保障民营企业家在协助纪检监察机关审查调查时的人身和财产合法权益。

通常而言,民营经济组织的生产经营活动包括但不限于下列活动:(1)生产制造活动,如原料采购、生产加工、技术升级、设备维护等;(2)商业经营活动,如产品销售、服务提供、市场推广、商业交易等;(3)投融资管理活动,如银行贷款、股权融资、投资并购、利润分配等;(4)其他活动,如人力资源管理、研发创新、行政管理等。行政、司法、监察等国家机关的调查行为应避免或者尽量减少对上述重点活动的影响,尤其需要关注对民营经济组织的持续经营能力发挥重要作用的生产经营活动。

二、实施限制人身自由的强制措施应当严格依照法定要求

民营经济主体的经营状况与人身权利高度相关,当民营经济主体的人身自由受限时,其正常的经营活动往往会受到实质性影响。因此,对于民营经济主体实施限制人身自由的强制措施,本条特别提出应当严格依照法定权限、条件和程序进行,即实施强制措施必须有法律的明确授权,在满足法定条件时才能实施,且实施时必须严格按照法定程序进行。

基于法律规范属性的不同,我国限制人身自由的强制措施主要分为刑事、行政、民事强制措施及其他特殊程序措施。(1)刑事强制措施。根据《刑事诉讼法》及相关规定,限制人身自由的刑事强制措施主要包括拘传、取保候审、监视居住、拘留、逮捕五种类型。(2)行政强制措施。

第七章　权益保护

根据《行政强制法》《行政处罚法》《中华人民共和国治安管理处罚法》（以下简称《治安管理处罚法》）《中华人民共和国人民警察法》等行政法律法规的规定，限制人身自由的行政强制措施主要包括盘查、行政拘留、保护性约束措施、强行驱散、强行带离现场等。（3）民事强制措施。根据《民事诉讼法》及相关规定，民事诉讼中限制人身自由的强制措施主要针对妨害民事诉讼的行为，包括司法拘留、拘传等。（4）其他特殊程序措施。例如《刑事诉讼法》规定的对依法不负刑事责任的精神病人采取的强制医疗程序；《中华人民共和国出境入境管理法》第六章"调查和遣返"中规定的边防相关强制措施等。

在程序上，《行政强制法》第 18 条规定了实施行政强制措施的程序，包括行政机关负责人审批，由两名以上行政执法人员实施，出示执法身份证件，通知当事人到场，告知当事人执法理由、依据和救济途径等，听取当事人的陈述和申辩，制作现场笔录等。相较而言，《刑事诉讼法》因刑法的严厉性而为刑事强制措施规定了更严格、更具体的实施程序，拘传、取保候审、监视居住、拘留、逮捕的实施程序存在不同。《刑事诉讼法》第 119 条对拘传的程序作出了规定，第 67 条至第 73 条以及第 79 条对取保候审的程序作出了规定，第 74 条至第 79 条对监视居住的程序作出了规定，第 82 条至第 86 条对拘留的程序作出了规定，第 80 条至第 81 条、第 83 条及第 87 条至第 96 条对逮捕的程序作出了规定。

• 适用要点 •

一、如何避免或者尽量减少对民营经济组织正常生产经营活动的影响

为了避免或者尽量减少行政、司法、监察等国家机关调查活动

对民营经济组织正常生产经营活动的影响,已有相当数量的法律法规或规范性文件对此进行了明确规范。例如,《安全生产法》第65条第2款规定:"监督检查不得影响被检查单位的正常生产经营活动。"《中华人民共和国监察法》第43条第3款规定:"监察机关及其工作人员在履行职责过程中应当依法保护企业产权和自主经营权,严禁利用职权非法干扰企业生产经营。需要企业经营者协助调查的,应当保障其人身权利、财产权利和其他合法权益,避免或者尽量减少对企业正常生产经营活动的影响。"国务院发布的《关于在市场监管领域全面推行部门联合"双随机、一公开"监管的意见》中指出,"切实减少对市场主体正常生产经营活动的干预,对守法者'无事不扰'"。

总体而言,国家机关及其工作人员在对民营经济主体进行调查工作时应当考量以下几个维度:(1)合法合规。开展调查或要求协助调查必须严格依据行政法、刑法、诉讼法等相关法律法规的规定,不得违反禁止性规定。(2)时间选择。尽量避开民营经济组织的生产关键时段、销售旺季、财务结算期等,在不影响调查结果的情况下可以提前与受调查方预约调查时间。(3)范围限制。被调查的资料应与调查事项直接相关,不得要求提供无关调查的商业秘密,不得违法调查无关的经营场所、经营资料等。(4)程序正当。严格按照行政法、刑法、诉讼法等规定的法定程序实施调查行为,包括调查人员的人数、调查设备的使用、调取资料的妥善保管等。

二、非必要不采取限制性强制措施

依本条规定的法定条件对民营经济组织经营者实施限制人身自由的强制措施,除应按照强制措施的性质严格遵守前述法律规定外,还应立足于本法促进民营经济发展壮大的立法精神,充分考量民营经济主体权益保障这一要求。

在行政执法方面,《优化营商环境条例》第59条第1款规定:"行政执法中应当推广运用说服教育、劝导示范、行政指导等非强制性手段,依法慎重实施行政强制。采用非强制性手段能够达到行政管理目的的,不得实施行政强制;违法行为情节轻微或者社会危害较小的,可以不实施行政强制;确需实施行政强制的,应当尽可能减少对市场主体正常生产经营活动的影响。"最高人民法院在《涉企案件审执通知》中指出,公正审理涉企行政案件,促推行政机关严格规范公正文明执法,加大对涉企行政强制等重点领域行政案件的司法审查力度。

在刑事司法方面,《民营经济发展指导意见》中特别指出:"严格规范采取刑事强制措施的法律程序,切实保障民营企业家的诉讼权利。对被告人采取限制或剥夺人身自由的强制措施时,应当综合考虑被诉犯罪事实、被告人主观恶性、悔罪表现等情况、可能判处的刑罚和有无再危害社会的危险等因素;措施不当的,人民法院应当依法及时撤销或者变更。"

总体而言,对民营经济组织经营者实施限制人身自由的强制措施,应当严格遵守刑法、行政法、民法、诉讼法等的具体规定,综合考虑案件事实、当事人个人情况、社会影响、紧急程度等因素,在穷尽非限制性措施不足以实现行政执法和司法目的时再行实施。

第六十一条 【依法征收征用与公平合理补偿,禁止摊派和乱收费乱罚款】

具体条文

征收、征用财产,应当严格依照法定权限、条件和程序进行。

为了公共利益的需要,依照法律规定征收、征用财产的,应当给予公平、合理的补偿。

任何单位不得违反法律、法规向民营经济组织收取费用,不得实施没有法律、法规依据的罚款,不得向民营经济组织摊派财物。

性质界定

本条是关于依法征收征用与公平合理补偿,禁止向民营经济组织乱收费乱罚款及摊派的规定。

内涵阐释

一、征收、征用财产的合法性要求

我国《宪法》第13条第3款规定:"国家为了公共利益的需要,可以依照法律规定对公民的私有财产实行征收或者征用并给予补偿。"征收是指国家为了公共利益的需要,依照法律规定的权限和程序可以征收集体所有的土地和组织、个人的房屋以及其他不动产。征用是指国家因抢险救灾、疫情防控等紧急需要,依照法律规定的权限和程序可以征用组织、个人的不动产或者动产。根据本条前两款的规定,并结合《民法典》第117条"为了公共利益的需要,依照法律规定的权限和程序征收、征用不动产或者动产的,应当给予公平、合理的补偿"的规定,国家机关征收、征用财产的合法性要求主要包含目的正当、权限及程序合法、补偿公平合理三个方面。

(一)目的正当

本条第2款规定征收、征用财产必须出于公共利益需要的目的。公共利益的范围除了《民法典》第245条规定的"因抢险救灾、疫情防控等紧急需要"外,《国有土地上房屋征收与补偿条例》第8条还规定了如下情形:(1)国防和外交的需要;(2)由政府组织实施的能源、交通、水利等基础设施建设的需要;(3)由政府组织实施的科技、教育、文化、卫生、体育、环境和资源保护、防灾减灾、文物保护、社会福利、市政公用等公共事业的需要;(4)由政府组织实施的保障性安居工程建设的需要;(5)由政府依照城乡规划法有关规定组织实施的对危房集中、基础设施落后等地段进行旧城区改建的需要;(6)法律、行政法规规定的其他公共利益的需要。

(二)权限及程序合法

征收、征用会对原权利人的财产权产生较大影响,为防止滥用征收、征用而对民营经济主体合法权益造成侵害,本条第1款规定征收、征用必须严格依照法定权限、条件和程序进行。当前,已有相关规定对征收、征用的法定权限及法定程序予以了明确。(1)权限合法。根据《立法法》第11条第7项的规定,对非国有财产的征收、征用事项只能由全国人大及其常委会制定的法律进行规范,明确排除了对行政法规、部门规章及以下级别规范的授权。(2)程序合法。如根据《国有土地上房屋征收与补偿条例》的规定,房屋征收与补偿应当遵循决策民主、程序正当、结果公开的原则,按照拟定方案、讨论方案、征求意见、召开听证会、修改方案、风险评估、公告、订立补偿协议等程序进行。

(三)补偿公平合理

征收、征用虽是出于公共利益的需要,但不能对民营经济主体的财产进行无偿剥夺或占用,本条第 2 款专门就依法给予补偿进行了规定。于民营经济主体而言,征收的对象通常是房屋及其他不动产,被征收人因所有权的转移而应获得相应的金钱及其他形式的补偿。根据《民法典》第 243 条第 3 款的规定,征收组织、个人的房屋以及其他不动产,应当依法给予征收补偿,还应保障住宅被征收个人的居住条件。征用则不改变财产的所有权,非消耗品使用结束后应返还原物并补偿价值减损部分,消耗品通常要给予金钱补偿,根据《民法典》第 245 条的规定,被征用的不动产或动产在使用后应返还被征用人,该财产被征用或征用后毁损、灭失的,应当给予补偿。

二、禁止乱收费乱罚款和摊派

本条第 3 款明确禁止针对民营经济组织的"三乱"行为。早在 1990 年 9 月,中共中央、国务院就公布并施行了《关于坚决制止乱收费、乱罚款和各种摊派的决定》,但乱收费、乱罚款和摊派的现象依然存在。2024 年 10 月 8 日,国家发展和改革委员会相关负责人在国务院新闻发布会上表示,将强化行政执法监督,对乱收费、乱罚款、乱摊派行为坚决纠正、严肃追责。最高人民法院《涉企案件审执通知》中明确指出,公正审理涉企行政案件,促推行政机关严格规范公正文明执法,坚决纠治乱收费、乱罚款现象,坚决依法追究行政乱作为的法律责任。

具体而言,根据中共中央、国务院发布的《关于治理向企业乱收费、乱罚款和各种摊派等问题的决定》,乱收费行为表现为擅自设立收费项目、提高收取标准、扩大收取范围、将职责事项违法交由中介机构履行并借机收费等。向民营经济组织收取费用,应依据《行政许可法》《行政事业性收费标准管理办法》《政府非税收入管理办法》,各地方的行政事业性收费管理条例,以及其他法律中关于费用收取的条款严格实行。乱罚款行为表现为擅自设定罚款项目、提高罚款标准、扩大罚款范围,错误适用罚款依据,以罚增收、以罚代管、逐利罚款等。向民营经济组织实施罚款,应以《行政处罚法》为核心依据,按违法事项具体适用竞争法、财税法、劳动法、环境法等相应规定。摊派行为表现为长期无偿占用民营经济组织财物,强制要求付费参加会议、培训、评比、表彰等活动,强制要求订购书报刊物等。不同于前述应依法实施的收费、罚款行为,本条明令禁止向民营经济组织摊派财物的行为。

• 适用要点 •

一、公共利益范围的界定

审查征收、征用行为的合法性,应重点关注其目的是否符合公共利益的需要。但因公共利益的边界具有不确定性,目的合法性审查比程序合法性审查更困难。如前所述,《民法典》仅提及了紧急情况下的公共利益,《国有土地上房屋征收与补偿条例》第 8 条虽进行了部分列举,但第 6 项为兜底条款,公共利益的内涵和外延具有一定的模糊性,需要结合个案事实具体衡量。

最高人民法院在多个判例中指出,公共利益属于典型的不确定性的法律概念,征收、征用的目的是否符合公共利益的需要,首先要依据法律作出判断,即涉案项目是否属于法律明确列举的项目类型,只有据此作出的征收、征用决定才能满足公共利益的要求;但当法律规定不明确或对法律规定的认识有分歧时,应尊重经正当程序形成的判断,经地方人大及其常委会审议通过或绝大多数被征收人、被征用人同意的建设项目,应当认为属于为了公共利益的需要。例如,最高人民法院在谢某某与江西省南昌市红谷滩新区管理委员会房屋征收决定及行政复议再审案[(2019)最高法行申 8062 号]、郭某某与宁波市鄞州区人民政府房屋行政征收再审案[（2017）最高法行申4693号]等案件审理中指出,旧城区改建项目通常离不开房屋征收这一重点环节,涉及住户利益与商业开发、文化保护与城市更新,除不违反法律规定的基本要求外,更需要尊重拟征收范围内被征收企业及个人的改建意愿。

二、征收与征用的性质区分及补偿原则

在执法及司法实践中,征收、征用常被混淆使用,但二者的性质存在本质不同,补偿范围也有差别。征收与征用的主要区别在于,征收行为会使所有权发生转移,财产由民营经济组织或其经营者所有转变为国家所有；征用则不涉及所有权的转移,通常表现为使用权利、占有权利的暂时转移,使用结束后须将财产返还原权利人。《民企改革发展意见》中指出,健全执法司法对民营企业的平等保护机制。《产权保护意见》在提及完善财产征收征用制度时强调,应遵循及时合理补偿原则,完善国家补偿制度,进一步明确补偿的范围、形式和标准。民营经济主体的财产被征收、征用后,有权获得公平、合理的补偿。征收补偿主要以标的财产的价值为标准,更强调及时、充分原则；征用补偿则主要考虑被征用人所受损失及财产的使用价值,更强调合理原则。在通常情况下,具体的补偿数额应以被征收、征用标的的市场价值为基准（直接损失）,综合考量民营经济组织因此被迫减产甚至停产停业的损失（间接损失）,经当事人双方协商后确定。

第七章　权益保护

第六十二条 【严格依法区分和依法处置涉案财物与合法财产】

具体条文

> 查封、扣押、冻结涉案财物，应当遵守法定权限、条件和程序，严格区分违法所得、其他涉案财物与合法财产，民营经济组织财产与民营经济组织经营者个人财产，涉案人财产与案外人财产，不得超权限、超范围、超数额、超时限查封、扣押、冻结财物。对查封、扣押的涉案财物，应当妥善保管。

性质界定

本条是关于应严格依法区分和依法处置民营经济主体涉案财物与合法财产的规定。

内涵阐释

查封、扣押、冻结是国家机关在司法及执法过程中针对涉案财物常用的强制措施，目的是确保涉案财物的安全，防止其被隐藏、转移或损坏，保障法律程序能够顺利推进。查封是将涉案财物加封贴条，就地封存或易地封存，不准任何人转移和处理的执行措施，通常针对不动产或大型设备。扣押是对可移动财产的暂时控制，涉及车辆、现金、证券等财产。冻结通常是针对银行账户或其他金融资产，限制其中资金的使用与流动。

实践中，查封、扣押、冻结等强制措施的滥用行为时有出现，对民营经济主体的正常生产经营活动产生不利影响。为了防范针对财产的强制措施的滥用及恶意利用,保障民营经济主体的财产权利,国家机关采取查封、扣押、冻结强制措施时应保持审慎态度,依法慎用处置措施。本条针对依法区分和依法处置民营经济主体涉案财物与合法财产提出了四个方面的要求。

一、严格依法的要求

对民营经济主体涉案财物实施查封、扣押、冻结措施,主要依据《民事诉讼法》《刑事诉讼法》《行政强制法》及相关规定。

(一)民事诉讼法关于查封、扣押、冻结的规定

1. 保全程序中的查封、扣押、冻结措施。根据《民事诉讼法》第103条的规定,人民法院可以依当事人申请或在必要时主动裁定对涉案财物采取查封、扣押、冻结的保全措施。在程序上,根据《民事诉讼法》第106条的规定,人民法院保全财产后应当立即通知被保全财产的人;财产已被查封、冻结的,不得重复查封、冻结。最高人民法院2020年修正的《关于人民法院办理财产保全案件若干问题的规定》进一步细化了相关规范。

2. 执行程序中的查封、扣押、冻结措施。根据《民事诉讼法》第255条的规定,在被执行人未按执行通知履行法律文书确定的义务的情形下,人民法院有权查封、扣押、冻结被执行人应当履行义务部分的财产。在程序上,《民事诉讼法》第256条规定了通知被执行人或其家属、法定代表人或主要负责人,以及造具、签署、交付清单的必要程序。最高人民法院2020年修正的《关于人民法院民事执行中查封、扣押、冻结财产的规定》(以下简称《民事执行查扣冻规定》)进一步细化了相关规范。

(二)刑事诉讼法关于查封、扣押、冻结的规定

1. 刑事附带民事诉讼中的查封、扣押、冻结措施。根据《刑事诉讼法》第102条的规定,人民法院在必要的时候或经附带民事诉讼原告人或者人民检察院申请,可以采取保全措施,查封、扣押或者冻结被告人的财产。人民法院采取保全措施,适用民事诉讼法的有关规定。

2. 侦查程序中的查封、扣押、冻结措施。根据《刑事诉讼法》第141条和第144条的规定,人民检察院、公安机关根据侦查犯罪的需要,在侦查活动中发现的可用以证明犯罪嫌疑人有罪或者无罪的各种财物、文件,应当查封、扣押,并可以依照规定查询、冻结犯罪嫌疑人的存款、汇款、债券、股票、基金份额等财产。在程序上,《刑事诉讼法》第142条规定了会同在场见证人和持有人进行查点,以及一式二份开列、签署、交付、留存清单的程序。

(三)行政强制法关于查封、扣押、冻结的规定

根据《行政强制法》的规定,行政机关履行行政管理职责,依法实施查封(场所、设施或者财物)、扣押(财物)、冻结(存款、汇款)的行政强制措施。在程序上,《行政强制法》第18条、第24条、第30条、第31条规定了审批、实施、通知、告知、听取陈述和申辩、制作现场笔录、一式二份制作清单并当场交付决定书和清单等程序。

二、三个"严格区分"

(一)严格区分违法所得、其他涉案财物与合法财产

划定违法所得、其他涉案财物与合法财产的边界,关键是要界定违法所得和其他涉案财物的范围;民营经济主体的财产排除这两种财物后即为受保护的合法财产。

1. 违法所得。《行政处罚法》第28条规定的"违法所得",是指实施违法行为所取得的款项。最高人民法院、最高人民检察院发布的《关于适用犯罪嫌疑人、被告人逃匿、死亡案件违法所得没收程序若干问题的规定》第6条规定的"违法所得",是指通过实施犯罪直接或者间接产生、获得的任何财产,违法所得转变、转化后的财产与财产收益。

2. 其他涉案财物。在行政执法中,根据《行政强制法》第28条、第

33 条的规定,行政机关有权对与违法行为有关的其他财物作出查封、扣押、冻结决定,故而除了直接的违法所得,与违法行为有关的其他财物应被认定为其他涉案财物。在程序法上,《民事诉讼法》中有关保全程序的第 105 条规定了限于请求的范围或者与本案有关的财物,有关执行程序的第 255 条规定了由法律文书确定的应当履行义务部分的财产,上述两种财物均属于民事程序法上的涉案财物。《刑事诉讼法》第 141 条至第 145 条规定了刑事程序法上的涉案财物,包括财物、存款、股票等类型的物证和书证。在刑法中,依据《刑法》第 64 条的规定,其他涉案财物是指犯罪嫌疑人、被告人非法持有的违禁品、犯罪工具("供犯罪所用的本人财物"),这些财物是除予以追缴的违法所得、予以返还的合法财产外,应当予以没收的部分。

(二)严格区分民营经济组织财产与经营者个人财产

执法与司法实践中,将民营经济组织财产与经营者个人财产进行混淆处置的现象时有发生。严格区分二者,对保障民营经济组织及其经营者的合法财产权益具有重要意义。

《产权保护意见》中明确要求,对股东、企业经营管理者等自然人违法,在处置其个人财产时不任意牵连企业法人财产;对企业违法,在处置企业法人财产时不任意牵连股东、企业经营管理者个人合法财产。例如,2018 年 12 月最高人民法院发布的六起人民法院充分发挥审判职能作用保护产权和企业家合法权益典型案例之五"天新公司、魏某国申请某某省某某市人民检察院国家赔偿案"[(2016)川委赔 32 号]中,法院严格区分了企业经营者的犯罪所得和企业经营管理的合法财产,依法纠正了检察机关在办案过程中对企业经营管理的合法财产的不当处理行为,判决涉案人民检察院返还天新公司被错误扣押的合法资金 181.2 万元,并支付扣押资金的利息约 18 万元。

(三) 严格区分涉案人财产与案外人财产

2019年10月最高人民法院发布的《关于为推动经济高质量发展提供司法服务和保障的意见》第6条"依法平等保护民营企业和企业家合法权益"中明确规定,严禁违法查封案外人财产。《产权保护意见》中也特别指出,应当区分涉案人员个人财产和家庭成员财产。

区分涉案人财产与案外人财产的关键在于涉案范围的调查与确定,与本条规定的不得超范围要求形成呼应。根据《民事执行查扣冻规定》第28条第1款第1项的规定,查封、扣押、冻结案外人财产的,人民法院应当作出解除查封、扣押、冻结裁定,并送达申请执行人、被执行人或者案外人。根据《刑事诉讼法》及相关司法解释的规定,案外人对查封、扣押、冻结的财物及其孳息提出权属异议的,人民法院应当听取案外人的意见;必要时,可以通知案外人出庭。

三、四个"不得"

(一) 不得超权限

权限要求主要针对查封、扣押、冻结措施实施主体是否具有相应权限。(1) 民事诉讼法层面,根据《民事诉讼法》第103条及第255条的规定,保全程序及执行程序中的查封、扣押、冻结措施应由受理案件的人民法院裁定并实施。(2) 刑事诉讼法层面,根据《刑事诉讼法》第102条的规定,刑事附带民事诉讼由人民法院依法采取保全措施;根据《刑事诉讼法》第二编第二章第六节的规定,侦查程序中依法有权实施查封、扣押、冻结措施的主体主要是人民检察院、公安机关及其侦查人员。(3) 行政执法层面,根据《行政强制法》第22条及第29条的规定,查封、扣押应由法律、法规规定的行政机关实施,其他任何行政机关或者组织不得实施;冻结应由法律规定的行政机关实施,不得委托给其他行政机关或者组织。

（二）不得超范围

范围要求主要针对查封、扣押、冻结措施实施对象的涉案事实。（1）民事诉讼法层面，《民事诉讼法》第105条规定了保全程序中可被实施保全措施的财产范围，即限于请求的范围或与本案有关的财物；第255条第1款规定了执行程序中可被实施强制措施的财产范围，即被执行人未按执行通知履行法律文书确定的义务部分的财产，但应当保留被执行人及其所扶养家属的生活必需品。（2）刑事诉讼法层面，《刑事诉讼法》第141条及第144条规定了侦查活动中可被实施强制措施的财产范围，即侦查活动中发现的可用以证明犯罪嫌疑人有罪或者无罪的各种财物、文件，以及犯罪嫌疑人的存款、汇款、债券、股票、基金份额等财产，不得查封、扣押与案件无关的财物、文件，不得重复冻结已被冻结财产。对于已经查封、扣押、冻结的财物，根据《刑事诉讼法》相关司法解释的规定，法庭审理过程中，应当调查被查封、扣押、冻结财物及其孳息的权属、来源等情况，进一步确定其是否属于违法所得或者依法应当追缴的其他涉案财物。（3）行政执法层面，根据《行政强制法》第23条及第29条的规定，查封、扣押限于涉案的场所、设施或者财物，不得查封、扣押与违法行为无关的场所、设施或者财产，不得冻结超额的财产，已查封、冻结的不得重复查封、冻结。

（三）不得超数额

数额要求主要针对查封、扣押、冻结措施实施标的的价值。（1）民事诉讼法层面，最高人民法院2021年12月公布并实施的《关于进一步完善执行权制约机制，加强执行监督的意见》提出了"严禁超标的查封"的相关要求：其一，强制执行被执行人的财产，以其价值足以清偿生效法律文书确定的债权额为限；其二，冻结被执行人银行账户内存款的，应当明确具体冻结数额，不得影响冻结之外资金的流转和账户的使用；其三，需要查封被执行人的不动产整体价值明显超出债权额的,应当对该不动产相应价值部分采取查封措施。(2)刑事诉讼法层面,在侦查过程中查封、扣押、冻结的财产必须严格符合侦查犯罪的需要。(3)行政执法层面,根据《行政强制法》第29条第2款的规定,冻结存款、汇款的数额应当与违法行为涉及的金额相当。

(四)不得超时限

时限要求主要针对查封、扣押、冻结措施实施的期限。(1)民事诉讼法层面,在诉前保全程序中,《民事诉讼法》第104条第3款规定,申请人在人民法院采取保全措施后30日内不依法提起诉讼或者申请仲裁的,人民法院应当解除保全。在执行程序中,最高人民法院2022年修正的《关于适用〈中华人民共和国民事诉讼法〉的解释》第485条第1款规定:"人民法院冻结被执行人的银行存款的期限不得超过一年,查封、扣押动产的期限不得超过两年,查封不动产、冻结其他财产权的期限不得超过三年。"(2)刑事诉讼法层面,根据《刑事诉讼法》第145条的规定,被查封、扣押、冻结的财产经查明确实与案件无关的,应当在3日以内解除并予以退还。(3)行政执法层面,根据《行政强制法》第25条及第32条的规定,查封、扣押、冻结的期限不得超过30日,经批准可以延长,但延长期限不得超过30日。

四、妥善保管涉案财物的职责

为了最大限度减少强制措施对民营经济主体正常办公和合法生产经营的影响,《民营经济发展壮大指导意见》明确要求,对依法不应交由涉案民营经济主体保管使用的财物,查封扣押部门要采取合理的保值保管措施。《民事诉讼法》相关司法解释规定了人民法院妥善保管被查封、扣押、冻结财产的职责,并规定人民法院可以指定被保全人负责保管;不宜由被保全人保管的,可以委托他人或者申请保全人保管。根据

《刑事诉讼法》第141条第2款的规定,侦查机关对查封、扣押的财物、文件,要妥善保管或者封存,不得使用、调换或者损毁。《行政强制法》第26条不仅规定了行政机关对查封、扣押的场所、设施或者财物的妥善保管义务与承担保管费用的职责,以及委托第三人保管的特别措施,还明确了行政机关及第三人保管失职的损失赔偿责任规则。

• 适用要点 •

本条规定须分别关注强制措施实施者与相对人两方主体的适用问题。一方面,国家机关对民营经济主体实施查封、扣押、冻结措施应灵活、慎重进行;另一方面,民营经济主体在其财产遇到违法处置情况时,应积极采取合法措施维护自身合法财产权益。

一、法院需善用"活封活扣",最大限度降低对民营经济组织生产经营活动的影响

采取灵活查封、扣押、冻结措施,有利于最大限度保障民营经济主体的正常生产经营活动,减少社会资源浪费。(1)善用"活封活扣"。最高人民法院在《涉企案件审执通知》中指出,善用"活封活扣"措施,对于能"活封"的财产,尽量不进行"死封",使查封财产能够物尽其用。所谓"活封活扣",依据《民营经济发展意见》以及最高人民法院发布的《关于在执行工作中进一步强化善意文明执行理念的意见》,指对经营性涉案财物(如厂房、机器设备等继续使用对价值无重大影响的财产)进行查封、扣押、冻结的,在不影响案件调查、侦查、审理活动正常进行的前提下,可以允许当事人继续合理使用。(2)慎用账户冻结措施,尽量不冻结民营经济主体基本账户及保证金、工资等专用账户,最大限度降低对其正常生产经营活动的不利影响。《产权保护意见》中要求依法慎重决定是否采取相关强制措施,确需采取查封、扣押、冻结等措施的,要严格按照法定程序进行,除依法需责令关闭企业的情形外,在条件允许情况下可以为企业预留必要的流动资金和往来账户。例如,针对资金暂时周转困难、尚有经营发展前景的负债企业,应慎用冻结、划拨流动资金等手段。

实践中已有针对民营经济主体实施灵活查封的典型案例。2021年9月,最高人民法院发布的十起人民法院助推民营经济高质量发展典型民商事案例之八"浙江嘉兴桐乡法院上线'活查封'管理应用,实现动产保全'数智化'"案例中,桐乡市人民法院创新运用"5G+AI+LBS+区块链"技术,在保管场地安装视频监控设备取代传统的封条查封,确保查封设备可正常使用,生产经营不中断。法官可在手机端查看动产状态,系统在设备位置改变时发出即时预警,避免保全财产被恶意转移。同时,运用区块链技术将保全过程同步云端,确保保全行为可信任可追溯。相较于传统的贴封条、派监管的保全方式,"活查封"的保全方式既保障了原告的诉讼权利,又保住了被告企业的造血功能,对被保全企业的正常生产经营及商誉等方面的影响更小。

二、民营经济主体财产遭违法处置的救济措施

1. 向办案机关提出申诉、控告或复议申请。《刑事诉讼法》第117条第1款第4项、《人民检察院刑事诉讼涉案财物管理规定》第32条第2款、《公安机关办理刑事案件适用查封、冻结措施有关规定》第51条等法律规范针对刑事案件中相关主体的救济途径作出了规定。《民事诉讼法》第111条、最高人民法院《关于适用〈中华人民共和国民事诉讼法〉的解释》第172条规定了当事人、利害关系人对保全裁定不服的复议申请权。

2. 在庭审程序中提出异议。最高人民法院《关于适用〈中华人民共和国刑事诉讼法〉的解释》第228条、第279条分别针对庭前会议、庭审过程中对涉案财物权属情况提出异议的制度作出了规定。

3. 在执行过程中提出异议。《民事诉讼法》第236条及第238条规定了当事人、利害关系人、案外人对民事执行行为的书面异议权。最高人民法院发布的《关于进一步完善执行权制约机制,加强执行监督的意见》第15条规定了当事人针对超标的查封的执行异议权。最高人民法院发布的《关于刑事裁判涉财产部分执行的若干规定》第14条及第15条规定了当事人、利害关系人以及案外人对刑事裁判涉财产部分执行行为违法的书面异议权。

4. 申请国家赔偿。《中华人民共和国国家赔偿法》(以下简称《国家赔偿法》)第18条及第36条、最高人民法院、最高人民检察院发布的《关于办理刑事赔偿案件适用法律若干问题的解释》第3条规定了当行使侦查、检察、审判职权的国家机关违法采取查封、扣押、冻结等强制措施时,受害人有申请国家赔偿的权利。

第六十三条 【严格区分经济纠纷与经济犯罪】

具体条文

办理案件应当严格区分经济纠纷与经济犯罪,遵守法律关于追诉期限的规定;生产经营活动未违反刑法规定的,不以犯罪论处;事实不清、证据不足或者依法不追究刑事责任的,应当依法撤销案件、不起诉、终止审理或者宣告无罪。

禁止利用行政或者刑事手段违法干预经济纠纷。

第七章 权益保护

性质界定

本条是关于严格区分经济纠纷与经济犯罪,禁止利用行政或刑事手段违法干预经济纠纷的规定。

内涵阐释

本条规定体现了本法保护民营经济主体合法权益的立法精神,贯彻了本法对民营经济主体"慎查、慎征、慎罚、慎封、慎罪、慎刑"的基本态度,特别是在保障经济纠纷不受行政或刑事手段违法干预方面,具有重要的现实针对意义和实践指引价值,为司法机关办理经济案件提供了明确的方向指引,为民营经济主体维护自身合法权益提供了法治保障。

一、严格区分经济纠纷与经济犯罪

(一)经济纠纷与经济犯罪的性质认定

经济纠纷,是指当事人之间因合同履行、债务清偿等经济活动中的权利义务关系而产生的争议,可能存在民事违约、侵权或轻微违法情节,但不具有严重的社会危害性,不对他人权益造成严重侵害,不构成犯罪。经济纠纷一般通过协商和解、调解、仲裁、民事诉讼、行政裁决等方式解决。

经济犯罪,是指行为人为谋取不法利益,在生产、交换、分配、消费等环节与领域违反我国法律法规,危害社会经济秩序,根据我国刑法应受刑罚处罚的行为。情节显著轻微,对社会危害不大的该类行为不认定为经济犯罪。经济犯罪应当满足犯罪的三个特征,即刑事违法性、严重的社会危害性、应受刑罚处罚性。

相较而言,经济纠纷与经济犯罪的本质属性不同,法律对二者的规制态度和规制方式存在明显差异。区分经济纠纷与经济犯罪的核心标准主要包括是否违反刑法规定、社会危害程度大小、行为人是否存在非法占有目的等。司法机关办理经济案件过程中,应依法平等保护民营经济主体合法权益,严格把握经济纠纷与经济犯罪的本质区别。

(二)关于经济犯罪追诉期限的规定

追诉期限(或称追诉时效期限),是指刑法规定的对犯罪行为进行刑事追诉、追究刑事责任的有效期限。在此期间,相关国家机关有权追诉;超过追诉期限,不可行使求刑权、量刑权及行刑权。我国《刑法》对于追诉期限主要有以下规定:(1)依法定最高刑分段的追诉期限。《刑法》第87条根据法定最高刑从低到高的不同情形分别规定了5年、10年、15年、20年的追诉期限及超过20年追诉的特殊规定。(2)追诉期限的延长。《刑法》第88条规定了逃避侦查或审判、司法机关应立案而不立案的两种不受追诉时效限制的情形。(3)追诉期限的计算与中断。根据《刑法》第89条的规定,追诉期限通常从犯罪之日起计算;犯罪行为有连续或者继续状态的,从犯罪行为终了之日起计算;行为人在追诉期限以内又犯罪的,前罪追诉的期限从犯后罪之日起计算。

对有经济犯罪嫌疑的民营经济主体进行追诉,必须严格遵守上述法律规定的追诉期限,如果超过法定期限且不存在延长、中断或必须追诉等特殊情形的,人民法院、人民检察院、公安机关等应不再追诉。

二、严格遵循罪刑法定、疑罪从无的法律原则

在处理涉民营经济主体纠纷时,应充分考虑民营经济的特点,准确把握经济违法行为的入刑标准。对于法律界限不明、罪与非罪不清的,司法机关应严格遵循罪刑法定、疑罪从无、严禁有罪推定的法律原则,严格区分经济纠纷与经济犯罪的界限,防止把经济纠纷当作犯罪处理。《产权保护意见》第6条特别指出,对民营企业在生产、经营、融资活动中的经济行为,除法律、行政法规明确禁止外,不以违法犯罪对待;对涉及犯罪的民营企业投资人,在当事人服刑期间依法保障其行使财产权利等民事权利。本条第 1 款充分体现了对罪刑法定、疑罪从无等法律原则的严格遵循。

(一)未违反刑法规定的情形

法无明文规定不为罪。首先,民营经济主体完全合法的生产经营活动不应当受到任何刑事手段的违法干预。根据本法第 58 条的规定,民营经济主体依法享有经营自主权,其合法权益受法律保护,任何单位和个人不得侵犯。其次,民营经济主体未违反刑法规定的轻微违法行为,不应以犯罪论处。特别是可能存在民事违约、民事侵权或行政违法情节的经济纠纷,如果未违反刑法规定,不应被当作犯罪处理。刑法具有严厉性,相较于其他法律而言,刑法的打击对象是犯罪行为,即最严重的违法行为,刑法所施加的刑罚是最严厉的惩罚措施,不到必要情形不得轻易动用刑法武器。民营经济主体合法的生产经营活动、未违反刑法的轻微违法行为以及不涉及犯罪情节的经济纠纷,均不应以经济犯罪论处。

(二)依法不追究或终止追究刑事责任的情形

依照《刑事诉讼法》第 16 条的规定,民营经济主体的生产经营活动存在以下情形之一的,依法不追究或终止追究其刑事责任。(1)情节显著轻微、危害不大,不认为是犯罪的。与前述"未违反刑法规定的情形"不同,根据《刑法》第 13 条的规定,该项针对的是违反刑法但情节显著轻微且危害不大的行为,因其社会危害性较小而不认为是犯罪。为了明确经济违法行为是否达到经济犯罪的立案追诉标准,2022 年 4 月,最高人民检察院、公安部修订并发布《关于公安机关管辖的刑事案件立案追诉标准的规定(二)》,规定了 78 种经济犯罪案件立案追诉标准,涵盖经济犯罪的多数罪名,包括非法经营罪、集资诈骗罪、合同诈骗罪等重点罪名的追诉标准。(2)犯罪已过追诉时效期限的。(3)经特赦令免除刑罚的。(4)依照刑法告诉才处理的犯罪,没有告诉或者撤回告诉的。(5)犯罪嫌疑人、被告人死亡的。(6)其他法律规定免予追究刑事责任的。此兜底条款下应重点关注本条规定的"事实不清、证据不足"情形。《刑事诉讼法》第175条、第200条,以及最高人民法院《关于适用〈中华人民共和国刑事诉讼法〉的解释》第295条第1款第5项、第472条第2款对事实不清、证据不足的情形作出了规定。

针对存在以上情形的案件,应依法不追究或终止追究涉案民营经济主体的刑事责任。根据案件所处阶段的不同,司法机关应在其权责范围内作出相应的决定,即公安机关应撤销案件,人民检察院应作出不起诉决定,人民法院应终止审理或者宣告无罪。

三、禁止违法干预经济纠纷

本条第2款的禁止性规定贯彻了《民营经济发展意见》"防止和纠正利用行政或刑事手段干预经济纠纷"的指导精神,强调对民营经济主体"慎查、慎征、慎罚、慎封、慎罪、慎刑"的基本态度。

人民法院应当将经济纠纷案件和经济犯罪嫌疑案件分开审理。根据最高人民法院2020年12月修正的《关于在审理经济纠纷案件中涉及经济犯罪嫌疑若干问题的规定》第1条、第10条、第11条、第12条的规定,应分开审理同一当事人因不同的法律事实而分别涉及的经济纠纷和经济犯罪嫌疑案件,有牵连的经济犯罪嫌疑案件不可影响经济纠纷案件的继续审理,对于不属于经济纠纷而作为经济纠纷受理的经济犯罪嫌疑案件应依法驳回起诉并移送公安或者检察机关。

公安机关及人民检察院应严格区分经济犯罪与经济纠纷的界限,不得滥用职权、玩忽职守。针对明显属于经济纠纷的案件,公安机关、人民检察院应依法告知当事人通过民事争议解决途径处理;针对牵连经济纠纷的经济犯罪,根据最高人民检察院、公安部2017年11月修订的《关于公安机关办理经济犯罪案件的若干规定》第23条、第24条的规定,公安机关应及时审查人民法院移送的线索、材料,依法严格按照案前调查程序,厘清案件性质,决定是否立案以及是否采取必要的强制措施。针对公安机关可能违法介入经济纠纷的情形,根据最高人民检察院、公安部2017年修订的《关于公安机关办理经济犯罪案件的若干规定》第28条第2款的规定,人民检察院应依法履行监督、纠正的检察职责。

行政机关及党政干部应当加强对违法利用行政手段干预经济纠纷行为的司法监督、纪律约束和责任追究。根据最高人民法院2024年11月公布的《关于人民法院行政审判工作情况的报告》,人民法院要落实加强产权司法保护要求,依法监督、纠正违法利用行政手段干预经济纠纷问题。《产权保护意见》中明确规定,严禁党政干部干预司法活动、介入司法纠纷、插手具体案件处理。2021年7月公布并施行的《中国共产党党内法规体系》中明确,党的监督保障法规中包含"领导干部干预司法活动插手具体案件处理的记录通报和责任追究规定",以强化相关纪律约束和责任追究。

> • 适用要点 •
>
> 依据本条规定,民营经济主体的合法生产经营活动不应受到任何形式的违法干预,所涉经济纠纷不应当作经济犯罪处理。若民营经济主体相关合法权益受到违法干预或侵害,应主动采取救济措施维护自身权益。
>
> **一、民营经济主体的救济途径**
>
> (一)向上级公安机关反映情况
>
> 2020年修正的《公安机关办理刑事案件程序规定》第7条第2款规定:"在刑事诉讼中,上级公安机关发现下级公安机关作出的决定或者办理的案件有错误的,有权予以撤销或者变更,也可以指令下级公安机关予以纠正。"针对利用刑事手段违法干预经济纠纷、将

经济行为不当入罪等情形,涉案民营经济主体可以向上级公安机关提出异议、说明情况,要求上级公安机关撤销、变更或纠正。

(二)向同级检察机关申请立案监督

根据2019年修订的《人民检察院刑事诉讼规则》第557条第1款及第558条的规定,当事人认为公安机关不应当立案而立案,向人民检察院提出的,人民检察院应当受理,由其负责控告申诉检察的部门根据事实及法律进行审查。认为需要公安机关说明立案理由的,应当及时将案件移送负责捕诉的部门办理;认为公安机关立案决定正确的,应当制作相关法律文书答复当事人。涉案民营经济主体可以向同级人民检察院申请立案监督,要求检察机关审查立案决定是否合法。

(三)申请行政复议或提起行政诉讼

针对利用行政手段违法干预经济纠纷的行为,涉案民营经济主体可以根据《行政复议法》第11条的规定,依照法定程序向行政复议机关申请行政复议;或者根据《行政诉讼法》第12条的规定,依照法定程序向人民法院提起行政诉讼。

二、民营经济主体维护合法权益实践指引

实践中,已有不少成功维护民营经济主体相关合法权益的案例。2020年10月,最高人民检察院发布3起"保障民营企业合法权益,监督侦查机关撤案"典型案例,提供了一定的实践经验,具有指导意义。

其一,依法监督利用刑事手段干预经济纠纷的违法行为,并予以纠正。在"北京市海淀区检察院办理的海南某科技公司骗取刑事立案干扰民事诉讼立案监督案"中,民事诉讼一方当事人假借刑事手段干扰民事诉讼活动正常进行,经涉案民营经济主体申请,检察机关依法通过调查核实、撤案监督、侦查活动监督以及公开宣告等多种监督举措,有效制止了利用刑事手段违法干预经济纠纷的行为,切实维护了涉案民营经济主体的人身及财产权益。

其二,严格区分罪与非罪,避免将经济行为不当入罪。在"湖北省武汉市青山区检察院办理的林某某涉嫌信用卡诈骗立案监督案"中,检察院发挥涉民营企业案件通报机制,向前延伸监督及时纠正不当立案行为;注重对证据的综合研判,避免了因简单推定而不当定罪追责;及时撤案将不利影响降到了最低,涉案民营企业得以恢复正常生产经营活动。

其三,准确把握民营企业正常生产经营、违法违规生产经营与违法犯罪的界限。在"广州市花都区检察院办理的某摩托车公司涉嫌生产、销售伪劣产品立案监督案"中,经涉案民营企业申请,检察机关及时开展立案监督工作,以历史和发展的眼光客观看待民营企业经营不规范问题,在充分调查核实的基础上,依法认定涉案企业不构成犯罪,依法监督公安机关撤销案件。

第六十四条 【规范和严格依法限制异地执法行为】

具体条文

规范异地执法行为,建立健全异地执法协助制度。办理案件需要异地执法的,应当遵守法定权限、条件和程序。国家机关之间对案件管辖有争议的,可以进行协商,协商不成的,提请共同的上级机关决定,法律另有规定的从其规定。

禁止为经济利益等目的滥用职权实施异地执法。

性质界定

本条是关于规范和严格依法限制异地执法行为的规定。

内涵阐释

一、关于异地执法的现行规定

原则上,国家机关的执法活动应遵循属地管辖原则,即由行为发生地的有关机关管辖。如《行政处罚法》第22条中明确规定行政处罚由违法行为发生地的行政机关管辖。但在法律规定的某些特定情形中,国家机关出于履行职责的合法目的,需要突破属地管辖,依据法定权限、条件和程序实施异地执法。

(一)上级机关指定异地管辖

当出现管辖不明、原机关无法管辖、案情复杂等特殊情形,上级机关可以依法指定异地机关管辖。(1)在诉讼及执行案件中,《民事诉讼法》《刑事诉讼法》《行政诉讼法》等相关法律法规以独立的章节或条文规定,明确在管辖不明、有管辖权的法院出于特殊原因不能行使管辖权、案件审理有其他实际需要等情形下,上级人民法院、人民检察院可以指定下级人民法院、人民检察院管辖。(2)在行政执法案件中,对于重大或复杂的案件,根据《公安机关办理行政案件程序规定》第15条的规定,上级公安机关可以指定管辖,并书面通知被指定管辖的公安机关和其他有关的公安机关。与之类似,上级市场监督管理部门认为有必要时,可以依据《市场监督管理行政处罚程序规定》第15条第2款的规定,指定其他下级市场监督管理部门管辖。

(二)跨区域案件联合执法

通常而言,国家机关有明确的管辖区域,但涉案主体、行为、对象并不受行政区域的限制,案件可能会呈现出跨区域性。当国家机关办理案件需要将执法行为延伸到其管辖区域以外时,必须依法依规实施跨区域联合执法。在行政执法案件中,《行政处罚法》第四章"行政处罚的管辖和适用"第26条规定,行政机关因实施行政处罚的需要,可以向有关机关提出协助请求;协助事项属于被请求机关职权范围内的,应当依法予以协助。根据《行政许可法》第64条的规定,被许可人在管辖区域外违法从事许可事项时,违法行为发生地的行政机关应将其违法事实、处理结果抄告许可机关。此外,与民营经济主体生产经营活动密切相关的诸多执法领域,都对跨区域案件联合执法作出了规定。如在环境保护领域,《环境保护法》第20条规定了跨行政区域联合防治协调机制的建立;在税收征管领域,《税务稽查案件办理程序规定》第25条规定了税务检察人员可异地调查取证并获得必要协助。

(三)强制措施的异地实施

国家机关异地开展执法活动的过程中,可能会对民营经济主体产生最直接且影响最重大的环节之一,是在异地实施人身、财产强制措施。(1)在行政案件中,《公安机关办理行政案件程序规定》第七章第八节专门针对跨辖区协作执法进行了详细规定,明确了办案公安机关与异地公安机关双方在多类异地执法中的职责,包含异地传唤、检查、查询、查封、扣押、冻结,远程视频询问、处罚前告知,以及代为询问、取证、告知、接收与送达等执法活动,其中多数针对人身、财产强制措施进行规范。(2)在刑事案件中,根据《刑事诉讼法》第83条的规定,公安机关异地执行拘留、逮捕应通知当地公安机关,当地公安机关应予以配合;《公安机关办理刑事案件程序规定》第十一章同样专门针对跨辖区协作执法进行了详细规定,涵盖公安机关异地执行传唤、拘传、拘留、逮捕,开展勘验、检查、搜查、查封、扣押、冻结、讯问等侦查活动。这些规定因刑事案件的严厉性,而比前述异地办理行政案件的程序规定更为严格。

二、管辖争议解决机制

(一)行政执法案件管辖争议解决

在行政执法中,如果行政机关之间对管辖发生争议,基本规则是先由争议行政机关协商解决;协商不成的,由共同的上级行政机关指定管辖。《行政处罚法》第25条第2款、《公安机关办理行政案件程序规定》第15条第1款、《市场监督管理行政处罚程序规定》第13条、《中华人民共和国海关行政处罚实施条例》第3条第3款、《专利法实施细则》第97条第3款等行政法相关条文均明确规定了"先协商、再指定"的基本规则。

在此基础上,不同行政执法领域的相关规范因权限职责、机关设置的差别而部分存在补充规则,如《行政处罚法》第25条第2款在规定了前述基本规则外,还规定发生争议时也可以直接由共同的上一级行政机关指定管辖;《专利法实施细则》第97条第3款在基本规则的基础上,特别规定了无共同上级人民政府管理专利工作的部门的,由国务院专利行政部门指定管辖。

(二)司法案件管辖争议解决

1. 法院间管辖争议。在诉讼、执行案件中,人民法院之间因管辖权发生争议的,根据《民事诉讼法》第38条第2款、最高人民法院《关于适用〈中华人民共和国刑事诉讼法〉的解释》第19条第2款、《行政诉讼法》第23条第2款、《人民法院办理执行案件规范(第二版)》第6条等规定,由有关人民法院协商解决;协商不成的,报请共同的上级人民法院指定管辖。

2. 检察院间管辖争议。在诉讼检察、法律监督案件中,人民检察院之间对管辖权发生争议的,根据《人民检察院刑事诉讼规则》第22条第1款第1项、《人民检察院公益诉讼办案规则》第17条第3款、《关于人民检察院在履行行政诉讼监督职责中开展行政违法行为监督工作的意见》第 7 条第 2 款等规定,由有关人民检察院协商解决;协商不成的,报共同的上级人民检察院指定管辖。

3. 公安机关间管辖争议。在公安机关履行司法职责的案件中,公安机关之间对管辖有争议的,根据《公安机关办理刑事案件程序规定》第 22 条第 1 款的规定,可以由有关公安机关协商;协商不成的,由共同的上级公安机关指定管辖。

(三)其他特殊情形

某些例外情形的管辖争议解决规则与前述规则不同,对此应适用其特别规定。例如,由于军事法院性质特殊,最高人民法院发布的《关于军事法院管辖民事案件若干问题的规定》第 6 条第 2 款规定,军事法院与地方人民法院之间因管辖权发生争议,由争议双方通过会商机制解决;协商不成的,报请各自的上级法院协商解决;仍然协商不成的,报请最高人民法院指定管辖。

三、严禁"远洋捕捞"式违规异地趋利性执法

持续优化营商环境,不断解放和发展社会生产力,是推动经济高质量发展的重点。近年来,出现"远洋捕捞"式的执法行为,对民营经济发展与民营经济组织的合法权益构成威胁。

(一)"远洋捕捞"的表现及特征

"远洋捕捞"是指违规异地趋利性执法,主要指违法、违规异地抓捕民营经济组织经营者,查封、扣押、冻结甚至划转异地民营经济主体财产的执法行为。所谓趋利性执法,是指执法机关在履行职责的过程中,为了获取经济利益而使执法行为偏离客观、公正、公平的原则,对相对人实行不当的处罚、调查、决定等,导致执法目的的偏离,相对人合法权益被侵犯。此类案件呈现出一些较明显的特征:从执法机关来看,多表现为经

济相对落后地区的执法机关到经济相对发达地区执法;从执法对象来看,遭遇违规异地执法的多数是民营经济主体;从涉及的行业来看,与具有网络经营性质的企业关联较多;从执法行为地来看,涉案民营经济组织注册地多集中在浙江、广东、江苏等民营经济发达地区。

(二)违规异地趋利性执法的危害

"远洋捕捞"行为已使有的民营经济主体遭受重创,其危害主要体现在以下几个方面:(1)干扰民营经济主体合法生产经营活动。在民营经济组织正常经营的过程中,异地的执法机关突如其来地错误实施冻结资金、扣押财产、查封车间、逮捕经营者等强制措施,会导致民营经济主体的资金流被阻断,或生产线、流水线被迫停工,或主要决策者或组织者缺位。对于民营经济组织而言,即使后续得到了纠正或补偿,仍然是一记致命重击。(2)严重侵害民营经济主体合法权益。本法第58条至第62条明确规定了民营经济主体的人身权利、财产权利以及经营自主权不受非法侵犯,"远洋捕捞"是对本法相关规定的直接违反,也违反了宪法、民法、行政法等相关法律及其他行政法规。(3)动摇市场主体的信心。激发市场活力需要稳定的社会预期,而外地执法机关"远洋捕捞"违法违规实施强制措施,会使民营经济主体的信心发生动摇。(4)污染市场营商环境,阻碍社会主义法治建设进程。放任"远洋捕捞"行为,势必对市场营商环境形成破坏,影响社会稳定和法治进程。

(三)对违规异地趋利性执法的整治与防范

为了维护市场环境、保护企业合法权益,中共中央、国务院、最高人民法院和最高人民检察院高度重视,不断强调要加强违规异地趋利性执法的防范与监督,将整治趋利性执法司法作为一项重要工作。2024年12月国务院办公厅公布的《关于严格规范涉企行政检查的意见》中指出,严禁违规实施异地检查,涉企行政检查以属地管辖为原则,建立健全行政检查异地协助机制;国家发展和改革委员会同月印发的《全国统一大市场建设指引(试行)》第5条中指出,不得违法开展异地执法或实行异地管辖,依法防止和纠正逐利性执法司法活动。2025年3月,最高人民检察院部署开展违规异地执法和趋利性执法司法专项监督。同月,公安部印发了《公安机关跨省涉企犯罪案件管辖规定》。2025年4月,最高人民法院公布《涉企案件审执通知》,明确规定要从源头上防止违规异地执法、趋利性执法司法,防止和纠正执法司法中的地方保护主义。

实践中,已有多件严厉整治"远洋捕捞"式违规异地趋利性执法的案例。如浙江省人民检察院充分贯彻落实最高人民检察院"检察护企"专项行动部署要求,于2024年11月20日召开新闻发布会,公布了一批典型案例,其中一起"警察私自跨省抓捕并处罚民营企业家"的案件引发社会热议。该案最终判决涉案警察杨某某和占某某构成滥用职权罪,依法追究其法律责任。除了对已有的违规异地趋利性执法行为的整治实践,也有不少防范"远洋捕捞"的实际行动。例如,最高人民检察院于2025年3月起开展"违规异地执法和趋利性执法司法专项监督",并于同年4月在"12309"中国检察网开设"涉企违规异地执法和趋利性执法司法专项监督专区"。此外,建立健全异地执法协助制度也是一项重要举措。长三角、京津冀等重点区域建立跨省联合执法机制,是规范异地执法行为、构建异地执法协助制度的先行先试。在最高人民检察院2025年2月发布的七起"在服务大局中贡献检察力量"典型案例之五"某化工企业冻结资金监督案"中,检察院与公安机关跨区域协同执法,公安机关及时派出12个工作组分赴各地协商解除资金冻结,帮助涉案企业先后解冻24亿余元资金,保障企业恢复正常经营。

第六十五条 【反映情况、提出申诉、申请复议、提起诉讼权利】

具体条文

> 民营经济组织及其经营者对生产经营活动是否违法,以及国家机关实施的强制措施存在异议的,可以依法向有关机关反映情况、申诉,依法申请行政复议、提起诉讼。

性质界定

本条是关于民营经济主体有权反映情况、提出申诉、申请复议、提起诉讼的规定,所针对的是民营经济主体生产经营活动是否违法的认定,以及国家机关对民营经济主体实施的强制措施是否适当这两种具体情形。

内涵阐释

本条规定是本法对民营经济主体就其生产经营权、人身权、财产权提供的程序性保护。

一、民营经济主体救济情形

(一)民营经济主体生产经营活动是否违法的认定

在涉及民营经济主体的执法司法案件中,认定其涉案生产经营活动是否具备合法性,是决定案件走向、进行执法司法决定、影响民营经济主体命运的关键所在。本法第60条规范的限制人身自由的强制措施的实施、第61条规范的罚款的实施、第62条规范的对财产的强制措施的实施、第63条规范的经济犯罪刑事责任的追究、第64条规范的异地执法行为,均与民营经济组织涉案行为的合法性密切相关。对民营经济主体涉案行为合法性的认定,也是衡量国家机关执法司法行为或决定是否依法、依规的关键因素。

生产经营活动的合法性争议通常集中于事实认定与法律适用两个层面。(1)事实认定层面。其一,主体资格。民营经济主体是否依法设立,并取得开展相关生产经营活动的营业执照、行业许可等,如食品经营许可证、公共场所卫生许可证、特许经营许可证等。其二,经营行为。民营经济主体的经营行为是否违反法律规定,是否侵犯他人合法权益。其三,合规记录。民营经济主体财务报表、统计报表是否依法依规编制,税务申报是否按时且完整进行,交易合同、环保验收文件、市场监管记录、消防安全检查记录等文件是否完备且真实。(2)法律适用层面。首先是应当适用哪些法律法规作为认定依据。如民营经济主体的经济行为或经济事件属于经济纠纷而非经济犯罪,不具有刑事违法性和刑事可罚性,对应地应当适用民商法规范或行政法规范处理,适用的法律不同会产生截然不同的适用效果。其次是涉案事实是否符合相应规范的具体要求,是否满足所有的合法要件。特别是新兴技术领域经营活动与现有传统法律规范的适配关系,如新能源汽车行业民营企业在未获当地交通管理部门明确许可的情况下,在公开道路测试自动驾驶系统,是否构成《中华人民共和国道路交通安全法》所规定的擅自改装机动车危害公共安全的行为。

(二)国家机关对民营经济主体实施的强制措施是否适当

本条特别保护民营经济主体对国家机关实施的强制措施的适当性提出异议的权利,这是针对本章前述条文所规范的强制措施进一步设计的救济措施。这些强制措施主要有:本法第60条关于调查行为中的强制措施,特别是限制民营经济主体人身自由的强制措施;第62条主要关于查封、扣押、冻结民营经济主体财物的强制措施;第63条区分经济纠纷与经济犯罪的规定,可能涉及经济纠纷财产保全以及经济犯罪侦查中的强制措施;第64条规范异地执法行为中的异地实施强制措施;等等。

二、民营经济主体救济方式

根据我国《宪法》第41条第1款的规定,我国公民对于国家机关和国家工作人员有提出批评和建议的权利;对国家机关和国家工作人员的违法失职行为,有向有关国家机关提出申诉、控告或者检举的权利,但是不得捏造或者歪曲事实进行诬告陷害。民营经济主体依法反映情况、提出申诉、申请行政复议、提起行政诉讼的权利受宪法保护,也为本法所吸纳。

(一)反映情况、申诉

民营经济主体合法行使其异议权最直接的方式是向有关异议事项的机关或其上级机关反映情况、申诉。根据《信访工作条例》第17条及第22条的规定,民营经济主体可以采用信息网络、书信、电话、传真、走访等形式,向各级机关、单位反映情况,提出建议、意见或者投诉请求,有关机关、单位应当在15日内根据具体情形按照对应方式依规依法处理。《优化营商环境条例》第48条中专门针对市场主体的反映和诉求权利进行规定,即政府及其有关部门应当按照构建亲清新型政商关系的要求,建立畅通有效的政企沟通机制,采取多种方式及时听取市场主体的反映和诉求。

(二)申请行政复议

行政复议是行政相对人通过行政途径解决行政争议的一种救济方式,具体指公民、法人或其他组织认为行政主体的行政行为侵犯其合法权益,向行政复议机关提出复议申请,行政复议机关应依法对该具体行政行为的合法性与适当性进行审查,并据此作出行政复议决定。根据《行政复议法》及其实施条例的规定,民营经济主体可向作出行政行为的有关机关的本级人民政府或上级部门申请复议,行政复议机关一般情况下应在受理申请之日起60日内作出行政复议决定。在行政活动涉及的不同领域,多数特别法会对行政相对人申请行政复议的权利进行规定,如《行政强制法》第8条、《治安管理处罚法》第102条、《税收征收管理法》第8条及第88条等均规定了对相关行政行为不服的行政相对人可以依法申请行政复议。

(三)提起诉讼

民营经济主体认为,行政主体的行政行为侵犯其合法权益,有权依据《行政诉讼法》及有关规定向人民法院提起诉讼,人民法院对应当受理的行政案件依法受理。与反映情况、提出申诉、申请行政复议等其他救济方式相比,行政诉讼的法院裁判具有终局性。在行政活动涉及的不同领域,多数特别法会对行政相对人提起行政诉讼的权利进行规定,如《行政强制法》第8条、《税收征收管理法》第8条、《治安管理处罚法》第102条均规定了对相关行政行为不服的行政相对人可以依法提起行政诉讼。

民营经济主体提起行政诉讼,应当严格遵守《行政诉讼法》规定的法定条件与法定程序。此外,还应特别注意《行政复议法》《国家赔偿法》等法律与行政诉讼的衔接及补充。在通常情况下,行政相对人可以在行政复议和行政诉讼之间进行选择,若行政复议后对行政复议决定不服,根据《行政复议法》第10条的规定,可以向人民法院提起行政诉讼。但在特殊情况下,存在行政复议决定为最终裁决或行政复议前置的情形,《行政复议法》第23条对行政复议前置的特定情形作出了规定,第26条对行政复议决定为最终裁决的特定情形作出了规定。

• 适用要点 •

保障民营经济主体能够从程序性机制中得到实体性的权利保护,是本条规定适用效果的主要检验标尺。民营经济主体在遇到具体的维权场景时,可以重点参考以下几个维权要点,以保障自身合法权益能够得到及时、有效的救济,尽量减少不当执法司法行为对正常生产经营活动带来的不利影响。

一、异议提出

首先,依法维权。民营经济主体自我维权的所有行为都应在法律法规允许的范围内进行,不可以采取违法手段进行所谓的"维权"。其次,分析维权场景。民营经济主体在对本条规定情形下某项具体的执法司法行为产生异议后,应当先判断国家机关的行为可能违反本法哪些规定,是属于本条生产经营活动合法性的异议情形,还是属于强制措施适当性的异议情形,抑或两种情形兼具。最后,依具体场景选择异议提出方式。根据违法实施限制人身自由的强制措施(本法第60条),"乱收费、乱罚款、乱摊派"行为(本法第61条),违法查封、扣押、冻结(本法第62条),用行政或刑事手段违法干预经济纠纷(本法第63条),违法违规异地执法(本法第64条),以及其他侵害民营经济主体合法权益的不同情形,选择反映情况、申诉、申请行政复议、提起行政诉讼等适合于具体情况的异议提出方式。

二、时效管理

民营经济主体在维权过程中应注意所选择救济途径的期限要求,做好时效管理,防止因错过法定期限而丧失救济机会。(1)行政复议。根据《行政复议法》第20条第1款的规定,民营经济主体应自"知道或者应当知道"相关行政行为之日起60日内提出行政复议申请,但法定申请期限超过 60 日的除外。(2)行政诉讼。根据《行政诉讼法》第 45 条和第 46 条的规定,民营经济主体不服复议决定的,应自"收到复议决定书"之日起 15 日内向人民法院提起诉讼;未经复议直接提起诉讼的,应自"知道或者应当知道"作出行政行为之日起 6 个月内提出,法律另有规定除外。此外,最高人民法院《涉企案件审执通知》中强调,规范涉企案件立案和管辖工作,依法保障当事人诉权,坚决杜绝拖延立案、违规不立案、限制立案、选择性立案等问题。民营经济主体应充分领会这一通知精神,并依法、合理、充分运用相关规定维权。(3)反映情况。反映情况虽无明确的时限,但民营经济主体也应尽快行动,积极维护自身合法权益,保障相关事实可追诉和可证实,从而便利有关机关进行调查与纠正,尽量减少对正常生产经营活动的影响。

三、证据收集与固定

民营经济主体能否通过前述救济途径成功维权,关键在于使合法或违法的具体事实得到充分证明,让受理和审查异议的机关充分确信有关事实,并据此作出有利于民营经济主体的决定。因此,民营经济主体的维权过程离不开证据的收集和固定。(1)证据收集。民营经济主体应着重收集的证据,一方面是涉及行政行为违法或其他关于异议缘由的证据,譬如强制措施实施时的违法细节等;另一方面是证明自身生产经营活动合法的证据,譬如证明主体资格具备的行政许可文书、证明经营行为合法的事实要件、证明程序合规的真实报表等。(2)证据固定。在法律允许的范围内,以拍照、录音、录像等方式合法记录执法司法过程,保留所有相关的通知、清单、票据、决定等文件。必要时,可以对相关证据进行公证或保全,在保护证据及其证据能力的同时,确保证据的合法性、客观性、关联性、完整性,尽量提高证据的证明力。

第六十六条 【检察机关依法实施法律监督】

具体条文

检察机关依法对涉及民营经济组织及其经营者的诉讼活动实施法律监督,及时受理并审查有关申诉、控告。发现存在违法情形的,应当依法提出抗诉、纠正意见、检察建议。

性质界定

本条是关于检察机关对涉及民营经济主体的诉讼活动实施法律监督的规定。

内涵阐释

在我国,检察机关享有法律监督职权。根据《宪法》第 134 条、第 136 条的规定,人民检察院是国家的法律监督机关,依照法律规定独立行使检察权。根据《中华人民共和国人民检察院组织法》第 20 条第 5 项以及第 21 条的规定,人民检察院对诉讼活动实行法律监督,可以进行调查核实,并依法提出抗诉、纠正意见、检察建议。《刑事诉讼法》《民事诉讼法》《行政诉讼法》分别对三大诉讼中检察机关的诉讼监督职权进行了专项规定。立足于保障民营经济主体合法权益的立法精神,本条专门规定了检察机关在涉及民营经济主体的诉讼活动中的诉讼监督职权,包括监督要求、监督内容、监督方式、监督结果等多个方面。

一、监督要求

本条规定检察机关应当及时受理、及时审查涉及民营经济主体诉讼活动的申诉与控告,是对检察机关在该类案件中履行诉讼监督职责的及时性要求。其内涵包含三个层面:其一,对申诉、控告快速响应。对涉及民营经济主体的申诉、控告,检察机关应尽快审查是否符合受理条件,若符合法定条件则应及时受理。其二,涉及企业存续等重要事项的案件优先办理。检察机关应考量民营经济主体的经营特殊性,对涉及可能影响民营经济主体存续等重要事项的案件优先办理。其三,法定审理期限内办结。检察机关遵照法定期限及时办结,例如《人民检察院民事诉讼监督规则》第52条针对民事生效裁判的监督案件设定了3个月的审查期限。

在现实语境中,民营经济主体向检察机关提出申诉或控告,通常意味着民营经济主体合法权益受损的事实可能已经发生,且大概率已经穷尽常规的救济途径。因此,"及时"的监督要求,在微观层面构建了民营经济主体权利救济的快速通道,能尽量减少诉讼活动中的违法情形对民营经济主体的影响,尽快将其从诉讼带来的经营困境中"解救"出来,并尽快恢复正常的生产经营活动;在宏观层面有利于优化法治化营商环境,提升检察机关涉企法律监督效能,彰显对民营经济的重点保护。

二、监督内容

(一)涉及民营经济主体的刑事诉讼

检察机关在涉及民营经济主体的刑事诉讼中依法履行诉讼监督职权,主要包括以下内容:(1)立案监督。根据《刑事诉讼法》第113条的规定,检察机关应对公安机关应立案而不立案、不应立案而立案的行为进行监督与纠正。(2)侦查监督。根据《刑事诉讼法》第57条的规定,检察机关应对非法取证行为进行监督,必要时可以排除非法证据。

(3)审判监督。根据《刑事诉讼法》第228条和第254条的规定,检察机关可以对未生效裁判提出二审抗诉或对已生效判决提出再审抗诉。(4)执行监督。根据《刑事诉讼法》第276条的规定,检察机关应对执行机关执行刑罚的活动是否合法实行监督。

(二)涉及民营经济主体的民事诉讼

检察机关在涉及民营经济主体的民事诉讼中依法履行诉讼监督职权,主要包括以下内容:(1)生效裁判监督。根据《民事诉讼法》第219条前两款的规定,最高人民检察院应当对各级人民法院、上级人民检察院应当对下级人民法院符合再审情形的生效裁判提出抗诉;地方人民检察院可向同级人民法院提出再审检察建议。(2)审判人员违法行为监督。根据《民事诉讼法》第219条第3款的规定,检察机关有权对审判人员在审判程序中的违法行为向法院提出检察建议。(3)执行监督。根据《关于民事执行活动法律监督若干问题的规定》第3条的规定,检察机关对法院执行生效民事裁判、仲裁裁决以及公证债权文书等法律文书的活动实施法律监督,譬如超权限、超范围、超时限进行查封、扣押、冻结等违法执行行为。

(三)涉及民营经济主体的行政诉讼

检察机关在涉及民营经济主体的行政诉讼中依法履行诉讼监督职权,主要包括以下内容:(1)生效裁判监督。根据《行政诉讼法》第93条前两款的规定,最高人民检察院应当对各级人民法院、上级人民检察院应当对下级人民法院符合再审情形的生效裁判提出抗诉;地方人民检察院可向同级人民法院提出再审检察建议。(2)审判人员违法行为监督。根据《行政诉讼法》第93条第3款的规定,检察机关有权对审判人员在审判程序中的违法行为向法院提出检察建议。

三、监督方式

(一)受理申诉与控告

检察机关受理民营经济主体的申诉、控告,应当按照《人民检察院刑事诉讼规则》第十三章"刑事诉讼法律监督"、《人民检察院民事诉讼监督规则》第三章"受理"、《人民检察院行政诉讼监督规则》第三章"受理"的相关规定依法进行。(1)当事人在刑事诉讼案件中针对办案机关及其工作人员依法向检察机关控告、申诉,符合《人民检察院刑事诉讼规则》第555条第1款规定条件的,检察机关应当受理。(2)当事人在民事诉讼、行政诉讼案件中依据《人民检察院民事诉讼监督规则》第19条、《人民检察院行政诉讼监督规则》第19条规定情形向检察机关申请监督,符合《人民检察院民事诉讼监督规则》第26条、《人民检察院行政诉讼监督规则》第26条规定条件的,检察机关应当受理,并在决定受理之日起3日内制作受理通知书,发送申请人,并告知其权利义务。

(二)审查申诉与控告

检察机关审查民营经济主体的申诉、控告,应当按照《人民检察院刑事诉讼规则》第十三章"刑事诉讼法律监督"、《人民检察院民事诉讼监督规则》第四章"审查"、《人民检察院行政诉讼监督规则》第四章"审查"的规定依法进行。(1)在刑事诉讼法律监督案件中,根据《人民检察院刑事诉讼规则》第556条第2款的规定,检察机关审查办理的部门应在受理后及时进行审查,并在受理之日起15日以内提出审查意见,或在收到有关机关理由说明后15日内提出审查意见。(2)在民事、行政诉讼法律监督案件中,检察机关应当围绕申请人的申请监督请求、争议焦点以及其他法定情形对民事、行政诉讼活动的合法性进行全面审查,审查时可根据具体需要依法依规开展调查核实、听证等程序,最后按照审查结果依法中止或终结审查,制作中止审查决定书或终结审查决定书。

四、监督结果

对于涉及民营经济主体的诉讼监督案件,检察机关在审查终结后应依法按照不同情况作出相应决定。

(一)提出抗诉

抗诉是检察机关对刑事、民事或行政诉讼中已生效的错误判决、裁定,依法要求上级人民法院重新审理的刚性监督手段,主要适用于重大法律适用错误或事实认定明显不当的案件。针对已生效判决、裁定确有错误的情形,检察机关应当根据《刑事诉讼法》第254条、《民事诉讼法》第219条、《行政诉讼法》第93条等相关规定提出抗诉。

(二)提出纠正意见

纠正意见是检察机关针对诉讼活动中的程序性违法或执法不规范行为,要求相关机关即时整改的监督方式,通常具有即时性和针对性的特征。纠正意见的提出主要集中于刑事诉讼法律监督案件中,检察机关应当依据《刑事诉讼法》第49条、第57条、第100条、第117条、第209条、第274条、第276条等规定提出纠正意见。

(三)提出检察建议

检察建议是检察机关针对诉讼案件办理中发现的制度漏洞、管理风险等问题采取的柔性监督手段,通常具有预防性和非强制性的特征。在刑事诉讼法律监督案件中,检察机关可以针对羁押必要性、定罪、量刑、从宽处罚、补充侦查、适用简易程序及速裁程序等诸多方面,依据《刑事诉讼法》相关规定提出检察建议;在民事、行政诉讼法律监督案件中,检察机关应当依据《民事诉讼法》第219条、《行政诉讼法》第25条以及第93条等规定提出检察建议。

第六十七条 【国家机关、事业单位、国有企业应依法依约及时支付账款,接受审计监督】

具体条文

国家机关、事业单位、国有企业应当依法或者依合同约定及时向民营经济组织支付账款,不得以人员变更、履行内部付款流程或者在合同未作约定情况下以等待竣工验收批复、决算审计等为由,拒绝或者拖延支付民营经济组织账款;除法律、行政法规另有规定外,不得强制要求以审计结果作为结算依据。

审计机关依法对国家机关、事业单位和国有企业支付民营经济组织账款情况进行审计监督。

性质界定

本条是关于国家机关、事业单位、国有企业应依法依约及时向民营经济组织支付账款,并接受审计监督的规定。

内涵阐释

一、本条的立法背景及规范意义

(一)立法背景

账款拖欠问题是影响我国民营经济健康发展的突出问题。一些民营经济组织因账款拖欠面临资金周转压力,更有民营经济组织因此被迫缩减生产经营规模。长期拖欠民营经济组织账款会使其现金流遭受严重侵蚀,导致其经营困难直至资金链断裂,进而形成产业链上的恶性债务循环。同时,账款回收周期过长还会降低民营经济组织的投资意愿,抑制创新投入。拒绝或者拖延支付民营经济组织账款,不利于优化营商环境,从而影响民营经济主体的市场信心及可持续发展。

近年来,中共中央、国务院、各地方人民政府高度重视清理拖欠民营经济组织账款工作。2024年10月,中共中央办公厅、国务院办公厅印发的《关于解决拖欠企业账款问题的意见》系统部署了解决拖欠企业账款的工作,强调要健全拖欠企业账款清偿的法律法规体系。2025年3月,国务院常务会议审议通过的《加快加力清理拖欠企业账款行动方案》明确指出,要进一步加大力度,压实责任,健全机制,完善相关法律法规,强化源头治理和失信惩戒,确保清欠工作取得实实在在成效,坚决遏制新增拖欠。2025年政府工作报告中提出,本年度政府工作的重点任务之一是加力推进清理拖欠企业账款工作,落实解决拖欠企业账款问题长效机制。

(二)规范意义

本条规定为进一步解决拖欠民营经济组织账款问题提供了更完善的法治保障。国家发展和改革委员会在2025年5月8日国务院新闻发布会上表示,一批配套制度机制在本法的立法过程中已同步出台,其中包括与本条配套的2025年修订的《保障中小企业款项支付条例》。本条规定及配套制度对国家机关、事业单位、国有企业向民营经济组织及时支付账款的义务作出了特别规定,具有重要的现实意义和法治价值。

1. 规范公权力运行,促进政府职能转变,提高公共部门的责任意识。国家机关、事业单位、国有企业作为公权力行使者与国有资源持有者,其行为具有一定的示范效应,拖欠账款行为易加剧市场信用风险。本条通过立法明确三类主体的付款义务,强化公职人员契约精神,将政务诚信纳入法治框架,平衡行政监管与市场交易的公平性,推动政府从"管理型"向"服务型"转型。

2. 破解资金瓶颈,保障民营经济组织生存权与发展权。民营经济组织尤其是中小微民营经济组织普遍面临融资难、现金流脆弱等问题,某些部门利用其优势地位,以各种理由拖延支付账款,造成民营经济组织资金周转困难,直接影响民营经济组织的原材料采购、工资发放和技术研发。本条明确禁止以人员变更、内部流程等非正当理由拖欠民营经济组织账款,以法律形式设定了国家机关、事业单位、国有企业对民营经济组织这一特殊主体的付款义务,为民营经济组织提供了明确且特定的法律保障。

二、"两个不得"

(一)不得拒绝或者拖延支付民营经济组织账款

在商业交易中,合同具有相对性,合同双方之间形成具有法律约束力的权利义务关系。国家机关、事业单位、国有企业在与民营经济组织的经济往来中,其角色为合同一方当事人,有义务依法及时支付约定数额的账款。但实践中,有的主体以"新官不理旧账"等各种理由拒绝或拖延支付账款,严重影响民营经济组织的资金周转与正常运营。对此,本条明确了三种不得用于拒绝或者拖延支付的理由。

1. 不得以人员变更为由。人员变更属于单位内部的人事调整、管理事项,无论是项目负责人、法定代表人还是其他相关人员发生变更,均不可成为影响对外合同履行及账款支付的因素,不改变相关单位作为合同当事人应承担的付款义务,否则将损害民营经济组织基于合同关系产生的合理期待。根据《公务员法》第91条的规定,公务员离职前应当办理公务交接手续,必要时按照规定接受审计。如果单位人员发生变更,应当依法处理好关于相关合同的交接工作,不影响民营经济组织款项的按时支付。

2. 不得以履行内部付款流程为由。履行内部付款流程是单位内部财务管理的必要环节,不能将其作为随意拖延账期的借口。此前,有的相关单位会在采购时以"内部审批复杂"为由延迟支付民营企业服务费用。内部流程的设置应当合理、高效,以不影响外部合同的及时履行为前提,坚持市场交易的效率及公平原则。本条规定引导国家机关、事业单位、国有企业优化烦琐冗长的流程,明确各个环节的时间节点,确保在法定或约定的合理期限内完成付款,保障民营经济组织合法权益。

3. 不得在合同未作约定情况下以等待竣工验收批复、决算审计等为由。竣工验收批复和决算审计是对项目建设成果及资金使用情况的审查确认,但同样不构成拒绝或拖延付款的理由,尤其是在民营经济组织已依约完成相应义务的情况下。合同未作约定意味着双方在订立时并未将上述事项与付款行为直接挂钩,付款方不能单方面附加或临时新增条件,一旦合同约定的付款条件成就,付款方就应严格按照合同约定及时支付。

2023年7月31日,最高人民法院发布的11个人民法院依法保护民营企业产权和企业家权益典型案例之三"沈阳电力工程咨询有限公司与沈阳市浑南区农业农村局服务合同纠纷案",涉案小微民营经济组织依约交付了工作成果,涉案机关拒绝付款的理由是涉案服务项目未经政府采购程序,且双方未结算及未最终验收,不具备付款条件,不符合财政性资金拨款条件。法院审理时明确涉案合同系机关法人与民营经济组织作为平等民事主体、基于意思自治原则所签订的,在大量证据证明民营经济组织已适当履行合同义务的前提下,该机关法人不得以有关服务费未经政府部门确认、有关款项未向财政部门申请和审批为由拒绝支付。因此,法院依法认定该机关法人负有付款义务,支持民营经济组织要求该机关法人支付服务费的请求。

(二)不得强制要求以审计结果作为结算依据

为了防止审计权力被滥用于民营经济组织账款的结算过程中,本条明确规定除法律、行政法规另有规定外,不得强制要求以审计结果作为结算依据。此前,部分国家机关、事业单位、国有企业强制要求以审计结果作为结算民营经济组织账款的依据,这成为无限延长结算周期的理由,破坏了市场交易的公平秩序。本条规定可用于纠正部分单位利用审计程序变相压价、拖延支付的行为,保护民营经济组织的合同权益,维护市场交易的公平性。

作为本条配套规范的《保障中小企业款项支付条例》第12条明确规定,机关、事业单位和国有大型企业不得强制要求以审计机关的审计结果作为结算依据,法律、行政法规另有规定的除外。第9条第4款规定,合同约定采取履行进度结算、定期结算等结算方式的,付款期限应当自双方确认结算金额之日起算。由此可见,国家机关、事业单位、国有企业支付给民营经济组织的账款具体如何结算,应依双方平等协商确认的方式进行。市场交易具有多样性和复杂性,不同的交易场景和项目特点适合不同的结算方式,双方可根据实际情况自主约定以货物交付、工程施工、服务提供进度为依据结算,或以项目时间节点为依据按比例结算,或以审计结果为依据结算,但必须是双方基于意思自治选择的方式。国家机关、事业单位、国有企业不得单方面强制要求以审计结果作为结算依据。应注意的是,本条设置了"法律、行政法规另有规定"的例外情形。基于公共利益和特殊管理要求,如涉及国家重大安全项目的建设,因其资金来源的特殊性和项目的敏感性,可能需要以审计结果作为结算依据,但此种例外必须有明确的法律、行政法规作为依据,谨防权力滥用。

三、支付民营经济组织账款情况应接受审计监督

本条第2款将支付民营经济组织账款情况纳入审计监督体系,不仅确保了前款规定的落实,强化了国家机关、事业单位、国有企业的责任意识,更加强了对国有部门涉民营经济主体合同事项的制度化、系统化

监督。

其一,将国有主体在与民营经济组织民事合同关系中的付款义务履行情况纳入主动监督范畴。本条将审计监督嵌入付款流程,实质是通过外部监督约束公权力滥用,矫正不对等的市场关系,通过主动发现、监督、纠正的方式确保涉民营经济组织合同依法落实。其二,在衔接《民法典》《中华人民共和国审计法》(以下简称《审计法》)的过程中强调对民营经济主体合法权益的重点保护。立足于保障民营经济主体合法权益的立法精神,本条第2款结合《审计法》的规定,明确审计机关于民营经济领域的审计监督职权;落实《民法典》合同严守原则,确保合同法下的付款义务得到履行,为涉民营经济主体合同增加了公共监督保障。其三,通过强化审计监督,推动国有部门发挥"头雁效应",打破市场主体间互相拖欠的债务"连环套"。在经济活动中,国家机关、事业单位、国有企业三类主体通常处于产业链上游,监督其及时支付供货商账款可形成资金传导效应,缓解下游环节整体的流动性压力,带动众多民营经济主体恢复正常生产经营,凸显"清欠一小步、激活一大片"的经济价值。

结合数字经济的发展,审计机关对向民营经济组织支付账款情况进行监督,可以积极运用大数据审计、区块链等先进技术。譬如,建立账款支付信息平台,实现国有主体支付行为全流程留痕,使账款支付情况的动态实时监测成为可能,推动审计监督从事后检查向智能预警转型。此外,创新国有主体信用机制,将履约审计结果与相关单位信用水平进行关联,进一步强化审计监督威慑力,推动形成鼓励守信、惩戒失信的市场生态。

• 适用要点 •

法律的生命在于实施,保障本条规定发挥实质性法律效果是本条的关键。发挥本条规定的实质效果,需要从制度配合、实践规范、权益救济等多方面综合推进。

一、制度跟进：构建相配套的多维保障机制

1. 规范配合。首先,应当衔接本法有关民营经济组织账款支付保障的规定,主要包括第 68 条第 2 款规定的司法保障制度,第 69 条规定的政府职责以及工商业联合会、律师协会等组织的协调作用,第 73 条第 1 款规定的付款方违法违约的法律责任等。其次,应当充分适用《保障中小企业款项支付条例》等配套补充规范,明确国家机关、事业单位及国有企业支付民营经济组织账款的付款期限、付款条件、付款方式、逾期责任,审计机关的督查制度,以及民营经济主体的救济渠道等。

2. 信用机制。将支付民营经济组织账款情况纳入国家机关、事业单位、国有企业的绩效考核,强化"黑名单"震慑作用。根据《保障中小企业款项支付条例》第 26 条的规定,欠款主体的严重失信信息将公示于全国信用信息共享平台和国家企业信用信息公示系统,对拖欠账款的机关、事业单位在公务消费、办公用房、经费安排等方面采取必要的限制措施;对拖欠账款的国有大型企业在财政资金支持、投资项目审批、融资获取、市场准入、资质评定、评优评先等方面依法依规予以限制。

3. 央地联动。地方政府要贯彻落实党中央、国务院关于着力解决拖欠民营企业账款问题的工作部署,积极响应当地民营经济主体的清欠呼声,为当地民营经济营造良好的发展环境。结合本法第 69

条的规定,各级政府一方面要清理已有欠款,通过强化预算管理等方式预防新欠款,解决地方"边清边欠"顽疾;另一方面要统筹指导拖欠账款的处置、协调工作。

4.财政支持。2025年2月18日,国家发展和改革委员会负责人指出,推动地方政府、国有企业落实责任,用好新增地方政府专项债等政策,切实加快清欠进度。根据2025年3月24日财政部发布的《2024年中国财政政策执行情况报告》,2024年已安排4000亿元地方政府债务结存限额以及8000亿元新增地方政府专项债券,用于支持地方政府投资项目、化解存量债务风险以及清理政府拖欠企业账款。

二、实践重点:依法协商确定付款期限与付款条件

付款期限和付款条件应当依据法律法规以及实际情况协商确定。根据《保障中小企业款项支付条例》第9条的规定,机关、事业单位应自货物、工程、服务交付之日起30日内支付款项;合同另有约定的,从其约定,但付款期限最长不得超过60日;国有大型企业应自交付之日起60日内支付款项,合同另有约定的,从其约定,但应当按照行业规范、交易习惯合理约定付款期限并及时支付款项。根据《保障中小企业款项支付条例》第10条的规定,针对双方约定以检验或验收合格为付款条件的情形,国家机关、事业单位、国有大型企业的付款期限应自检验或者验收合格之日起算,并在该期限内完成检验或者验收;拖延检验或者验收的,付款期限自约定的检验或者验收期限届满之日起算。合同约定的检验或验收期限应合理、明确,法律、行政法规或者国家有关规定对检验或者验收期限另有规定的,从其规定。

在合同订立与履行的过程中,双方应在平等协商的基础上订立合同,明确具体的付款时间节点、付款比例及付款条件等必要内容。对于无争议的款项,付款方应当履行及时付款义务,不得拖延或拒绝支付。譬如,若合同约定了验收合格后付款,付款方应在民营经济组织完成交付且验收合格后,立即启动付款程序;若约定按工程进度付款,应根据实际工程进度按时支付相应款项。明确且合理的付款期限与条件是保障民营经济组织及时获得账款的重要依据,有助于稳定其资金流,促进民营经济持续健康发展。

三、救济途径:民营经济组织账款被拖欠的维权指引

1. 前期准备工作。民营经济组织在进行商业交易活动时,无论与之交易的主体是本条涉及的国家机关、事业单位、国有企业还是其他类型的市场主体,均应保存好单据、票据等载有交易信息的凭证,这些凭证不仅是进行内部财务管理的必要材料,也是维护自身合法权益的必要证据。如果发生约定账款被拖欠的情形,民营经济组织在实施具体救济措施前,应首先做好前期准备工作,其重点是梳理被拖欠情况,整理并固定证据。完整的账款拖欠情况应包括付款方信息、欠款金额、约定账期、拖欠时长、催收情况等,还应注意计算《保障中小企业款项支付条例》第17条所规定的逾期利息。在梳理前述信息的基础上,民营经济主体应同步整理相应的证据材料,实施必要的证据固定举措,留存并保护好相关合同、单据(订单、送货单、验收单、对账单等)、票据(汇票、发票等)、函件(催款函、律师函等)、沟通记录(电子邮件、电话录音、短信、通信平台聊天记录等)。

2. 救济措施的选择与实施。(1)商业催收。民营经济组织可以通过合法方式,按照合同约定及商业惯例进行催收,期间应注意留存催收记录。(2)发函催告。民营经济组织可以直接或委托律师向对方发出正式的书面催告函,载明法律依据、合同依据、待付金额、逾期利息、宽限期间、违约后果等。(3)反映情况、投诉或举报。其一,民营经济组织可以依据本条第2款向审计机关反映国家机关、事业单位、国有企业拖欠账款的情况;其二,民营经济组织可以依法向欠款单位的上级主管机关、纪检监察机关投诉、举报;其三,民营经济组织可以依据本法第69条以及地方性法规,向当地人民政府及其市场监督管理部门反映情况、投诉,请求协调并解决账款拖欠问题。(4)进行调解。民营经济组织可以依据本法第56条的规定,向行业协会商会申请提供纠纷处理的服务;或依据本法第69条的规定,向工商业联合会、律师协会、第三方调解机构等组织寻求调解。(5)提起诉讼或申请仲裁。依据本法第68条第2款的规定,人民法院对拖欠中小民营经济组织账款案件应依法及时立案、审理、执行。若前述措施救济不成或经直接选择,民营经济组织可以根据双方约定的争议解决条款,依法向人民法院提起诉讼或向仲裁机构申请仲裁。法院裁判或仲裁裁决生效后,如果欠款单位仍拒绝或迟延履行支付义务,民营经济组织可以向人民法院申请强制执行。

第六十八条 【大型企业应依约定及时支付采购账款，人民法院提供司法保障】

具体条文

> 大型企业向中小民营经济组织采购货物、工程、服务等，应当合理约定付款期限并及时支付账款，不得以收到第三方付款作为向中小民营经济组织支付账款的条件。
>
> 人民法院对拖欠中小民营经济组织账款案件依法及时立案、审理、执行，可以根据自愿和合法的原则进行调解，保障中小民营经济组织合法权益。

性质界定

本条是关于大型企业应依约向中小民营经济组织及时支付账款，人民法院对此提供司法保障的规定。

内涵阐释

实践中，平等市场主体之间相互拖欠账款现象较为常见。但由于大型企业与中小民营经济组织的实际力量关系不对等，大型企业一旦拖欠中小民营经济组织账款，将影响甚至重创中小民营经济组织的资金链与正常生产经营活动。中小民营经济组织出于生存压力，往往不敢拖欠大型企业账款；而大型企业享有稳固的市场地位，如果其以某种理由迟延支付甚至长期拖欠中小民营经济组织账款，处于市场弱势地位的中小民营经济组织为了保有大型企业的业务订单，只能被迫接受长期欠款的状况，最终陷入资金链断裂、破产倒闭的境地。2017年修订的根据《中小企业促进法》第53条的规定,大型企业不得违约拖欠中小企业的货物、工程、服务款项;2025年3月修订的《保障中小企业款项支付条例》专门针对中小企业款项支付事项进行了规范。

一、大型企业的账款支付义务

(一)大型企业与中小企业的划分标准

我国法律法规对不同规模的企业有明确的定义,国务院还专门批准出台了有关企业划型标准的规定。根据《中小企业促进法》第2条的规定,中小企业是指在我国境内依法设立的,人员规模和经营规模相对较小的企业,包括中型企业、小型企业和微型企业。中、小、微三类企业的划分标准由国务院有关部门制定,并报国务院批准。根据《保障中小企业款项支付条例》第3条的规定,中小企业是指在我国境内依法设立,依据国务院批准的中小企业划分标准确定的中型企业、小型企业和微型企业;大型企业是指中小企业以外的企业。中小企业、大型企业依合同订立时的企业规模类型确定。中小企业与国家机关、事业单位、大型企业订立合同时,应主动告知其属于中小企业。工业和信息化部、国家统计局、国家发展和改革委员会、财政部出台的《中小企业划型标准规定》,将中小企业总体划分为中型、小型、微型三种类型,具体根据企业从业人员、营业收入、资产总额等指标,详细规定了农、林、牧、渔业,工业,建筑业,批发业,零售业等16种行业中小微型企业的划型标准。

本条规定所保护的"中小民营经济组织"与传统的"中小企业"概念相比,一方面丰富了主体类型,将"企业"的单一类型扩展到营利法人、非法人组织和个体工商户多种经济组织形式;另一方面强调了对规模上处于弱势地位的中小民营经济组织的保护。

(二)大型企业的账款支付义务

1. 合法合理约定付款期限。根据《保障中小企业款项支付条例》第

9条及第10条的规定,大型企业应自中小民营经济组织交付货物、工程、服务之日起60日内支付款项;合同另有约定的,从其约定,但应按照行业规范、交易习惯合理约定付款期限。譬如,合同约定采取履行进度结算、定期结算等结算方式,付款期限应自双方确认结算金额之日起算。再如,合同约定以检验或者验收合格为支付条件,付款期限应自检验或者验收合格之日起算;若大型企业拖延检验或者验收,付款期限自约定的检验或者验收期限届满之日起算。

2. 及时支付。《保障中小企业款项支付条例》第14条与第15条规定了不得用以拖延支付的理由,包括不得以法定代表人或者主要负责人变更、履行内部付款流程、部分账款存在争议为由,或者在合同未作约定的情况下以等待竣工验收备案、决算审计等为由,拒绝或者迟延支付无争议部分的中小民营经济组织款项。

3. 不得强制指定支付方式。根据《保障中小企业款项支付条例》第11条的规定,大型企业不得强制中小民营经济组织接受商业汇票、应收账款电子凭证等非现金支付方式,更不得利用这些支付方式变相延长付款期限,非现金支付方式应在合同中作出明确、合理的约定。

4. 将账款支付情况纳入企业合规管理体系。根据《保障中小企业款项支付条例》第19条的规定,大型企业应保障中小民营经济组织款项支付工作情况,将其纳入企业风险控制与合规管理体系,督促其全资或者控股子公司及时支付。

5. 迟延支付应承担逾期利息以及损失赔偿责任。根据《保障中小企业款项支付条例》第17条对逾期利息的规定,大型企业应当承担迟延履行支付义务的逾期利息。合同约定的逾期利率不得低于合同订立时1年期贷款市场报价利率;未作约定的,按照每日利率万分之五支付逾期利息。根据《中小企业促进法》第53条第2款对损失赔偿责任的规定,中小民营经济组织有权要求拖欠方支付拖欠款并要求对拖欠造成的损失进行赔偿。此外,根据《保障中小企业款项支付条例》第 20 条的规定,禁止大型企业及其工作人员对提出付款请求或投诉的中小民营经济组织及其工作人员进行任何形式的恐吓或打击报复。

(三)大型企业与中小民营经济组织之间"背靠背"条款的无效性

合同的付款义务方以收到第三方付款为支付账款的条件,在商业实践中常被称为"背靠背"条款,通俗的说法就是"收款后付款"。如在货物买卖交易中,中间商将收到下游买家付款作为向上游供应商结算货款的条件。该现象曾经在市场交易活动中频繁出现,但在最高人民法院 2024 年 8 月发布的《关于大型企业与中小企业约定以第三方支付款项为付款前提条款效力问题的批复》中,最高人民法院对大型企业和中小企业之间以第三方支付款项为付款条件的约定,在效力上给予了否定性评价,并对相关条款无效后如何确定付款期限和违约责任作出了规定。

在通常情况下,市场主体间合法、合理的约定受意思自治原则的保护,但为了避免中小民营经济组织合法权益在大型企业的"背靠背"条款下遭受侵害,结合以下几个方面可能存在的缺陷与危害,最高人民法院对"背靠背"条款的效力予以了否定。(1)第三方付款不确定因素较多。中小民营经济组织无从了解更无法预估第三方的信息与情况,如受制于大型企业的"背靠背"条款,一旦第三方陷入资金流转困境、因项目质量发生纠纷或者合同履行出现其他障碍,中小民营经济组织对大型企业的应收款项将面临严重的回收困难。大型企业表面上看似遵循意思自治原则依约履行合同,实则是变相拖欠中小民营经济组织账款。(2)违背合同相对性原则。企业应当独立承担合同履行的商业风险和付款义务,"背靠背"条款不符合双方签订合同的目的。中小民营经济组织在与大型企业订立合同的过程中,通常不会也不应要求将无关第三方的情况纳入考量范围,大型企业与之签订"背靠背"条款的目的是转移第三方支付不能的风险,这会使中小民营经济组织承受收款不能的极大风险,对处于弱势的中小民营经济组织而言极为不公。(3)破坏市场秩序与营商环境。中小民营经济组织接受大型企业"背靠背"条款,表面上看是出于意思自治,实则是面对掌握着大量市场资源的合同相对方时,不得已隐瞒了真实意愿。不公的"背靠背"条款会限制中小民营经济组织公平参与市场竞争,破坏市场营商环境,甚至对公共利益造成一定程度的损害。

因此,本条第1款明文禁止大型企业以"背靠背"条款为向中小民营经济组织支付账款的条件,从法律层面直接否定了此情形下"背靠背"条款的效力。与本条规定相配套,《保障中小企业款项支付条例》第9条第2款中也明确规定大型企业不得与中小企业约定以收到第三方付款作为向其支付款项的条件,此外还明确了大型企业不得与之约定按照第三方付款进度比例向其支付款项。

二、人民法院提供司法保障

2024年10月,中共中央办公厅、国务院办公厅印发《关于解决拖欠企业账款问题的意见》明确提出,要健全拖欠企业账款清偿的法律法规体系和司法机制,健全防范化解大型企业拖欠中小企业账款的制度机制,优化拖欠中小企业账款投诉管理运行机制,建立全国统一的违约拖欠中小企业款项登记(投诉)平台,健全投诉督办约束机制。对此,本条第2款规定人民法院对大型企业及时支付中小民营经济组织账款提供司法保障,具体包含以下两方面职责。

(一)依法及时立案、审理、执行

立案是中小民营经济组织获得司法救济的第一步。考虑到中小民营经济组织的脆弱性,快速立案能使案件尽快进入司法程序,为后续中小民营经济组织维权争取宝贵时间。中小民营经济组织账款遭大型企业拖欠后,其资金周转有很大概率会陷入困境,无法按时采购原材料、发放员工工资,甚至导致业务停滞,危及其生存。人民法院在接到起诉后应及时审查案件材料,根据《民事诉讼法》第126条的规定,符合起诉条件的,人民法院应在规定期限内立案,不得拖延推诿。

审理环节关乎账款拖欠案件的公正裁判。最高人民法院《涉企案件审执通知》中特别强调,人民法院应当公正审理涉企民事案件,严格执行最高人民法院《关于大型企业与中小企业约定以第三方支付款项为付款前提条款效力问题的批复》,防止大型企业凭借优势地位"以大欺小",保障中小企业公平参与市场竞争。人民法院应当全面、严格审查大型企业与中小民营经济组织间的合同约定、账款支付情况及双方权利义务关系,准确适用法律,纠正不公平的合同条款,确保中小民营经济组织在案件审理中得到公平对待,维护其合法权益。

执行是中小民营经济组织实现胜诉权益的最终环节。若仅有公正判决而无法有效执行,司法救济将沦为空谈。根据《民事诉讼法》第二十一章"执行措施"三的规定,人民法院可依法采取多种执行措施,譬如通过查封、扣押、拍卖欠款大型企业的财物,或查询、冻结、划拨其银行存款,确保生效法律文书确定的中小民营经济组织账款得以实现支付。此外,人民法院还应建立健全执行联动机制,加强与公安、工商、税务、金融机构等单位的协作,提升执行措施的实施效率与实施效果。

(二)根据自愿和合法的原则进行调解

调解是多元化纠纷解决机制的重要部分,在解决中小民营经济组织账款支付纠纷中独具价值。最高人民法院《涉企案件审执通知》中明确指出,人民法院要坚持和发展新时代"枫桥经验",把非诉讼纠纷解决机制挺在前面,严格规范涉企民事案件的立案与调解工作,充分释明先行调解的优势,引导尽可能通过先行调解及时化解矛盾纠纷。对调解不成的,依法及时予以审理裁判,坚决杜绝强制调解、久调不决、以调压判。根据《民事诉讼法》第 9 条的规定,人民法院依法对相关案件进行调解,必须严格遵循自愿原则与合法原则。

自愿原则是调解的基础。在账款支付纠纷中,中小民营经济组织与大型企业可能基于对自身利益及未来合作的考量而对调解的态度不一。人民法院可以通过沟通引导双方自愿选择调解,比如充分说明调解具有灵活性、高效性,有助于节省诉讼成本、维护长期商业合作关系等。但是,人民法院必须充分尊重双方意愿,如果在释明法律规定与调解优势后仍协调不成,则不得强迫任何一方接受调解。

合法原则是调解的底线。调解协议、调解程序、调解期限等均须依据《民事诉讼法》、最高人民法院《关于人民法院民事调解工作若干问题的规定》等相关法律法规及司法解释的规定确定。在账款支付纠纷案件的调解过程中,人民法院应重点关注调解协议中有关付款金额、期限、违约责任等的条款,确保调解结果公平公正且符合法律规范。同时,调解程序也必须合法,启动调解、进行调解、达成协议的各个环节均应遵循法定程序,保障当事人的各项程序性权利。人民法院还应在调解过程中充分发挥专业优势,通过精准分析案件事实、清晰解读法律规定,帮助当事人了解自身权利义务,为双方提供合理的调解方案。

• 适用要点 •

实践中已有诸多关于大型企业支付中小民营经济组织账款以及有关"背靠背"条款的司法案件,其中部分经典案例与本条规定的适用有密切联系,为人民法院依法公正审理此类案件提供了宝贵的实践经验,具有一定的指导意义。

2023年7月,最高人民法院发布的11个人民法院依法保护民营企业产权和企业家权益典型案例之十一"唐山成唐商贸公司与天津喜津混凝土公司购销合同纠纷案",原告公司是一家民营小企业,日常资金周转紧张,被告公司拖欠原告的77万余元货款给原告带来巨大的资金压力,影响了其正常运营。该案属于民营经济领域具有典型性和普遍性的一起案件。受理法院积极贯彻支持民营企业发展的方针,高度重视该起案件,凭借其打造的基层法庭"立审执一体化"闭环办案模式,从案件的立案、保全、送达到网上调解、解冻、履行,整个案件的办理仅用时13个工作日,使原告公司快速回笼资金,恢复正常生产经营。该法院构建的办案模式具有创新性,从立案到审理都能"一站式"在法庭办理,大大提高了办案效率,以高质高效的司法服务助力民营经济健康发展。

第六十九条 【账款支付保障的政府职责】

具体条文

县级以上地方人民政府应当加强账款支付保障工作,预防和清理拖欠民营经济组织账款;强化预算管理,政府采购项目应当严格按照批准的预算执行;加强对拖欠账款处置工作的统筹指导,对有争议的鼓励各方协商解决,对存在重大分歧的组织协商、调解。协商、调解应当发挥工商业联合会、律师协会等组织的作用。

第七章 权益保护

性质界定

本条是关于政府加强账款支付保障工作,预防、清理、解决拖欠账款的规定。

内涵阐释

资金流是民营经济组织的生命线。解决民营经济组织"回款难"问题,关乎民营经济组织生产经营,有利于畅通经济循环运转。近年来,中共中央、国务院持续部署政府相关工作,已取得一定成效。中共中央、国务院出台《民营经济发展意见》强调完善拖欠账款常态化预防和清理机制。中共中央办公厅、国务院办公厅印发《关于解决拖欠企业账款问题的意见》系统部署了解决拖欠企业账款问题的工作。2025年修订的《保障中小企业款项支付条例》第5条第2款明文规定,省、自治区、直辖市人民政府对本行政区域内保障中小企业款项支付工作负总责,加强组织领导、统筹协调,健全制度机制。县级以上地方人民政府负责本行政区域内保障中小企业款项支付的管理工作。

本条充分贯彻落实上述意见及规范精神,从立法层面明确账款支付保障的政府职责,旨在运用行政力量规范市场交易秩序,切实维护民营经济组织合法权益,对提升政府公信力、优化营商环境而言具有重要意义。县级以上地方人民政府在账款支付保障工作中扮演着关键角色,本条规定的具体职责可从以下几个方面展开。

一、将预防和清理拖欠民营经济组织账款作为政府的一项工作职责

县级以上地方人民政府履行预防和清理拖欠民营经济组织账款的工作职责,应从加强组织分工、开展专项行动、构建长效机制三个方面协同发力,形成完整有序的治理体系。

1.加强政府内部组织领导与分工协调。《保障中小企业款项支付条例》第 5 条第 3 款明确了中小企业款项支付保障工作的部门职责："县级以上地方人民政府负责中小企业促进工作综合管理的部门和发展改革、财政、住房城乡建设、交通运输、水利、金融管理、国有资产监管、市场监督管理等有关部门应当按照职责分工,负责保障中小企业款项支付相关工作。"不仅限于中小企业账款支付保障工作,在预防和清理拖欠民营经济组织账款的整体工作中,地方政府应当明确内部各部门及单位的职责分工。例如,财政部门负责资金使用和预算执行,工商部门侧重于企业信用信息的公示与监管,政府内部各部门通过协同合作形成工作合力。此外,地方政府应定期举行关于账款支付保障的工作会议,研究解决工作推进过程中遇到的重大问题,制定阶段性工作计划和目标,确保工作有序开展。

2. 开展专项清理行动。落实地方政府的清欠责任,首先要发挥其带头作用,使其尽最大能力加快偿还拖欠民营经济组织的账款。地方政府要用好新增地方政府专项债等政策,抓紧筹集资金,解开产业链上下游之间的"连环债",尤其要重点关注拖欠中小民营经济组织的账款,尽快支付、尽量支付。在此前的清欠工作中,有些地方清欠台账不准确,混淆无分歧账款与有分歧账款、先到期账款与后到期账款等,容易出现错误删除或上报账款的情况,影响清欠工作的实际效果。因此,地方政府要落实属地责任,对本地区机关、事业单位、国有企业等拖欠民营经济组织账款情况进行全面排查,建立详细的欠款台账,明确欠款主体、金额、期限、原因等信息。在此基础上,地方政府应有针对性地制定"限时清零"计划,明确清偿时限和责任人;对于复杂问题及历史遗留问题成立专门工作组,深入调查研究,协调各方利益,推动解决欠款支付问题。

3. 建立健全长效机制。所谓长效机制的构建,即剖析体制机制的深层矛盾,从制度上加以解决问题,让付款主体不能欠、不敢欠。例如,根据《保障中小企业款项支付条例》第26条的规定,将机关单位、国有企业拖欠中小企业账款的失信情况记入其信用记录,将严重失信的信息纳入全国信用信息共享平台和国家企业信用信息公示系统,向社会公示,并对欠款主体采取必要的限制措施。从制度上预防拖欠,要健全清偿拖欠企业账款的法律法规体系和司法机制。地方政府应借鉴先进经验、结合本地实际,制定预防和清理拖欠账款的法规、政策,具体措施包括将清欠工作纳入绩效考核、营商环境评价、信用惩戒,建立拖欠账款预警机制,建设拖欠民营经济组织款项的登记及投诉平台等。

二、严格按照批准的预算支付政府采购项目的款项

加强账款支付保障工作,一方面应当尽快清理已有欠款,另一方面应当遏制新增欠款,坚决杜绝还旧欠新、边还边欠。但当前仍存在个别地方政府在无预算安排、未落实资金来源的情况下确定采购项目,最后因财力紧张、资金周转不济而新增拖欠行为。解决边还边欠问题的关键在于,政府采购支出要严格按照批准的预算执行,严禁预算外采购或由民营经济组织垫资。《政府采购法》第6条明确规定,政府采购应当严格按照批准的预算执行。《保障中小企业款项支付条例》第8条第1款规定,机关、事业单位使用财政资金从中小企业采购货物、工程、服务,应当严格按照批准的预算执行,不得无预算、超预算开展采购。在预算编制与政府采购的实际工作中,地方政府需要注意以下几个环节。

1.强化预算编制管理。地方政府有关部门在编制政府采购预算时,要严格遵守《中华人民共和国预算法》(以下简称《预算法》)第四章"预算编制"的相关规定,充分考虑当期实际需求和资金安排,确保预算编制合理、科学、完整。如对于一些大型建设项目的政府采购预算,详细评估项目规模、工期、成本等因素,有意识地将先前的清欠情况考虑在内,合理确定采购预算金额。除了预算编制环节,还应加强对预算编制的审

查,对于编制不规范、资金来源不明确的项目,根据《预算法》第五章"预算审查和批准"的相关规定,地方人民代表大会依法有权不予批准。

2. 规范政府采购流程。要健全地方政府采购项目和预算资金的管理闭环,在采购项目的立项、招标、投标、评标到合同签订等各个环节,采购单位都要严格遵循《政府采购法》及《预算法》第六章"预算执行"等的相关规定,不得随意变更采购内容和预算金额,如遇需要调整的特殊情况,必须经过严格的法定审批程序。对于工程建设等民营经济组织账款受拖欠的重点领域,有关部门应加强对采购流程、支付结算等环节的监督工作,防范化解拖欠民营经济组织账款的风险。

3. 确保资金按时、足额支付。机关单位向民营经济组织采购货物、工程、服务,必须严格按照批准的预算与合同约定及时支付款项,不得以任何借口拖延支付到期账款。财政部门要加强对政府采购资金支付的监督和管理,监督相关单位按时履行付款义务,完善资金支付跟踪机制,确保资金按时、足额拨付至民营经济组织账户。

三、统筹指导拖欠账款处置工作

根据《保障中小企业款项支付条例》第5条第2款的规定,省级人民政府对本行政区域内保障中小企业款项支付工作负总责,加强组织领导、统筹协调,健全制度机制;县级以上地方人民政府负责本行政区域内保障中小企业款项支付的管理工作。加强对拖欠账款处置工作的统筹指导,地方政府应当落实属地责任,协调各方力量解决民营经济组织账款拖欠问题。

1. 分情况处理拖欠账款问题。本条规定了地方政府对有争议账款的统筹协调职责,政府相关部门可搭建沟通平台,组织欠款方与民营经济组织面对面交流,促使双方在平等、自愿的基础上达成和解;而对于无争议的拖欠账款,地方政府可以督促欠款方制订还款计划,明确还款时间、还款金额及还款方式,要求其严格按照计划执行。按照欠款方的不同性质,政府可通过财政调度资金、协调金融机构提供支持等对应方式,帮助欠款方筹集资金,加快清偿进度。

2.加强内部监督与问责。健全对拖欠账款处置工作的内部监督检查机制,定期对各部门、各单位的工作进展进行检查与评估。对进度落后、工作不力的部门和单位,依严重程度由低到高进行提醒、警告、通报批评、责任追究。将拖欠账款处置工作纳入地方政府及相关单位的绩效考核体系,作为评价其工作成效的重要指标,激励各单位积极主动开展工作,切实解决拖欠民营经济组织账款问题。

3.充分发挥社会组织的作用。工商业联合会、律师协会、行业协会等组织在解决账款拖欠问题中具有独特优势,地方政府应积极引导和支持当地社会组织参与民营经济组织账款支付保障工作。例如,《保障中小企业款项支付条例》第6条规定了行业协会商会的账款保障职责,包括依法加强行业自律管理,规范引导本行业大型企业履行及时支付中小企业款项义务,提供信息咨询、权益保护、纠纷处理等方面的服务。此外,地方政府可以鼓励工商业联合会利用其与民营经济组织的紧密联系,了解民营经济组织在收账方面的实际困难和诉求,为政府决策提供参考;发挥律师协会的专业能力,为民营经济组织在协商、调解过程中提供法律咨询和法律援助,帮助其通过合法途径维护自身权益,推动账款争议依法解决。

第七十条 【依法履行政策承诺和合同约定】

具体条文

> 地方各级人民政府及其有关部门应当履行依法向民营经济组织作出的政策承诺和与民营经济组织订立的合同，不得以行政区划调整、政府换届、机构或者职能调整以及相关人员更替等为由违约、毁约。
> 因国家利益、社会公共利益需要改变政策承诺、合同约定的，应当依照法定权限和程序进行，并对民营经济组织因此受到的损失予以补偿。

性质界定

本条是关于政府及其有关部门应依法履行向民营经济组织作出的政策承诺和合同约定的规定。

内涵阐释

本条规定的目的之一是防止现实生活中所谓"新官不理旧账"现象的发生，从制度层面为民营经济组织吃下"定心丸"。中共中央、国务院出台的《民营经济发展意见》《民企改革发展意见》均提道，建立健全政府诚信履约机制，政府要认真履行在招商引资、政府与社会资本合作等活动中与民营经济组织依法签订的各类合同；建立健全政府失信责任追溯和承担机制，将机关单位违约、毁约等失信信息纳入全国信用信息共享平台，对民营经济组织因国家利益、公共利益或其他法定事由需要改变政策承诺和合同约定而受到的损失，要依法予以补偿。

第七章 权益保护

一、不能违约、毁约的理由

本条明确列举了以下几种不能作为政府违约、毁约的理由。

1. 行政区划调整。通常情况下,调整行政区划是为了优化区域治理结构、提升公共服务效能,其不能成为政府对民营经济组织违约、毁约的借口。根据《行政区划管理条例实施办法》第16条的规定,为变更行政区划拟定的组织实施总体方案应当包括行政区划变更的保障措施,涉及隶属关系设立、撤销和变更的,还应包括相关地方党政群机构设置调整,国有资产、债权债务划转,民生保障和公共服务等方面的内容。由此可见,政府应遵循诚实守信原则,即使行政区划发生调整,相关事务的管理主体、管理方式可能发生变化,但已经依法作出的政策承诺以及订立的合同依然存续,政府仍须依法依约履行。

2. 政府换届。政府换届是《宪法》规定的民主政治正常运行程序,新一届政府成员可能会调整施政理念和工作重点,但并不代表其可以忽视上任政府对民营经济组织作出的政策承诺和与民营经济组织订立的合同。政府作为国家权力的执行机关,其作出的行为代表政府整体的公信力,而非某届政府成员的个别意志。政策承诺和合同具有稳定性和连续性,不因政府换届而改变。根据《中华人民共和国地方各级人民代表大会和地方各级人民政府组织法》第73条及其他相关规定,地方人民政府的职权之一是"保护各种经济组织的合法权益",因此政府换届需要妥善进行工作交接,从而保证地方政府有关民营经济组织的工作实现平稳过渡。

3. 机构或者职能调整。在我国行政体制机制改革不断推进的进程中,政府机构或职能调整的情形较为常见,目的是提高行政效率、优化资源配置,但不能据此对民营经济组织违约、毁约。行政机关实施行政管理活动,必须遵循信赖保护原则。民营经济组织基于原有机构的政策承

447

诺和合同约定开展经营活动,政府机构和职能无论如何调整,都不得损害民营经济组织既得利益和合理预期,应当通过明确的工作衔接、职责划转机制,保障政策承诺和合同的无障碍履行。

4. 相关人员更替。政府内部领导人员或其他工作人员更替是日常工作现象,同样不能成为政府对民营经济组织违约、毁约的托辞。根据《公务员法》第14条和第91条的规定,公务员应忠于职守,严格服从和执行上级依法作出的决定和命令,按照规定的权限和程序履行职责,离职前应办理公务交接手续。在政策承诺、订立合同的过程中,相关政府人员是以政府的名义履职,不代表其个人意志及个人行为,民营经济组织与政府合作亦是基于对政府的信任,而非对某个具体人员的信任。因此,政府相关人员更替应做好工作交接,确保政策承诺和合同有效履行,保障和提升政府公信力。

二、改变政策承诺或合同约定的前提与条件

(一)目的正当

政府依法不得随意改变政策承诺或合同约定,国家利益、社会公共利益的需要是政府改变政策承诺或合同约定的必要前提。由于国家利益和社会公共利益在价值考量层面具有优先性,为了保护更高位阶的法益,政府只有在特定情形下才能依法定权限与法定程序改变对民营经济组织的政策承诺或合同约定。对国家利益和社会公共利益的界定应依法严格进行,国家利益通常涉及国家主权、国家安全、领土完整及发展利益等核心方面,社会公共利益通常包括公共安全、公共卫生、公共基础设施建设、环境保护等关乎社会成员福祉的方面。如政府出于建设重大国防设施的需要,收回先前出让给民营经济组织用于商业开发的土地,属于因国家利益需要而改变约定的情形。再如,突发公共卫生事件时,政府改变与民营医疗物资生产企业先前订立的生产销售合同,征用其部分

第七章　权益保护

产能用以满足疫情防控的紧急需求,属于因社会公共利益需要而改变约定的情形。

(二)权限和程序法定

政府改变政策承诺或合同约定,除了应满足国家利益或社会公共利益的需要,还必须严格依照法定权限和程序进行。根据《优化营商环境条例》及中共中央、国务院出台的《产权保护意见》等相关规定,政府改变政策承诺或合同约定不得超权限进行,应严格按照其法定层级与职能,在权限范围内进行相应的调整和改变。在程序上,政府改变政策承诺应依据《重大行政决策程序暂行条例》等相关规定,在涉及重大公共利益时,首先,要形成决策草案,包括决策启动、公众参与、专家论证、风险评估等程序;其次,由负责合法性审查的部门进行合法性审查,经审查不合法的,不得提交决策机关讨论;最后,集体讨论决定和决策公布。此外,政府还应充分保障相关民营经济组织的知情权及建议、意见权,在改变政策承诺或合同约定前,通过召开听证会、座谈会等方式听取其意见和建议。

(三)损失补偿

根据《优化营商环境条例》第31条及《产权保护意见》第7条的规定,政府因国家利益、社会公共利益需要改变政策承诺和合同约定的,应依法对相对人受到的财产损失予以补偿。本条第2款在前述规范的基础上,从法律层面明确了相关民营经济组织的受偿权利。政府机关进行补偿应遵循公平合理原则,充分保障民营经济组织的合法经济权益。补偿范围应涵盖民营经济组织遭受的直接损失和间接损失。直接损失包括民营经济组织因合同变更或政策改变而生产停滞、设备闲置、原材料浪费、产品积压等实际发生的损失;间接损失是指民营经济组织因此减少的预期可得利益。上述损失的认定均需要有真实合理的事实依据。补偿方式包括货币补偿、实物补偿、政策优惠补偿等多样化方式,具体方式应依据实际情况与民营经济组织协商确定,以最大限度弥补民营经济组织因政策承诺或合同约定改变而受到的损失。

· 适用要点 ·

本条明令禁止地方政府及其有关部门违法改变政策承诺和合同约定的违约、毁约行为。面对本条规定的情形,民营经济组织如何依法维护自身合法权益,是至关重要的问题。实践中的一些成功维权案例,为民营经济组织维护自身权益提供了实践经验。

2023年7月,最高人民法院发布的11个人民法院依法保护民营企业产权和企业家权益典型案例之三"沈阳电力工程咨询有限公司与沈阳市浑南区农业农村局服务合同纠纷案"涉及民营企业与机关法人因履行服务合同发生的争议。涉案合同系机关法人与民营企业作为平等民事主体、基于意思自治原则签订的服务合同。案件事实表明,原告民营企业已经依约交付了工作成果,但涉案机关以有关服务费未经政府部门确认、有关款项未向财政部门申请和审批为由拒不履行费用支付义务。上述理由无关国家利益、社会公共利益或其他法定情形,涉案机关拒不付款的行为构成违约,审理法院依法支持了原告民营经济组织要求机关法人支付服务费的请求。该案体现了法院对民营经济组织权益的平等保护,以及对构建诚实守信经营环境的司法支持,彰显了发挥司法职能作用优化法治化营商环境的决心,有利于全面构建"亲""清"政商关系,保护民营经济组织持续健康发展。

2018年12月,最高人民法院发布的人民法院充分发挥审判职能作用保护产权和企业家合法权益典型案例(第二批)之二"中科公司与某某县国土局土地使用权出让合同纠纷案"是最高人民法院二审改判案件。针对被告单位的违约、毁约行为,最高人民法院依法判决有关单位承担违约责任。在损失认定过程中,最高人民法院综合考虑某某县国土局的违约获利,涉案工业用地的土地使用权价值,中科公司实际投入的资金额、资金使用利益损失、未来经营收益,以及市场风险等因素,判决被告某某县国土局赔偿原告中科公司直接损失及相关合同利益共计1000万余元。该判决揭示了地方政府在招商引资中的不规范行为,保护了民营企业家合法的生产经营权益,对于同类案件的处理具有指引价值,有利于推动地方政府守信践诺、依法行政,促进民营经济平稳健康发展。

第八章 法律责任

第八章　法律责任

第七十一条　【违反公平竞争审查程序、公共资源交易歧视民营经济组织的法律责任】

具体条文

> 违反本法规定，有下列情形之一的，由有权机关责令改正，造成不良后果或者影响的，对负有责任的领导人员和直接责任人员依法给予处分：
> （一）未经公平竞争审查或者未通过公平竞争审查出台政策措施；
> （二）在招标投标、政府采购等公共资源交易中限制或者排斥民营经济组织。

性质界定

本条是关于限制、排斥民营经济组织平等参与市场竞争的法律责任的规定。

内涵阐释

民营经济是社会主义市场经济的重要组成部分。要促进和发展民营经济，就必须保障民营经济组织在市场中的平等竞争地位，消除各种隐性壁垒，对限制、排斥民营经济组织平等参与市场竞争的行为予以处罚。

为促进市场公平竞争、优化营商环境、建设全国统一大市场，我国建立了公平竞争审查制度。我国先后出台《反垄断法》《公平竞争审查条例》《公平竞争审查条例实施办法》，规定由国务院市场监督管理部门负责指导实施公平竞争审查制度。为进一步推进公平竞争审查制度实施,切实保障民营经济组织公平参与市场竞争,《民营经济促进法》设置"公平竞争"专章,并在第11条强调各级人民政府及其有关部门落实公平竞争审查制度的职能职责。《民营经济促进法》第11条规定,各级人民政府及其有关部门制定涉及经营主体生产经营活动的政策措施应当经过公平竞争审查,并定期评估,及时清理、废除含有妨碍全国统一市场和公平竞争内容的政策措施。针对违反公平竞争审查制度政策措施的举报,市场监督管理部门负责依法受理、依法处理。本条在第11条的基础上配置了违反公平竞争审查程序的法律责任,增强了公平竞争审查的制度权威和刚性约束。

公共资源交易制度是社会主义市场经济体制的重要组成部分,对于充分发挥市场在资源配置中的决定性作用具有重要意义。我国政府采购以及招标投标领域为中小企业提供了法律激励和政策支持。《政府采购法》第9条规定:"政府采购应当有助于实现国家的经济和社会发展政策目标,包括保护环境,扶持不发达地区和少数民族地区,促进中小企业发展等。"《民营经济促进法》第12条至第14条确认了民营经济组织平等使用各类生产要素、公共服务资源的法律地位,通过列举式立法规定,约束各级政府及有关部门不得制定针对民营经济组织的歧视性政策措施,并特别强调了公共资源交易活动中民营经济组织的平等参与权利。本条进一步设置了在招标投标、政府采购等公共资源交易中限制或排斥民营经济组织的法律责任,提升了对公共资源交易中损害竞争行为的问责力度。

关于公平竞争审查与公共资源交易活动相关要求的详细解释,可参见本书对第11条、第14条的内涵阐释。

根据本条规定,违反《民营经济促进法》、公平竞争审查规定及存在公共资源交易歧视的,应当由有权机关责令改正,纠正违法行为。若造成不良后果或影响,应当对负有责任的领导人员和直接责任人员依法给予处分。

一、实践中常见的限制、排斥民营经济组织平等参与市场竞争的行为

(一)违反公平竞争审查规定的行为

实践中,违反公平竞争审查规定,不利于民营经济组织平等参与市场竞争行为的主要表现有:(1)给予特定市场主体税收优惠,对民营经济组织实行差别化不平等对待。如某开发区管委会印发《政府投资项目代建制管理办法(试行)》,规定"高新区管委会采取委托方式选择区属国有企业或通过招标方式选择有代建能力的社会企业、负责政府投资项目建设实施"。该试行办法给予国有企业更多的市场准入机会,限制了民营经济组织平等参与市场竞争的权利。(2)设置不合理或者歧视性的准入、退出条件。如某县人民政府出台《关于促进新材料产业发展的若干意见》,规定"产学研合作项目经县科技局备案后,按企业实际支付技术合作费用(以审计报告为准)的30%给予补助。园区内享受优惠政策的企业,三年内迁出本县的,已享受优惠政策所有奖励资金应全额退还"。该意见限制享受优惠政策的企业3年内不得迁出,属于《公平竞争审查制度实施细则》第13条规定的"设置明显不必要或者超出实际需要的准入和退出条件"情形。(3)滥用行政权力排除、限制竞争行为。如某县交通运输局牵头印发《建筑垃圾运输服务企业管理实施办法》,规定对该县建筑垃圾运输服务企业实行准入制,由当事人负责制定建筑垃圾运输服务企业准入标准。其中,"在该县市场监督管理局注册的独立法人企业,并取得《营业执照》"为建筑垃圾运输服务企业申请准入条件之一。该县交通运输局牵头印发的《县建筑垃圾运输服务企业准入报名公告》，规定"个人或未纳入运输企业准入名录的企业及车辆，不得在县域范围内从事建筑垃圾运输"。该文件构成滥用行政权力排除、限制竞争行为。

（二）在招标投标、政府采购中限制、排斥民营经济组织参与公共资源交易的行为

实践中，在招标投标、政府采购等公共资源交易领域，限制、排斥民营经济组织行为的主要表现有：(1) 政府采购中招标人对供应商实行差别待遇或者歧视待遇。如在某高等学校电力工程虚拟仿真实训室建设项目中，采购文件要求提供产品为"知名品牌"。该文件在采购需求中指定特定品牌，属于对产品或服务品牌的不合理要求，属于采购人设置差别歧视待遇情形。(2) 政府违规指定招标代理单位范围。如某自贸区管委会发布招标公告，将招标分为两个标段：标段一为确定 3 家招标代理单位作为该管委会货物、服务类招标代理费在本市政府采购限额标准以下的招标代理服务单位；标段二为确定 12 家招标代理单位作为该管委会政府投资项目工程类招标代理费在本市政府采购限额标准以下的招标代理服务单位。国家发展和改革委员会通过委托第三方专家评估，认为该招标公告属于违反市场准入负面清单制度的行为，违反《招标投标法》中不得为招标人指定招标代理机构的规定。

二、法律责任的具体形式

根据本条，有权机关应当纠正违反《民营经济促进法》规定、违反公平竞争审查程序及公共资源交易歧视的行为。同时，如果违法行为造成不良后果或影响，负有责任的领导人员和直接责任人员应当受到处分。

（一）谁是本条规定中的"有权机关"

本条列举的限制、排斥民营经济组织平等参与市场竞争的行为包括：未经公平竞争审查或者未通过公平竞争审查出台政策措施、招标投

标领域及政府采购领域等公共资源交易中限制或者排斥民营经济组织的行为。在实践中,负有职能职责纠正这些违法行为并进行追责的有权机关包括以下几个方面:

第一,反垄断和反不正当竞争等竞争执法机构(如市场监督管理部门)负责监督保障公平竞争审查制度实施,纠正未经公平竞争审查或者未通过公平竞争审查出台政策措施的行为,并进行问责。一方面,《民营经济促进法》第 15 条明确了反垄断和反不正当竞争执法等竞争执法机构保障民营经济组织公平参与市场竞争的职责,规定竞争执法机构应当依法处理行政机关滥用行政权力、限制竞争的行为。另一方面,本条所规定的违反公平竞争审查程序出台政策措施属于行政机关滥用行政权力、限制竞争的行为,因此应当由竞争执法机构追究起草单位的法律责任。同时,根据《反垄断法》《公平竞争审查条例》《公平竞争审查条例实施办法》等的规定,国务院建立公平竞争审查协调机制,县级以上人民政府建立健全公平竞争审查工作机制。在中央层面,国务院市场监督管理部门负责指导实施公平竞争审查制度;在地方层面,县级以上地方人民政府市场监督管理部门负责在本行政区域组织实施公平竞争审查制度。市场监督管理部门通过公平竞争审查抽查、举报处理、督查等机制加强公平竞争审查工作监督保障。根据《公平竞争审查条例实施办法》第 37 条、第 38 条、第 39 条、第 40 条和第 41 条的规定,市场监督管理部门负责受理与核实单位和个人针对涉嫌违反公平竞争审查规定的举报。同时,市场监督管理部门通过对有关政策措施开展抽查,排查起草单位公共竞争审查实施情况。对于通过举报处理、抽查等方式发现的涉嫌违反公共竞争审查规定的政策措施,市场监督管理部门应当组织核查,认定违反规定的,应当督促起草单位进行整改。国家市场监督管理总局实施公平竞争审查督查,要求督查对象整改问题,并将督查情况报送国务院。

第二,针对招标投标领域限制或者排斥民营经济组织的行为,国家发展改革部门、财政部门和监察部门根据职能分工,监督保障招标投标工作。根据《招标投标法》《招标投标法实施条例》的规定,国务院发展改革部门指导和协调全国招标投标工作,对国家重大建设项目的工程招标活动实施监督检查。县级以上地方人民政府发展改革部门指导和协调本行政区域的招标投标工作,根据职责分工监督招标投标活动,并依法查处招标投标活动中违法行为。财政部门依法对实行招标投标的政府采购工程建设项目的政府采购政策执行情况实施监督。监察机关依法对与招标投标活动有关的监察对象实施监察。

第三,政府采购监督管理部门及其他国家监督机关负责审查和监督政府采购领域限制或者排斥民营经济组织的行为。根据《政府采购法》和《政府采购法实施条例》的规定,财政部门通过书面审查处理政府采购相关质疑、投诉和举报,依据采购标准考核集中采购机构,明确政府采购环节的具体标准和程序要求,建立统一专家库和信息库等方式实现对政府采购活动的监督管理。审计机关对政府采购进行审计监督,政府采购监督管理部门、政府采购各当事人有关政府采购活动应当接受审计机关的审计监督。监察机关对参与政府采购活动的国家机关、国家公务人员和国家行政机关任命的其他人员实施监察。同时,国务院办公厅印发的《政府采购领域"整顿市场秩序、建设法规体系、促进产业发展"三年行动方案(2024—2026年)》强调,要加强政府采购协同监管,提升监管效能。财政部门要会同市场监督管理部门对供应商提供虚假认证证书、检测报告开展核查,会同公安部门严查政府采购招标中发现的串通投标行为,会同纪检监察等部门就问题线索移送、案件查处等进行协作配合,严肃查处政府采购领域的腐败问题和不正之风。

(二)哪些人员属于本条中的"负有责任的领导人员和直接责任人员"

负有责任的领导人员,是指在单位实行违反法律规定行为时,在其职责范围内由于错误领导、疏于管理或放任等原因而对其直接领导的工作不履行或者不正确履行职责,对造成的损失或后果具有不可推卸的领导责任的人员。包括事前决策实施违法行为、事中未履行监督纠正责任、事后认可和支持违法行为等。直接责任人员,是指直接实施违法行为的人员。

(三)如何适用本条规定中的"给予处分"

根据《公务员法》和《公职人员政务处分法》的规定,处分分为警告、记过、记大过、降级、撤职、开除。公务员以及参照《公务员法》管理的人员在受处分期间不得晋升职务、职级、衔级和级别。政务处分决定自作出之日起生效,政务处分期自政务处分决定生效之日起计算。公职人员受开除以外的处分,在受处分期间有悔改表现,并且没有再发生违纪违法行为的,处分期满后自动解除。

警告,是指对违法公职人员提出的告诫,提醒其注意错误、改正错误,避免再犯。警告属于申诫处分,适用于轻微的违法违纪行为,处分期为 6 个月。

记过、记大过是介于警告和降级之间的申诫处分,适用于违法违纪行为给国家和人民造成一定损失,给予警告处分过轻、给予降级处分过重的情形。记过的处分期为 12 个月,记大过的处分期为 18 个月。被记过、记大过的公职人员在处分期内不得晋升工资档次。

降级,是指降低公务员级别,包括降低公务员职务级别以及职级对应的待遇,处分期为 24 个月,被降级的公职人员在处分期内不得晋升工资档次。处分期满后解除降级处分的,不视为恢复原级别、原职务、原职级。

撤职,是指公职人员的违法违规行为给国家和人民造成较大损失,不适合继续担任行政职务,由有权机关依法撤销其职务的处分形式。被撤职的公职人员按照规定降低职务、职级、衔级和级别,同时降低工资和待遇。撤职的处分期为24个月。处分期满后解除撤职处分的,不视为恢复原级别、原职务、原职级。

开除,是指不遵守公职人员义务、不遵守法律和公职人员纪律、经教育仍无转变、不适合继续在机关工作的,由有权机关依法取消其公务员资格,原单位解除与被处分人的人事关系的处分形式。开除是最严厉的处分形式,适用于违法违纪行为给国家和人民造成重大损失的情形。公职人员被开除的,自政务处分决定生效之日起,应当解除其与所在机关、单位的人事关系或者劳动关系。同时,被处分人被开除后,不得再次录用为公职人员。

第七十二条 【违法实施征收、征用、查封、扣押、冻结、异地执法等措施的法律责任】

具体条文

> 违反法律规定实施征收、征用或者查封、扣押、冻结等措施的,由有权机关责令改正,造成损失的,依法予以赔偿;造成不良后果或者影响的,对负有责任的领导人员和直接责任人员依法给予处分。
>
> 违反法律规定实施异地执法的,由有权机关责令改正,造成不良后果或者影响的,对负有责任的领导人员和直接责任人员依法给予处分。

第八章 法律责任

性质界定

本条是关于违法实施征收、征用或者查封、扣押、冻结等措施及违法异地执法的法律责任的规定。

内涵阐释

民营经济组织及其经营者的合法财产权利不受侵犯。我国《宪法》明确规定：国家保护非公有制经济的合法的权利和利益，鼓励、支持和引导非公有制经济的发展；公民的合法的私有财产不受侵犯；国家依照法律规定保护公民的私有财产权和继承权。《民营经济促进法》第58条明确规定，民营经济组织及其经营者的人身权利、财产权利以及经营自主权等合法权益受法律保护，任何单位和个人不得侵犯。

在以往的实践中，存在某些地方和部门乱收费、乱检查、乱查封以及违规异地执法、趋利性执法等现象，这些现象扰乱了民营经济组织生产经营秩序，不利于营造稳定、公平、可预期的民营经济发展环境。2025年5月16日，司法部就"关于规范涉企行政执法专项行动有关问题"进行了集中解答（以下简称司法部规范涉企行政执法专项行动解答）。司法部解答明确了乱查封、违规异地执法以及趋利性执法的具体情形。(1)根据司法部规范涉企行政执法专项行动解答，乱查封行为主要包括：委托实施查封；无行政执法资格的人员实施查封；对与违法行为无关的场所、设施、财物实施查封；重复查封已被其他国家机关依法查封的场所、设施或者财物；违反法定程序实施查封；超过法定期限查封；未妥善保管或使用、损毁查封的场所、设施或者财物；具备解除查封情形仍不作出解除查封决定；等等。(2)司法部规范涉企行政执法专项行动解答回应了实践中常见的违规异地执法情形，具体包括：未履行协作手续或在管辖争议解决前，擅自跨区域开展行政执法活动；在异地执法中超越权限或者违反法定程序对企业财产采取强制措施;采取"钓鱼"执法等手段将外地案件纳入自身管辖范围;异地行政执法协助机制不健全;等等。在最高人民检察院于 2025 年 4 月公开的一起挂牌督办案件中,最高人民检察院与江苏省靖江市检察院联合监督,纠正了某省检察机关不当实施强制措施导致涉案企业运营困难的违规异地执法、趋利性执法司法行为。2024 年 4 月,江苏省靖江市检察院在摸排时发现了趋利性执法线索,调查核实了外省司法机关在查办案件过程中扣押、冻结涉案企业财产的不当执法行为。2024 年 6 月,靖江市检察院派员到外省检察机关实地协调监督事宜。2024 年 7 月 26 日,最高人民检察院将该案作为重点案件挂牌督办。2024 年 10 月,该企业的资金被解冻。2025 年年初,该企业被排除单位犯罪嫌疑,被扣押的资金也如数返还,经营重回正轨。(3)司法部规范涉企行政执法专项行动解答明确了趋利性执法的情形,如行政执法与利益挂钩;考核考评结果与罚款收入挂钩;直接或变相下达罚款收入指标;违规违法争抢有罚没收益的案件管辖权;为增加罚款收入脱离实际监管需要随意设置监控设备;等等。

针对有的执法机关在工作中出现的上述问题,《产权保护意见》《最高人民法院关于依法审理和执行民事商事案件保障民间投资健康发展的通知》明确强调,依法慎用拘留、查封、冻结等强制措施,尽量减少对企业正常生产经营活动可能造成的不当影响,维持非公有制经济主体的经营稳定。确需采取查封、扣押、冻结等强制措施的,要严格按照法定程序进行。《最高人民检察院关于充分发挥检察职能依法保障和促进非公有制经济健康发展的意见》也指出,重点监督纠正涉及非公有制企业的案件该立不立、不该立乱立、违法使用刑事手段插手经济纠纷,以及适用强制措施、查封扣押冻结财物不当等问题。

关于征收、征用、查封、扣押、冻结、异地执法相关要求的详细解释,可参见本书对第 61 条、第 62 条、第 64 条的内涵阐释。

根据本条规定,违反法律规定实施征收、征用或者查封、扣押、冻结等措施以及违反法律规定实施异地执法的,由有权机关责令改正,造成不良后果或影响的,对负有责任的领导人员和直接责任人员依法给予处分。同时,因违反法律规定实施征收、征用、查封、扣押、冻结等措施造成损失的,应依法予以赔偿。例如,在最高人民法院发布的第四十三批指导性案例中,指导案例 242 号(重庆某房地产经纪有限公司申请重庆市公安局九龙坡区分局刑事违法扣押赔偿案)涉及行政机关查封、扣押行为侵害民营企业财产权益情形。该案中,公安机关占用申请人场地扣押另案涉案财产,造成申请人财产损失,侵害申请人财产权利。经审查,法院作出国家赔偿决定,认为公安机关应当承担国家赔偿责任。

一、谁是本条规定中的"有权机关"

司法行政机关、检察机关、人民法院负责保障本条实施。三者主要通过健全行政执法监督工作体制机制、规范涉企行政执法专项行动等方式,加强对行政执法活动的监督,对违法实施征收、征用、查封、扣押、冻结等措施或违反法律规定实施异地执法的行为进行追责、问责,切实保障民营经济组织及其经营者的合法权益。

第一,司法部及县级以上司法行政机关作为行政执法监督机构,承担统筹推进法治政府建设的职能。2024 年 5 月,中共中央办公厅、国务院办公厅印发《关于加强行政执法协调监督工作体系建设的意见》,明确司法行政部门为政府行政执法监督机构。2025 年 4 月 25 日,中央政治局会议强调,要扎实开展规范涉企执法专项行动。2025 年 5 月 8 日,国务院新闻办公室举行新闻发布会,介绍《民营经济促进法》相关情况,进一步明确了司法行政机关在规范涉企执法专项行动中的监督职责。发布会上,司法部相关负责人指出,司法部作为国务院行政执法监督机构,负责统筹组织全国规范涉企行政执法专项行动。地方各级司法行政机关作为本级政府的行政执法监督机构,负责本地区专项行动的组织实施,督促各地区各部门加大对行政执法违法行为查处力度。

第二,检察机关作为国家法律监督机关,在履行法律监督职责中发现行政机关违法行使职权或者不行使职权的,可以依照法律规定采用提出检察建议等方式督促其纠正。2016年,《最高人民检察院关于充分发挥检察职能依法保障和促进非公有制经济健康发展的意见》指出,"强化对涉及非公有制企业和非公有制经济人士诉讼活动的法律监督,维护非公有制企业合法权益和司法公正。重点监督纠正涉及非公有制企业的案件该立不立、不该立乱立、违法使用刑事手段插手经济纠纷,以及适用强制措施、查封扣押冻结财物不当等问题"。2025年3月,最高人民检察院制定了《检察机关开展"违规异地执法和趋利性执法司法专项监督"工作方案》,聚焦了十一个方面的重点任务,包括要突出涉企刑事案件的监督办案、要深入推进虚假诉讼专项监督行动、要依法加强对审判和执行活动中违法"查扣冻"涉企财物的监督、要依法强化对在履行法律监督职责中发现的行政违法行为的监督、要注重以检察公益诉讼营造公平有序市场竞争环境、要依法查处司法工作人员在办理涉企案件中相关职务犯罪等。

第三,人民法院作为国家审判机关,在民事商事审判和行政案件审判中,充分发挥审判职能,规范涉企案件审判执行工作,积极促进法治化营商环境建设。2025年4月16日,最高人民法院发布《涉企案件审执通知》。该通知要求依法规范适用查封、扣押、冻结措施和失信惩戒措施,最大限度降低对企业正常生产经营活动的影响。(1)严禁超权限、超范围、超标的、超时限采取查封、扣押、冻结措施。(2)严格区分违法所得与合法财产、涉案人员个人财产与企业财产等,对与案件无关的财物,不得查封、扣押、冻结。善用"活封活扣"措施,对于能"活封"的财产,尽量不进行"死封",使查封财产能够物尽其用。(3)精准适用失信惩戒措施,严格区分"失信"与"失能"。(4)及时核查清理失信信息,依法依规做好信用修复,让符合信用修复条件的企业重返市场、创新创业。同时,就违规异地执法、趋利性执法等行为,该通知明确规定,人民法院应当坚持法定管辖为原则、移送管辖和指定管辖为例外,严禁受地方保护主义影响或者出于趋利性目的,对涉企案件扩张管辖、人为制造异地管辖,以涉嫌刑事犯罪为由对依法应当立案的涉企民事案件不予立案或者驳回起诉。当事人提出管辖异议,或者下级法院提请指定管辖的,有关法院应当严格审查、依法处理,从源头上防止违规异地执法、趋利性执法司法。

二、何为"造成不良后果或者影响"

根据本条规定,违反法律规定实施征收、征用、查封、扣押、冻结等措施以及违反法律规定实施异地执法,造成不良后果或者影响的,对负有责任的领导人员和直接责任人员依法给予处分。在我国的法律体系中,"造成不良后果或者影响"多为政务处分的前提。例如,《公职人员政务处分法》第39条规定了政务处分的情形,该条在结构上与本条采用了同样的模式,即"违法行为+实害结果"。根据政务处分的相关规定,"不良后果或者影响"主要指违法行为造成的实际损害以及引发的社会危害与负面效应。同时,结合《民营经济促进法》保护和促进民营经济发展的定位,"不良后果或者影响"主要指损害民营经济组织及其经营者合法权益,阻碍民营经济组织平等进入市场领域,破坏营商环境等情形。例如,在2025年3月河南省开封市纪委监委发布的损害营商环境典型案例中,某行政机关的 2 名公职人员对企业随意执法,乱罚款、乱查封。该案中,2 名公职人员滥用执法权的行为被认定为"作风不正、担当不足,纪法观念淡薄、服务意识不强,严重破坏了亲清政商关系,损害了我市营商环境",分别受到党内严重警告处分及政务警告处分。

三、如何适用本条中的"依法予以赔偿"

根据本条规定,违反法律规定实施征收、征用或者查封、扣押、冻结等措施造成损失的,应当依法予以赔偿。《国家赔偿法》规定了国家赔偿的主体、范围、方式以及计算标准等。

1. 赔偿义务机关和赔偿请求人

《国家赔偿法》第二章第二节规定,行政机关及其工作人员行使行政职权侵犯公民、法人和其他组织的合法权益造成损害的,该行政机关为赔偿义务机关。受害的公民、法人和其他组织有权要求赔偿。赔偿请求人根据受到的不同损害,可以同时提出数项赔偿要求。赔偿请求人要求赔偿,应当先向赔偿义务机关提出,也可以在申请行政复议或者提起行政诉讼时一并提出。

2. 行政赔偿和刑事赔偿的范围

根据《国家赔偿法》第 4 条、第 18 条的规定,行政机关及其工作人员在行使行政职权时,违法对财产采取查封、扣押、冻结等行政强制措施或违法征收、征用财产的,受害人有取得赔偿的权利。行使侦查、检察、审判职权的机关以及看守所、监狱管理机关及其工作人员在行使职权时,违法对财产采取查封、扣押、冻结、追缴等措施的,受害人有取得赔偿的权利。

3. 赔偿方式和计算标准

《国家赔偿法》第四章规定了国家赔偿的赔偿方式和计算标准。根据《国家赔偿法》第 32 条的规定,国家赔偿以支付赔偿金为主要方式,能

第八章 法律责任

够返还财产或者恢复原状的,予以返还财产或恢复原状。根据《国家赔偿法》第36条的规定,侵犯公民、法人和其他组织的财产权造成损害的,应当按以下规定处理:(1)处罚款、罚金、追缴、没收财产或者违法征收、征用财产的,返还财产。(2)查封、扣押、冻结财产的,解除对财产的查封、扣押、冻结,造成财产损坏或者灭失的,依照本条第3项、第4项的规定赔偿。(3)应当返还的财产损坏的,能够恢复原状的恢复原状,不能恢复原状的,按照损害程度给付相应的赔偿金。针对赔偿金的给付标准,最高人民法院在范某某诉某区人民政府强制拆除房屋及行政赔偿案(最高人民法院于2022年3月发布的九起行政赔偿参考案例之一)中予以释明。该案中,行政机关在未达成协议、未批准安置补偿裁决的情况下,强制拆除当事人房屋、强制征收集体土地,违反法律规定,侵犯当事人财产权利。最终,最高人民法院经审查认为,行政机关违法征收土地、强制拆除房屋的,被征收人获得的行政赔偿数额不应低于赔偿时被征收房屋的市场价格。(4)应当返还的财产灭失的,给付相应的赔偿金。(5)财产已经拍卖或者变卖的,给付拍卖或者变卖所得的价款;变卖的价款明显低于财产价值的,应当支付相应的赔偿金。(6)吊销许可证和执照、责令停产停业的,赔偿停产停业期间必要的经常性费用开支。(7)返还执行的罚款或者罚金、追缴或者没收的金钱,解除冻结的存款或者汇款的,应当支付银行同期存款利息。(8)对财产权造成其他损害的,按照直接损失给予赔偿。

第七十三条 【违法违约拖欠账款及不依法履行政策承诺的法律责任】

具体条文

> 国家机关、事业单位、国有企业违反法律、行政法规规定或者合同约定，拒绝或者拖延支付民营经济组织账款，地方各级人民政府及其有关部门不履行向民营经济组织依法作出的政策承诺、依法订立的合同的，由有权机关予以纠正，造成损失的，依法予以赔偿；造成不良后果或者影响的，对负有责任的领导人员和直接责任人员依法给予处分。
>
> 大型企业违反法律、行政法规规定或者合同约定，拒绝或者拖延支付中小民营经济组织账款的，依法承担法律责任。

性质界定

本条是关于违法违约拖欠民营经济组织账款，以及行政机关不依法履行政策承诺、合同约定的法律责任的规定。

内涵阐释

促进民营经济发展，不仅要为民营经济提供公平竞争的市场环境，还要为民营经济提供健康发展的土壤。当前，账款拖欠问题成为民营经济稳定发展的"拦路虎"。一方面，有的地方政府由于债务规模大、结构性矛盾突出，陷入财政困境，难以偿还民营经济组织的欠款；另一方面，一些大型企业滥用自身规模优势，在订立合同时设置"背靠背"条款，强迫中小企业接受不合理的付款期限、方式、条件和违约责任等交易条件，

第八章 法律责任

违反公平原则和诚信原则。在 2025 年 2 月 27 日召开的民营企业座谈会上，习近平总书记强调："要着力解决拖欠民营企业账款问题。"①为了健全防范化解拖欠中小企业账款长效机制，完善拖欠账款常态化预防和清理机制，修改后的《中小企业促进法》和《保障中小企业款项支付条例》，专门明确了支付中小企业拖欠账款的保障机制。中共中央、国务院也陆续发布《民企改革发展意见》《民营经济发展壮大意见》，进一步完善拖欠账款常态化预防和清理机制。2023 年 9 月，最高人民法院发布了《民营经济发展壮大指导意见》，要求通过完善党委领导、多方协作、法院主办的执行工作协调联动机制，严厉打击失信被执行人规避执行的行为，建立快立快审快执"绿色通道"，确保企业及时收回账款。

关于本条不得拖欠民营企业账款相关规定的详细解释，可参见本书对第 67 条、第 68 条、第 69 条的内涵阐释。

除此之外，政府是否履行政策承诺和合同约定，也决定了民营经济组织能否切实享受倾斜性的政策支持、能否按预期实现合同约定的权利义务。地方政府在招商引资过程中，常常通过税收减免、财政补贴等政策承诺招商引资，以增加当地财政收入，促进地方经济发展。然而，民营经济组织在与当地政府签订招商引资协议、完成在当地的投资后，一些地方政府却拒绝履行政策承诺、违背合同约定，破坏民营经济组织及其经营者的合理预期。为了防止"新官不理旧账"等损害民营经济组织预期利益行为的发生，最高人民法院于 2019 年发布的《关于审理行政协议案件若干问题的规定》指出，被告未依法履行、未按照约定履行行政协议，人民法院可以结合原告诉讼请求，判决被告继续履行，并明确继续履

---

① 《习近平在民营企业座谈会上强调 民营经济发展前景广阔大有可为 民营企业和民营企业家大显身手正当其时》，载《人民日报》2025 年 2 月 18 日，第 1 版。

行的具体内容;被告无法履行或者继续履行无实际意义的,人民法院可以判决被告采取相应的补救措施;给原告造成损失的,判决被告予以赔偿。同时,最高人民法院于2023年发布的《民营经济发展壮大指导意见》指出,对于违法失信行为引发的合同纠纷,政府机关、国有企业、事业单位因负责人、承办人变动拒绝履行生效合同义务的,应当依法判令其承担相应的违约责任,依法维护民营企业经营发展的诚信环境。此外,中共中央、国务院出台的《民企改革发展意见》《民营经济发展壮大意见》均强调,要完善政府诚信履约机制,建立健全政务失信记录和惩戒制度,通过信用机制约束政府履行政策承诺、履行合同义务。

关于本条政府应履行政策承诺及与民营经济组织订立合同相关规定的详细解释,可参见本书对第70条的内涵阐释。

一、拖欠民营经济组织账款的法律责任形式

本条规定按照拖欠民营经济组织账款主体的不同性质,规定了两种不同类型的法律责任:

第一,根据本条第1款的规定,国家机关、事业单位、国有企业违反法律、行政法规规定或者合同约定,拒绝或者拖延支付民营经济组织账款,由有权机关予以纠正,造成损失的,依法予以赔偿;造成不良后果或者影响的,对负有责任的领导人员和直接责任人员依法给予处分。2024年12月31日,湖南省高级人民法院发布"优化法治化营商环境,服务经济高质量发展"十大典型案例。其中,桑植县某设备租赁有限公司与桑植县某镇人民政府合同纠纷及申请执行案涉及行政机关拖欠民营企业账款。在法院主持下,政企双方达成和解协议,被告人桑植县某镇人民政府最终偿还欠款。2025年3月,上海市高级人民法院公布上海法院第六批依法平等保护促进民营经济发展的典型案例,涉及国有大型企业延迟支付中小民营经济组织账款。其中,在某鞋业公司诉某超市股份有

限公司联营合同纠纷案中,某超市股份有限公司系国有大型企业,法院判决其支付拖欠货款并赔偿利息损失,保护了民营经济组织的合法权益。

第二,根据本条第2款规定,大型企业违反法律、行政法规规定或者合同约定,拒绝或者拖延支付中小民营经济组织账款的,依法承担法律责任。中小民营经济组织在国民经济和社会发展中具有重要作用,在提供就业岗位、稳定经济增长、推动技术创新等方面作出了重要贡献。为保障中小企业的合法权益,在《民营经济促进法》出台前,国家先后出台《中小企业促进法》《保障中小企业款项支付条例》,以保障中小企业款项支付,改善中小企业经营环境,保障中小企业公平参与市场竞争的权利。针对大型企业拒绝或拖延支付中小民营经济组织账款的情形,《中小企业促进法》《保障中小企业款项支付条例》以及《民营经济促进法》主要通过规范配合、信用机制、央地联动、财政支持等制度形式,构建配套的多维保障机制,清理拖欠中小企业账款,并将付款期限与付款条件作为重点,强调订立合同平等协商的基础,防止大中型企业利用自身优势地位侵害中小民营经济组织财产权利。

二、地方各级人民政府及其有关部门不履行向民营经济组织依法作出的政策承诺及依法订立的合同的法律责任形式

根据本条第1款的规定,地方各级人民政府及其有关部门不履行向民营经济组织依法作出的政策承诺、依法订立的合同的,由有权机关予以纠正,造成损失的,依法予以赔偿;造成不良后果或者影响的,对负有责任的领导人员和直接责任人员依法给予处分。实践中,政府不履行政策承诺及合同约定的主要表现是不履行招商政策承诺和拒绝履行招商引资协议。例如,在最高人民法院发布的第一批行政协议典型案例中,吉林省某保护开发区管理委员会与某公司签订招商引资协议,允诺为该

招商企业在办理前期手续、委托环评、争取政策和资金支持等项目筹建方面提供帮助和支持,但在招商企业完成投资建设后,该管理委员会一直以原选址不符合环境保护要求、无法正常生产为由拖延履行协议约定,属于未履行政策约定及合同约定行为。

第七十四条 【侵犯民营经济组织及其经营者合法权益的法律责任】

具体条文

> 违反本法规定,侵害民营经济组织及其经营者合法权益,其他法律、法规规定行政处罚的,从其规定;造成人身损害或者财产损失的,依法承担民事责任;构成犯罪的,依法追究刑事责任。

性质界定

本条是关于侵犯民营经济组织及其经营者合法权益的法律责任的规定。

内涵阐释

由于一些民营经济组织经营生态比较脆弱、经营能力存在短板、风险抵抗能力不足,其生产经营秩序容易受到冲击。近年来,民营经济组织及其经营者合法权益受到侵害的事件时有发生。一方面,一些企业、组织与个人为谋取不正当利益,通过侮辱、诽谤、恶意维权、虚假投诉或诉讼等方式,打击与其形成竞争关系的民营经济组织,侵害民营经济组织及其经营者合法权益,破坏市场竞争秩序;另一方面,一些地方政府在行政执法环节中的不当行为,也存在侵害民营经济组织及其经营者合法权益的严重后果。

《民营经济促进法》第58条规定:"民营经济组织及其经营者的人身权利、财产权利以及经营自主权等合法权益受法律保护,任何单位和个人不得侵犯。"本条是第58条的实施保障条款,通过追究侵犯民营经济组织及其经营者合法权益行为法律责任的方式,保障对民营经济组织及其经营者的合法权益保护能够落到实处。值得注意的是,本条中所列明的违法行为的前提是"违反本法规定",这也就意味着《民营经济促进法》可以直接成为对侵犯民营经济组织及其经营者合法权益行为进行问责与追责的法律依据,无须再通过其他法律法规来对这些行为是否构成侵权行为进行审查与认定。这一规定既提高了法律程序的应用效率,也丰富了《民营经济促进法》的适用价值。

关于民营经济组织及其经营者合法权益保护的详细解释,可参见本书对第58条、第59条的内涵阐释。

本条明确了实施侵害民营经济组织及其经营者合法权益的行为者,应当依法承担法律责任。法律责任的形式有行政责任、民事责任以及刑事责任。

实践中常见的侵害民营经济组织及其经营者人身权利、财产权利及经营自主权等合法权益行为的表现主要有以下几个方面。

一、侵害民营经济组织及其经营者人身权利的行为

《民营经济促进法》所称的民营经济组织及其经营者人身权利范围较广泛,既包括生命权、身体权、健康权三大物质性人身权利,也包括姓名权、名称权、肖像权、名誉权、荣誉权、隐私权、个人信息权等,以及基于人身自由、人格尊严产生的其他人格权益。

实践中,侵犯民营经济组织及其经营者人身权利行为的主要表现有:

1. 非法限制或者违法限制民营经济组织经营者人身自由。如为了满足商业目的或财产目的，非法拘禁民营经济组织经营者，违法拘留、超期限羁押限制民营经济组织经营者人身自由等行为。

2. 同业竞争者通过网络自媒体等编造散布虚假信息，侵害民营经济组织及其经营者声誉。如利用微信公众号影响力，广泛传播不实消息，导致民营经济组织社会评价显著降低，属于侵害民营经济组织名誉权行为。

3. 作为市场主体的其他企业或个人基于不当目的注册商标，侵害民营经济组织经营者人格尊严。如通过在殡仪用品销售、殡葬服务领域注册与民营经济组织及其经营者名称相关联的商标，违反公序良俗，损害民营经济组织及其经营者形象，侵害民营经济组织名称权及经营者的姓名权和人格尊严。

4. 同业竞争者在无事实依据的情况下抹黑民营经济组织或者其产品，构成商业诋毁，侵害民营经济组织名誉权。如依托短视频平台借测评之名行诋毁之实，通过在同类产品横向测评中采取片面的、以凸显自身优势和散布竞争对手劣势为主的不当比较方式，使公众对竞争对手的商品和服务的实际品质产生误解，构成商业诋毁，属于侵害民营经济组织名誉权行为。

5. 自媒体经营者利用自身影响力在社交平台上发布侮辱性言论，侵害民营经济主体名誉权。如利用自媒体平台发布针对民营经济组织或其经营者的贬损性言辞，造成民营经济组织社会评价降低，属于侵害民营经济主体名誉权行为。

6. 同业竞争者通过虚假投诉进行商业诋毁，侵害民营经济组织名誉权。如电商平台经营者为提升自身价格优势，伪造权利人身份，以恶意捏造事实向电商平台投诉，导致电商平台删除相关商品、处罚被投诉店铺，构成商业诋毁，属于侵害民营经济组织名誉权行为。

二、侵害民营经济组织及其经营者财产权利及经营自主权等合法权益的行为

民营经济组织及其经营者享有的财产权利主要包括物权、债权、知识产权、投资性权利等。民营经济组织的经营自主权是指民营经济组织不受任何单位或个人的非法干预,自主开展经营活动的权利。实践中,侵害民营经济组织及其经营者财产权利的行为,往往会同时干扰民营经济组织的正常经营秩序,侵害民营经济组织的经营自主权。

实践中,侵害民营经济组织及其经营者财产权利和经营自主权等合法权益行为的主要表现有:

1. 有的公权力机关趋利性执法。有的公权力机关为获取经济利益,将执法手段作为"创收工具",违反法律规定开展执法办案活动,侵害民营经济组织及其经营者的财产性权益。

2. 有的公权力机关违规乱收费、乱处罚。有的公权力机关在没有法律法规作为依据的情况下,通过增加名目、提高标准、扩大范围等方式获取不正当经济利益,损害民营经济组织及其经营者财产权利。

3. 有的公权力机关违规异地执法。有的公权力机关违反法律规定异地执法,采取错误的强制措施,侵犯民营经济组织及其经营者财产权利,违法限制民营经济组织经营自主权。

4. 强迫民营经济组织交易。2025年6月9日,最高人民法院发布了5起促进民营经济发展典型刑事案例。其中,在张某剑强迫交易案中,被告人强迫多家商户以不合理价格与之交易,侵害民营经济组织的平等交易权利与财产权利,破坏市场秩序,构成强迫交易罪,应当依法追究刑事责任。

5. 侵犯民营经济组织商业秘密。上海法院第六批依法平等保护促进民营经济发展典型案例中,郭某侵犯商业秘密案的被告人作为民营企业工作人员,在任职期内窃取商业秘密,离职后违反保密规定持有商业

秘密,造成被害企业重大损失,侵害民营企业财产权利,构成侵犯商业秘密罪,应当依法追究刑事责任。

6.民营经济组织工作人员贪污腐败行为造成民营经济组织经济损失,包括收受贿赂款、侵吞民营经济组织财产、挪用资金等。在前述最高人民法院发布的5起促进民营经济发展典型刑事案例中,有3起案例属于民营经济组织内部腐败犯罪对民营经济组织财产权利造成侵害。在燕某、孙某非国家工作人员受贿案中,二被告人作为某控股公司董事,收受贿赂5.6亿余元,使所在公司遭受巨额经济损失。在石某玉非国家工作人员受贿、职务侵占案,被告人作为某网络公司的工作人员,收受贿赂608万元,并侵占公司财物366万元,严重侵害公司权益。在周某萍挪用资金案中,被告人作为某连锁公司经理,挪用公司资金487万余元归个人使用,影响公司资金安全。在这些民营经济组织内部腐败案件中,民营经济组织工作人员的个人腐败行为侵害了民营经济组织的资金使用收益权,为民营经济组织的经营发展带来重大隐患,这些行为构成非国家工作人员受贿罪、职务侵占罪、挪用资金罪,应依法追究刑事责任。

第七十五条 【民营经济组织及其经营者违法生产经营的法律责任】

具体条文

> 民营经济组织及其经营者生产经营活动违反法律、法规规定,由有权机关责令改正,依法予以行政处罚;造成人身损害或者财产损失的,依法承担民事责任;构成犯罪的,依法追究刑事责任。

第八章 法律责任

▍性质界定

本条是关于民营经济组织及其经营者违法生产经营的法律责任的规定。

▍内涵阐释

《民营经济促进法》在设计大量激励性法律条款鼓励、支持民营经济发展的同时,也规定了相应的法律责任形式,用以规范民营经济主体的生产经营行为,引导民营经济主体合法经营,以此推动民营经济的健康发展。

在民营经济高速发展进程中,存在经营比较粗放,热衷于铺摊子、上规模,负债过高,在环保、社保、质量、安全、信用等方面不规范、不稳健甚至不合规不合法等问题。

针对民营经济发展中存在的一些问题,《民营经济促进法》明确了政府部门、司法机关、行业协会、工商业联合会等部门机构的职能职责,规定了民营经济人士自身的合法合规义务,引导民营经济主体健康发展。

一、民营经济主体应当合法开展生产经营

民营经济组织在经营过程中要加强合规建设、强化审计监督,约束自身行为。根据本条规定,民营经济主体生产经营活动违反法律、法规规定,依法承担行政责任、民事责任乃至刑事责任。

(一)民营经济组织要完善管理制度,加强合规建设

《民营经济促进法》第38条规定,民营经济组织应当完善治理结构和管理制度、规范经营者行为、强化内部监督,实现规范治理。鼓励有条件的民营经济组织建立完善中国特色现代企业制度,依法建立健全以职工代表大会为基本形式的民主管理制度,充分发挥工会等群团组织对职

工的思想政治引领作用和权益保护作用。

民营经济组织要通过完善合规体系,降低违法违规风险。《民营经济促进法》第36条列举了民营经济主体应当特别注意遵守法律法规的重点领域,主要有劳动用工、安全生产、职业卫生、社会保障、生态环境、质量标准、知识产权、网络和数据安全、财政税收、金融等,民营经济组织应当强化这些重点领域的合规管控。

(二)民营经济组织要加强内部审计建设,杜绝腐败

《民营经济促进法》第39条第1款规定,国家推动构建民营经济组织源头防范和治理腐败的体制机制,支持引导民营经济组织建立健全内部审计制度,推动民营经济组织提升依法合规经营管理水平,及时预防、发现、治理经营中违法违规等问题。

第一,民营经济组织要加强内部监管制度建设,防范民营经济组织内部腐败犯罪。民营经济组织审计部门要聚焦高风险业务环节,通过审计计划和专项审计相结合的方式,对项目实施穿透式审查。民营经济组织要加强内部腐败防范制度建设,通过完善内部举报机制等方式,防止内部人员侵蚀民营经济组织财产及其权益。根据北京市海淀区人民检察院发布的《反商业腐败检察工作白皮书(2020—2024)》,民营企业内部腐败犯罪中,职务侵占罪、非国家工作人员受贿罪与对非国家工作人员行贿罪是多发犯罪。2025年5月,北京市高级人民法院发布了一批北京法院服务和保障民营经济发展典型案例。其中,在刘某光等人非国家工作人员受贿、职务侵占案中,被告人刘某光任职的公司系我国头部电商企业,刘某光作为公司的国际贸易部负责人,在公司开展内部业务过程中实施职务侵占和受贿行为长达4年时间,数额高达1亿余元。法院认为,刘某光利用职务便利,侵占本单位财物,数额特别巨大,其行为构成职务侵占罪;利用职务便利,为他人谋取利益,非法收受他人财物,数

额巨大,其行为构成非国家工作人员受贿罪,依法予以数罪并罚。

第二,民营经济主体应当加强自我约束,不得通过利益输送等方式向他人行贿,谋求不正当利益,破坏市场秩序。实践中,一些民营经济组织为了获取稀缺资源、竞争优势、行政便利等,通过行贿等不正当手段破坏市场竞争秩序,滋生贪污腐败行为。同时,由于民营经济组织经营者往往是贪污腐败行为的决策者、执行者,民营经济组织相关腐败案件呈现出单位犯罪与个人犯罪并存的特点。2022年3月,国家监察委员会、最高人民检察院首次联合发布5起行贿犯罪典型案例。在浙江某贵金属有限公司、李某某单位行贿案中,为办理《危险废物经营许可证》、逃避环保执法检查,该公司法定代表人李某某向县环保局工作人员王某某、林某某等有关国家工作人员先后行贿。浙江省仙居县人民法院作出一审判决,以被告单位浙江某贵金属有限公司犯污染环境罪,判处罚金人民币15万元,犯单位行贿罪,判处罚金人民币80万元,数罪并罚决定执行罚金人民币95万元;以被告人李某某犯污染环境罪,判处有期徒刑1年2个月,并处罚金人民币10万元,犯单位行贿罪,判处有期徒刑2年,并处罚金人民币30万元,数罪并罚决定执行有期徒刑2年10个月,并处罚金人民币40万元;对被告单位浙江某贵金属有限公司的违法所得人民币1850万元,向被告单位浙江某贵金属有限公司、被告人李某某予以追缴,上缴国库。

二、责任形式

本条规定了民营经济主体违法生产经营的法律责任,包括行政责任、民事责任及刑事责任。

第一,行政责任。根据本条规定,民营经济主体从事违法生产经营活动,由有权机关责令改正,依法予以行政处罚。根据《行政处罚法》第9条的规定,行政处罚的种类包括:(1)警告、通报批评;(2)罚款、没收违法所得、没收非法财物；(3)暂扣许可证件、降低资质等级、吊销许可证件；(4)限制开展生产经营活动、责令停产停业、责令关闭、限制从业；(5)行政拘留；(6)法律、行政法规规定的其他行政处罚。

第二，民事责任。根据本条规定，民营经济主体就违法经营造成的人身损害或者财产损失，依法承担民事责任。《民法典》第179条第1款、第2款规定，承担民事责任的方式主要有：(1)停止侵害；(2)排除妨碍；(3)消除危险；(4)返还财产；(5)恢复原状；(6)修理、重作、更换；(7)继续履行；(8)赔偿损失；(9)支付违约金；(10)消除影响、恢复名誉；(11)赔礼道歉。法律规定惩罚性赔偿的，依照其规定。

第三，刑事责任。刑事责任是法律责任体系中惩罚性最强、后果最严厉的一种责任形式。根据本条规定，民营经济主体违法经营行为构成犯罪的，依法追究刑事责任。实践中，民营经济主体违反法律规定，可能被追究刑事责任的常见罪名主要见表8-1。

表8-1 民营经济主体常见刑事责任的罪名及行为表现

领域	罪名	行为
劳动用工、社会保障	拒不支付劳动报酬罪	以转移财产、逃匿等方法逃避支付劳动者的劳动报酬或者有能力支付而不支付劳动者的劳动报酬，数额较大，经政府有关部门责令支付仍不支付
安全生产、职业卫生	重大责任事故罪	在生产、作业中违反有关安全管理的规定，因而发生重大伤亡事故或者造成其他严重后果
	强令、组织他人违章冒险作业罪	强令他人违章冒险作业，或者明知存在重大事故隐患而不排除，仍冒险组织作业，因而发生重大伤亡事故或者造成其他严重后果

续表

领域	罪名	行为
安全生产、职业卫生	危险作业罪	在生产、作业中违反有关安全管理的规定,并存在《刑法》第134条之一条规定的情形,具有发生重大伤亡事故或者其他严重后果的现实危险
	重大劳动安全事故罪	安全生产设施或者安全生产条件不符合国家规定,因而发生重大伤亡事故或者造成其他严重后果
	工程重大安全事故罪	建设单位、设计单位、施工单位、工程监理单位违反国家规定,降低工程质量标准,造成重大安全事故
生态环境	污染环境罪	非法排放、倾倒、处置有放射性的废物、含传染病病原体的废物、有毒物质或其他危险废物,严重污染环境
质量标准	生产、销售伪劣产品罪	生产者、销售者在产品中掺杂、掺假,以假充真,以次充好或者以不合格产品冒充合格产品

续表

领域	罪名	行为
知识产权	假冒注册商标罪	未经注册商标所有人许可,在同一种商品、服务上使用与其注册商标相同的商标
	销售假冒注册商标的商品罪	销售明知是假冒注册商标的商品,违法所得数额较大或者有其他严重情节
	非法制造、销售非法制造的注册商标标识罪	伪造、擅自制造他人注册商标标识或者销售伪造、擅自制造的注册商标标识,情节严重
	假冒专利罪	假冒他人专利,情节严重
	侵犯著作权罪	以营利为目的,未经著作权人许可,复制发行其文字作品、音乐、电影、电视、录像作品、计算机软件及其他作品,出版他人享有专有出版权的图书,未经制作者许可,复制发行其制作的音像制品,制作、出售假冒他人署名的美术作品,违法所得数额较大或者有其他严重情节
	侵犯商业秘密罪	以盗窃、贿赂、欺诈、胁迫、电子侵入或者其他不正当手段获取权利人的商业秘密;披露、使用或者允许他人使用以前项手段获取的权利人的商业秘密;违反保密义务或者违反权利人有关保守商业秘密的要求,披露、使用或者允许他人使用其所掌握的商业秘密

第八章　法律责任

续表

领域	罪名	行为
网络和数据安全	拒不履行信息网络安全管理义务罪	网络服务提供者不履行法律、行政法规规定的信息网络安全管理义务,经监管部门责令采取改正措施而拒不改正,存在《刑法》第286条之一规定的情形的
	非法利用信息网络罪	设立用于实施诈骗、传授犯罪方法、制作或者销售违禁物品、管制物品等违法犯罪活动的网站、通信群组;发布有关制作或者销售毒品、枪支、淫秽物品等违禁物品、管制物品或者其他违法犯罪信息;为实施诈骗等违法犯罪活动发布信息
财政税收	逃税罪	纳税人采取欺骗、隐瞒手段进行虚假纳税申报或者不申报,逃避缴纳税款数额较大并且占应纳税额10%以上
	逃避追缴欠税罪	纳税人欠缴应纳税款,采取转移或者隐匿财产的手段,致使税务机关无法追缴欠缴的税款
	虚开增值税专用发票、用于骗取出口退税、抵扣税款发票罪	为他人虚开、为自己虚开、让他人为自己虚开、介绍他人虚开增值税专用发票或者用于骗取出口退税、抵扣税款的其他发票
	非法出售增值税专用发票罪	非法出售增值税专用发票
	非法购买增值税专用发票、购买伪造的增值税专用发票罪	非法购买增值税专用发票或者购买伪造的增值税专用发票
	持有伪造的发票罪	明知是伪造的发票而持有,数量较大

续表

领域	罪名	行为
金融	骗取贷款、票据承兑、金融票证罪	以欺骗手段取得银行或者其他金融机构贷款、票据承兑、信用证、保函等,给银行或者其他金融机构造成重大损失
	内幕交易、泄露内幕信息罪	证券交易内幕信息的知情人员或者非法获取证券交易内幕信息的人员,在涉及证券的发行、交易或者其他对证券的价格有重大影响的信息尚未公开前,买入或者卖出该证券,或者泄露该信息,情节严重
	操纵证券、期货市场罪	以获取不正当利益或者转嫁风险,单独或者合谋,集中资金优势、持股优势或者利用信息优势联合或者连续买卖,操纵证券交易价格;与他人串通,以事先约定的时间、价格和方式相互进行证券交易或者相互买卖并不持有的证券,影响证券交易价格或者证券交易量;以自己为交易对象,进行不转移证券所有权的自买自卖,影响证券交易价格或者证券交易量;或者以其他方法操纵证券交易价格,情节严重
其他	合同诈骗罪	以非法占有为目的,在签订、履行合同过程中,骗取对方当事人财物,数额较大
	非法经营罪	违反国家规定,未经许可经营法律、行政法规规定的专营、专卖物品或者其他限制买卖的物品,买卖进出口许可证、进出口原产地证明以及其他法律、行政法规规定的经营许可证或者批准文件,或有其他严重扰乱市场秩序的非法经营行为

第七十六条 【采取不正当手段骗取表彰荣誉及优惠政策的法律责任】

/ 具体条文

> 民营经济组织及其经营者采取欺诈等不正当手段骗取表彰荣誉、优惠政策等的,应当撤销已获表彰荣誉、取消享受的政策待遇,依法予以处罚;构成犯罪的,依法追究刑事责任。

/ 性质界定

本条是关于民营经济主体采取不正当手段骗取表彰荣誉、优惠政策的法律责任的规定。

/ 内涵阐释

国家向民营经济主体颁发的表彰荣誉、提供的优惠政策,对鼓励、支持、引导民营经济发展具有重要作用。国家颁发的表彰荣誉,既可以提升获奖民营经济主体的社会形象和商业信誉,还可以提高其知名度,增加投资者与消费者的信赖程度,进一步扩大民营经济组织的市场影响力、竞争力。针对民营经济组织的优惠政策,包括但不限于税收优惠、租金减免、降低信贷成本等政策类型。这些优惠政策大多通过正向激励的方式,降低民营经济组织的经营成本或为民营经济组织生产经营提供资金支持。《民营经济促进法》规定了多种形式的优惠政策制度,丰富了针对民营经济主体的激励机制。例如,《民营经济促进法》第17条第2款规定,民营经济组织投资建设符合国家战略方向的固定资产投资项目,依法享受国家支持政策。又如,《民营经济促进法》第20条规定,国务院有关部门依据职责发挥货币政策工具和宏观信贷政策的激励约束作用,按照市场化、法治化原则,对金融机构向小型微型民营经济组织提供金融服务实施差异化政策。此外,《民营经济促进法》第28条规定,为民营经济组织技术创新提供政策支持,包括支持民营经济组织参与国家科技攻关项目、牵头承担国家重大技术攻关任务,向民营经济组织开放国家重大科研基础设施,支持公共研究开发平台、共性技术平台开放共享,为民营经济组织技术创新平等提供服务等。

然而,一些民营经济主体为获取不正当竞争利益,采取欺诈等手段骗取荣誉表彰、优惠政策,既破坏奖项评选及优惠政策实施的公平,扰乱国家荣誉表彰及优惠政策秩序,又造成政府激励政策与目标激励对象的错配,导致真正符合表彰条件或优惠政策资格的市场主体无法享受激励待遇,破坏市场公平竞争环境,扰乱国家经济秩序。为此,本条对民营经济主体采取不正当手段骗取表彰荣誉及优惠政策的行为规定了相应的法律责任,包括撤销已获表彰荣誉、取消享受的政策待遇,予以行政处罚,甚至追究刑事责任,旨在强化对违法行为的约束,完善激励资源分配机制,维护市场竞争秩序,守护民营经济健康发展。

一、常见的骗取表彰荣誉、优惠政策行为

实践中,有的民营经济组织及其经营者为了谋取不正当利益,通过不正当手段骗取政府表彰荣誉以及财政补贴、税收减免、土地优惠、融资支持等政策性资源,常见情形见表8-2。

表8-2 民营经济主体骗取表彰荣誉、优惠政策行为表现

种类	行为	内容
虚假申报类	伪造申报材料	虚构营业收入、纳税额、利润总额、合同等经营材料,或者伪造企业资格条件等,以符合优惠政策的门槛要求
	虚构科技成果	伪造高新技术企业、科技成果转化、发明专利等技术类申报材料,骗取科技奖励或资质认定
	编造项目内容	申报时夸大项目投资规模、技术水平、带动就业等情况,或者虚构项目,骗取专项资金
关联规避类	关联企业重复申报	由多个名义上独立、实质上为同一控制人的公司,分别申报同一类型政策资源,实现重复获益
	设立"皮包公司"	设立空壳公司或短期运营公司,用于获取专项资金或补贴,事成后注销或闲置
资金使用违规类	挪用专项资金	将用于科技研发、产业升级等专项资金挪作他用,如偿还债务、股东分红等
	弄虚作假验收	为通过项目验收,临时购置设备、虚构成果,形成"看得见、用不得"的造假成果

二、责任形式

(一)何为"撤销已获表彰荣誉、取消享受的政策待遇"

2017年8月国务院发布的《国家功勋荣誉表彰条例》第40条规定,功勋荣誉表彰奖励获得者有严重违纪违法行为、影响恶劣的,或者隐瞒情况、弄虚作假骗取功勋荣誉表彰的,应当按规定程序撤销其所获功勋荣誉表彰奖励。同时,该条例第41条规定,对被撤销功勋荣誉表彰奖励

的个人,应当收回其证书及勋章、奖章等,撤销因获得荣誉而享有的相应待遇,并追缴其所获奖金等物质奖励;对被撤销荣誉称号表彰奖励的集体,应当收回其证书和奖牌。

依据本条规定,对于骗取的表彰荣誉及优惠政策,应当"撤销"和"取消"。对于表彰荣誉来说,撤销既要求收回表彰荣誉称号以及奖励资金,又要求国家机关通过公开方式消除先前表彰荣誉给民营经济组织带来的积极影响(如通报批评骗取行为及公布处罚结果),否则相关组织仍然可以继续享受表彰荣誉带来的声誉提升,没有完全消除资源错配造成的不利影响。对于优惠政策来说,取消既要求取消相关组织享受的优惠待遇,又要求国家机关通过法律手段要求相关组织返还已取得的利益(如补缴税款等)。

(二)何种情形可能构成犯罪,以及须追究何种刑事责任

根据本条规定,民营经济主体采取欺诈等不正当手段骗取表彰荣誉、优惠政策等的,除了应撤销已获表彰荣誉、取消享受的政策待遇外,还应承担相应的处罚结果,如果构成犯罪,还应追究刑事责任。司法实践中,民营经济主体骗取表彰荣誉、优惠政策的行为触犯的常见罪名是诈骗罪,多发的犯罪行为主要有:

1.虚假刷单骗取政府补贴。如哈尔滨市某民营企业经营者通过利用他人收款码虚假刷单,违规参与哈尔滨市政府针对中小微企业和个体工商户开展的"助企纾困"活动,骗取政府补贴资金5000余元至17万余元不等,该行为构成诈骗罪。案发后,多名被告人退赔政府全部经济损失,且被判处有期徒刑3年,并处1万元至7万元不等的罚金。

2.虚开发票及虚构合同骗取政府专项补贴款。如深圳市某通讯科技公司经营者在与政府签订招商引资协议后,为超额申请政府设备补贴款,虚开发票、虚构合同,骗取政府设备补贴款共计2000余万元,该行为

构成诈骗罪。最终,该案被告人被判处有期徒刑 14 年 6 个月,并处罚金人民币 20 万元,退赔骗取的政府补贴款。

3. 虚构科技成果骗取政府专项科技补贴。如达州农业有限公司经营者以其关联企业之名,制作虚假项目申报书,在骗取财政科研资金后,通过虚假报销等方式伪造会计账目,并在验收过程中虚构科技成果,骗取国家科研经费共计 100 万元,构成诈骗罪。最终,该案被告人被判处有期徒刑 10 年 6 个月,并处罚金人民币 8 万元,退赔所有违法所得。

第九章 附则

第七十七条 【民营经济组织的界定,民营经济组织涉及外商投资的法律适用】

具体条文

> 本法所称民营经济组织,是指在中华人民共和国境内依法设立的由中国公民控股或者实际控制的营利法人、非法人组织和个体工商户,以及前述组织控股或者实际控制的营利法人、非法人组织。
> 民营经济组织涉及外商投资的,同时适用外商投资法律法规的相关规定。

性质界定

本条是对民营经济组织所指称范围以及民营经济组织涉及外商投资时适用法律的规定。

内涵阐释

明确界定民营经济组织的范围,并规定民营经济组织涉及外商投资时的法律适用,对准确适用法律具有重要意义。

一、"在中华人民共和国境内依法设立"的要求

本法中的民营经济组织是指在中华人民共和国境内依法设立的民营经济组织。

位于中华人民共和国境内,是本法所称民营经济组织的空间地域条件。

依法设立是指民营经济组织须依照相关法律法规规定的条件和程

序来设立。(1)以国家现行的法律法规为设立依据。作为民营经济组织设立依据的法律法规主要有《民法典》《公司法》《合伙企业法》《个人独资企业法》《市场主体登记管理条例》等。(2)具备设立条件。营利法人需有符合法律规定的股东或发起人,有明确的注册资本并按照规定缴纳出资,有公司章程来规范组织的运行和管理,有符合法律要求的组织机构,有固定的经营场所和必要的生产经营条件等。非法人组织如个人独资企业,需有合法的企业名称、有投资人申报的出资、有固定的生产经营场所和必要的生产经营条件、有必要的从业人员等。合伙企业则需有两个以上合伙人,有书面合伙协议,有合伙人认缴或者实际缴付的出资,有合伙企业的名称和生产经营场所等。个体工商户需具有经营能力的自然人依照规定向登记机关申请登记,登记事项包括经营者姓名和住所、组成形式、经营范围、经营场所等。(3)设立程序合规。民营经济组织要完成一系列法定的设立程序,通常包括向登记机关提出设立申请,提交必要的申请文件和材料,如申请书、身份证明、公司章程(营利法人)、合伙协议(合伙企业)等。登记机关对申请材料进行审核,符合条件的予以登记注册,颁发营业执照等相关证照。

二、"中国公民控股或实际控制"的含义

"中国公民控股或实际控制"是界定是否属于本法所称民营经济组织的关键属性。"控股"一般是指中国公民通过持有营利法人、非法人组织的一定比例股权或出资份额,从而对该组织的决策、经营管理等具有决定性影响力。通常,如果中国公民或其联合持股比例超过50%,可认定为绝对控股,能直接决定公司的重大事项,如选举董事、决定公司战略等。相对控股同样是控股的一种形式。即使中国公民的持股比例未超过50%,但由于股权分散等,其持股比例相对其他股东较高,能够实际支配公司的经营决策的,也属于控股情形。"实际控制"是一个更宽泛的概念,其并不仅仅局限于股权关系。它是指中国公民虽然不一定持有多数股权,但通过协议、公司章程规定、表决权委托等其他方式,能够实际支配营利法人、非法人组织的经营决策、人事任免、财务安排等关键事务。

"中国公民控股或实际控制"这一基本属性,为区分民营经济组织与国有经济组织、外资经济组织等其他经济组织形式提供了清晰的界限,有利于本法的准确适用。

三、营利法人、非法人组织、个体工商户的界定及范围

(一)营利法人

《民法典》第76条将营利法人界定为:"以取得利润并分配给股东等出资人为目的成立的法人,为营利法人。营利法人包括有限责任公司、股份有限公司和其他企业法人等。"营利法人设立的主要目的是通过从事经营活动获取经济利益,并将所得利润分配给股东等出资人。这种营利目的使其区别于以公益、慈善等为目的的非营利法人。营利法人需要满足的条件有:(1)独立的法人资格。营利法人能够以自己的名义独立享有民事权利和承担民事义务,可以独立签订合同、拥有财产、进行诉讼等,公司的财产独立于股东的个人财产,公司以其全部资产对公司的债务承担责任,股东仅以其认缴的出资额为限对公司承担责任。(2)依法设立。营利法人须依照法律规定的程序和条件进行设立登记等手续,取得法人资格后方可开展经营活动。在设立过程中,需要明确其经营范围、注册资本、组织机构等重要事项,以规范其经营行为和保障交易安全。

(二)非法人组织

非法人组织,是指不具有法人资格,但是能够依法以自己的名义从事民事活动的组织。非法人组织包括个人独资企业、合伙企业、不具有

法人资格的专业服务机构等。非法人组织应当依照法律的规定进行登记。设立非法人组织,法律、行政法规规定须经有关机关批准的,依照其规定。非法人组织的组织形式灵活,在促进创业、吸纳就业等方面作用独特。《民营经济促进法》明确其民营经济组织地位,能为其发展提供更有力的法律保障。

(三)个体工商户

个体工商户,是指在法律允许的范围内,依法经核准登记,从事工商经营活动的自然人或者家庭。个体工商户享有合法财产权,包括对自己所有的合法财产享有占有、使用、收益和处分的权利,依据法律和合同享有各种债权。个体工商户广泛分布在城乡各个角落,是民营经济的重要组成部分。个体工商户的经营活动具有规模小、灵活性强等特点,在繁荣市场、方便群众生活等方面贡献显著。《民营经济促进法》将个体工商户纳入民营经济组织,体现了对个体工商户在经济发展中重要作用的认可,也能为个体工商户开展经营活动提供更全面的法律支持。

关于农民专业合作社是否属于民营经济组织,参见本法第38条的内涵阐释与适用要点。

四、由民营经济组织再控股或者实际控制的营利法人、非法人组织,仍然属于民营经济组织

当民营经济组织再进行控股或实际控制其他营利法人、非法人组织时,其经济决策、经营方向等在很大程度上会受到原民营经济组织的影响,经济活动的性质和特征与民营经济的本质相符。将此类组织纳入民营经济组织范围,适应了企业多元化投资、集团化发展趋势,能够全面覆盖民营经济组织形态,保障民营经济产业链、供应链各环节中民营经济组织的合法权益,有利于全面促进民营经济的发展。一方面,可以鼓励民营经济组织通过合法的投资、控股等方式实现规模扩张和多元化发展,提高民营经济在市场中的竞争力和影响力;另一方面,也便于国家针对民营经济制定统一的扶持政策和监管措施,为民营经济创造公平、稳定的发展环境,促进民营经济的健康有序发展。

五、本条第2款规定中"同时适用"的理解与把握

本条第2款规定:"民营经济组织涉及外商投资的,同时适用外商投资法律法规的相关规定。"这里的"同时适用"意味着涉及外商投资的,既适用《民营经济促进法》的规定,也适用外商投资法律法规的规定。

当民营经济组织涉及吸收外资入股、与外商合资合作等外商投资相关活动,须同时适用《外商投资法》及《外商投资法实施条例》等外商投资法律法规的规定,确保在利用外资促进自身发展的同时,维护国家经济安全、市场秩序以及各方合法权益,促进内外资企业公平竞争、共同发展。

《外商投资法》对外商投资的形式、准入管理、待遇保障和保护措施等作出了全面规定,如国家对外商投资实行准入前国民待遇加负面清单管理制度,外商投资企业依法平等适用国家支持企业发展的各项政策等。《外商投资法实施条例》作为《外商投资法》的配套法规,对其中的一些原则性规定进行了细化和补充,使《外商投资法》更具操作性。例如,明确了政府及其有关部门在政府资金安排、土地供应、税费减免等方面,应当依法平等对待外商投资企业和内资企业等具体措施。

• 适用要点 •

当民营经济组织涉及外商投资,登记机关、市场监督管理部门在适用法律时,应注意以下事项:(1)遵循特别规定优先原则。如果外商投资法律法规对于某些事项有特别规定,而《民营经济促进法》等其他法律法规没有涉及或者规定不一致时,应优先适用外商投资法律法规。例如,在投资准入方面,《外商投资法》规定了准入前国民待遇加负面清单管理制度。民营经济组织涉及外商投资的,应当按照负面清单来确定其投资领域是否受限,而不能仅适用《民营经济促进法》关于市场准入负面清单以外领域可平等进入的一般规定。(2)兼顾两者,实现互补。《民营经济促进法》旨在促进民营经济发展,保障民营经济组织的合法权益,营造公平竞争的市场环境。外商投资法律法规着重规范外商投资行为,保护外商投资合法权益,促进对外开放。在具体适用中,对于民营经济组织中涉及外商投资的部分,既要依据外商投资法律法规来处理与外商投资相关的特定事务,如外资准入、外资企业设立程序等;又要依据《民营经济促进法》来保障该组织作为民营经济主体所享有的平等地位和发展权利,如在公共资源交易中不受歧视、享受国家支持政策等。(3)依据具体情形适用。民营经济组织遇到涉及外商投资的情况时,需要根据具体情形来确定适用的法律法规条款。当涉及外商投资企业的组织形式、组织机构及其活动准则时,除适用《公司法》等相关法律外,也要遵守《外商投资法》及其实施条例中关于外商投资企业的特殊规定,如外商投资信息报告制度等。对于民营经济组织中的外商投资者取得中国境内企业的股份、股权等权益的情形,须依据《外商投资法》关于外国投资者投资方式的规定处理。

第七十八条 【本法生效时间】

具体条文

本法自 2025 年 5 月 20 日起施行。

性质界定

本条是关于本法生效时间的规定。

内涵阐释

一、法律施行时间的含义

法律施行时间,即法律的生效时间,是指法律开始施行并发生法律效力的日期。需要注意的是,法律公布与法律实施有着本质区别。法律公布是立法流程的最终环节,由法定机关面向全社会公开已通过的法律文本。法律公布并不等同于法律立即生效,部分法律在公布后仍处于待生效状态,只有到预设的施行日期才正式具备法律效力。作为法律的核心要素,法律施行日期通常会在法律条文的最后一条予以明确标注,这也是遵循《立法法》第 61 条"法律应当明确规定施行日期"的强制性要求。从立法惯例来看,"法律不溯及既往",即法律仅适用于生效后的行为与事件,对生效前的行为不具有追溯效力,《民营经济促进法》同样遵循这一通行准则。

二、本法施行时间

2024 年 10 月 10 日,司法部、国家发展和改革委员会在门户网站公布《中华人民共和国民营经济促进法(草案征求意见稿)》,面向社会公众征求意见。2024 年 12 月,草案由国务院提请十四届全国人大常委会第十三次会议初次审议。2025年2月,民营经济促进法草案二审稿提请十四届全国人大常委会第十四次会议审议。2025年4月30日,十四届全国人大常委会第十五次会议表决通过了《民营经济促进法》,自2025年5月20日起施行。自2025年5月20日起,《民营经济促进法》正式产生法律效力,对民营经济领域的各类主体和相关行为具有法律约束力。在此日期之后,无论是处理新发生的民营经济纠纷案件,还是开展促进民营经济发展的工作,均应以《民营经济促进法》为依据,确保法律适用的一致性和稳定性,避免因时间界限不明确导致的法律适用混乱。同时,原有的与民营经济相关的规章制度、政策文件等与《民营经济促进法》规定不一致的,应当依法予以调整或废止,实现制度上的有序衔接和优化升级,为民营经济的持续、健康、高质量发展营造更加良好的法治环境。

附录　中华人民共和国民营经济促进法

(2025年4月30日第十四届全国人民代表大会常务委员会第十五次会议通过)

目　录

第一章　总　　则

第二章　公平竞争

第三章　投资融资促进

第四章　科技创新

第五章　规范经营

第六章　服务保障

第七章　权益保护

第八章　法律责任

第九章　附　　则

第一章　总　　则

第一条　为优化民营经济发展环境,保证各类经济组织公平参与市场竞争,促进民营经济健康发展和民营经济人士健康成长,构建高水平社会主义市场经济体制,发挥民营经济在国民经济和社会发展中的重要作用,根据宪法,制定本法。

第二条 促进民营经济发展工作坚持中国共产党的领导,坚持以人民为中心,坚持中国特色社会主义制度,确保民营经济发展的正确政治方向。

国家坚持和完善公有制为主体、多种所有制经济共同发展,按劳分配为主体、多种分配方式并存,社会主义市场经济体制等社会主义基本经济制度;毫不动摇巩固和发展公有制经济,毫不动摇鼓励、支持、引导非公有制经济发展;充分发挥市场在资源配置中的决定性作用,更好发挥政府作用。

第三条 民营经济是社会主义市场经济的重要组成部分,是推进中国式现代化的生力军,是高质量发展的重要基础,是推动我国全面建成社会主义现代化强国、实现中华民族伟大复兴的重要力量。促进民营经济持续、健康、高质量发展,是国家长期坚持的重大方针政策。

国家坚持依法鼓励、支持、引导民营经济发展,更好发挥法治固根本、稳预期、利长远的保障作用。

国家坚持平等对待、公平竞争、同等保护、共同发展的原则,促进民营经济发展壮大。民营经济组织与其他各类经济组织享有平等的法律地位、市场机会和发展权利。

第四条 国务院和县级以上地方人民政府将促进民营经济发展工作纳入国民经济和社会发展规划,建立促进民营经济发展工作协调机制,制定完善政策措施,协调解决民营经济发展中的重大问题。

国务院发展改革部门负责统筹协调促进民营经济发展工作。国务院其他有关部门在各自职责范围内,负责促进民营经济发展相关工作。

县级以上地方人民政府有关部门依照法律法规和本级人民政府确定的职责分工,开展促进民营经济发展工作。

第五条 民营经济组织及其经营者应当拥护中国共产党的领导,坚持中国特色社会主义制度,积极投身社会主义现代化强国建设。

国家加强民营经济组织经营者队伍建设,加强思想政治引领,发挥其在经济社会发展中的重要作用;培育和弘扬企业家精神,引导民营经济组织经营者践行社会主义核心价值观,爱国敬业、守法经营、创业创新、回报社会,坚定做中国特色社会主义的建设者、中国式现代化的促进者。

第六条 民营经济组织及其经营者从事生产经营活动,应当遵守法律法规,遵守社会公德、商业道德,诚实守信、公平竞争,履行社会责任,保障劳动者合法权益,维护国家利益和社会公共利益,接受政府和社会监督。

第七条 工商业联合会发挥在促进民营经济健康发展和民营经济人士健康成长中的重要作用,加强民营经济组织经营者思想政治建设,引导民营经济组织依法经营,提高服务民营经济水平。

第八条 加强对民营经济组织及其经营者创新创造等先进事迹的宣传报道,支持民营经济组织及其经营者参与评选表彰,引导形成尊重劳动、尊重创造、尊重企业家的社会环境,营造全社会关心、支持、促进民营经济发展的氛围。

第九条 国家建立健全民营经济统计制度,对民营经济发展情况进行统计分析,定期发布有关信息。

第二章 公 平 竞 争

第十条 国家实行全国统一的市场准入负面清单制度。市场准入负面清单以外的领域,包括民营经济组织在内的各类经济组织可以依法平等进入。

第十一条 各级人民政府及其有关部门落实公平竞争审查制度,制定涉及经营主体生产经营活动的政策措施应当经过公平竞争审查,并定期评估,及时清理、废除含有妨碍全国统一市场和公平竞争内容的政策措施,保障民营经济组织公平参与市场竞争。

市场监督管理部门负责受理对违反公平竞争审查制度政策措施的举报,并依法处理。

第十二条 国家保障民营经济组织依法平等使用资金、技术、人力资源、数据、土地及其他自然资源等各类生产要素和公共服务资源,依法平等适用国家支持发展的政策。

第十三条 各级人民政府及其有关部门依照法定权限,在制定、实施政府资金安排、土地供应、排污指标、公共数据开放、资质许可、标准制定、项目申报、职称评定、评优评先、人力资源等方面的政策措施时,平等对待民营经济组织。

第十四条 公共资源交易活动应当公开透明、公平公正,依法平等对待包括民营经济组织在内的各类经济组织。

除法律另有规定外,招标投标、政府采购等公共资源交易不得有限制或者排斥民营经济组织的行为。

第十五条 反垄断和反不正当竞争执法机构按照职责权限,预防和制止市场经济活动中的垄断、不正当竞争行为,对滥用行政权力排除、限制竞争的行为依法处理,为民营经济组织提供良好的市场环境。

第三章 投资融资促进

第十六条 支持民营经济组织参与国家重大战略和重大工程。支持民营经济组织在战略性新兴产业、未来产业等领域投资和创业,鼓励开展传统产业技术改造和转型升级,参与现代化基础设施投资建设。

第十七条 国务院有关部门根据国家重大发展战略、发展规划、产业政策等,统筹研究制定促进民营经济投资政策措施,发布鼓励民营经济投资重大项目信息,引导民营经济投资重点领域。

民营经济组织投资建设符合国家战略方向的固定资产投资项目,依法享受国家支持政策。

第十八条 支持民营经济组织通过多种方式盘活存量资产,提高再投资能力,提升资产质量和效益。

各级人民政府及其有关部门支持民营经济组织参与政府和社会资本合作项目。政府和社会资本合作项目应当合理设置双方权利义务,明确投资收益获得方式、风险分担机制、纠纷解决方式等事项。

第十九条 各级人民政府及其有关部门在项目推介对接、前期工作和报建审批事项办理、要素获取和政府投资支持等方面,为民营经济组织投资提供规范高效便利的服务。

第二十条 国务院有关部门依据职责发挥货币政策工具和宏观信贷政策的激励约束作用,按照市场化、法治化原则,对金融机构向小型微型民营经济组织提供金融服务实施差异化政策,督促引导金融机构合理设置不良贷款容忍度、建立健全尽职免责机制、提升专业服务能力,提高为民营经济组织提供金融服务的水平。

第二十一条 银行业金融机构等依据法律法规,接受符合贷款业务需要的担保方式,并为民营经济组织提供应收账款、仓单、股权、知识产权等权利质押贷款。

各级人民政府及其有关部门应当为动产和权利质押登记、估值、交易流通、信息共享等提供支持和便利。

第二十二条 国家推动构建完善民营经济组织融资风险的市场化分担机制,支持银行业金融机构与融资担保机构有序扩大业务合作,共同服务民营经济组织。

第二十三条　金融机构在依法合规前提下,按照市场化、可持续发展原则开发和提供适合民营经济特点的金融产品和服务,为资信良好的民营经济组织融资提供便利条件,增强信贷供给、贷款周期与民营经济组织融资需求、资金使用周期的适配性,提升金融服务可获得性和便利度。

第二十四条　金融机构在授信、信贷管理、风控管理、服务收费等方面应当平等对待民营经济组织。

金融机构违反与民营经济组织借款人的约定,单方面增加发放贷款条件、中止发放贷款或者提前收回贷款的,依法承担违约责任。

第二十五条　健全多层次资本市场体系,支持符合条件的民营经济组织通过发行股票、债券等方式平等获得直接融资。

第二十六条　建立健全信用信息归集共享机制,支持征信机构为民营经济组织融资提供征信服务,支持信用评级机构优化民营经济组织的评级方法,增加信用评级有效供给,为民营经济组织获得融资提供便利。

第四章　科技创新

第二十七条　国家鼓励、支持民营经济组织在推动科技创新、培育新质生产力、建设现代化产业体系中积极发挥作用。引导民营经济组织根据国家战略需要、行业发展趋势和世界科技前沿,加强基础性、前沿性研究,开发关键核心技术、共性基础技术和前沿交叉技术,推动科技创新和产业创新融合发展,催生新产业、新模式、新动能。

引导非营利性基金依法资助民营经济组织开展基础研究、前沿技术研究和社会公益性技术研究。

第二十八条　支持民营经济组织参与国家科技攻关项目,支持有能力的民营经济组织牵头承担国家重大技术攻关任务,向民营经济组织开放国家重大科研基础设施,支持公共研究开发平台、共性技术平台开放共享,为民营经济组织技术创新平等提供服务,鼓励各类企业和高等学校、科研院所、职业学校与民营经济组织创新合作机制,开展技术交流和成果转移转化,推动产学研深度融合。

第二十九条 支持民营经济组织依法参与数字化、智能化共性技术研发和数据要素市场建设,依法合理使用数据,对开放的公共数据资源依法进行开发利用,增强数据要素共享性、普惠性、安全性,充分发挥数据赋能作用。

第三十条 国家保障民营经济组织依法参与标准制定工作,强化标准制定的信息公开和社会监督。

国家为民营经济组织提供科研基础设施、技术验证、标准规范、质量认证、检验检测、知识产权、示范应用等方面的服务和便利。

第三十一条 支持民营经济组织加强新技术应用,开展新技术、新产品、新服务、新模式应用试验,发挥技术市场、中介服务机构作用,通过多种方式推动科技成果应用推广。

鼓励民营经济组织在投资过程中基于商业规则自愿开展技术合作。技术合作的条件由投资各方遵循公平原则协商确定。

第三十二条 鼓励民营经济组织积极培养使用知识型、技能型、创新型人才,在关键岗位、关键工序培养使用高技能人才,推动产业工人队伍建设。

第三十三条 国家加强对民营经济组织及其经营者原始创新的保护。加大创新成果知识产权保护力度,实施知识产权侵权惩罚性赔偿制度,依法查处侵犯商标专用权、专利权、著作权和侵犯商业秘密、仿冒混淆等违法行为。

加强知识产权保护的区域、部门协作,为民营经济组织提供知识产权快速协同保护、多元纠纷解决、维权援助以及海外知识产权纠纷应对指导和风险预警等服务。

第五章　规范经营

第三十四条　民营经济组织中的中国共产党的组织和党员,按照中国共产党章程和有关党内法规开展党的活动,在促进民营经济组织健康发展中发挥党组织的政治引领作用和党员先锋模范作用。

第三十五条　民营经济组织应当围绕国家工作大局,在发展经济、扩大就业、改善民生、科技创新等方面积极发挥作用,为满足人民日益增长的美好生活需要贡献力量。

第三十六条　民营经济组织从事生产经营活动应当遵守劳动用工、安全生产、职业卫生、社会保障、生态环境、质量标准、知识产权、网络和数据安全、财政税收、金融等方面的法律法规;不得通过贿赂和欺诈等手段牟取不正当利益,不得妨害市场和金融秩序、破坏生态环境、损害劳动者合法权益和社会公共利益。

国家机关依法对民营经济组织生产经营活动实施监督管理。

第三十七条　支持民营资本服务经济社会发展,完善资本行为制度规则,依法规范和引导民营资本健康发展,维护社会主义市场经济秩序和社会公共利益。支持民营经济组织加强风险防范管理,鼓励民营经济组织做优主业、做强实业,提升核心竞争力。

第三十八条　民营经济组织应当完善治理结构和管理制度、规范经营者行为、强化内部监督,实现规范治理;依法建立健全以职工代表大会为基本形式的民主管理制度。鼓励有条件的民营经济组织建立完善中国特色现代企业制度。

民营经济组织中的工会等群团组织依照法律和章程开展活动,加强职工思想政治引领,维护职工合法权益,发挥在企业民主管理中的作用,推动完善企业工资集体协商制度,促进构建和谐劳动关系。

民营经济组织的组织形式、组织机构及其活动准则,适用《中华人民共和国公司法》《中华人民共和国合伙企业法》《中华人民共和国个人独资企业法》等法律的规定。

第三十九条　国家推动构建民营经济组织源头防范和治理腐败的体制机制,支持引导民营经济组织建立健全内部审计制度,加强廉洁风险防控,推动民营经济组织提升依法合规经营管理水平,及时预防、发现、治理经营中违法违规等问题。

民营经济组织应当加强对工作人员的法治教育,营造诚信廉洁、守法合规的文化氛围。

第四十条　民营经济组织应当依照法律、行政法规和国家统一的会计制度,加强财务管理,规范会计核算,防止财务造假,并区分民营经济组织生产经营收支与民营经济组织经营者个人收支,实现民营经济组织财产与民营经济组织经营者个人财产分离。

第四十一条　支持民营经济组织通过加强技能培训、扩大吸纳就业、完善工资分配制度等,促进员工共享发展成果。

第四十二条　探索建立民营经济组织的社会责任评价体系和激励机制,鼓励、引导民营经济组织积极履行社会责任,自愿参与公益慈善事业、应急救灾等活动。

第四十三条　民营经济组织及其经营者在海外投资经营应当遵守所在国家或者地区的法律,尊重当地习俗和文化传统,维护国家形象,不得从事损害国家安全和国家利益的活动。

第六章　服 务 保 障

第四十四条　国家机关及其工作人员在促进民营经济发展工作中,

应当依法履职尽责。国家机关工作人员与民营经济组织经营者在工作交往中,应当遵纪守法,保持清正廉洁。

各级人民政府及其有关部门建立畅通有效的政企沟通机制,及时听取包括民营经济组织在内各类经济组织的意见建议,解决其反映的合理问题。

第四十五条 国家机关制定与经营主体生产经营活动密切相关的法律、法规、规章和其他规范性文件,最高人民法院、最高人民检察院作出属于审判、检察工作中具体应用法律的相关解释,或者作出有关重大决策,应当注重听取包括民营经济组织在内各类经济组织、行业协会商会的意见建议;在实施前应当根据实际情况留出必要的适应调整期。

根据《中华人民共和国立法法》的规定,与经营主体生产经营活动密切相关的法律、法规、规章和其他规范性文件,属于审判、检察工作中具体应用法律的解释,不溯及既往,但为了更好地保护公民、法人和其他组织的权利和利益而作的特别规定除外。

第四十六条 各级人民政府及其有关部门应当及时向社会公开涉及经营主体的优惠政策适用范围、标准、条件和申请程序等,为民营经济组织申请享受有关优惠政策提供便利。

第四十七条 各级人民政府及其有关部门制定鼓励民营经济组织创业的政策,提供公共服务,鼓励创业带动就业。

第四十八条 登记机关应当为包括民营经济组织在内的各类经济组织提供依法合规、规范统一、公开透明、便捷高效的设立、变更、注销等登记服务,降低市场进入和退出成本。

个体工商户可以自愿依法转型为企业。登记机关、税务机关和有关部门为个体工商户转型为企业提供指引和便利。

第四十九条 鼓励、支持高等学校、科研院所、职业学校、公共实训基地和各类职业技能培训机构创新人才培养模式,加强职业教育和培训,培养符合民营经济高质量发展需求的专业人才和产业工人。

人力资源和社会保障部门建立健全人力资源服务机制,搭建用工和求职信息对接平台,为民营经济组织招工用工提供便利。

各级人民政府及其有关部门完善人才激励和服务保障政策措施,畅通民营经济组织职称评审渠道,为民营经济组织引进、培养高层次及紧缺人才提供支持。

第五十条 行政机关坚持依法行政。行政机关开展执法活动应当避免或者尽量减少对民营经济组织正常生产经营活动的影响,并对其合理、合法诉求及时响应、处置。

第五十一条 对民营经济组织及其经营者违法行为的行政处罚应当按照与其他经济组织及其经营者同等原则实施。对违法行为依法需要实施行政处罚或者采取其他措施的,应当与违法行为的事实、性质、情节以及社会危害程度相当。违法行为具有《中华人民共和国行政处罚法》规定的从轻、减轻或者不予处罚情形的,依照其规定从轻、减轻或者不予处罚。

第五十二条 各级人民政府及其有关部门推动监管信息共享互认,根据民营经济组织的信用状况实施分级分类监管,提升监管效能。

除直接涉及公共安全和人民群众生命健康等特殊行业、重点领域依法依规实行全覆盖的重点监管外,市场监管领域相关部门的行政检查应当通过随机抽取检查对象、随机选派执法检查人员的方式进行,抽查事项及查处结果及时向社会公开。针对同一检查对象的多个检查事项,应当尽可能合并或者纳入跨部门联合检查范围。

第五十三条 各级人民政府及其有关部门建立健全行政执法违法行为投诉举报处理机制,及时受理并依法处理投诉举报,保护民营经济组织及其经营者合法权益。

司法行政部门建立涉企行政执法诉求沟通机制,组织开展行政执法检查,加强对行政执法活动的监督,及时纠正不当行政执法行为。

第五十四条 健全失信惩戒和信用修复制度。实施失信惩戒,应当依照法律、法规和有关规定,并根据失信行为的事实、性质、轻重程度等采取适度的惩戒措施。

民营经济组织及其经营者纠正失信行为、消除不良影响、符合信用修复条件的,可以提出信用修复申请。有关国家机关应当依法及时解除惩戒措施,移除或者终止失信信息公示,并在相关公共信用信息平台实现协同修复。

第五十五条 建立健全矛盾纠纷多元化解机制,为民营经济组织维护合法权益提供便利。

司法行政部门组织协调律师、公证、司法鉴定、基层法律服务、人民调解、商事调解、仲裁等相关机构和法律咨询专家,参与涉及民营经济组织纠纷的化解,为民营经济组织提供有针对性的法律服务。

第五十六条 有关行业协会商会依照法律、法规和章程,发挥协调和自律作用,及时反映行业诉求,为民营经济组织及其经营者提供信息咨询、宣传培训、市场拓展、权益保护、纠纷处理等方面的服务。

第五十七条 国家坚持高水平对外开放,加快构建以国内大循环为主体、国内国际双循环相互促进的新发展格局;支持、引导民营经济组织拓展国际交流合作,在海外依法合规开展投资经营等活动;加强法律、金融、物流等海外综合服务,完善海外利益保障机制,维护民营经济组织及其经营者海外合法权益。

第七章 权益保护

第五十八条 民营经济组织及其经营者的人身权利、财产权利以及经营自主权等合法权益受法律保护,任何单位和个人不得侵犯。

第五十九条 民营经济组织的名称权、名誉权、荣誉权和民营经济组织经营者的名誉权、荣誉权、隐私权、个人信息等人格权益受法律保护。

任何单位和个人不得利用互联网等传播渠道,以侮辱、诽谤等方式恶意侵害民营经济组织及其经营者的人格权益。网络服务提供者应当依照有关法律法规规定,加强网络信息内容管理,建立健全投诉、举报机制,及时处置恶意侵害当事人合法权益的违法信息,并向有关主管部门报告。

人格权益受到恶意侵害的民营经济组织及其经营者有权依法向人民法院申请采取责令行为人停止有关行为的措施。民营经济组织及其经营者的人格权益受到恶意侵害致使民营经济组织生产经营、投资融资等活动遭受实际损失的,侵权人依法承担赔偿责任。

第六十条 国家机关及其工作人员依法开展调查或者要求协助调查,应当避免或者尽量减少对正常生产经营活动产生影响。实施限制人身自由的强制措施,应当严格依照法定权限、条件和程序进行。

第六十一条 征收、征用财产,应当严格依照法定权限、条件和程序进行。

为了公共利益的需要,依照法律规定征收、征用财产的,应当给予公平、合理的补偿。

任何单位不得违反法律、法规向民营经济组织收取费用,不得实施没有法律、法规依据的罚款,不得向民营经济组织摊派财物。

第六十二条 查封、扣押、冻结涉案财物,应当遵守法定权限、条件和程序,严格区分违法所得、其他涉案财物与合法财产,民营经济组织财产与民营经济组织经营者个人财产,涉案人财产与案外人财产,不得超权限、超范围、超数额、超时限查封、扣押、冻结财物。对查封、扣押的涉案财物,应当妥善保管。

第六十三条 办理案件应当严格区分经济纠纷与经济犯罪,遵守法律关于追诉期限的规定;生产经营活动未违反刑法规定的,不以犯罪论处;事实不清、证据不足或者依法不追究刑事责任的,应当依法撤销案件、不起诉、终止审理或者宣告无罪。

禁止利用行政或者刑事手段违法干预经济纠纷。

第六十四条 规范异地执法行为,建立健全异地执法协助制度。办理案件需要异地执法的,应当遵守法定权限、条件和程序。国家机关之间对案件管辖有争议的,可以进行协商,协商不成的,提请共同的上级机关决定,法律另有规定的从其规定。

禁止为经济利益等目的滥用职权实施异地执法。

第六十五条 民营经济组织及其经营者对生产经营活动是否违法,以及国家机关实施的强制措施存在异议的,可以依法向有关机关反映情况、申诉,依法申请行政复议、提起诉讼。

第六十六条 检察机关依法对涉及民营经济组织及其经营者的诉讼活动实施法律监督,及时受理并审查有关申诉、控告。发现存在违法情形的,应当依法提出抗诉、纠正意见、检察建议。

第六十七条 国家机关、事业单位、国有企业应当依法或者依合同约定及时向民营经济组织支付账款,不得以人员变更、履行内部付款流程或者在合同未作约定情况下以等待竣工验收批复、决算审计等为由,拒绝或者拖延支付民营经济组织账款;除法律、行政法规另有规定外,不得强制要求以审计结果作为结算依据。

审计机关依法对国家机关、事业单位和国有企业支付民营经济组织账款情况进行审计监督。

第六十八条 大型企业向中小民营经济组织采购货物、工程、服务等，应当合理约定付款期限并及时支付账款，不得以收到第三方付款作为向中小民营经济组织支付账款的条件。

人民法院对拖欠中小民营经济组织账款案件依法及时立案、审理、执行，可以根据自愿和合法的原则进行调解，保障中小民营经济组织合法权益。

第六十九条 县级以上地方人民政府应当加强账款支付保障工作，预防和清理拖欠民营经济组织账款；强化预算管理，政府采购项目应当严格按照批准的预算执行；加强对拖欠账款处置工作的统筹指导，对有争议的鼓励各方协商解决，对存在重大分歧的组织协商、调解。协商、调解应当发挥工商业联合会、律师协会等组织的作用。

第七十条 地方各级人民政府及其有关部门应当履行依法向民营经济组织作出的政策承诺和与民营经济组织订立的合同，不得以行政区划调整、政府换届、机构或者职能调整以及相关人员更替等为由违约、毁约。

因国家利益、社会公共利益需要改变政策承诺、合同约定的，应当依照法定权限和程序进行，并对民营经济组织因此受到的损失予以补偿。

第八章 法律责任

第七十一条 违反本法规定，有下列情形之一的，由有权机关责令改正，造成不良后果或者影响的，对负有责任的领导人员和直接责任人员依法给予处分：

（一）未经公平竞争审查或者未通过公平竞争审查出台政策措施；

（二）在招标投标、政府采购等公共资源交易中限制或者排斥民营经济组织。

第七十二条　违反法律规定实施征收、征用或者查封、扣押、冻结等措施的,由有权机关责令改正,造成损失的,依法予以赔偿;造成不良后果或者影响的,对负有责任的领导人员和直接责任人员依法给予处分。

违反法律规定实施异地执法的,由有权机关责令改正,造成不良后果或者影响的,对负有责任的领导人员和直接责任人员依法给予处分。

第七十三条　国家机关、事业单位、国有企业违反法律、行政法规规定或者合同约定,拒绝或者拖延支付民营经济组织账款,地方各级人民政府及其有关部门不履行向民营经济组织依法作出的政策承诺、依法订立的合同的,由有权机关予以纠正,造成损失的,依法予以赔偿;造成不良后果或者影响的,对负有责任的领导人员和直接责任人员依法给予处分。

大型企业违反法律、行政法规规定或者合同约定,拒绝或者拖延支付中小民营经济组织账款的,依法承担法律责任。

第七十四条　违反本法规定,侵害民营经济组织及其经营者合法权益,其他法律、法规规定行政处罚的,从其规定;造成人身损害或者财产损失的,依法承担民事责任;构成犯罪的,依法追究刑事责任。

第七十五条　民营经济组织及其经营者生产经营活动违反法律、法规规定,由有权机关责令改正,依法予以行政处罚;造成人身损害或者财产损失的,依法承担民事责任;构成犯罪的,依法追究刑事责任。

第七十六条　民营经济组织及其经营者采取欺诈等不正当手段骗取表彰荣誉、优惠政策等的,应当撤销已获表彰荣誉、取消享受的政策待遇,依法予以处罚;构成犯罪的,依法追究刑事责任。

第九章　附　　则

第七十七条　本法所称民营经济组织,是指在中华人民共和国境内依法设立的由中国公民控股或者实际控制的营利法人、非法人组织和个体工商户,以及前述组织控股或者实际控制的营利法人、非法人组织。

民营经济组织涉及外商投资的,同时适用外商投资法律法规的相关规定。

第七十八条 本法自2025年5月20日起施行。

后　　记

　　《民营经济促进法》的制定与实施,是我国经济社会发展与市场经济法治建设中的一件大事。这部法律涵盖经济生活的方方面面,通过一系列新机制、新举措优化政府与市场的关系,为民营经济发展提供有力的法治保障。为了更好地理解和宣传这部法律,我们编写了《中华人民共和国民营经济促进法条文释义与适用指引》,希望能为这部法律的传播与适用贡献绵薄之力。在编写过程中,我们遵循"准确、全面、实用"的原则,努力做到以下几点：一是准确把握党中央关于发展民营经济的大政方针；二是深入领会《民营经济促进法》的整体精神与具体条文的内涵；三是既阐释核心概念、突出重点,又兼顾整体、不留遗漏；四是提出切实可行的适用建议,为各级党组织、各级政府、经济政策制定者、宏观经济调控部门、市场监督管理部门、投资管理部门、科技管理部门、金融监督管理机构、工商业联合会、司法行政机关、审计机关、公安机关、人民检察院、人民法院、征信机构、事业单位、国有企业、金融机构、行业协会、商会、民营经济组织、民营企业家等,在促进民营经济发展的工作中,提供具体的行动指南与明确的服务指引。为了更好地做到规范性、实用性、引导性的有机融合,让条文释义与适用指引"有据、有理、有实、有例",我们系统梳理了各条文的宪法依据、相关法律法规及政策政令,尽可能地吸收相关理论文献的研究成果,并介绍了实践中的一些典型做法与具体探索。

后 记

本书由上海财经大学法学院教授、博士生导师单飞跃担任主编,参加编写的人员有:何跃春、余德飞、罗梅、邓然、李心怡、李依然、祁子力、刘巾歌、岑佳燊。

由于时间及能力所限,本书难免存在诸多疏漏与不足,恳请广大读者批评指正!

单飞跃

2025 年 6 月 15 日